体育・スポーツ・武術の歴史にみる「中央」と「周縁」：国家・地方・国際交流

藤井雅人　ビットマン ハイコ　和田浩一　榎本雅之
佐々木浩雄　藤坂由美子　寳學淳郎
編著

道和書院

まえがき

本書『体育・スポーツ・武術の歴史にみる「中央」と「周縁」：国家・地方・国際交流』は、金沢大学で大久保英哲先生の教えを受けた体育・スポーツ史の研究者によって書き下ろされた研究論文集である。

本書の目次を見通したならば、ここに掲載されている論文のテーマが、大久保先生の専門領域である近代日本体育史にとどまらず、非常に多岐にわたっている印象を受けるであろう。それは、先生の指導方針として、研究テーマの選択の際、研究に取り組む本人の関心・意向が最大限に尊重されていたことが大きい。かつて執筆者たちの多くは、かなり自由に自身の研究テーマを選び出し、先生の適切な指導・助言を得ながら研究に取り組むことができた。本書は、そうした先生の指導方針のもとで育った、年代、国・地域、身体活動領域などの点でかなり異なった研究関心を有する14名の研究者の論文によって構成されており、その内容は多様性に満ちたものとなっている。

大久保先生ご自身もまた、そうした多様な研究テーマの指導をとおして、近代日本体育史から研究対象を広げられていったように見える。もともと先生はドイツの現代スポーツ史から近代日本体育史に研究関心を移されてきた経緯もあり、ヨーロッパ諸国の体育・スポーツ史はもちろんのこと、近代日本体育史におけるフランスの影響についてなど国際的な視野に立った研究にも精力的に取り組まれていった。また、そうした国際的な観点での研究に関する指導も熱心になされ、とりわけ外国人研究者とともに蓄積された東アジアの武術史研究の成果は特筆すべきものがあった。このことは、本書の題目に「武術」が「体育・スポーツ」とともに掲げられ、後述するように東アジアの武術史に関する「部」が設けられていることにも示されている。

さて、本書は幅広いテーマの個別論文からなる論集の体裁をとっているが、次の２つのキーコンセプトのもとに編集されている。１つは、各論文が、「地方から見た体育史」という大久保先生が重視されてきた研究視座を意識しながら作成されているということである。大久保先生は、「地方から見た体育史」研究によって、国家や中央の動向を中心とする従来の近代日本体育史研究が見落としてきた点を補完し、時には中央を指向する体育史の通説を修正するような研究成果を上げてこられた。本書の執筆者もまた、こうした先生の研究視座を受け継いで、様々なテーマに関して「中央と地方」あるいは「中央と周縁」の対置のもとに、地方および周縁の視点を踏まえて体育史を描いていくことを目指した。また、もう１つには、そうした「地方から見た体育史」という研究視座を、地方に存在する新たな史料の発掘・分析を通して具現化しようと試みた。大久保先生の研究手法の基本は、『EVERY BOY'S BOOK』（London, 1883）や林正十郎の『木馬之書』（推定1867年）に関する研究に代表されるような、地方に存在する史料の丹念な収集と分析にある。そうした先生の研究手法に関する基本姿勢を、各執筆者は踏襲するように心がけた。

以上のようなキーコンセプトに基づいて執筆された14編の論文を、本書は後述の３つの問題領域に分けて編集しているが、次のことをあらかじめ断っておきたい。それは、本書が「地方から見た体育史」を体系化して論じることを目指してはおらず、それぞれの執筆者のそれぞれのテーマに基づいて「地方から見た体育史」の実相を描き出そうとしているということである。したがって、編集段階で各論文を関連のあるテーマや近接の領域によって１つの「部」にまとめるという方法を用いざるをえず、各部を構成する論文の内容的な相互関連性という点では希薄である感は否めない。しかしながら、そうした編集の方法によって、多様な切り口からアプローチできる「地方から見た体育史」という研究視座の有効性やその面白さをより際立たせて表現できるのではないかとの期待も寄せている。

ここで各部の分類とその問題意識について簡潔に記しておきたい。第一部「体育史における『中央』と『地方』」は、日本と台湾における体育・体操をテーマとする論文から構成されている。そこでは特に、中央や国家の動向を対置させつつ地方や植民地の視点から得た研究成果によって従来の体育史全体の再構成を図るような試みが見られる。また、中央より発信された体操が、地方にどのように普及・定着していくのかという問題意識にも取り組んでいる。第二部「スポーツの展開とローカル・アイデンティティ」では、「イギリスとアイルランド」「政府・文部省と地方」「占領国ソビエトと被占領国ドイツ」「旧東ドイツと統一ドイツ」というそれぞれの関係性の中で、スポーツが地域独自の展開を見せてきた様相が描かれている。また、欧米中心主義のオリンピズムを日本の嘉納治五郎の教育思想というローカルな視点から再解釈し、新たな意義を見出そうとする取り組みも見られる。第三部「東アジアの武術交流・発展史」では、東アジア、特に朝鮮、琉球王国、日本における武術史の実相の解明が、それぞれ地方に軸足を置いて試みられる。ここでは、日本、琉球王国、朝鮮における武術の発展が、地方の社会的状況や地政学的意義、またそこでの政策展開が及ぼす影響、中国をはじめとする近隣諸国との武術交流、特定の中心人物による地方への伝播・普及の実態といった観点から論じられている。

以下、それぞれの論文の内容を簡単に紹介しておこう。

第一部　体育史における「中央」と「地方」

藤坂由美子「明治初期（学制期）における学校体操の普及と官立師範学校の役割―宮城師範学校を中心に―」は、全国で7校あった官立師範学校での教員養成における体操実施の実態解明を課題とし、宮城師範学校に焦点を当てて、それが地方の体操普及に果たした役割について考究している。そして、この宮城師範学校は、明治政府および文部省の教育政策を反映した東京師範学校の教育課程や教授内容にほぼ準拠した体操実践を行うことで、中央で構想された体操を、学校や地域が一部限定されたとはいえ、地方に普及させる機能を果たしたと結論づける。

金湘斌「1907年浜崎伝造の『台北庁体操法教程』についての考察―台湾女子における普通体操を中心として―」は、台湾女子の普通体操の端緒となる「台北庁体操法教程」の作成背景、考案理由、目的、内容を分析するとともに、特に同教程の中の纏足・解纏足の台湾人女子に対して実施する特別な普通体操について論じている。そこでは、「異常状態ノ矯正＝特殊ノ方法」という観点で浜崎伝造が作成した同教程が、一般の動作より簡略化され、踵の負担を軽減した動作を特徴とする、世界唯一の纏足・解纏足者向けの体操指導書であると結論づけられている。

佐々木浩雄「国民精神の涵養と体操の日本化―松本学と『建国体操』―」は、

元内務官僚のトップであった松本学が大谷武一らとともに創出・普及した建国体操を取り上げ、戦争へと向かう1930年代後半、いかにして体操に日本精神が練り込まれ、体操と国民精神が結びつけられようとしていったのかについて検討している。そして、松本がいう日本の世界観および原理としての「一如観」を思想的基盤に、建国体操が国民生活に即した具体的な民族的文化運動の一つとして、健康・体力の向上ばかりでなく、国民意識の高揚にも重要な役割を期待されたことを示している。

古川修「新制高等学校における体育科教員の教師像―『文検体操科』合格者を中心に―」は、戦前の制度で養成されながらも、戦後初期の新制高等学校における体育指導を担った体育科教員について、特に埼玉県における文検体操科合格者に焦点を当てて考究している。文検体操科合格者が1949年の同県の県立・公立高校に勤務する体育科教員91名の3分の1以上に及んだことを明らかにするとともに、1人の合格者のライフヒストリーの丹念な調査も行いながら、こうした多くの文検体操科合格者の登用の理由を、小学校教員からキャリアアップし、その後も生涯にわたり学び続けるという彼らの姿勢が、軍国主義と決別し、新たに始まる民主主義の教育の時代の要請に合致したという点に求めている。

林玫君「台湾の大学入試における体育学科実技試験の一考察―戦後（1946）から現在（2014）まで―」は、これまで台湾において約70年間にわたって実施された体育実技試験の変遷を、それに参加した大学、受験者、試験内容、評価方法といった観点から分析している。時代や政策の移り変わりによって実技試験の有り様も変化しており、具体的に、実技試験に参加する大学および受験者数の増加、内容のフィットネステスト化、評価方法の多様化などに論及されている。そして、スポーツエリートだけでなく、より幅広い層が実技試験を受けやすくなるという全般的な変化の傾向の中で、実技試験のあり方ばかりでなく、その存在意義が問われているという。

第二部　スポーツの展開とローカル・アイデンティティ

榎本雅之「アイルランドにおけるラグビーのはじまり―トリニティ・カレッジのフットボールクラブ誕生（1854年）から IRFU(Irish Rugby Football Union)

の設立（1879年）まで―」は、近代フットボールがどのようにアイルランドに伝播したのかを、特にラグビーに焦点を当てて考究している。イングランドのパブリックスクールの卒業生が多くいたダブリン大学のトリニティ・カレッジでフットボールのオリジナルルールが作成され、これがアイルランドに普及しつつあったものの、インターナショナル・マッチの開催を契機としてラグビー連盟（RFU）のルールに取って代わられていくこと、またそうした動きの中で2つの地域連盟が設立され、後にその分権構造を残しながらも、アイルランド全島の統括組織としての IRFU が創設されたことに論及している。

新井博「文部省スキー講習会（昭和6年）創設の意義―福井県からの講習会参加者の事例より―」は、文部省によって初めて主催されたスキー講習会について、開催の経緯、講習会の内容、福井県からの参加者を事例とする講習会参加者のその後の活動という分析視点に基づき、その意味を明らかにしている。そして、この講習会が、当時のスキー気運の高まりを普及に結びつけるために、指導者の養成と指導書の作成を意図して開催されたこと、福井県からの参加者はそうした講習会の意図にかなった活動を講習会参加後も展開していたことが示されている。

實學淳郎「ソビエト占領下ドイツにおける州政府のスポーツ関係規定（1945-1949年）―内容と特徴を中心として―」は、ドイツ側行政が、占領権力のスポーツ政策に対応しつつスポーツを再建していく過程を、各州政府によって出されたスポーツ関係規定の分析を通して論述している。スポーツ関係規定の内容の特徴を踏まえて、各州政府が1945 ～ 1947年にはスポーツの非ナチ化と非軍事化を、また1948年以後は教育機関によるスポーツの助成やスポーツフェラインに代わるスポーツ共同体の登記を重要視していたことを明らかにし、そのスポーツ政策の変化に論及する。

藤井雅人「旧東ドイツの『青少年スポーツ学校』からドイツ統一後の『スポーツ強化学校』への改革・再編について」は、競技スポーツ活動に偏重する傾向にあった旧東ドイツの青少年アスリートの育成施設が、1990年の東西ドイツ統一による政治体制の転換に伴って、青少年の健全な発育発達も十分に考慮したアスリート育成を展開するように変化していった状況を、ベルリン州の事例も用いながら明らかにしている。

和田浩一「21世紀に生きるピエール・ド・クーベルタンのオリンピズム―日本の過去と未来の視点から―」は、特に嘉納治五郎の教育思想の考察に基づいて、かつて時代的にも地理的にもオリンピックの周縁に位置した日本の歴史的・将来的な視点から、近代オリンピックの創始者クーベルタンの現代性を論じている。そこでは、世界の様々な文化圏の人々がそれぞれの多様な立場から、欧米中心主義的な性格をもつオリンピズムを議論し、その成果を発信していくことの重要性が強調されている。

第三部　東アジアの武術交流・発展史

村戸弥生「世宗7年（1425）騎馬撃毬の武科試験科目導入の背景―朝鮮朝初期の北方社会状況―」は、武科試験科目に騎馬撃毬が採用された理由を、世宗7年当時の社会背景、特に女真人などの外方からの軍事的脅威といった外的要因より明らかにしている。これまでの研究では、騎馬撃毬の採用理由についてその武芸訓練としての機能が指摘されるにとどまってきたが、ここでは特に、咸吉道の女真人を制度的に取り込むための女真人の得意技芸の試験科目への採用、同地域の担当武人となる中央エキスパートの養成といった女真人問題、すなわち咸吉道問題の解決に向けた政策展開であった可能性が論じられている。

ビットマン ハイコ「空手道史研究―琉球王国時代における禁武政策史料について―」は、空手道史において琉球王国時代にあったとされる禁武政策が空手道の発展に大きな役割を果たしてきたという諸説について検討している。史料の緻密な分析により、琉球王国が一切の武器のない国、また武器をもたなかった国であったとは考え難いこと、さらに薩摩藩の侵攻後、薩摩の侍から身を守る必要性から素手の武術が考案されたという説や、薩摩藩の禁武政策によって徒手の武術の発達が促進されたという説にも根拠が乏しいことが示され、従来の諸説に修正を迫る。

朴貴順「『武藝圖譜通志』の『長槍』の記述に関する研究」は、朝鮮時代の代表的な総合武芸書である『武藝圖譜通志』の長槍の記述に着目し、明の『紀效新書』およびその朝鮮における翻訳本である『武藝諸譜』からどのように変化しているのか、その過程と意義について論述している。『武藝圖譜通志』は、『紀效新書』やそれを翻訳した『武藝諸譜』を踏襲した内容となっているが、解説や図は改編されており、朝鮮人を対象とした解説本の性格を有していた。『紀效新書』から約200年を経て、『武藝圖譜通志』が朝鮮で編纂されたのは、国家事業として武芸を制度化・体系化し、国家試取の基準を定める意図があったとし、この長槍の記述はそれらをよく示していると述べる。

山脇あゆみ「日本泳法の地域的発展―金沢に伝わる清記流の泳法と練習内容―」は、日本水泳連盟に公認されている13派の日本泳法の1つである山内流から分派した清記流が、大分県臼杵から石川県金沢に伝播し、その地でどのような地域的発展を遂げたのかについて検討している。金沢に清記流泳法を伝えた阿部壮次郎から直接学んだ門下生へのインタビュー調査によって、その練習内容や具体的な泳ぎ方が明らかになるとともに、臼杵で展開されていた清記流の「生きるための泳法」という基本理念が、金沢の清記流では阿部の指導によって一層顕在化した形で伝えられていたことに論及している。

以上のような３部構成のあり方が適切であるかどうかは読者の判断をまたなくてはならないが、多様なテーマを通して、「地方から見た体育史」という研究視座の有効性とその面白さを多少なりとも伝えることはできているのではないかと思う。そもそも、この「地方から見た体育史」という研究視座を、私たち執筆者一同は金沢大学で教鞭を執られていた大久保英哲先生による一連の研究から学んだ。本書の刊行によって、大久保先生の学恩に幾ばくかは報いることができたのであれば、これに勝る喜びはない。

編集者を代表して　藤井雅人

目　次

まえがき …………………………………………………………… i

第一部　体育史における「中央」と「地方」

明治初期（学制期）における学校体操の普及と官立師範学校の役割
　—宮城師範学校を中心に— ………………………………… 藤坂由美子　2
1907年浜崎伝造の「台北庁体操法教程」についての考察 ………… 金湘斌　20
　—台湾女子における普通体操を中心として—
国民精神の涵養と体操の日本化 ………………………………… 佐々木浩雄　45
　—松本学と建国体操—
新制高等学校における体育科教員の教師像 ……………………… 古川修　72
　—「文検体操科」合格者を中心に—
台湾の大学入試における体育学科実技試験の一考察 ……………… 林玟君　94
　—戦後（1946）から現在（2014）まで—

第二部　スポーツの展開とローカル・アイデンティティ

アイルランドにおけるラグビーのはじまり …………………… 榎本雅之　130
　—トリニティ・カレッジのフットボールクラブ誕生（1854年）から
　　IRFU(Irish Rugby Football Union)の設立（1879年）まで—
文部省スキー講習会（昭和6年）創設の意義 …………………… 新井博　152
　—福井県からの講習会参加者の事例より—
ソビエト占領下ドイツにおける州政府のスポーツ関係規定（1945-1949年）
　—内容と特徴を中心として— ……………………………… 實學淳郎　181
旧東ドイツの「青少年スポーツ学校」からドイツ統一後の「スポーツ強化学校」
　への改革・再編について ………………………………………… 藤井雅人　200

21世紀に生きるピエール・ド・クーベルタンのオリンピズム … 和田浩一 224
—日本の過去と未来の視点から—

第三部　東アジアの武術交流・発展史

世宗7年（1425）騎馬撃毬の武科試験科目導入の背景 ……… 村戸弥生 244
—朝鮮朝初期の北方社会状況—
空手道史研究 …………………………………… ビットマン ハイコ 263
—琉球王国時代における禁武政策史料について—
『武藝圖譜通志』の「長槍」の記述に関する研究 ………………… 朴貴順 292
日本泳法の地域的発展 ………………………………… 山脇あゆみ 310
—金沢に伝わる清記流の泳法と練習内容—

編集後記 ………………………………………………………… 331
大久保英哲先生の研究業績 大久保英哲先生が指導・審査を担当された博士論文 …………………………………………………… 333
執筆者紹介 ………………………………………………………… 338

第一部　体育史における「中央」と「地方」

明治初期（学制期）における学校体操の普及と官立師範学校の役割―宮城師範学校を中心に―

藤坂　由美子

1. はじめに

「必す邑に不學の戸なく家に不學の人なからしめん事を期す」[1)]ことを理念として、国民皆学のための教育制度改革に着手した明治新政府は、オランダ、フランス、プロイセン等の西洋諸国の教育制度を模して、小学校設置の促進とその教員養成機関の創設を企図した。1872（明治5）年に「学制」を公布し、東京に最初の官立師範学校を開設し、外国人教師を雇った。翌年には附属小学校を併設するとともに、欧米より移入した新教育課程と教授法を修得した教員を養成し、その卒業生を全国に派出した。しかし、官立の師範学校が東京に1校だけでは全国の教員養成を行うには間に合わず、翌年の1873（明治6）年に大阪と宮城に、1874（明治7）年に愛知、広島、長崎、新潟に官立の師範学校を設置した。こうして、全国を7大学区に分け、各大学区にそれぞれ1校ずつの官立師範学校が設置され、教員の大量養成が図られた。同年には最初の女性教員養成機関である東京女子師範学校も同時に設立された。

7大学区にそれぞれ設置された官立師範学校は、東京師範学校の教則に準拠する形で地方での教員養成を展開した。東京師範学校の第一回，第二回卒業生が派遣された全国の師範学校では、東京師範学校において教育される内容・方法が模範とされ、ここに地方の官立師範学校教育が始まった。東京師範学校は、「学制」による新教育制度遂行のモデルとして位置づけられたのである。こうして、文部省と東京師範学校を頂点にした中央集権的教育システムの嚆矢をみるのであるが、現在のように物質的教育資源や人材、情報伝達手段が十分でなかった近代初期に、教員養成の画一化、教育の全国的統制が困難であったことは容易に推測できる。

「体操」科もまた初等教育段階から教育すべき一教科として教育課程の中に位

置づけられた。その教材は、日本ではこれまで軍隊でしか目にしたことのない欧米移入のドリル式体操法であった。当初は、生徒の健康維持の目的から導入された体操法であるが、この目新しい体操法は、他教科の教科書同様、まず文部省や東京師範学校において翻訳されて図表や冊子状のテキストに編集され、全国に翻刻を許可することで普及が促進された。これら全国に散らばったテキストに示される体操法は、その後どのように教育現場で実践されたのだろうか。

1878（明治11）年に体操専門の教員養成機関である官立の体操伝習所が創設されるまでの体操教員不在の時代の体操実施については、これまで教育制度や教育課程、体操図解等の作成に関しては研究されてきているが、実施の程度や普及の実態までは十分に明らかにされていない。この点について考える際に課題となるのは、全国7大学区にそれぞれ設置された官立師範学校の体操実施の実態解明である。各地の官立師範学校では、東京師範学校を模範としながらも、各地方特有の課題や限界、人的ネットワーク等が存在し、独自の教育が行われていたと思われる。官立師範学校の教員養成に関する研究としては、水原の『近代日本教員養成史研究』が詳しい[2)]。例えば第二大学区の官立愛知師範学校は、初代校長の伊沢修二による唱歌遊戯の開発等、独自の先駆的教育が展開された師範学校として紹介されている[2)]。中央集権的教育システムの構築が図られる中でも、校長や教員の裁量に委ねられた模索段階のプロセスが窺えるのである。一方で、東京師範学校の教則にほぼ準拠し、平均的な教育水準を有したといわれる師範学校としては、第七大学区「官立宮城師範学校」（以下、宮城師範学校）があげられている[2)]。しかし、当時の教育課程は示されているものの、体操実施の実態についてまでは触れられていない。

宮城師範学校は、当時は辺境の地であった東北地方でどのように師範教育を展開したのだろうか。東京師範学校を範としながら、どのような体操がどのような過程を経て教授されたのか、また、当校独自の試みは確認できるのか。以上のような視点から、本稿では宮城師範学校が地方での体操普及に果たした役割を明らかにすることとする。

写真1　官立宮城師範学校校舎[3)]

写真2　宮城師範学校附属小学校校舎[3)]

2. 宮城師範学校の教育と体操実践

2.1 宮城師範学校の教育課程と寄宿舎規則

宮城師範学校は、大阪と同時に他の官立師範学校に先駆けて1873（明治6）年に開設され、東京師範学校の教育課程にほぼ準拠した規則を規定した[2)]。教員として派出された東京師範学校の卒業生が指導に当たり、初代校長には元仙台藩士の大槻文彦が任命された[3)]。1875（明治8）年12月改定の教則[4)]（『宮城師範学校規則』1876年1月改正[5]に同じ）には、その第一条に「本校ハ小學ノ師範タルベキ學科及ヒ授業ノ方法ヲ教フル所ナリ」と設置の目的が明確に示されている。在学期間を2年間とし、1年を二期（一期は6か月）に分け、一期ごとに定期試験を行い四級から順に一級へ昇級する課程編成であった。課業時間は1日5時間、1週30時間とし「体操」は時間外に行うこととされた。小学師範学科の科目には、小学授業法、文学、地理学、史学、数学、物理学、博物学、科学、修身学、生理学、経済学、記簿法、画学、体操、唱歌の15科が置かれ、すべての科目を偏りなく学ぶこととされた。修得したこれらの学科は、卒業後の1か月3週間で附属小学校において実際に教授し、実習を行った。第四級から第一級までの各級の学科課程にはそれぞれ「体操」が置かれており、その教授内容には第四級と第三級では「体術　運動」、第二級と第一級では「器械体術　運動」と示されている。教科書、参考書等については規則上には示されていない。

また、「舎則」として寄宿舎における規則も別途定められており、「日課時限」には以下のように一日のスケジュールが規定されている。

表1 「舎則」日課[5]

	夏期　起春分　止秋分	冬期　起秋分　止春分
晨起	午前5時	午前5時30分
盥嗽　服飾	同　5時～5時30分	同　5時30分～6時
朝餐	同　5時30分～6時	同　6時～6時30分
副課	午前　6時～7時	午前　6時30分～8時
正課	同　7時～12時	同　8時～12時
午餐	正午　12時～12時30分	正午　12時～12時30分
休憩	午後　12時30分～2時	午後　12時30分～1時
副課	同　2時～3時30分	
正課		同　1時～2時
體操	同　3時30分～4時30分	同　2時～3時
休憩		午後　3時～4時
沐浴　散歩	午後　4時30分～6時30分	同　4時～5時
夕餐	同　6時30分～7時	同　5時～5時30分
副課	同　7時～9時	同　5時30分～9時30分
就眠	同　9時	同　9時30分

但本文ノ時刻ハ都テ點鐘或撃柝ヲ以テ之ヲ報ス

師範学校生徒では、官費を受けた生徒は寄宿舎に入り（私費生は通学）、この日課によって生活することが規定されていた。午後には毎日1時間の体操の時間が設けられ、夕食前には沐浴と散歩の時間が2時間充てられていることがわかる(表1)。生徒の健康と清潔と勤勉の態度については舎則の随所に示されており、学生生活が規則によって厳格に管理されていた様子が窺える。

また、各学級の運営に関して「級長選挙法并職務條例」規定があり、各級生徒の選挙による級長の選出と級長の業務が定められている。その第七条には「生徒體操場ニ出ル時ハ四挙動ノ號令ヲ施シテ之ヲ整頓ス」[5)] とある。体操場までの生徒の誘導は、各級の級長の号令指示によって行われていた。

このように、『宮城師範学校規則』から、体操が学科課程や寄宿舎生活の中に明確に位置づけられていたことがわかる。

3. 宮城師範学校の体操教授の実態

宮城師範学校において体操が実施されていたであろうことは上述の同校諸規則から明らかであるが、その体操を大学区内の師範学校や小学校へ普及させる試みはあったのだろうか。以下に、体操実施の実態がわかる事例を挙げたい。

3.1 校舎落成式における体操披露

宮城師範学校が1874（明治7）年5月15日に校舎を建設し落成開校式を行ったことが「東北新聞」により次のように報告されている。

　宮城縣下師範學校は文部省より建てらるゝ者にして客歳十月功を起し今年五月に至て成功す土木の結構壮麗を盡せり生徒は本校及び附属小學併せて百五十人許と云去月十五日は落成開校式を行ひ本校及ひ（ママ）小學校に日章の旗を掲け諸門窓戸に草花を飾り小燈数百を懸く教場は中央に窮理器械及び図書を陳列し赤白の幕を囲らし…（中略）…祝詞了て窮理器械の作用を施示し次に生徒體操を行ひ或は小學生徒の課業を試み午後一時より七時まで諸人の参観を許し縣官等も来賀せし由なり本日校内の者には酒饌を下賜し拝観の者には餅を賜ふ是日天気晴朗老幼俶然として参観し校内立錐の地なきに至る頃日縣下演劇角抵盛

んに行はる是日に至りては看客なく業を廃すると云實に僻郷の一大盛事にして之か為めに人民も一層眼を開き其子弟をして争ふて従學せしむるに至るべし[6)]

宮城師範学校は開校以来、経営に成功して校舎を新築し、盛大な新築落成式を挙行した。落成式では一般開放され、県内各地から人が訪れ、日頃は賑わう県内の劇場や相撲見物もこの日は観客が来なかったとも記されている。維新の教育改革のシンボルとして宮城師範学校新築開校の一大イベントが催されたのであるが、これは地域住民への就学意識の向上を企図したものと思われる。また、式典の後は生徒の体操も披露され、庶民の目にも触れることとなった。

3.2 明治天皇巡幸と宮城師範学校の天覧体操

明治天皇は、1876（明治9）年に東北巡幸を行っており、栃木県から福島県、宮城県、岩手県、青森県を経て函館までの各所を巡った。東北巡幸には岩倉具視右大臣ほか政府要人も随行した。視察の対象は、軍関係施設、産業施設、学校が主であった。明治天皇巡幸は、明治年間を通じて97回挙行され、地方への巡幸が60回を数えるという[7)]。この巡幸実施には近代天皇制の確立を支柱にした殖産興業の推進・国民教育の普及・地方行政の把握・軍事大演習等、政府による政治的意図があった[8)]。宮城県仙台市を巡幸の際も、明治天皇は県庁や裁判所等の行政施設や、牧畜場等の施設、仙台本丸（青葉城）跡、騎射場等の軍関係施設、宮城師範学校および附属小学校・宮城英語学校をはじめとした学校を視察した。その様子が次のように『明治天皇聖蹟志』に記されており、天皇が師範学校生徒の体操を目にしたことがわかる。

明治九年六月廿五日午前仙臺裁判所ヨリ直チニ御臨幸附属小學校生徒授業ノ大略師範生徒ノ體操其他ノ授業ヲ天覧ノ上優等生ニ書籍ヲ賜ハリタリ[9)]。

また、1876（明治9）年『宮城師範英語学校綴』には、明治天皇天覧のために宮城県仙台市の小学校において宮城師範学校実施の体操を教員と生徒が伝習したという記録も残されている。

御駐輦中養賢小学校へ

臨御被為有候はヽ各校より生徒二十名程つヽ差出し授業手続入

天覧候様御達相成居候処是迠各校體操術一轍に無之不体裁に付宮城師範学校改正體操術に倣ひ申度候間同校一級生之内體操熟練之者相頼明後十六日より日曜休暇を除き四日間午後二時より二時間養賢小学校に而教員及生徒迄伝習相受度候間可然者二名同校へ相廻され候様宮城師範学校へ御通牒被成下度此段奉願候也

七小学校訓導総代

養賢小学校五等訓導

九年六月十四日　木村　敏[10)]

この文書は、当時の宮城県学務課の保管文書である。天覧のために体操法を習得する必要が生じたが、これまでは全く体操が「不体裁」であったので、7小学校から生徒各20名程を選出し、宮城師範学校の教員2名を派遣してもらい「改正体操術」を小学校生徒と教員に指導してほしいと、小学校側が宮城師範学校へ依頼した文書である。体操指導は日曜と休日を除く4日間にわたって、午後2時からの2時間、市内の養賢小学校を会場にして行われた。最終的に天覧体操に参加した教員と生徒が何名であったのかは確定できないが、7つの小学校から各20名程度が選出されたと考えると、100名を超える小学校生徒が天皇巡幸に際して動員されたと考えられる。そして彼らは、師範学校で実施されていた体操を披露するため、4日間という短期間で体操を習得したのであろう。天皇の到着日が6月25日で、生徒動員と体操指導がその11日前に依頼されていることから、時間的に切羽詰った状況であったようだ。また、小学校訓導総代が宮城師範学校に2名の教員の派遣を依頼していることから、この時点で師範学校に体操指導が可能な教員が複数名存在していたこともわかる。つまり、明治9年時点の仙台市では、小学校教員や生徒には体操が浸透しておらず、天皇巡幸が師範学校教員による小学校への体操指導の契機となっていたといえる。なお、体操指導を依頼した「七小学校訓導総代」で養賢小学校訓導の「木村敏」という人物は、後述するが、宮城師範学校の第一回卒業生である。

このように、天皇の巡幸に際して俄かに生徒が動員され、授業の天覧と併せて体操が披露されることは、その後の巡幸でも通例となっていたようである。天皇巡幸の際の学校奉迎指導について論じた宮崎によれば、体操は学校臨幸の際に必ず天覧され、1881（明治14）年の山形県巡幸の場合は「師範学校では臨幸の四週間前に漸く体操場が落成し、その数日後から体操の授業が開始された」[11] ようである。体操は初等教育課程に位置づけられ、形式的には制度化されてはいたが、地方の学校現場ではその実施が立ち遅れており、天皇や政府関係者の視察に合わせて俄かに準備するといった実態があった。宮城師範学校が中心的位置にあった第七大学区の宮城県においても同様であった。しかしながら、天皇巡幸が国民教育の普及に与えた影響は大きく、それがまさに明治政府の政治的意図であったといえるだろう。師範学校や小・中学校視察の際に、体操を含めた当時の最新の教科目や教授体制を監督し、その定着を促進させていったのである。このことから、体操が明治「学制期」の教育改革における初等教育、師範教育の一つの重要な科目として明確に位置づけられていたということがわかる。

では、実際に宮城師範学校教員によって指導された体操法はどのような形式のものであったのか、以下に同校卒業生の編纂したテキスト類をもとに考察してみたい。

3.3 宮城師範学校卒業生による体操教材の作成

3.3.1 松山若冲による『新撰體操図解』の編纂

宮城師範学校は1874（明治7）年9月7日に第1回卒業生15名を各県へ派出し、小学校訓導とした[12]。その中に、静岡県に派出され「養正小学」の訓導となった「松山若冲」（以下、松山）という卒業生がいる。松山とその配属先となった「養正小学」について、『文部省第二年報』に次のような記録がある。

養正小學ハ第十六番中学ノ本部ニ在リ宮城師範學校卒養生徒松山若冲其教員タリ該校ハ舊田中藩邸ニシテ其構造頗ル廣ク教場ヲ数局ニ分ツ数一百九十名其學歩下等三級ニ進ミ四則應用諳算ノ如キハ最モ感スヘキモノアリ當校ハ授業ノ

法全ク純良ニシテ生徒ノ整頓セル第二大學区公立師範學校中ノ巨擘タリ」[12)]

松山は宮城師範学校を卒業後、静岡県の「養正小学」と称する公立師範学校（師範研修所）の教員として配属された。松山が同校に何年間勤務したかは明らかでないが、1875（明治8）年12月に一冊の『新撰體操図解』という体操の参考書を編集している[14)]。この書の奥付によれば、松山は「若松県僧侶　駿河国静岡寺町二丁目一番地寄留」とあり、若松県（現在の福島県）出身の僧侶で、静岡県在住のときにこの書を編集したことがわかる。つまり、静岡県の「養正小学」に配属されて1年余りの間に「体操図解」を纏めたのではないかと推測される。

このように「体操図解」「体操書」などと書名に「体操」を冠した体操法の解説書・教科書類は、1873（明治6）年以降、地方においても多数出版されるようになる。これは、同年に文部省が「改正小学教則」を公布し、体操の教科書として『榭中体操法図』と『体操図』を例示し、他教科の教科書同様、各府県での翻刻を許可するとともに府県の裁量で学校教科書の採択を行うことを認めて以来、民間の出版者や学校教員等による教科書類の編集・出版が自由に行えるようになったためである[15)]。松山もまた、静岡県の教員として体操の普及をねらい、『新撰體操図解』を編纂したと思われる。同書の例言にも以下のような解説がある。

一　體操ノ図タル其書多クシテ取捨甚タ迷フ故ニ東京師範黌ニ於テ為ストコロヲ以テ今日ニ施サハ又撰ヒ易シ故ニ之ヲ取テ図解ス
一　人ニ健不健アルヲ以テ其運動體操モ亦従ツテ多少スベシト雖トモ概スルニ其数十二回ヲ以テ隹トス故ニ毎図此数ヲ終ヘテ次ノ體操ニ移ル

当時は体操の解説書等が巷に多く出回っており、どれを参考にしてよいか学校現場に戸惑いがあった。松山はこの状況をふまえて東京師範学校で実施されていた体操法を選択してこの書を編纂したのであった。また、各体操動作の適正回数を12回として明記している点は、児童生徒の体力に応じて「運動強度」の基準を示す視点が存在した可能性として注目できる。あるいは、当時の小学校則によれば、体操は正課の授業の合間5～10分や放課後に実施することが定められていたことから、時間を考慮した実施回数の設定であったとも考えられる。

3.3.2 体操法の解説

松山の書には、例言に続いて体操実施前の生徒の体操隊形の説明が記されている。生徒は2列または3列に並び、左右の腕を伸ばしたときに隣の生徒と触れない距離を保って直立し、最右列の生徒に合わせて、各列を真っ直ぐに整えるよう解説されている。また、この整列は、教師の号令によらず、生徒自身が意識して行うことが添えられている。

体操は「第一図」から「第廿三図」の動作で構成され、各図には教師の号令言葉と、体操動作の解説がある（図1）。これら23種の体操動作は用具を用いず徒手のみで行う体操法であり、『樹中体操法図』や『体操図』と類似の体操法である。動作を詳細に分析してみると、1874（明治7）年に「天野皎」が編纂した『体操図解』と酷似している[16)]。「天野皎」とは、東京師範学校の第1回卒業生で、その後官立大阪師範学校訓導として配属された教員である。天野もまた、体操動作実施の適正回数を12回に定めている。松山、天野のいずれの書も、縦約11㎝×横約15㎝の横長小型の和綴じ本であり、通常の学校教科書とは異なるサイズである。学校現場での実用化を想定して編纂され、体操の普及を意図したものと考えられる。

このように、東京師範学校や宮城師範学校の卒業生は、卒業後に教員となり、「体操図解」の編纂・出版を通じて体操の普及に貢献していたことがわかる。そ

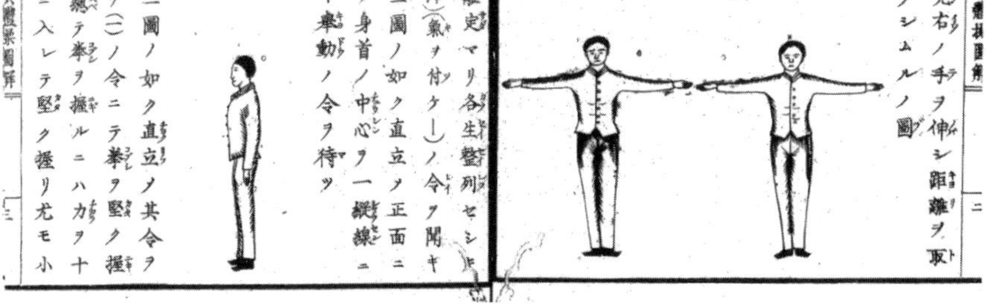

図1　松山若冲撰『新撰體操図解』

して、それらの体操図解に示される体操法は、基本的には生徒が整列した状態で教師の号令に従って一斉に行う、明治6年から東京師範学校で実施されていた徒手体操であった。卒業生らは、官立師範学校において得られた経験から、学校教育における体操の必要性を認識し、「体操図解」という体操教材の作成と出版を通じて普及を試みていたものと思われる。

3.3.3 木村敏による体操の紹介

先述の松山若冲と同時期に卒業した第1回卒業生に「木村敏」（以下、木村）という人物がいる。木村は卒業後、宮城県に派出された[17)]。仙台東二番丁小学校の三等訓導として配属されるが、彼は官立宮城師範学校の卒業生だけでは管轄大学区内の教員養成が追い付かないために小学校教育が行き届かないことを憂い、「小学教則講習所」を設置して仮教師の教育を行うことを提案する建議書を県に提出した。県はこの建議書を受けて1875（明治8）年2月23日に「伝習学校開学之義伺」を文部省に提出し、同年3月4日に田中不二麿より許可を受け、「宮城県小学校教則伝習学校」が発足した[18)19)]。翌1876（明治9）年には「公立師範学校」「公立仙台師範学校」と順に改称され、1879（明治12）年には公立の「宮城師範学校」となる。木村は初代校長を兼務することとなり、宮城県における公立師範学校の発足に多大な貢献をした人物として評価されている。

木村は、先述のように1876（明治9）年の天覧体操のための体操指導を計画した人物である。教材作成にも功績のある人で、1882（明治15）年10月には『小學始教』[19)] という小学参考書を編纂している。この書は「小學生徒温習ノ便ヲ資クル」を目的とし、初等段階の「いろは図」「五十音図」等の文字学習教材から「指教図」と称する単語図、文章や語句学習のための「短句図」「連語図」、「算用数字図」「加算」「減算」「乗算」「九九」「除算」等の算術教材、「衣服名称図」等の裁縫教材、および「体操」教材で構成される全29丁の書である。巻末に「体操図解」が付される編集形態は、1874（明治7）年以降多数出版されてきた一般的な小学参考書類と同様である。

木村が『小學始教』において紹介した体操は全28図で構成され、腕・脚・首・腰（体）の運動に分類されている。教師の号令は記されていないが、各動作は

12回から16回のカウントで行うこととされている（図2）。先の松山の紹介した体操と異なる動作も若干見られるが、ほぼ同様の『榭中体操法図』や『体操図』と類似の体操である。徒手体操のみが示され、用具は使用しない。本書の編纂目的が「小學生徒温習」（家庭等での復習）であることから、教師の号令言葉は省かれ、簡易な徒手体操のみで構成されたものと推測される。

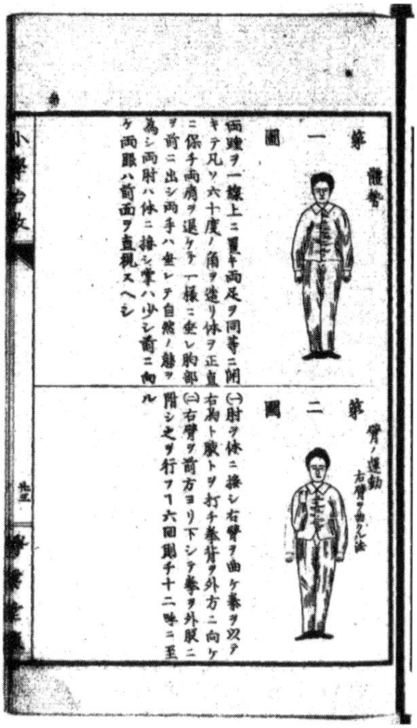

図2　『小學始教』の体操図

3.3.4 体操教員「佐々木武治」

木村敏編纂の『小學始教』巻頭の「凡例」に以下のような記述が見られる。

> 體操ハ凡廿八図アリ臂脚頸體ノ四類ニ大別ス皆容易ニシテ幼童ノ演習ニ適スル者ヲ掲グ悉ク宮城師範學校體操教員佐々木氏ノ訂正スル所ナリ

この「宮城師範学校」とは「小学教則伝習学校」を前身とする公立の師範学校であるが、本書出版の明治15年時点で師範学校に「体操教員」が存在し、体操指導が行われていたことがわかる。体操教員は1878（明治11）年設立の官立「体操伝習所」において養成され、後に全国に卒業生を輩出することで体操指導と普及が促進されていくのであるが、この体操伝習所第1回卒業生名簿（給費生　明治14年7月卒）の中に宮城県出身の「佐々木武治」という人物の名が見られる[21)]。おそらく宮城師範学校体操教員の「佐々木氏」と同一の人物であると思われる。体操教員の佐々木が体操伝習所を卒業するのが明治14年7月、木村の『小學始教』が出版されたのが明治15年10月（同年9月出版届）であるが、佐々木が体操伝習所で修得した体操法は『小學始教』には反映されていない。明治14年～15年時点では、まだ旧来の東京師範学校系統の体操法が実施されていたことが窺え、多少のタイムラグが生じていることがわかる。

しかしながら、体操伝習所の体操法が学校教育現場に導入されるまでの間は、東京師範学校系統の体操法が、官立宮城師範学校の卒業生によって（のちに公立師範学校の教員として）教育課程や教材の中に確実に位置づけられ、その必要性が啓発し続けられていたことがわかる。

4. 官立宮城師範学校の廃止と公立師範学校による継承

1873（明治6）年から1874（同7）年にかけ設立された地方の官立師範学校6校は、1877（明治10）年2月に愛知・広島・新潟が、翌1878（明治11）年2月には宮城・大阪・長崎がそれぞれ廃止された。東京師範学校と東京女子師範学校を残して、開校から僅か3～5年ですべて廃校に至ったのであるが、その理由としては、西南戦争により財政緊縮が必要となっていたことと、「学制」が事実上破綻に瀕していたこと、地方府県の教員養成機関が形態を整えるとともに官立師範学校の占めるべき位置が相対的に低下したこと、などが挙げられている[22)]。欧化政策ともいうべき急進的で形式主義的な教育改革を進めた「学制」以来の教育行政は、明治10年代に入り、その見直しを迫られていた。

官立宮城師範学校もその例外ではなかった。同校では、開校以来の成果と今後の課題に関して1877（明治10）年に以下のように分析し報告している。

教則ハ本校創立ノ日東京師範學校ニ準則編成シタル者ニシテ爾来多少ノ改正ヲ経テ今日ニ至ル迄之ヲ實践シタリシカ今ヤ歳月ヲ経ルコト殆五年ニ及ヒ既ニ此教則ニ依テ養成シタル教員ノ實地教授ニ従事スル者大凡百四十人ニ至レリ…(中略）…今ノ小學ヲ視ルニ苟モ具眼ノ士ニシテ誰カ規則教授ニ流ルヽノ弊害ヲ鳴ラシ教員ノ未完ヲ訴ヘサル者アランヤ又心アル教員ニシテ誰カ親ラ教授ノ具ニ乏キヲ悔悟シ再ヒ入學シテ須要ノ學識ヲ得ンコトヲ願ハサル者アランヤ是レ果シテ教員養成ノ根基タル師範教則ノ未タ完全ナラザルニ職由スル乎…（中略）…又近時各府縣ニ公立師範學校ノ設置アリテ小學教員ヲ急成スルノ方法略備ハレルカ故ニ一時副急ノ教員ハ各管下ニ派遣シテ稍目下ノ用ニ給スルニ足レリ然ルニ今官立師範學校ノ教則ニシテ彼ノ公立師範學校ニ殆相伯伸スル副急的ノ者

ニ止ラハ官立學校モ終ニ其功ヲ見ルナク…（中略）…故ニ教則ヲ一層高度ニ進メ以テ優等教員ノ養成ニ従事スルハ誠ニ至要ナルモノト云ハサルヲ得ス…[23)]

これは、当時校長であった吉川泰二郎による報告である。官立師範学校として開校以来多くの教員を養成してきたが、規則や教授の形式ばかりに流れて、卒業生には未熟な教員が多いことを批判する巷の声も聞かれ、また未熟さを自覚して再度師範学校への入学を希望する教員もおり、このような実態からこれまでの教則の不十分さを省みている。さらに、県には公立の師範学校が設置され、速成的な仮教員養成を行っているが、公立師範学校の教育も官立と同等に近く、官立師範学校の存在意義に危機感をもって今後の教員養成の在り方を見直そうとしている。このように、宮城師範学校は翌年から新たに教則を改正増補して実施し、教育の改善を試みようとしていた矢先であったが、1878（明治11）年2月には廃校という結末を迎えることとなる。

宮城県はこの事態に慌てて、次のような文書を文部省へ電信で送っている。

ミヤキシハンガクコウノ、タテモノ、シヨセキ、キカイ、シツカイ、トウケン、ゴコウフ、アイナリタシ、イサイ、ユウビンニテ、モウシノブル、

ミヤギケン

明治十一年二月十二日

モンブシヤウ　ヲンチウ[24)]

ミヤキシハンガクコウ、タテモノ、ゴコウフノウヘハ、センダイシハンガクコウヲ、サカンナラシメンコト、トリシラベチウナリ、ツガウニヨリ、ヨシカハタイジロウヲ、トウケンヘ、ヤトヒ、ヲサシツカヒコレナキヤ、アイウカヽウ

ミヤキケン[24)]

宮城師範学校の廃校に伴い、当校の建物・書籍・器械はすべて公立仙台師範学校へ交付することと、仙台師範学校が教員養成を引き継ぐことが検討された。上記はその際に、現職の宮城師範学校校長吉川泰二郎を宮城県へ雇い入れてもよいかどうかを文部省へ伺った照会文である。書面による照会文と、郵便電報文が

『明治十一年　師範学校綴　学務課』に残されている。

この伺いは文部省により直ちに承認され、仙台師範学校は官立宮城師範学校の校舎・図書・器械の交付を受けて、「宮城師範学校」と改称した。こうして官立師範学校の役割は公立の師範学校へと引き継がれていくこととなった。同年3月には附属小学校を設置し、官立宮城師範学校の教員たちは公立「宮城師範学校」へ雇い入れられた。元官立宮城師範学校長の吉川泰二郎は5月に新制の宮城師範学校長として就任し、元仙台師範学校長木村敏は監事兼附属小学校教頭に任ぜられた。吉川の校長在職は僅か4か月であったが、彼は教員養成の在り方を問い直し、公立師範学校の課題を提言する形で辞職していくこととなる[25)]。

5. おわりに

官立宮城師範学校の教育課程と体操実践の実態について述べてきたが、そこから以下のようなことが明らかとなった。

5.1 官立宮城師範学校卒業生による初等教育向け体操テキストの作成

宮城師範学校は、教則の改正を重ねてはいるが、東京師範学校の教則にほぼ準じる形で小学教員を主とした教員養成を行った。体操も教育課程や寄宿舎の日課の中に明確に位置づけられ、当時東京師範学校で実施されていた体操法が指導されたものと思われる。

この体操法は、複数の宮城師範学校の卒業生によって、「体操図解」というテキストとして編纂され、卒業後に配属されたそれぞれの地域で出版された。彼らが紹介した体操法は、教師の号令によって動作が指示され、体操場において生徒が2～3列の隊列を編成して行う一斉体操であった。体操動作は、学制公布以後に文部省および東京師範学校が紹介した『榭中体操法図』『体操図』などに示された徒手体操であるが、宮城師範学校卒業生によって生徒に適した簡便な動作が精選され、体操教材テキストとして構成しなおされている。またテキストには各種動作の解説も付され、動作の実施回数も12回～16回を適正とした。これは、児童の運動強度や実施時間を考慮した回数設定であると思われる。

このように、宮城師範学校卒業生の体操テキスト作成による体操普及の試みが見られたことから、卒業生が在学中に得た経験により、教育課程における体操の必要性を認識していたこと、彼らが実践用に体操動作を精選しテキストを作成していたことがわかった。さらに、テキストで紹介された体操法の基本は東京師範学校の教授法に拠ることから、当時の国の教育行政が企図した体操法が一地方へも伝播していたということができるだろう。そして、官立宮城師範学校廃止後は、公立の宮城師範学校へとその役割が継承されていった。体操の必要性を啓蒙する役割も、公立の宮城師範学校教員が担っていった。

しかしながら、当時、体操テキストは世に多く出回るようになっても、体操を実際に指導できる教員の養成体制は十分でなかった。そのため小学校への体操の普及には一定の限界があった。この課題の解決は、1878（明治11）年設立の体操伝習所設立に委ねられていく。

5.2 体操普及の限界と天覧体操の意義

上述のように体操指導者養成体制の問題から、宮城師範学校が実践していた体操法は、1876（明治9）年の時点では、管轄大学区や宮城県下の小学校には十分に指導が行き届いていない実態があった。これは、同年の明治天皇東北巡幸の際に、小学生徒による体操披露の必要が生じ、その準備のため仙台の小学校教員が宮城師範学校教員に体操指導を要請していたことからも明らかである。体操指導の依頼文書によれば、これまでの小学校における体操が「不体裁」であったと報告されており、学校現場では十分に実施できる体制が整っていなかったことが窺えた。

この「不体裁」を是正する契機となったのが、明治天皇巡幸時の「天覧体操」である。天皇巡幸は、天皇が国民の目に触れることにより、天皇中心の中央集権政治への国民の理解を促し、地方各地への軍事体制の強化や殖産興業などを推進する目的で実施されたのであるが、同時に体操を含む近代教育システムの普及と定着のために重要な儀礼として位置づけられていた。「天覧体操」が近代教育システムを可視化するための最も有効な手段であったということもできる。地方の教育関係者たちは、天皇に体操を披露するために短い時間で生徒や教員に体操を習得させ、結果として体操指導と実践が実現していった。体操は、身体運動を可視化できるという特性をもつことから、その習得の有無が一目瞭然にわかる教科である。以後、「天覧体操」は明治天皇巡幸の際に必ず行われる行事として定着していく。これは体操が近代の学校教育課程の中に確実に位置づけられたことを意味し、その後の教育令期、学校令期を経ながら修身教育とともにますます重視され、第二次大戦敗戦までの政府による教育統制の一翼を担っていくこととなる。

以上、本稿では、官立宮城師範学校の体操実践の実態をみたが、同校は東京師範学校の教育課程や教授内容にほぼ準拠し、体操を含めた新教授法を地方に普及させる役割を担っていたことが明らかとなった。宮城師範学校は明治政府の教育政策をほぼ忠実に実行しようとした事例である。今後は、その他の官立師範学校の教育および体操実践についても同様に調査し、地方による実態の違いの有無を検証していくことを課題としている。

引用・参考文献
1）「学事奨励に関する被仰出書」（1872）、文部省内教育史編纂会『明治以降教育制発達史　第一巻』1964年、276-277頁。
2）　水原克敏著『近代日本教員養成史研究』風間書房：東京、1991年、89頁。
3）　仙台市史編纂委員会『復刻版　仙台市史４　別篇２』萬葉堂書店：仙台、1975年、138-140頁。
4）　文部省『文部省第三年報』1875（明治8）年、526頁。
5）　宮城師範学校『宮城師範学校規則』1876（明治9）年1月改正、全62丁。
6）「官許　東北新聞　第一号」1874（明治7）年6月5日、宮城県下活版社、1-3丁。
7）　笠原英彦「天皇行幸制の展開」、『法学研究』第67巻第1号、慶應義塾大学法学研会：東京、1994年、1-24頁。
8）　宮崎康「天皇巡幸における学校奉迎指導－明治十四年、山形県を中心として－」、『史叢』第35号、日本大学史学会、1985年、71-85頁。
9）　宮城県『明治天皇聖蹟志』1925年、47頁。
10）『明治九年　宮城師範英語學校綴』学務課。
11）　前掲8)、77頁。
12）　文部省『文部省第二年報』1874（明治7）年、384頁。
13）　同上、42頁。
14）　松山若冲撰『新撰體操図解』1875（明治8）年編纂、1876（明治9）年出版。
15）　藤坂由美子『体操伝習所設立以前における「体操図解」作成の体育史的意味』金沢大学大学院社会環境科学研究科博士論文、2005年、29-30頁。
16）　同上、34-36，38-39頁。

17）「官許　東北新聞　第七号」1874（明治7）年9月15日、宮城県下活版社、1-2丁。
18）　前掲2)、144-145頁。
19）　宇野量介『明治初年の宮城教育』宝文堂：仙台、1973年、105頁。
20）　木村敏編『小學始教』仙臺書林　静雲堂出版、1882（明治15）年、全29丁。
21）　能勢修一「体操伝習所卒業生の体育活動」、『鳥取大学教育学部研究報告　教育科学』第13巻第1号、1971年、171頁。
22）　前掲2)、98頁。国立教育研究所編『日本近代教育百年史　第三巻　学校教育1』教育研究振興会、1974年、882頁。
23）　文部省『文部省第五年報』1877（明治10）年、408頁。
24）『明治十一年　師範学校綴』学務課。
25）　前掲2)、165-166頁。

付記：本稿は、JSPS 科研費24500779の助成を受けた研究における成果の一部をまとめたものである。

1907年浜崎伝造の「台北庁体操法教程」についての考察 —台湾女子における普通体操を中心として—

金　湘斌

1. はじめに

日本統治初期、台湾の中・上流階級、及び近代植民地学校は、様々な方面から解纏足運動を推進し始めていたが、1906年に至っても、台湾社会の纏足の風習は依然として存在していた。このような状況下で、台湾の女子に体育を実施することは困難を極めた。したがって、纏足女子へ体操を如何に実施するかという問題は植民地教育者の重大な関心事にならざるを得なかった。

筆者は、「1895-1906年には、このように体操実施が困難な状況から、体操に代わって遊戯を適宜実施するという方針に変更された（中略）国語学校第一附属学校女子部は初等教育の研究校として、主として遊戯と簡単な体操を行った。この経験は纏足と体操のあり方を考慮する上で必要な多くの現実的示唆を与え、普通体操実施に向けた基盤を形成することとなった」1) ことを指摘した。台湾に存在する纏足の問題のため、植民地の日本人教育者は内地の女子体育の実施経験をそのまま台湾の教育現場に移植することが不可能だった。加えて、台湾植民地教育当局は纏足者・解纏足者へ体操を如何に実施するかという方針を明確に出せず、多くの教員は纏足者・解纏足者向けの体操授業の経験が欠如し、台湾女子体育授業の現場では様々な疑問が生じたことは想像に難くない。そのため、台湾女子に適応する纏足者・解纏足者の体操指導法の作成が切迫に必要だった。その最初の試みは、1907年浜崎伝造が考案した「台北庁体操法教程」である。

台湾総督府国語学校助教授として1907年に着任した浜崎伝造は、新体操を普及するために、『台湾教育会雑誌』で「新案遊戯」「小公学校適用新体操法」などを続々と発表し、「台北庁体操法教程」を作った人物である。また、浜崎伝造は欧米人のコルセット、日本人の跪座、中国人の纏足など世界各地に存在する悪習に対する生理的な発育の影響に注目し、体操を用いた改善策で、纏足女子に下肢運動を奨励する体育指導法を実施すべきと述べている（3.2浜崎伝造の「新案遊戯」を参照）。したがって、「台北庁体操法教程」は、纏足女子に対して特別に実施する普通体操の動作を規定していたとみられる。

しかしながら、1907年浜崎伝造が考案した「台北庁体操法教程」に言及した先行研究は、わずかに次の1点のみである。謝仕淵は、日本統治初期（1895～1916）台湾における公学校体操科を研究対象とし、当時の初等教育機関であった台湾公学校の女子体育と解纏足運動を中心として、殖産興業と人力資源などの視点から研究を行い、「女子体育と放足に関する論述」「女子体育法令と教材」「台北庁体操法教程」を分析し、解纏足運動と女子体育の関係を明らかにしている。そして、女子体育の実施が解纏足運動に対して良い効果を与えていると指摘している[2)]。しかし、1907年「台北庁体操法教程」の著者浜崎伝造の略歴についての検討が不十分であること、浜崎伝造が発表した「新案遊戯」の分析が行われていないこと、「女子の動作」と「本島女子（当時の台湾人の女子を指す）の動作」に対する体操動作の記述解読についての誤り及び省略点（12箇所）があること、「体操法教程」と「体操法教程説明」および『台湾教育会雑誌』についての比較が行われていないことなどの課題を残している。

本研究では、台湾女子の普通体操の端緒となる「台北庁体操法教程」に焦点を当て、その著者浜崎伝造について、1907年の台湾着任後の発表論文や関係資料、新聞雑誌などの記事を整理し、「台北庁体操法教程」の作成背景、考案理由、目的、内容を分析する。そして、「体操法教程」と「体操法教程説明」と『台湾教育会雑誌』にみられる一般、女子、本島女子の動作を比較した上で、1907年の「台北庁体操法教程」に記述している纏足・解纏足の本島女子に対して実施する特別な普通体操を明らかにする。研究に際しては、『台湾日日新報』『台湾教育会雑誌』『台湾教育沿革誌』『台湾総督府公文類纂』などを主資料として用いる。

2. 浜崎伝造（1881-1920）について

浜崎伝造は熊本県出身、1881年8月生まれである。1900年、熊本県天草郡の魚貫小学校に勤めた。その後、1905年に日本体育会体操学校を卒業した。1907年3月、台湾総督府国語学校助教授（体操科教員免許状所有者）として台湾に渡った。同校在勤中に『台湾教育会雑誌』で「新案遊戯」「小公学校適用新体操法」「台湾公学校体操法（承前）」「輝く皇国」などを続々と発表し、「台北庁体操法教程」『台湾公学校体操法』を著した。1907-1911年の間に、確認できるだけでも三回の公学校体操講習会の講師を担当している。また、1909年4月から、国語学校第二附属学校（後の国語学校附属女学校）体操教授の兼務となったが、1912年3月に体操教授の兼務を解かれた。そして、1920年7月、台湾で39歳の若さで病死している。教員としてその生涯を尽くした人物である。さらに、彼の経歴を知る手がかりとして、『台湾教育史』の「教育界の人々」に彼に関する記述がある。

「明治40年3月国語学校助教授として渡台、東京体操学校（日本体育会体操学校：筆者）の出身で新体操を普及せしめた同氏の効績は忘るべからざるものがある、在職十有三年大正九年七月病気の為逝世した」[3)]

この記述から、浜崎伝造は新体操を台湾に普及するため、努力をしていたことがわかる。ちなみに、1907年5月から8月まで、浜崎伝造が『台湾教育雑誌』に発表した「小公学校適用新体操法（62号）」「台湾公学校体操法（承前）（63号）」「台湾公学校体操法（承前）（64号）」「台湾公学校体操法（承前）（65号）」などの四つの実験調査は、後に「台北庁体操法教程」となって結実した。また、1907年8月、浜崎伝造が作った「台北庁体操法教程」は台湾総督府の府定教科用書ではなかったが、この体操法教程は台湾全島に向けた最初の体操教科書と言えるものであり、纏足女子用の体操が工夫されており、植民地台湾体育史を研究する際には、極めて貴重な資料である。

なお、浜崎伝造は『台湾教育雑誌』に連載した台湾公学校体操法に関する実験調査を整理し、翌年3月25日に『台湾公学校体操法』というタイトルで出版した[4)]。しかし、この『台湾公学校体操法』は台湾、日本いずれの図書館にも保存されておらず、具体的な内容を確認することはできない。

以上のことから、浜崎伝造は日本体育会体操学校の卒業生として、1907年に台湾に着任後、当時の台湾の社会環境に適合する体操法を積極的に研究しており、纏足女子用の体操を含んだ新体操の教授法を台湾に普及させる役割を果たした重要な人物である。

表1　浜崎（元崎）伝造の略歴

年（西暦）	経　歴
明治14年（1881）	8月、熊本県天草郡久玉村に生まれる。
明治33年（1900）	天草郡魚貫小学校雇拝命、数年県下の教育に従事する。
明治38年（1905）	日本体育会体操学校を卒業する。
明治40年（1907）	3月、台湾総督府国語学校助教授（体操科教員免許状所有者）として渡台（月俸二十五円）。 5月27日から四週間（毎週月、水、金曜日、一日二時間）、台北庁臨時体操講習会（対象は小、公学校の職員）の講師を勤める。
明治41年（1908）	2月8-9日、公学校教諭の体操講習会の講師となる。 3月25日、浜崎伝造が編集した『台湾公学校体操法』を出版する。
明治42年（1909）	4月、国語学校第二附属学校（後の国語学校附属女学校）の体操教授を兼務する。
明治44年（1911）	7月、台湾小学校及台湾公学校教員検定委員会臨時委員を命ぜられる。 7月、東勢角公学校にて地方学事聯合講習会（台中、南投）体操科の講師となる。
大正元年（1912）	3月、国語学校附属女学校の体操科の兼務を解かれる。
大正09年（1920）	7月、心臓性脚気病の為死亡。

出所：「浜崎伝造任国語学校助教授」、『台湾総督府公文類纂』、1907年3月5日：永久保存第四巻。「体操講習」、『台湾日日新報』、1907年5月7日 :2。「臨時体操講習会期日変更」、『庁報（台北庁）』、1907年5月29日：第588号。「官庁事項」、『庁報（台北庁）』、1907年6月9日：第590号。「体操学校同窓会会員名簿（明治四十年五月現在）」、『体育』163号、1907年6月。「体操の講習」、『台湾日日新報』、1908年2月8日 :2。「台北庁普通体操改定報告ノ件」、『台湾総督府公文類纂』、1908年4月13日：永久保存第二十一巻。「台北通信」、『台湾教育会雑誌』112号、1911年7月、57頁。「国語学校助教授浜崎伝造教員検定委員会臨時委員ヲ命ス」、『台湾総督府公文類纂』、1911年7月1日：永久保存第七巻。「附属女学校通信」、『台湾教育会雑誌』126号、1912年10月 :69頁。台北師範学校『台北師範学校創立三十周年記念誌』台北師範学校：台北、1926年、頁22。吉野秀公『台湾教育史』台湾日日新報社：台北、1927年、562頁。鳥居兼文編『芝山巖史』芝山巖史刊行会：台北、1932年、354頁。小野正雄編『創立満三十年記念誌』台北第三高等女学校同会学友窓会：台北、1933年、549頁。台湾教育会『芝山巌誌』台湾教育会：台北、1933年、142頁。日本体育大学同窓会編『同窓会名簿』日本体育大学同窓会：東京、2001年。

表2　浜崎（元崎）伝造の著書

著　書	備考
「新案遊戯」『台湾教育会雑誌』59号、1907年2月、18-21頁。	
「小公学校適用新体操法」『台湾教育会雑誌』62号、1907年5月、24-42頁。（第一学年～第二学年）	『台湾教育会雑誌』と『台湾総督府公文類纂』に載せた「台北庁体操法教程」の相違点は次の3点である。①名称については、『台湾教育会雑誌』には、二つの名称が存在する。②『台湾総督府公文類纂』には、体操科の目的と教程がある。③『台湾教育会雑誌』には、本島女子に対して特別に実施する普通体操の動作規定に関する記載が数多くみられる。
「台湾公学校体操法（承前）」『台湾教育会雑誌』63号、1907年6月、8-24頁。（第三学年～第四学年）	
「台湾公学校体操法（承前）」『台湾教育会雑誌』64号、1907年7月、9-20頁。（第五学年）	
「台湾公学校体操法（承前）」『台湾教育会雑誌』65号、1907年8月、9-20頁。（第六学年）	
「輝く皇国」『台湾教育会雑誌』69号、1907年12月、18-20頁。	
「台北庁普通体操改定報告ノ件」、『台湾総督府公文類纂』、1908年4月13日：永久保存第二十一巻。	名称は「小公学校適用新体操法」である。
『台湾公学校体操法』新高堂：出版地不明、1908年。	
(国語学校助教授浜崎氏の著にて曩に台湾教育雑誌に連載せる小公学校体操法の梗概を輯めたるものなり公学校六学年に用ゆべき体操法を説明して甚だ親切なれど教育雑誌に載せたる挿図を除けるは遺憾なり【3月25日新高堂発刊一部二十銭】、「新刊介紹　台湾公学校体操法」、『台湾日日新報』、1908年4月1日 :1。)	台湾、日本の各図書館には、この本は保存されていない。

3. 最初の体操教科書「台北庁体操法教程」

3.1「台北庁体操法教程」作成時の女子体育

1904年3月11日、「台湾公学校規則」が改正され、体操科の内容及び程度は「此ノ科ヲ授クルニハ初ハ適宜ニ遊戯ヲ為サシメ漸ク普通体操ヲ加フヘシ、女児ニハ適当ノ遊戯ヲ為サシムヘシ」[5)] とされたが、台湾人向けの体操教科書はまだ作られていなかった。加えて、「台湾公学校規則」には、纏足女子へ体操を如何に実施するかということが明確に示されていなかったため、公学校の女子体育授業の現場では様々な疑問が生じたことは容易に想像できる。

後に、1905年台北庁は庁管内公学校の纏足女子のみに対しては体操をせず、適当な遊戯を実施するという方針を明確にした。しかしながら、国語学校第一附属学校女子部では、纏足女子の関心や足の状況などを考慮した段階的な体操の授業（遊戯・普通体操など）を行っており、纏足女子に対する体操科の授業内容や方法について先導的な試みを工夫していた。

「国語学校及公学校女生徒纏足及天然足種族別」の調査資料によると、1909年6月の段階で、台湾全島の女生徒の纏足率は57.76% であったことから（台北庁管内の公学校の纏足者は82.1%、解纏足者は5.1%、天然足者は12.8%）[6]、女子纏足が学校の体操科の授業に与える影響は依然として大きな問題であったことが推測できる。したがって、纏足女子の体操についての国語学校第一附属学校女子部の試みは台湾総督府の注目するところであったと考えられる。

1900年の「台北天然足会」の発足以来、台湾社会の中には纏足の危害を理解する人々が現れ始め、その結果、女子体育と纏足の関係に微妙な変化がみられていった。例えば、1906年から『漢文台湾日日新報』には、体育学や学校教育の身体活動を通じて台湾社会に呼びかけて解纏足を勧誘する言論、報道及び事例がみられ始めてきた[7]。

女子体育及び体操教科書について、1907年9月に『台湾教育会雑誌』の「女子体育論（漢文）」は、体操によって女子の虚弱な体格の改善が期待され、体育教育を受け入れるべきという考えが生まれたと述べている[8]。1908年6月7日に『漢文台湾日日新報』「荷風茘雨」の中で、台湾人と日本人の体格の違うこと、特に女子纏足の習慣が悪影響を及ぼすと指摘し、健康のために台湾人向けの体操教科書の作成が必要であると述べていた[9]。このような報道から、台湾社会において、纏足女子の身体を改善することが注目され、台湾人女子の身体状況に適合する体操教科書を早めに作成してほしいという希望が窺える。

3.2 浜崎伝造の「新案遊戯」

1907年、台湾総督府国語学校（現在の国立台北教育大学）に浜崎伝造が助教授として着任した。浜崎伝造は纏足と体育の関係に着目し、次のように述べている。

「世人は多く言ふ、彼の欧米人のコルセット、支那人の纏足、日本人の跪座は孰れも相匹敵すべき悪習なりと、爾り吾人も亦均しく之を信ぜんとす。而して彼の纏足跪座等が生理的発育を阻害するは明かなる事実なれど根本的に之が改良を施さんは容易の業にあらず。されば先づ之が救済の道を講ずるを刻下の急務なりとす。其の方法一にして足らずと雖も、下肢の運動を奨励するは最も、又有効なる方法なりと信ず。殊に本島女子にありては、其の運動を行ふに際して自己の身体に多少の不自由を感じ、やがて纏足の不自然にして不具者たることを自覚するに至り、自ら其の悪習を悛むるにも至るべきなり」[10)]

上記より、浜崎伝造は当時の世界各地における欧米人のコルセット、日本人の跪座、中国人の纏足など各地に存在する悪習に対する生理的な発育の影響に注目し、運動を用いた改善策を提出した。その中で、浜崎は纏足女子に対して下肢運動を奨励する体育指導法を実験調査として述べ、まず、下肢運動を実施することで纏足女子に自身の身体不便を自覚させ、纏足という悪習をなくすよう促している。すなわち、纏足と解纏足は不自由と自由の身体の関係であり、運動の実施は纏足の身体を改善する手段であると主張している。

そして、浜崎伝造は正しい姿勢を保つ下肢運動の一例として、小学校（内地人専用の初等教育機関）、公学校（本島人専用の初等教育機関）の男女生徒に「変換行進」という遊戯を取り上げて奨励した。これは、手をつないで行進を行うことで互いに支え合い、転倒の危険性を回避するという纏足女生徒の身体問題への特別な配慮がなされた遊戯であると思われる。後に、この遊戯は彼が作った「台北庁体操法教程」の一部（第一学年第二学期第五節）にも取入れられた。

以上を総べれば、台湾の女子体育における問題の具体的な解決に尽力した最初の人物が浜崎伝造である。1907年、国語学校に着任した浜崎伝造は纏足が女子の生理的な発育に悪影響をもたらすことを理解しただけではなく、纏足女子に下肢運動を奨励する体育指導法を実施すべきという改善策を実験調査として提出していた。このことから、浜崎伝造は台湾社会の纏足習慣が女子体育の発展を侵害していた事態に注目していたものと思われる。また、浜崎の積極的な纏足の改善策の考え方がその後「台北庁体操法教程」における女子の普通体操の作成の上で大きな示唆を与えていたことは想像に難くない。

3.3 浜崎伝造の「台北庁体操法教程」の考案理由

1907年8月、台湾総督府が出した「台北庁体操法教程」には、浜崎伝造が体操法を作った理由については記載されていない。しかし、「台北庁体操法教程」の一部を構成した『台湾教育雑誌』の「小公学校適用新体操法」から、彼の体操法の考案理由を知ることができる。1907年5月、『台湾教育会雑誌』の編者は、「小公学校適用新体操法」の冒頭で、浜崎伝造が体操法を作った理由を次のように述べている。

> 「国語学校助教授浜崎伝藏（造）氏は日本躰育会の躰操学校出身者なり。着任以来本島の小公学校における躰操に貢献する所あらんと欲し、種々調査研究の末、稿を起せるは即ち此の編なり。爾後本欄において連載する事としたれば、直接関係の諸士は実地施行の上、其の適否につきての意見を寄せられん事を冀ふ」[11)]

浜崎伝造は台湾に着任後、新体操法を実施するため、種々の調査研究を行っており、台湾島向けの体操教科書を作成し始めていたことがわかる。また、浜崎伝造が作った新体操法は、実際に実施する上で台湾の状況に適するかどうか、まだ意見交換の必要があると指摘している。

そして、浜崎伝造が『台湾教育雑誌』で「小公学校適用新体操法」を発表してから、3カ月後の1907年8月15日、台北庁長の佐藤友熊は、台湾総督府に「台北庁普通体操改定報告ノ件」を送付し、浜崎伝造が作った「台北庁体操法教程」も一緒に添付した。台北庁は浜崎伝造が作った体操法を採用した経緯を以下のように述べている。

台北総務第一四一四号ノ一六

体操科ニ於ケル普通体操改定ニ付報告

当所ニ於イテ本年五月総督府国語学校助教授浜崎伝造ヲ講師ニ嘱託シ臨時体操講習会ヲ開設シ管内小公学校教諭訓導及雇ヲ召集シ別冊教程及説明ニ依リ講習セシメ候処本学年第二学期ヨリ在教程及説明ニ基キ管内各小公学校体操科ニ普通体操トシテ課シ従来ノ教程ヲ改定候条此段及報告候也

明治四十年八月十五日

台北庁長　佐藤友熊[12)]

すなわち、1907年5月頃には、浜崎伝造は臨時体操講習会で台北庁管内教員に「台北庁体操法教程」を教えていたとみられる。また、同年9月から、「台北庁体操法教程」は管内小公学校体操科の内容として正式に実施されることとなったことがわかる。

これに対する台湾総督府の見解は、以下の通りであった。

「本島女子ニ本教程ノ体操ヲ課スルハ却テ衛生上有害ノ患ナキカ実地視察シ研究スルコトヲ要スト思料ス」[13)]

この意見から、台湾総督府は「衛生上有害ノ患ナキカ」という女子体育を実施する上で、配慮しなければならない問題点を指摘している。この問題点は、おそらく当時台北庁管内の公学校現場において約8割以上を占める台湾人女子の纏足問題であったことが推測できる。したがって、本島女子に対して体操を課する時には、纏足問題を顧慮しなければならないのみならず、如何に実施するかということを慎重に再考察・研究する必要性があり、時期尚早ではないかという意見を明示している。言い換えると、本島女子に対する教材については、さらなる実地視察を行う必要があり、公学校の女子に普通体操を行う段階に至っていないと総督府が認識していたことが窺える。

3.4「台北庁体操法教程」

3.4.1 体操科の目的

「台北庁体操法教程」の全体は、「体操科の目的」「体操法教程」「体操法教程説明」の三つの部分からなっている。まず、体操科の目的から検討を始める。「台北庁体操法教程」の体操科の目的は以下の通りである。

> 「直接目的 :1. 技術ヲ授ク2. 被教育者ノ身体ヲ強壮トス①異常状態ノ矯正＝特殊ノ方法②正常状態ノ保護③発育ノ幇助④健康ノ増進⑤敏捷優美⑥強壮；間接目的（訓練的）:1. 精神ノ快活2. 従順、果断、剛毅、勇気、忍耐、同情等ノ諸徳ヲ養ヒカネテ規律ヲ守リ協同ヲ尊フ習慣ヲ養ヒ（以上徳的）3. 注意、観察、判断、想像等（以上知的)」[14)]

この教程の体操科の目的から、次のことが窺える。直接の目的とは、生理的な目的であり、生徒の身体面を重視していた。間接の目的とは、心理的な目的であり、生徒の精神面を強調していた。この体操科の目的は内地で1907年に出版された『小学校体操教科書』の体操科の目的と類似している。ただし、「異常状態ノ矯正＝特殊ノ方法」「正常状態ノ保護」という体操科の目的は、『小学校体操教科書』にみられない目的であった[15)]。また、この体操科の目的と1904年の台湾公学校体操科の目的を比べると、身体の健康、発育、動作の機敏、精神の快活、協同一致、及び規律を守る習慣を追い求める目的という要点についてはほぼ一致している[16)]。しかし、この体操科の目的と1904年台湾公学校体操科の目的には、「異常状態ノ矯正＝特殊ノ方法」「正常状態ノ保護」「注意、観察、判断、想像等(以上知的)」という相違点もみられる。特に、「異常状態ノ矯正＝特殊ノ方法」という体操科の目的は、浜崎伝造が台湾に着任した後、台湾の実地状況を察知しながら、それに対応して考案したものと考えられる。

すなわち、台湾において纏足という社会風習の存在状況からみれば、「異常状態ノ矯正＝特殊ノ方法」は纏足女生徒の身体状況に配慮して特別な矯正方法を採用し、纏足・解纏足に向けた体操法の工夫を意味している。一方、「正常状態ノ保護」は天然足女生徒の身体状況の保護、及び天然足に向けた体操法の工夫であったものと推測できる。なお、このような特別な目的からみると、浜崎伝造は台湾の纏足女子に対して体育実施奨励を意図的に強調していたことを窺い知ることができる。

3.4.2　「体操法教程」と「体操法教程説明」

次に、「台北庁体操法教程」の「体操法教程」（表3）「体操法教程説明」（表4）の内容を検討する。

表3をみれば、「体操法教程」の内容は、第一学年及び第二学年の教材は基本教練、基本姿勢、遊技であり、第三学年から第六学年までは、①運動準備、②首及脳ノ運動、③上肢ノ運動、④全身（調和運動）、⑤肩及背ノ運動、⑥腹ノ運動、⑦腰ノ運動、⑧全身（跳躍運動）、⑨下肢ノ運動、⑩呼吸運動の10種目に分類され、また、足尖の開閉、頭の前後屈、挙踵、臂の転回、上体の前後屈、半屈膝、臂の側挙、左右転向、左右交互跳躍、高跳、十字行進など数十種類に分類配当された。

表3 「体操法教程」の内容

学年	学期	内容	
第一学年	第一学期	1. 集合及解散（一，二列横隊）2. 直立姿勢及休息3. 左右転向4. 行進及停止5. 遊戯	
	第二学期	1. 集合（一，二列縦隊）2. 整頓3. 停止間及行進間ノ足踏4. 停止（左右轉向）5. 遊戯	
	第三学期	1. 集合（四列横（縦）隊）2. 転向行進3. 転回4. 方向変換（停止間）5. 遊戯	
第二学年	第一学期	1. 行進間ノ方向変換2. 行進間ノ転回3. 転回後ノ停止4. 駈歩5. 遊戯	
	第二学期	1. 番號2. 駈歩ヨリ常歩ニ移ル3. 斜転向4. 踏替（停止，行進間）5. 遊戯	
	第三学期	1. 排列（其ノ一，二，三）2. 基本姿勢（下翼，上翼，屈臂）3. 基本姿勢（十字形一，二，三，四，五）4. 基本姿勢（伸臂開脚）5. 基本姿勢（歩状）6. 遊戯	
第三学年	第一学期	1. 運動準備：足尖ノ開閉 / 直立 2. 首及脳ノ運動：頭ノ後屈 / 直立 3. 上肢ノ運動：指ノ屈伸 / 直立 4. 全身（調和運動）：挙踵 / 下翼直立 5. 肩及背ノ運動：臂ノ転回（小畫円）/ 十字形（一）直立	6. 腹ノ運動：上体ノ後屈 / 直立 7. 腰ノ運動：上体ノ側屈 / 下翼直立 8. 全身（跳躍運動）：駈歩×足踏 / 下翼直立 9. 下肢ノ運動：半屈膝 / 下翼直立 10. 呼吸運動：臂ノ側挙 / 直立

	第二学期	1. 運動準備：開脚 / 直立 2. 首及脳ノ運動：頭ノ転向 / 直立 3. 上肢ノ運動：臂ノ回旋 / 直立 4. 全身（調和運動）：挙踵行進 / 下翼直立本島女子半屈膝 5. 肩及背ノ運動：臂ノ前伸側開 / 直立	6. 腹ノ運動：上体ノ後屈 / 直立 7. 腰ノ運動：上体ノ側屈 / 下翼開脚直立 8. 全身（跳躍運動）：左右交互跳躍 / 下翼直立 9. 下肢ノ運動：屈膝 / 下翼直立 女子八十字行進 10. 呼吸運動：臂ノ側挙 / 直立
	第三学期	1. 運動準備：①足尖ノ開閉②開脚 / 下翼直立 2. 首及脳ノ運動：①頭ノ前後屈②左右転向 / 下翼直立 3. 上肢ノ運動：①指ノ屈伸②臂ノ回旋 / 直立 4. 全身（調和運動）：挙踵 / 下翼直立 5. 肩及背ノ運動：臂ノ前伸側開 / 直立	6. 腹ノ運動：上体ノ前後屈 / 下翼直立 7. 腰ノ運動：上体ノ側屈 / 下翼直立 8. 全身（跳躍運動）：開脚跳躍 / 下翼直立 9. 下肢ノ運動：挙踵半屈膝 / 下翼直立 10. 呼吸運動：臂ノ側挙 / 直立
第四学年	第一学期	1. 運動準備：足ノ斜前，斜後出 / 下翼直立 2. 首及脳ノ運動：弓状 / 直立 3. 上肢ノ運動：臂ノ側伸 / 直立 4. 全身（調和運動）：脚鉤 / 下翼直立 5. 肩及背ノ運動：臂ノ屈伸 / 十字形（三）直立	6. 腹ノ運動：上体ノ後屈 / 上翼開脚直立 7. 腰ノ運動：捻体 / 下翼直立 8. 全身（跳躍運動）：高跳 / 直立 9. 下肢ノ運動：屈膝前出 / 下翼直立 10. 呼吸運動：臂ノ側上挙 / 直立
	第二学期	1. 運動準備：挙踵 / 上翼直立 2. 首及脳ノ運動：頭ノ側屈下翼閉脚 / 直立 3. 上肢ノ運動：臂ノ上伸 / 直立 4. 全身（調和運動）：脚ノ屈伸 / 下翼脚鉤状 5. 肩及背ノ運動：臂ノ側挙 / 前屈開脚直立	6. 腹ノ運動：上体ノ後屈 / 十字形（一）歩状 7. 腰ノ運動：捻体 / 上翼開脚直立 8. 全身（跳躍運動）：跳躍（交互）/ 下翼直立 9. 下肢ノ運動：足ノ前出，後出 / 下翼直立 10. 呼吸運動：臂ノ側挙（反掌）/ 直立
	第三学期	1. 運動準備：①臂ノ側挙ニテ挙踵 / 直立②足ノ斜前，斜後出 / 下翼直立 2. 首及脳ノ運動：頭ノ側屈 / 下翼直立 3. 上肢ノ運動：前，側，上，後方伸臂 / 直立 4. 全身（調和運動）：挙踵屈膝 / 下翼直立 5. 肩及背ノ運動：①臂ノ前伸側開 / 直立②臂ノ側挙 / 前屈開脚直立	6. 腹ノ運動：上体ノ前後屈（偶休）/ 下翼開脚直立 7. 腰ノ運動：捻体 / 下翼開脚直立 8. 全身（跳躍運動）：前後左右開脚跳躍 / 下翼直立 9. 下肢ノ運動：①足ノ屈膝前出 / 下翼直立②脚鉤 / 下翼直立 10. 呼吸運動：臂ノ側上挙 / 直立

第五学年	第一学期	1. 運動準備：挙踵半屈膝 / 下翼直立本島女子ハ半屈膝 2. 首及脳ノ運動：上体ノ後屈 / 上翼直立 3. 上肢ノ運動：臂ノ前上挙 / 閉足直立 4. 全身（調和運動）：前進 / 十字形（一）挙踵直立本島女子ニアリテハ挙脚 5. 肩及背ノ運動：臂ノ側開 / 前屈十字形（五）直立	6. 腹ノ運動：上体ノ後屈 / 屈臂歩状（一）直立 7. 腰ノ運動：上体ノ側屈 / 半上翼，半下翼直立 8. 全身（跳躍運動）：交互九十度ノ転回ニ以テノ跳躍 / 下翼直立女子ニアリテハ開脚跳躍 / 下翼直立 9. 下肢ノ運動：足ノ前出挙踵（交互）/ 十字形（一）直立本島女子ハ前出屈膝 10. 呼吸運動：臂ノ側挙（挙踵ニ以テ）/ 直立
	第二学期（啞鈴）	1. 運動準備：足ノ斜前斜後出 / 下翼直立 2. 首及脳ノ運動：①頭ノ側屈 / 下翼直立②臂ノ前伸側開 / 直立 3. 上肢ノ運動：前，側，上，後方伸臂 / 直立 4. 全身（調和運動）：挙踵屈膝臂ノ側上挙上 / 直立女子ニアリテハ臂ノ側挙ニテ一脚（交互）ノ前挙 5. 肩及背ノ運動：屈膝前出臂ノ屈伸及畫円 / 直立	6. 腹ノ運動：伸臂上体ノ前下及後屈，開脚上臂伸 / 直立 7. 腰ノ運動：臂ノ側挙ヲ以テ捻体 / 直立 8. 全身（跳躍運動）：臂ノ挙垂ヲ以テ一脚上ノ跳躍 / 直立 9. 下肢ノ運動：十字行進 / 直立 10. 呼吸運動：臂ノ側上挙
	第三学期（啞鈴）	1. 運動準備：挙踵屈膝 / 下翼直立女子ハ半屈膝（挙踵ナシ） 2. 首及脳ノ運動：①頭ノ左右転向 / 下翼直立②臂ノ側方ヨリ上挙（偶休）/ 弓状直立 3. 上肢ノ運動：①臂ノ側方上挙及転向 / 直立②臂ノ上屈 / 十字形（二） 4. 全身（調和運動）：屈膝挙股 / 下翼直立 5. 肩及背ノ運動：①上体ノ前傾伸臂，後傾屈臂 / 直立②臂ノ前，後，前及上方振動 / 直立	6. 腹ノ運動：伸臂上体ノ前下方屈臂後屈 / 直立 7. 腰ノ運動：臂ノ前挙捻体 / 直立 8. 全身（跳躍運動）：前後左右開脚跳躍 / 下翼直立 9. 下肢ノ運動：前後行進 / 下翼直立 10. 呼吸運動：臂ノ側開 / 直立
第六学年	第一学期	1. 運動準備：足ノ前，後，出挙踵屈膝（左右交互）/ 下翼直立女子ハ開脚 2. 首及脳ノ運動：上体ノ後屈 / 上翼開脚直立 3. 上肢ノ運動：臂ノ前伸及上伸 / 直立 4. 全身（調和運動）：脚ノ後伸 / 上翼直立 5. 肩及背ノ運動：上体ノ前屈臂ノ側開 / 十字形（五）直立	6. 腹ノ運動：上体ノ後屈 / 上伸臂開脚直立 7. 腰ノ運動：捻体 / 上翼歩状直立 8. 全身（跳躍運動）：斜前跳躍 / 下翼直立女子ハ交叉跳躍 9. 下肢ノ運動：屈膝前出及側出 / 下翼直立 10. 呼吸運動：臂ノ前上挙 / 閉足直立

	第二学期（毬竿）	予習：排列法，整頓法，球竿ノ持方 1. 運動準備：要意球竿ヲ前下方横位ニトル　挙踵ヲ以テ臂ノ前挙 2. 首及脳ノ運動：①頭ノ左右転向 / 十字形（一）②脳ヲ反ラス（偶休）/ 十字形（一） 3. 上肢ノ運動：臂ノ前，上伸 / 直立 4. 全身（調和運動）：挙踵屈膝臂ノ前上挙 / 直立	5. 肩及背ノ運動：前，後下方及頭上ニ臂ノ挙垂 / 直立 6. 腹ノ運動：上体ノ前後屈 / 十字形（一）直立 7. 腰ノ運動：上体ノ側屈 / 十字形（一）直立 8. 全身（跳躍運動）：屈膝側出臂ノ交互上挙 / 直立 9. 下肢ノ運動：屈膝前出一臂ノ前屈 / 直立 10. 呼吸運動：臂ノ前挙
	第三学期（毬竿）	1. 運動準備：用意球竿ヲ前下方横位ニ取ル　始メ / 開脚直立 2. 首及脳ノ運動：①頭ノ左右転向 / 開脚直立②臂ノ上挙，反脳 / 開脚直立 3. 上肢ノ運動：臂ノ下前，肩上，伸臂，屈臂 / 直立 4. 全身（調和運動）：挙踵足尖ノ開閉 / 直立 5. 肩及背ノ運動：①屈膝前出一臂後開 / 直立②左手左足ヲ以テ①ノ如ク行フ / 直立	6. 腹ノ運動：屈膝前出臂ノ上挙 / 直立 7. 腰ノ運動：捻体 / 十字形（一）直立 8. 全身（跳躍運動）：①屈膝側出臂ノ側挙 / 直立②一脚上ノ跳躍臂ノ上挙 / 直立 9. 下肢ノ運動：十字行進 / 直立 10. 呼吸運動：臂ノ上挙 / 直立

出所：「台北庁普通体操改定報告ノ件」、『台湾総督府公文類纂』、1908年4月13日：永久保存第二十一巻。

教練の教材については、集合解散、直立姿勢及休息、左右転向、行進及停止、整頓、番號、行進間の方向変換、駈歩、斜転向、踏替など二十数種類であり、第一学年及び第二学年に配当された。

遊戯の教材については、風車行進、水車行進、渦巻行進、変換行進、脚振行進、脛屈行進、山川遊ビ（団体競争遊戯）、菱型行進、雷遊ビ（団体遊戯）、蛇行競争、猿の穂拾ヒ、十字行進、棍棒送リ、轡、菊水、搖籃行進、旭旗、漁舟など十数種類であり、第一学年及び第二学年に配当された。

「台北庁体操法教程」の内容は遊戯の教材を除けば、1907年に坪井玄道、可児徳が著した『小学校体操教科書』と類似している[17]。しかし、「台北庁体操法教程」の特徴は「体操法教程」及び「体操法教程説明」の内容が「（一般の）動作」「女子の動作」「本島女子の動作」の三つに区分されていることである。このような区分された実施方式は、内地の『小学校体操教科書』の中にみられないものであり、「台北庁体操法教程」の特徴である。

このことから、著者であった浜崎伝造は植民地台湾において体操を実施する際、当時の台湾人女子と日本人女子との間に大きな違いがあるということに着目していたことがわかる。浜崎は内地の体操教科書を参考にしながら、台湾人女子の身体問題（体格や纏足の問題）に配慮して台湾人女子にふさわしい新しい体操指導法を考案したものと考えられる。1907年の「台北庁体操法教程」の「体操法教程」の内容と「体操法教程説明」の内容を比較すると、不整合箇所が31箇所（2割）みられるが（表4参照）、この理由は不明であり、今後の検討課題である。

表4 「体操法教程説明」の不整合箇所

学年	学期	体操法教程	体操法教程説明
第三学年	第二学期	3. 上肢ノ運動：臂ノ回旋 / 直立	3. 上肢ノ運動：下翼 / 直立
		8. 全身（跳躍運動）：左右交互跳躍 / 下翼直立	8. 全身（跳躍運動）：跳躍 / 下翼直立
	第三学期	1. 運動準備：①足尖ノ開閉②開脚 / 下翼直立	1. 運動準備：挙踵 / 下翼直立
		2. 首及脳ノ運動：②左右転向 / 下翼直立	2. 首及脳ノ運動：②前方伸臂側開
		3. 上肢ノ運動：①指ノ屈伸②臂ノ回旋 / 直立	3. 上肢ノ運動：臂ノ前，上方挙上側方下垂
		4. 全身（調和運動）：挙踵 / 下翼直立	4. 全身（調和運動）：開脚 / 下翼直立
		5. 肩及背ノ運動：臂ノ前伸側開 / 直立	5. 肩及背ノ運動：側方ヨリ臂ノ上方及後下方振動（合掌）
		8. 全身（跳躍運動）：開脚跳躍 / 下翼直立	8. 全身（跳躍運動）：足踏二歩ヲ以テ四分一回転及跳躍二回 / 下翼直立 本島女子ニアリテハ（一）（二）足踏（三）（四）跳躍
		9. 下肢ノ運動：挙踵半屈膝 / 下翼直立	9. 下肢ノ運動：足前側及後出 / 下翼直立
第四学年	第一学期	10. 呼吸運動：臂ノ側上挙 / 直立	10. 呼吸運動：呼吸 / 直立
	第二学期	10. 呼吸運動：臂ノ側挙（反掌）/ 直立	10. 呼吸運動：呼吸 / 直立
	第三学期	1. 運動準備：足ノ斜前，斜後出 / 下翼直立	1. 運動準備：足尖ノ開閉 / 下翼
		2. 首及脳ノ運動：頭ノ側屈 / 下翼直立	2. 首及脳ノ運動：①頭ノ左右転向及前後屈 / 下翼②臂ノ側挙前方合掌 / 直立
		5. 肩及背ノ運動：①臂ノ前伸側開 / 直立②臂ノ側挙 / 前屈開脚直立	5. 肩及背ノ運動：臂ノ側挙轉向 / 直立

		7. 腰ノ運動：捻体 / 下翼開脚直立	7. 腰ノ運動：臂ノ交互側方上下ヲ以テ上体ノ側屈
		9. 下肢ノ運動：①足ノ屈膝前出 / 下翼直立②脚鉤 / 下翼直立	9. 下肢ノ運動：屈膝脚ノ前挙 / 下翼
第五学年	第一学期	1. 運動準備：挙踵半屈膝 / 下翼直立本島女子ハ半屈膝	1. 運動準備：足ノ交叉 / 下翼直立
		2. 首及脳ノ運動：上体ノ後屈 / 上翼直立	2. 首及脳ノ運動：上体ノ後屈 / 十字歩状
		3. 上肢ノ運動：臂ノ前上挙 / 閉足直立	3. 上肢ノ運動：屈伸臂 / 開脚直立
		4. 全身（調和運動）：前進 / 十字形（一）挙踵直立本島女子ニアリテハ挙脚	4. 全身（調和運動）：挙踵前後行進 / 十字形（一）直立女子ニアリテハ脚振リ行進 / 十字形（一）
		5. 肩及背ノ運動：臂ノ側開 / 前屈十字形（五）直立	5. 肩及背ノ運動：臂ノ半上挙 / 開脚前屈直立
		6. 腹ノ運動：上体ノ後屈 / 屈臂歩状（一）直立	6. 腹ノ運動：上体ノ後屈 / 上翼開脚直立
		7. 腰ノ運動：上体ノ側屈 / 半上翼，半下翼直立	7. 腰ノ運動：捻体側屈 / 下翼歩状直立
		8. 全身（跳躍運動）：交互九十度ノ転回ニ以テノ跳躍 / 下翼直立女子ニアリテハ開脚跳躍 / 下翼直立	8. 全身（跳躍運動）：高跳 / 直立女子ニアリテハ前後左右跳躍 / 下翼直立
		9. 下肢ノ運動：足ノ前出挙踵（交互）/ 十字形（一）直立本島女子ハ前出屈膝	9. 下肢ノ運動：挙踵屈膝 / 上翼直立女子ニアリテハ屈膝側出 / 下翼直立
		10. 呼吸運動：臂ノ側挙（挙踵ニ以テ）/ 直立	10. 呼吸運動：挙踵呼吸 / 十字形（三）直立
	第二学期	3. 上肢ノ運動：前，側，上，後方伸臂 / 直立	3. 上肢ノ運動：上伸臂 / 直立
	第三学期	「体操法教程」の第五学年第三学期（啞鈴）	「体操法教程説明」では第六学年第二学期（啞鈴）に該当
第六学年	第一学期	5. 肩及背ノ運動：上体ノ前屈臂ノ側開 / 十字形（五）直立	5. 肩及背ノ運動：臂ノ側挙 / 前屈開脚直立
		8. 全身（跳躍運動）：斜前跳躍 / 下翼直立女子ハ交叉跳躍	8. 全身（跳躍運動）：斜前跳躍 / 下翼直立女子ニアリテハ後置歩跳躍 / 下翼直立
	第二学期	「体操法教程」の第六学年第二学期（毬竿）	「体操法教程説明」では第五学年第三学期（毬竿）に該当

出所：「台北庁普通体操改定報告ノ件」、『台湾総督府公文類纂』、1908年4月13日：永久保存第二十一巻。

3.5「台北庁体操法教程」の女子の動作

「台北庁体操法教程」は、その元になったとみられる草案が1907年5-8月の『台湾教育雑誌』に掲載されている。すなわち、「小公学校適用新体操法（62号）」「台湾公学校体操法（承前）（63号）」「台湾公学校体操法（承前）（64号）」「台湾公学校体操法（承前）（65号）」である。これらの「体操法教程」と「体操法教程説明」及び『台湾教育雑誌』にみられる一般、女子、本島女子の動作区別は一体どのような内容を規定しているのだろうか、また規定した理由は如何なるものであったのだろうか。さらに、「台北庁体操法教程」の「体操法教程説明」と『台湾教育会雑誌』の内容は、どのような相違点が存在しているのだろうか[18)]。これらの問題を明らかするため、以下、「体操法教程」と「体操法教程説明」及び『台湾教育会雑誌』の一般、女子、本島女子の動作について比較・検討する(表5を参照)。

3.5.1　「体操法教程説明」と『台湾教育会雑誌』の関係

まず、「台北庁体操法教程」の「体操法教程説明」と『台湾教育会雑誌』の内容をみる。

「台北庁体操法教程」の「体操法教程説明（1907年8月15日）」と『台湾教育会雑誌（1907年5-8月）』を比べると、両方の内容はほぼ同じであるが、4箇所に相違点がみられる。また、刊行された時期から考察すると、「体操法教程説明」は『台湾教育会雑誌』を修正したものと考えられる。

さらに、この4箇所の相違点については、主に第五学年に集中しており、変更の部分はいずれも『台湾教育会雑誌』における「本島」という言葉を削除したものである。例えば、「本島女子ニアリテハ脚振リ行進 / 十字形（一)」を「女子ニアリテハ脚振リ行進 / 十字形（一)」に変更した。この変更の理由は明らかにされていない。全体をみれば、『台湾教育会雑誌』には、本島女子に対して特別に実施する普通体操の動作規定に関する記載が数多くみられる。

3.5.2　「台北庁体操法教程」と『台湾教育会雑誌』の動作比較

次に、「台北庁体操法教程」と『台湾教育会雑誌』の一般、女子、本島女子の動作を検討する。

表5　「体操法教程」「体操法教程説明」及び『台湾教育会雑誌』にみられる一般、女子、本島女子の動作比較

学年	学期	（一般の）動作	女子の動作	本島女子の動作
第一学年	第一学期	●■「集マレ」ノ令ニテ、各児童ハ駈歩		●■本島女子ハ速歩
		●■左右轉向（左（右）踵ヲ軸トス）	●■女子ニアリテハ右（左）向ケノ時ハ左（右）足ヲ右（左）斜ニ踏ミ出シ右（左）足ヲ左（右）ニ引着ク	
	第二学期	●■「集マレ」ノ令ニテ，各児童ハ駈歩		●■本島女子ハ速歩
	第三学期	●■轉回（左（右）踵ヲ轉トス）		●■本島女子ニアリテハ右轉向二回行フモノトス
第二学年	第一学期	●■行進（而シテ歩長ハ踵ヨリ踵マデ約一尺三寸ヲ度トシ、其ノ速度ハ一分間ニ約百三十五歩トス）		●■本島女子ニアリテ歩長ハ前ト同ジク、其速度ハ一分間ニ約百歩トス
		●■駈歩（歩長ハ踵ヨリ踵マデ約一尺五寸ヲ度トシ、速度ハ一分間ニ約百八十歩ヲトス）		●■本島女子ニアリテハ、歩調ヲ一齊ニシテ出来得ル丈ケノ駈歩ヲナサシムベシ
	第二学期	●■踏替ヘ進メ（停止間）		●■本島女子ニアリテハ、駈歩ノ踏替ノミ略ス
第三学年	第一学期	●■全身（跳躍運動）：駈歩足踏シ / 下翼直立（イ）手ヲ腰ニアゲーアゲ（ロ）踵ヲアゲーアゲ（ハ）足踏ミ—ハジメ	●■女子ニアリテハ（ロ）ヲ除クベシ	
	第二学期	◆●■全身（調和運動）：挙踵行進 / 直立		◆●■本島女子：半屈膝 / 直立
		◆●■下肢ノ運動：屈膝 / 下翼直立	◆女子ハ十字行進 ●■女子ニアリテハ十字行進ヲ行フ	
	第三学期	●■全身（跳躍運動）：足踏二歩ヲ以テ四分一回転及跳躍二回 / 下翼直立		●■本島女子ニアリテハ（一）（二）足踏（三）（四）跳躍

第五学年	第一学期（唖鈴）	◆運動準備：挙踵半屈膝／下翼直立		◆本島女子ハ半屈膝
		◆全身（調和運動）：前進／十字形（一）挙踵直立 ●■全身（調和運動）：挙踵前後行進／十字形（一）直立	●女子ニアリテハ脚振リ行進／十字形（一）	◆本島女子ニアリテハ挙脚 ■本島女子ニアリテハ脚振リ行進／十字形（一）
		◆全身（跳躍運動）：交互九十度ノ転回ニ以テノ跳躍／下翼直立 ●■全身（跳躍運動）：高跳／直立	◆女子ニアリテハ開脚跳躍／下翼直立 ●女子ニアリテハ前後左右跳躍／下翼直立	■本島女子ニアリテハ前後左右跳躍／下翼直立
		◆下肢ノ運動：足ノ前出挙踵（交互）／十字形（一）直立 ●■下肢ノ運動：挙踵屈膝／上翼直立	●女子ニアリテハ屈膝側出／下翼直立	◆本島女子ハ前出屈膝 ■本島女子ニアリテハ屈膝側出／下翼直立
	第二学期	◆●■全身（調和運動）：挙踵屈膝臂ノ側上挙上／直立	◆●女子ニアリテハ臂ノ側挙脚ノ前挙／直立	■本島女子ニアリテハ臂ノ側挙脚ノ前挙／直立
第六学年	第一学期	◆●■運動準備：足ノ前、後、出挙踵屈膝（左右交互）／下翼直立	◆●■女子ハ開脚／下翼直立	
		◆全身（跳躍運動）：斜前跳躍／下翼直立 ●■全身（跳躍運動）：斜前跳躍／下翼直立	◆女子ハ交叉跳躍 ●■女子ニアリテハ後置歩跳躍／下翼直立	
	第二学期（唖鈴）	◆●■運動準備：挙踵屈膝／下翼直立	◆●■女子ハ半屈膝（挙踵ナシ）	
		●■全身（跳躍運動）：前後左右開脚跳躍／下翼直立／各四各八	●■女子ヘ各二各八	

◆は「体操法教程」の資料、●は「体操法教程説明」の資料、■は『台湾教育会雑誌』の資料
出所：「台北庁普通体操改定報告ノ件」、『台湾総督府公文類纂』、1908年4月13日：永久保存第二十一巻。浜崎伝造「小公学校適用新体操法」、『台湾教育会雑誌』62号、1907年5月、24-42頁。浜崎伝造「台湾公学校体操法（承前）」、『台湾教育会雑誌』63号、1907年6月、8-24頁。浜崎伝造「台湾公学校体操法（承前）」、『台湾教育会雑誌』64号、1907年7月、9-20頁。浜崎伝造「台湾公学校体操法（承前）」、『台湾教育会雑誌』65号、1907年8月、9-20頁。

表5をみれば、次のことが窺える。一般の動作は、1907年に出版された『小学校体操教科書』の内容と酷似している。例えば、第二学年第一学期には、行進、及び駈歩の歩長と速度の規定はまったく同じものである。女子、本島女子の動作は一般の動作よりも簡略化された動作であることがわかる。例えば、女子の場合には、左右轉向の二段階化、挙踵の省略、開脚跳躍及び前後左右跳躍の動作変更

など、本島女子の場合には、標準の軽減（集合、歩長、速度、駈歩の踏替など）、轉回の二段階化、挙踵の省略などが挙げられる。特に注目したいのは、女子、本島女子の動作の大きな特徴は、挙踵を実施していなかったことである。ではなぜ、女子、本島女子に対して挙踵を実施していなかったのか。その理由として、当時の台湾社会にみられる纏足習慣への配慮があったものと考えられる。すなわち、纏足女子は身体の重心を失い転倒しやすいため、挙踵を実施すると、纏足女子は身体のバランスが崩れる可能性があった。女子の動作は本島女子の動作より跳ぶ動作の制限が少なかったことがわかる。具体的には、本島女子は開脚跳躍、交叉跳躍、置歩跳躍などの実施が免除されている。これも纏足女子への配慮と思われる。

いずれにしても、一般、女子、本島女子の動作を区分したことからみると、浜崎伝造は台湾人女子の体格や纏足などの身体問題に配慮し、一般の動作を簡略化した普通体操を「本島女子」向けに実施しようとしたと考えられる。

3.5.3　一般、女子、本島女子の動作区分

浜崎伝造が動作を一般、女子、本島女子の三つに区分したことについては、その区分の理由が付されていないため、一般、女子、本島女子がそれぞれだれを指すのか厳密には不明である。しかし、現段階では二つの可能性が考えられる。

その一つは、「一般」は男子、「女子」は日本人女子、「本島女子」は台湾人女子を指す可能性である。もう一つは「体操法教程」と「体操法教程説明」と『台湾教育会雑誌』の内容から、「一般」は男子、日本人女子及び天然足の台湾人女子、「女子」は解纏足の台湾人女子、「本島女子」は纏足の台湾人女子を指す可能性である。

この二つの可能性を考察するために、まず、踵を使わない動作の指示があった第一学年第一学期の左右転向、及び第一学年第三学期の回転から検討する。

「体操法教程説明」によると、第一学年第一学期の左右転向の女子動作は「女子ニアリテハ右（左）向ケノ時ハ左（右）足ヲ右（左）斜ニ踏ミ出シ右（左）足ヲ左（右）ニ引着ク」と規定している。そして、第一学年第三学期の回転については、「本島女子ニアリテハ右轉向二回行フモノトス」と記載されている。この二つの説明によって、女子、本島女子に対する実施動作は、一般の動作を二段階

に分け、踵を使わない動作を実施することがわかる。つまり、女子、本島女子の動作は一般の動作より簡略化し、踵にかかる負担を軽減しているものとみることができる。

このように男女を区別した授業方法は、1907年日本内地の「小学校体操教科書」には存在しない。また、1902年に「台湾小学校規則」が改正されてから、台湾小学校体操科の目的、内容、方法については、日本内地の小学校と同様のものになった[19)]。このことからみると、「女子」は解纏足者、「本島女子」は纏足者を指していると考えることができる。

次に、第五学年第一学期の「第八下肢ノ運動」から検討する。

「体操法教程説明」によると、第五学年第一学期の「第八下肢ノ運動」には、一般の動作は「挙踵屈膝 / 上翼直立」、女子の動作は「屈膝側出 / 下翼直立」と規定している。これによって、女子の動作は「挙踵」を実施しないという動作制限がみられる。また、左右転向、回転の動作と同じように、踵を使わない動作であったことがわかる。このように、女子、本島女子に対する挙踵を実施しない理由として、浜崎伝造は纏足をしている女子、解纏足をした女子の身体動作の状態に配慮していたものと考えられる。

なお、示範の「第五十七図」をみると、この女子は衣服、髪形、足の形状から、本島女子と思われる。また、『台湾教育会雑誌』の「第五十七図」は本島女子の動作として例示されている。

このように、もし、「女子の動作」が台湾人女子を指すとすれば、二つ目の可能性として挙げた、「一般」は男子及び日本人女子、天然足の台湾人女子、「女子」は解纏足の台湾人女子、「本島女子」は纏足の台湾人女子を指す可能性が高いと思われる。

4. おわりに

本研究では以下のことを指摘した。

1.　台湾総督府国語学校助教授に1907年着任した浜崎伝造は、日本体育会体操学校の卒業生として、当時の台湾の社会環境に適合する体操法を積極的に研究しており、纏足女子用の体操を含んだ新体操の教授法を台湾に普及させる役割を果たした。

2. 浜崎伝造は当時の台湾社会に存在する纏足の風習に対する生理的な発育の影響に注目し、纏足女子に対して下肢運動を奨励する体育指導法という改善策を提出した。また、下肢運動を実施することで纏足女子に身体の不便を自覚させ、纏足をなくすよう促している。
3. 浜崎伝造が『台湾教育雑誌』に発表した四つの実験調査の考案は、後に「台北庁体操法教程」となって結実した。また、「台北庁体操法教程」は台湾総督府の府定教科用書ではなかったが、現実的には台湾全島に向けた最初の体操教科書と言える。ここでは、纏足女子用の体操が工夫されており、植民地台湾体育史を研究する際、極めて貴重な資料である。なお、台湾総督府の見解から、本島女子に対する教材については、さらなる実地視察を行う必要があり、公学校の女子に普通体操を行う段階に至っていないと認識していたことが窺える。
4. 「台北庁体操法教程」の「体操科の目的」と1904年の台湾公学校体操科の目的は、ほぼ一致しているが、「異常状態ノ矯正＝特殊ノ方法」「正常状態ノ保護」「注意、観察、判断、想像等（以上知的）」という相違点もみられる。特に、「異常状態ノ矯正＝特殊ノ方法」という点の体操科の目的は、浜崎伝造が台湾に着任した後、台湾の実地状況を察知しながら、纏足女生徒の身体状況に配慮して特別な矯正方法を採用し、纏足・解纏足に向けた体操法の工夫であった。
5. 「台北庁体操法教程」の特徴は「体操法教程」及び「体操法教程説明」の内容が「(一般の）動作」「女子の動作」「本島女子の動作」の三つに区分されていることである。このように区分された実施方式は、内地の『小学校体操教科書』の中にみられないものであり、「台北庁体操法教程」の特徴である。女子、本島女子の動作は一般の動作より簡略化し、踵にかかる負担を軽減している。つまり、浜崎伝造は台湾人女子の体格や纏足などの身体問題に配慮し、一般の動作を簡略化した普通体操を「本島女子」向けに実施しようとしたと考えられる。

以上を総べれば、1907年に浜崎伝造が「異常状態ノ矯正＝特殊ノ方法」という観点で作った「台北庁体操法教程」は纏足女生徒の身体状況に配慮した纏足・

解纏足に向けた体操法をまとめたものであり、これまで知られていなかったが、世界唯一の纏足者・解纏足者向けの体操指導書として位置づけられる。

一方、この「台北庁体操法教程」は1907年5月の臨時体操講習会に参考資料として用いられ、1908年3月にさらに『台湾公学校体操法』として出版されたとみられるが、管見の限り、台湾、日本のいずれの図書館にも現物は所蔵されていない。「台北庁体操法教程」については、先行研究も不備であり、まだまだ不明瞭な点も多く、一次史料の発掘なども含めて、さらに検討する必要がある。

注

1）金湘斌「日本統治初期（1895－1906年）台湾における纏足と女子学校体育に関する研究」、『体育学研究』第56巻第2号、2011年、421頁。

2）謝仕淵「日治初期（1895－1916）台湾公学校的女子体育與放足運動」、『台湾文献』55巻2号、2000年、206－230頁。また、日本統治下台湾における近代学校女子体育に関する研究については、游鑑明「日治時期台湾学校女子体育的發展」、『中央研究院近代史研究所集刊』33号、2000年、1－75頁を参照されたい。

3）吉野秀公『台湾教育史』台湾日日新報社：台北、1927年、562頁。

4）「新刊介紹　台湾公学校体操法」、『台湾日日新報』、1908年4月1日 :1。

5）台湾教育会編『台湾教育沿革誌』台湾教育会：台北、1939年、265頁。

6）台湾総督府民政学務部学務課『台湾総督府学事年報』台湾総督府民政学務部学務課：台北、1912年、184－185頁。

7）「世界文明國。莫不講究體育學。衛生學。誠以身為人類之原。萬事之母。身體壯健。而後精神活潑。而後乃能有為。若拘婦女如監囚。待婦女如玩物。是與體育之理。衛生之道。大相背馳矣。（世界の文明国は、体育学、及び衛生学を重んじている。これらは人類の理、万事の母である。身体壮健となれば、精神活溌となり、何でもできるのである。若し、婦人を投獄し、玩弄物と扱うようになれば、これは体育、及び衛生の理と大いに相違するなり【日本語の訳：筆者】）」という記述が残されている。詳しい内容は「震災及本島婦人」、『漢文台湾日日新報』、1906年4月12日 :2を参照されたい。

8）自然道人「女子体育論（漢文）」、『台湾教育会雑誌』66号、1907年9月、1－3頁。

9）「荷風茘雨」、『漢文台湾日日新報』、1908年6月7日 :2。

10）浜崎伝造「新案遊戯」、『台湾教育会雑誌』59号、1907年2月、18－19頁。

11）浜崎伝造「小公学校適用新体操法」、『台湾教育会雑誌』62号、1907年5月、24頁。

12）「台北庁普通体操改定報告ノ件」、『台湾総督府公文類纂』、1908年4月13日：永久保存第二十一巻。

13）14）同上。

15）日本内地1907年に出版された『小学校体操教科書』の体操科の目的については、坪井玄道、可児徳『小学校体操教科書』大日本図書株式会社：東京、1907年、1－3

頁を参照されたい。

16）1904年の台湾公学校体操科の目的は、「体操ハ身体ノ各部ヲ均斉ニ発育セシメ四肢ノ動作ヲ機敏ナラシメ以テ全身ノ健康ヲ保護増進シ精神ヲ快活ニシ兼テ規律ヲ守リ協同ヲ尚フ習慣ヲ養フヲ以テ要旨トス」。前掲書5)。を参照されたい。

17）これについては、前掲書15）を参照されたい。

18）「台北庁体操法教程」と『台湾教育会雑誌』の相違点はタイトルの名称、構成の内容、動作の規定などの三つの点がある。詳しくは、表2の備考を参照されたい。

19）前掲書5)、427－428頁。

参考文献

「台北庁普通体操改定報告ノ件」、『台湾総督府公文類纂』、1908年4月13日 ： 永久保存第二十一巻。

「台北通信」、『台湾教育会雑誌』112号、1911年7月、57頁。

「体操の講習」、『台湾日日新報』、1908年2月8日 :2。

「体操学校同窓会会員名簿（明治四十年五月現在）」、『体育』163号、1907年6月。

「体操講習」、『台湾日日新報』、1907年5月7日 :2。

「国語学校助教授浜崎伝造教員検定委員会臨時委員ヲ命ス」、『台湾総督府公文類纂』、1911年7月1日 ： 永久保存第七巻。

「官庁事項」、『庁報（台北庁）』、1907年6月9日 ： 第590号。

「附属女学校通信」、『台湾教育会雑誌』126号、1912年10月 :69頁。

「浜崎伝造任国語学校助教授」、『台湾総督府公文類纂』、1907年3月5日 ： 永久保存第四巻。

「荷風茘雨」、『漢文台湾日日新報』、1908年6月7日 :2。

「新刊介紹　台湾公学校体操法」、『台湾日日新報』、1908年4月1日 :1。

「輝く皇国」『台湾教育会雑誌』69号、1907年12月、18－20頁。

「震災及本島婦人」、『漢文台湾日日新報』、1906年4月12日 :2。

「臨時体操講習会期日変更」、『庁報（台北庁）』、1907年5月29日 ： 第588号。

小野正雄編『創立満三十年記念誌』台北第三高等女学校同会学友窓会 ： 台北、1933年、549頁。

日本体育大学同窓会編『同窓会名簿』日本体育大学同窓会 ： 東京、2001年。

台北師範学校『台北師範学校創立三十周年記念誌』台北師範学校 ： 台北、1926年。

台湾教育会『芝山巌誌』台湾教育会 ： 台北、1933年。

台湾教育会編『台湾教育沿革誌』台湾教育会 ： 台北、1939年。

台湾総督府民政学務部学務課『台湾総督府学事年報』台湾総督府民政学務部学務課 ： 台北、1912年。

吉野秀公『台湾教育史』台湾日日新報社 ： 台北、1927年。

自然道人「女子体育論（漢文）」、『台湾教育会雑誌』66号、1907年9月、1－3頁。

坪井玄道、可児徳『小学校体操教科書』大日本図書株式会社 ： 東京、1907年。

金湘斌「日本統治初期（1895－1906年）台湾における纏足と女子学校体育に関する研究」、『体育学研究』第56巻第2号、2011年、413－422頁。

浜崎伝造「小公学校適用新体操法」、『台湾教育会雑誌』62号、1907年5月、24－42頁。
浜崎伝造「台湾公学校体操法（承前）」、『台湾教育会雑誌』63号、1907年6月、8－24頁。
浜崎伝造「台湾公学校体操法（承前）」、『台湾教育会雑誌』64号、1907年7月、9－20頁。
浜崎伝造「台湾公学校体操法（承前）」、『台湾教育会雑誌』65号、1907年8月、9－20頁。
浜崎伝造「新案遊戯」、『台湾教育会雑誌』59号、1907年2月、18－21頁。
鳥居兼文編『芝山巌史』芝山巌史刊行会：台北、1932年。
游鑑明「日治時期台湾学校女子体育的發展」、『中央研究院近代史研究所集刊』33号、2000年、1－75頁。
謝仕淵「日治初期（1895－1916）台湾公学校的女子体育與放足運動」、『台湾文献』55巻2号、2000年、206－230頁。

国民精神の涵養と体操の日本化
―松本学と建国体操―

佐々木　浩雄

1. はじめに

1930年前後に顕在化した自由主義的スポーツへの批判は、日中戦争へと突入する1937年7月以降、さらに大きくなっていった。これと並行して、体育運動において日本の独自性や民族的特色を重視すべきといった議論が、特に1930年代後半にさしかかる頃から勢いを増していく[1)]。

満州事変後の武道の隆盛は、国家の「非常時」を背景に民族の自覚を促し、日本精神を涵養するという意図を顕著に示したものであった[2)]。このような「非常時」→「民族の自覚」→「日本精神の涵養」という図式は体操においても見られる。欧米からとりいれた合理的な運動方法としての体操の科学性が追求される一方で、1930年代には集団体操を通じた民族的団結が強調され、肇国神話や武道を題材にして日本の独自性を強調する体操が各所で創案・実施されるようになるのである。

武道系の体操としては、嘉納治五郎の「攻防式国民体育」(「精力善用国民体育」)[3)] や大日本相撲協会の「相撲基本体操」[4)] が1930年前後に考案された。また、工場体育の領域でも伝統的な民謡に振り付けをした「体育民踊」(「民謡体操」) という形で日本的な体操が導入されている[5)]。このほか、日本体育保健協会が推進母体となって普及された「建国体操」(1936年創案)、満蒙開拓青少年義勇軍や岩手県六原青年道場などで実施された「日本体操（やまとばたらき)」[6)] は、保守勢力が推進する文化運動や農本主義を顕現する農民道場で実施された体操である[7)]。それらは「非常時」が喧伝される世相で脚光を浴び、国家のために自己を犠牲にして尽くす国民精神総動員の一環として推進されていった。

特に共産主義者弾圧が強まった時期の内務省警保局長（現在の警察庁長官に相当）として名を知られ、日本文化連盟の設立など1930年代の思想善導策や文化統制事業を推進した松本学（1886-1974）が、体操界の中心人物である大谷武一らとともに創出・普及した「建国体操」は、武道系の体操に天皇制イデオロギーを盛り込んだ体操であり、1930年代半ばの「体操の日本化」の象徴的な事例といえる[8)]。

「建国体操」の創出および普及は、内務省を退いた後に日本文化の復興を掲げておこなった松本の幅広い活動の一つであった。松本は大谷武一をはじめ、日本体操連盟や文部省・厚生省の関係者を巻き込んで「建国体操」の全国的な普及活動を展開していった。加えて、1940年に予定される各種の皇紀二千六百年奉祝行事を射程に入れた組織的な普及活動によって広がったことがこの体操を特徴づけている。

本稿では、この「建国体操」を取り上げ、いかにして体操に日本精神が練り込まれ、体操と国民精神がどのように結びつけられようとしていたかについて検討する。

2.「体操の日本化」の背景

2.1「非常時」における思想動向

まず、体操の日本化すなわち日本独自の体操を求める動きの背景を確認しておきたい。

大衆文化が花開く一方で、1930年前後の時期は、政治的・経済的な危機の時代でもあった。国民が総力戦体制に動員される地ならしが各所・各領域でおこなわれたこの時期を象徴する言葉が「非常時」である。1932年の五・一五事件後、一種の流行語となった「非常時」は、満州事変勃発後の日本の国際的孤立、血盟団事件や五・一五事件などの政治テロの横行、農業恐慌の深刻化、労働運動の継続とその取り締まりなど、様々な立場の人々によって内外の危機的状況を包括的に表す言葉として用いられた。とりわけ、政党内閣が崩壊して挙国一致内閣となった斎藤実内閣（1932年5月～1934年7月）・岡田啓介内閣（1934年7月～1936年3月）の時代に高唱された[9)]。

1934年6月には文部省に思想局が設けられ、7月には岡田啓介内閣が「日本精神の涵養」を教育政策の方針として明確に打ち出した。1935年3月には貴族院が

「政教刷新ニ関スル決議」によって国体明徴と天皇機関説などの「時弊」の改善を求め、4月の文部省「国体明徴訓令」に続いて8月と10月には政府の「国体明徴声明」が出され、統治権の主体が天皇にあることを明確に示した。政府は同年11月には文部大臣を会長として教学刷新評議会を設置し、「我が国教学の現状に鑑み其の刷新振興を図る方策如何」を諮問した。1936年10月に出された答申では、まず「大日本帝国は万世一系の天皇天祖の神勅を奉じて永遠にこれを統治し給ふ。これ我が万古不易の国体なり」と国体について確認した[10)]。文化については「明治初年以来盛に文物の輸入に努め、我が国文化の進展に貢献したるところ極めて大なるものあり。然るに一面に於ては模倣追随の弊またこれに伴ひ、精神生活の方面に於てはその害少からざるものあり」との認識を示し、「欧米文化の排斥或は軽視に陥らざるを要す」とことわりながらも、日本文化への回帰を促した。また、体育運動に関しては、「我が国古来の武道の精神に則り、敬虔剛毅の気風を盛にし、公明正大の態度を重んじ、殊に選手制度に伴ひ易き各種の弊害を除去」すること、「その研究は単なる運動の機械的・生理的乃至心理的法則の如きもののみならず、身心一体の具体的法則の研究を盛ならしめ」ることを示した。

「建国体操」の創案・普及の取り組みは、まさにこの線に沿ったものであったといえる。

2.2 体育・スポーツ界の動向：民族意識と体育の結合

「非常時」の認識は自由主義的・個人主義的なスポーツの排撃・統制を容易にし、「『勤労』と『国防』に堪え得る国民の養成」[11)] を目的とした国民体育の振興へのシフトを後押しした。体育界の中心人物の一人であった大谷武一が1933年に「戦ひに捷つ上に、絶対的に必要なものは、言ふまでもなく国民の旺盛な意気である。不退転の気力である。然して、これ等の精神力は頑健な身体から生れるものだ」[12)] と国民体育の振興を呼びかけたように、広く国民に対しては「非常時」に即した体力・気力の養成が求められたのであった。

こうして国際的交流や自由主義を基軸にしていたオリンピックは国家的有用性を求められ、スポーツも「非常時」のなかで単なる娯楽や自己実現の場以上の存在意義を求められることになる。この頃から徴兵検査の結果に示される国民体力低下問題が喧伝されるようになるが、国民体育の振興という意味では、学生スポーツの選手制度が批判の対象となった[13)]。より多くの人々を運動させるという観点からは、限られた選手のみが運動し、その他大勢は見物にまわるというスポーツのあり方は否定的に捉えられるからである。「体操の社会化」という命題が以前よりも重みをもってとらえられた理由はここにあった。

1933年5月1日から3日間の日程で開催された全国体育運動主事会議[14)] では、「現状に鑑み民衆体育の普及向上に関し留意すべき事項如何」が諮問され、鳩山一郎文相が「目下我が国は内外共に多事である。此の際体育の振興は一層重大である。独逸の興隆、チェコスロバキア国の国民運動の原動力が体操にあることは思ひ半ばに過るものがある」と挨拶した[15)]。文部省体育課長山川建も労働者体育の振興が国家にとってきわめて重大であると説明し、チェコスロバキアのソコルなどの集団体操を念頭に置いた民衆体育の振興策樹立を促した。彼らが意図したのは、民族精神と不可分に結びついたドイツやチェコスロバキアにおける体操をモデルとした国民的体育運動の創出であった。

文部大臣の諮問をうけて体育運動主事会議は答申を出し、その中で「近時我が国民体育の興隆見るべきものありと雖も其の分野は学校体育に傾き民衆体育にありては未だ不振の状態にあるを免れず現下挙国振興の時局に当り特に建国精神と相結んで民衆体育の振興を期するは尤も適すと云ふべし」との現状分析にもとづいて、民衆体育と日本精神の結合を強調している。

さらに1934年4月の全国体育運動主事会議では、「体育運動の精神的効果を一層増大ならしむる具体的方策如何」が諮問された[16)]。各地の体育運動主事たちによる答申では、「我国現下の状勢は協力一致以て此の難局打開に努むべきなりこの時局に鑑み体育運動の精神的効果を著大ならしむるは極めて肝要」との認識が示され、「体育運動の指導に際しては従来の身体的技術的偏重の弊を矯め一層精神的方面を重視し徳性の涵養人格に完成に努むると同時に日本精神の拡充を図る事」、また「祝祭日国家記念日等に於ては特に全国的地方的体育祭を挙行し国民意識を宣揚すること」が示された。体育界では従来からの国民体位向上という目的に加え、体育運動の弊害を取り除くと同時に国民意識を宣揚することなど国民体育として好ましい精神的効果を体育運動に付加することが確認されていたのであった。

2.3「日本体操大会」の創始—国家的体操イベントの誕生

1935年に大楠公六百年祭に付随して創始された朝日新聞社主催「日本体操大会」は、以上の議論を具現するような、時局の要求に即した集団体操イベントであった[17)]。甲子園球場に演技者総計11,890名と数万の観衆を集めた大会は、関係者の賞賛の声を集めた。

表1　1935年4月28日、大阪朝日新聞社主催「大楠公六百年祭記念体操大会」演技種目

名称	実施団体	人数
小学校女児合同体操 (行進遊戯「御代の輝き」「芽」)	大阪市小学校	3,000
日本体育会体操学校生徒体操	日本体育会体操学校	40
合同演奏	大阪府・兵庫県有志中等学校及大阪市音楽隊	150
小学校男児合同体操	神戸市小学校	3,000
東京女子体操音楽学校生徒体操	東京女子体操音楽学校	30
演奏行進	(表記なし)	150
女子中等学校生徒合同体操	大阪府・兵庫県中等学校	2,100
全日本体操連盟選出選手器械体操	全日本体操連盟	20
ラヂオ体操	大阪市十三ラヂオ体操協会	250
演奏行進	(表記なし)	150
男子中等学校生徒合同体操	大阪府・兵庫県中等学校	3,000
演技者合計		11,890

『大阪朝日新聞』1935年4月29日より作成

翌1936年に開催された第2回日本体操大会に先立って、『東京朝日新聞』には「民族統合への力：合同体操の真意義」と題した文部省体育課長岩原拓の談話記事が掲載されている[18)]。岩原は国難に当たって最も必要とされるのは「民族の力」とし、これを養い青年男女に植え付けるための方法の一つとして体操を挙げる。岩原は「ナポレオン一世によって虐げられたドイツがドイツ体操によってドイツ青年の魂を作り、また永年オーストリーの暴政に虐げられたボヘミア民族が

ソコール体操によって其民族意識を鍛へ上げたごときは有名な話」と他国における実例をあげ、「若い青少年に一致団結といふことを本当に体験し真に訓練せしむるには単に理屈や文字の上でできるものではない、肉に訴へ、熱に訴へてこれを実際に体験せしむるにあらざれば効果は現はれない」と説いた。その上で「ドイツやボヘミアに於て一万数千の人々が同時に合同体操をするといふごときも単に多数の人が揃って手足を動かすといふ意味ではなく一挙手一投足の間にもり上って来る精神を堅く結束せしめてそこに偉大なる感覚を直接に感得させようとするにほかならない」と集団体操の「真意義」について説明した。

岩原は、「今日世人から注目されつつある体操大会の如きも全くこの仕事を全国民化するところにその意義が存すると思ふ」とし、大楠公六百年祭を期して開始されたこの大会が「民族的団結に一段の深き意味を持つ」と、日本体操大会の民族的団結という機能についても付け加えた。

文部大臣平生釟三郎も「ドイツには既に古くから築かれた挙国的国民体操がありまたチェッコスロバキアに興ったソコール祭等、国家的信念に生きる国民は自身の手によって強力な国家を建設せんとしつつあり、集団体操運動の機運は澎湃として各国に漲ってゐる」と世界の趨勢を説き、「国民の体力を向上せしめ規律統制を訓練するところの此の大会は、参加者個々の体力と精神を向上せしめると同時に本大会を通じて全日本国民をして健全なる日本人としての完成を約束するであらう事を疑はない」と大会に寄せる期待を表明した[19)]。また加えて、大会の趣旨が全国津々浦々に浸透し、号令ひとたび響けば全国民の手足が動くような「挙国的国民運動の具体化は決して夢想ではなく必ずや近き将来に実現されるものと確信し得る」と展望についても語っている。

平生が期待したように、体操大会はこれ以降も成長を続け、「挙国的国民運動」ともいえる人数を動員した国家的イベントへと成長していった。全国各会場で総計200万人を越える参加者を集めた1940年の紀元二千六百年奉祝第六回日本体操大会では、奈良橿原神宮外苑でおこなわれた中央大会で1万人の「建国体操」が実施され、明治神宮国民体育大会でも演技されるなど、「建国体操」もこうしたイベントを通じて存在感を放つこととなる。

3. 松本学と建国体操

3.1 松本学と日本文化振興事業

ここまでは体操が国民精神と結びつく背景を確認してきたが、次に松本学という人物の紹介とともに、彼がなぜ「建国体操」の普及に力を入れたのかについてみていこう。

松本は「建国体操」の普及のみに取り組んだのではない。体操普及は彼が携わった幅広い文化事業の一つであり、「建国体操」の意味づけや全容を理解するためには彼の思想や文化事業全般を視野にいれておく必要がある。少し体操とは離れるが、彼の経歴とともに文化事業へのかかわりについてみておこう。

松本は、1911年に東京帝国大学法科大学卒業後、内務省に入省。秋田県警務課長、静岡県保安課長などのキャリアを積み、1925年9月には神社局長、翌26年からは静岡県、鹿児島県、福岡県の知事を歴任、さらに31年5月に社会局長官、32年5月に内務次官と並ぶ内務官僚のトップともいえる警保局長に就任し、共産主義者弾圧に辣腕をふるった人物として知られる。1934年からは勅撰の貴族院議員として活動し、37年10月に財団法人日本文化中央連盟理事となった。この日本文化中央連盟は、松本が警保局長時代の1933年に三井・三菱・住友の三大財閥の援助を受けて組織した日本文化連盟の発展的解消にともなって設立されたもので、松本はその下部団体として日本芸道連盟、日本労働連合、工場スポーツ連盟、日本古武道振興会、日本民族協会など多くの団体を組織し、様々な方面から国民の「思想善導」を組織的に画策していた。「建国体操」の推進母体となる日本体育保健協会もそうした団体の一つとして1936年に設立されたものであった[20]。

警保局といえば、まず治安維持に関する職掌が思い浮かぶ。松本が警保局長の時代には共産党弾圧が押し進められたが、一方で、松本は文化事業の振興も警保局の仕事であるとしてこの方面にも積極的に関与した。

松本が警保局長の地位にあったのは五・一五事件の直後、1932年5月27日から34年7月10日までの間である。在任中には治安維持法違反として多くの被検挙者、被起訴者を出して共産党活動に徹底的な打撃を与えた。小林多喜二が獄死したのもまさにこの時期であった（1933年2月20日）。この間、松本は陽明学者安岡正篤を中心に組織された国維会[21]の機関誌『国維』誌上に「日本文化連盟の提唱：第五インター（日本精神インター）について」と題した文章を寄せている。松本は「身を挺して事に当らんとする胆略もなく、共産主義の撲滅を望んだり、社会の平和と幸福とを欲して出来るものであらうか」と問題を提起し、「この難局の打開はもう『所謂お役所仕事』や社会政策や、一党一派の手前味噌を並べた宣伝運動では駄目である。どうしても真摯な人々の宗教、教育、民衆娯楽、行政、産業各方面からの協力奮発に依って遂行する外はない」との認識を示した[22]。民族的な特色をもつ文化的な諸活動の振興によって国民精神を喚起することで外からの思想的影響に対抗し、さらに外向きには日本の精神性や文化を発信していこうというのである。

松本は「世界の識者をして有道の国日本、文化の国日本を敬慕して来り投ぜしめ」るよう「内に向っては日本精神の作興を計り外に向っては日本精神を世界に光被」する決意を示し、警保局長退任後も日本文化連盟（1937年10月から日本文化中央連盟と改称）を軸にしてこの文化事業を実行していく。

松本は内務省退任後に勅撰の貴族院議員となったが、官僚としてのキャリアを退いた後も日本文化連盟の活動をかなり精力的にこなしていたことがわかる。松本の凄味は、共産主義者への弾圧にも見られるように、表明した理想に向かって率先して実行していくところにあったといえる。「建国体操」にしても、専門家に丸投げすればよさそうなものだが、自ら大谷を口説き、古武道関係者や北原白秋、山田耕筰らを集めて、ほぼ一から十を把握する形で創案・普及に携わっている。

先に述べた国維会には荒木貞夫、後藤文夫、近衛文麿らが発起人として名を連ね、その綱領には「一、広く人材を結成し、国維の更張を期す」「一、大いに国家の政教を興し、産業経済の発展を期す」「一、軽佻詭激なる思想を匡し、日本精神の世界的光被を期す」が掲げられ、この日本精神に根ざした国政革新計画の樹立と、人材の結集という目的に賛同した華族、軍人、官僚が集まった。岡田内閣が成立すると後藤文夫（内務大臣）、広田弘毅（外務大臣）、藤井真信（大蔵大臣）、川田烈（内閣書記官長）ら閣僚中に国維会メンバーが多くを占めることとなり、「国維会内閣」ともいわれるまでの勢力となった。こうした状況により「世評の風向が国維会をもって陰謀の府となすようになった」ため、1934年12月に国維会は解散した[23]。当時、近代史家の田中惣五郎は、「右翼文化団体に踊る人々」と題した論説で、国維会を含めた右翼勢力について論じ、松本についても紙幅を割いている。田中は松本の文壇統制が成功していることを彼の手腕によるものとし、「某方面から少なからぬ資金を引き出して、金に縁の薄い文士連を恐悦がらせ、伝記学会、邦人社と八方に手をひろげて、豊かな浪人生活をつづけて居るあたり、ただの鼠ではあるまい。若しそれ一度風雲を得る時この引出物を土産として大将の馬前に馳せ参ずれば、出世疑ひなしであらう」と皮肉混じりに松本評を展開している[24]。

松本が「建国体操」普及などの具体的な活動を押し進める段階で、広田や近衛は総理大臣に、荒木や後藤は文部大臣に就いている。国維会に集まった人々は、日本精神に根ざした国政の運営という点で志を同じくし、特に満州事変以後に強まっていく国粋的・軍国的な風潮を形成する勢力の中枢にいた。松本はこのような組織の中で人脈を持ち、自らは独自の「第五インター（日本精神インター）」構想[25] を具体化していったのであった。

日本文化連盟は1937年10月に発展的に解消され、新たに日本文化中央連盟が結成された。大阪毎日新聞は「“日本文化”の金字塔：百余の対内外諸団体を結ぶ　オリンピックに備えて文化中央連盟生る」との見出しでこれを報じた[26]。1937年度には文部省予算として20万円が事業費補助として計上されている（その後15万円に補正）。

「建国体操」も日本文化中央連盟の下部組織である日本体育保健協会を母体として普及活動が進められた。松本は古武道や音楽、舞踊、絵画、詩歌その他の日本文化を体現し得る諸活動を後援して、それぞれの分野の団体を統轄し、各国との橋渡しをするものとして日本文化中央連盟を位置づけた。松本が「建国体操」を構想したのも紀元二千六百年に向けたさまざまな文化事業の一環としてであった。

3.2 建国体操の創案と普及

3.2.1 建国体操の創始

松本は1936年秋、ベルリンオリンピックから帰国した文部省体育研究所技師大谷武一と出会い、西洋的なものをイメージしたラジオ体操より「もっと力強い、しかも信念に燃え、魂を打ち込んだ心身一如の新しい体操を案出して国民精神の作興と国民体位の向上をはかる一大国民運動を起こして皇紀二千六百年（昭和15年）を奉祝」しようと大谷に語ったという[27)]。大谷も賛同し、ここに「建国体操」が生まれることとなる。

1929年から38年までの松本の日記を集録した『松本学日記』（以下『日記』）[28)]を見る限りでは、松本が日本文化連盟による二千六百年記念事業を具体化していったのは1936年に入ってからのようである。『日記』の中で「建国体操」の名が始めて出てくるのは1936年10月7日であり、「二時半から金井良太郎博士と古武道の人々と折口博士、小寺氏等に体操の専門の人を加へて相談会を開く。『建国体操』を創造しやうと云ふ訳なり」との記述がみられる。この「体操の専門の人」が大谷武一と考えられ、このほか「建国体操歌」制定には北原白秋や山田耕筰といった著名人も加わっている。その後、12月24日には小石川茗渓会館で「建国体操」の発表会を催し、翌37年2月11日の「紀元節」に東京芝公園で、「日本主義に立脚する産業労働倶楽部の労働者約1,000名」が「建国体操」を披露したのが「建国体操最初の試み」であるとされる[29)]。

1936年12月25日付の読売新聞では、24日の「建国体操」発表会の模様が「珍型の“国粋体操”」との見出しで報じられている[30)]。松本、金井、山田、北原ほか古武道各流派の関係者らが参観したことともに、「この人たちが国粋体操を2月11日の建国祭を勇壮に彩る民族スポーツたらしめ国民志気の源泉にしようとふわけ」と体操考案の目的について紹介した。動作については、「『一！』『二！』の号令にあはせて振廻す双手や

図1　建国体操図解（後操は省略、『体操』第7巻第5号、1937年5月より）

左右にひねる腰の型はわが武道十八般の粋をかりて組み立てた」もので、「早い話が剣をふり下す真似や投槍や手裏剣をハッシと飛ばした時の恰好や鎖鎌をふり廻す姿勢を一人相撲みたいにやって見せる」と解説している。記事は、参観者たちが「魂のこもった体操」「律動感あり」と満足したことに触れながらも、「あまりに流行してはコハイやうな体操だ」と締めくくられている。

この1936年12月が「建国体操」のお披露目だったわけだが、実は「建国体操」の原型はすでに同年6月におこなわれた第2回日本体操大会関東大会で演技されていた。この大会の男子中等学校生徒による体操は、全日本体操連盟がこの演技のために新たに創作した「日本国民体操」であったが、これが「建国体操」の原型とみられる。東京朝日新聞には大会に先立って練習が行われたことが紹介され、「日本国民体操」の様子が「『エイッ！エイッ！』の掛声につれて両臂を上下左右に突き出す」と紹介されている[31)]。また、大谷武一がこの体操の特徴を次のように紹介している[32)]。

一、純国産であること、これまでの体操はその殆ど悉くが外来のものであった、しかるにこの体操は、その素材及び組立の悉くが日本人によって造られている

一、各動作に直接目的をもつこと、身体修錬といふ究極目標のほかに各動作に突く、打つ、当てる、蹴るといふ手近な目標をもってゐる、随って動作に身が入ることになる

一、修身的価値の高いこと、一動作ごとに、障害の突破を意思し、思念しつつ躍進するために、特に時局打開に必要な毅然たる精神態度が練成さる。

この「日本国民体操」についての大谷の説明では、まさに「建国体操」同様のコンセプトが示されている。この大会の後、大谷はベルリンへオリンピック視察の旅に出発し、帰国後、松本の要請を受けて体操創案に関わることになる。つまり、すでに大谷が持っていた「純国産の体操」の構想が松本の考えるところと合致して生まれたのが「建国体操」だったと考えられる。

3.2.2 建国体操制定の趣旨

「建国体操」を発表するに際して日本体育保健協会から発行されたパンフレット『建国体操の普及提唱』には、松本学と大谷武一による趣旨説明が掲載されている[33)]。

松本はまず、頻りに問題にあげられる国民体位の低下について、外見上は身体の発達は良好に見えるが、検査の結果からは内蔵諸器官との不均衡や身長と胸囲、体重との不釣り合いが著しいなど円満な発達を欠いており、そのため壮丁検査の基準を下げなければ徴兵が不可能であるという現状を説明する。

この現象が表れた原因として、「私の感じからいへば誤られたるスポーツ精神に基く競技への熱狂といふことも有力な一原因」との見方を示し、「現代の運動競技が国民体位の全体的向上といふ目的からレコードを作るといふ目的におきかへられ、結局は一人の選手をつくりあげることにのみ終始してゐる嫌いがある」と国民体位の問題とはかけ離れた競技スポーツのあり方を批判する。

松本はスポーツ自体を否定しているわけではない。「勝つといふことを目標として此に邁進すると同時に勝敗を超越した境地に入ることに真のスポーツ精神がある」との解釈を示しつつも、禅の悟入の境地に達することが困難であるように、多くは勝負に執着することで真のスポーツ精神を理解するに至らないと持論を展開する。加えて、他国民に比して日本国民は勝ちにこだわる気質が強く、勝敗や記録に拘泥するため、運動競技が国民体位の全体的な向上という機能を果たしていないと指摘している。このような、あるべき「真のスポーツ精神」から離れる姿を指摘し、その元凶として選手制度を批判する議論は、スポーツが隆盛を迎えていた1920年代後半から30年代半ばにかけての国民体育論の典型である。

兵力・労働力の供給という国家的問題を前提にした場合、ごく一部のスポーツ選手の勝敗・記録よりも国民全体の健康・体力を優先的に考えるべきであるという論者たちは、体操にその役割を期待した。松本もまた「然らば全般的に国民の健康増進を図り、健全なる体位の向上を促進せしめるには如何なる方法が案出せらるべきか」と続け、種々の方法が考えられる中で、「老若男女、強弱を問はず万人に実行出来る体操に求めることが至当なる一方法ではあるまいか」と結論づけている。一方で、「今日ラヂオ体操の全国的普及に依り体操に対する国民の認識が昂まりつつあること」は評価しつつも、「今日まで我国に行はれ来った体操を見るに、デンマーク体操或は何々体操といふがごとく、殆ど他国に於ける特殊な国民生活を基礎としてその発生の意義を有してはをるが、只だ単に身体を健全にするといふ抽象的共通性を基として輸入せられ一般に行はれてゐたに過ぎなかった」と、日本人の生活を基礎とした体育の向上や、国民の精神的鍛錬に資する真の意味での国民体操が生み出されてこなかったとこれまでを総括した。

松本は以上から、「体操に魂を入れ精神的意義をもたせる」方法として、「悠久三千年の昔に溯る我建国の積極的建設精神にこそ求めらるべき」であり、「その主要なる一つは生成発展を期する立場に於ける障碍撃破の尚武の精神」として、これを練り込んだ体操を案出したと説明する。松本は尚武の精神をよく伝え表現しているものとして「神技として伝へられ来った我国の古武道」をあげ、「大谷教授その他体操専門の権威者と会議の結果、全国古武道各流派を網羅せる日本古武道振興会（現在百十余流派）会員の古武道型実演を乞ひ、その型の中から基本形式を求め、建国精神をその精神」として「建国体操」を案出したと説明している。

3.3.3 建国体操の特徴

「建国体操」は、古武道の「突く・打つ・切る」の型を基本とした前操・後操・終操の15の運動から構成され、全体の呼吸・動作・波長を合わせて一体感を得ることで、規律・共同精神の涵養を図ることが意図された。集団でおこなう際には行進（当時大谷が提唱していた「正常歩」）によって入場し、体操の前後には「建国体操前奏歌」と「建国体操讃歌」（いずれも北原白秋作詞、山田耕筰作曲）を歌うことになっていた。

松本は自らが小学校時代に経験した体操を「意味がないもの」「つまらないもの」と切り捨て、すでにかなりの広がりを見せていたラジオ体操も「アッパッパーを着て」動きに神経を集中させることなくだらだらとおこない、体操がすめば蜘蛛の子を散らすように戻っていくいいかげんなものとして、その不十分さを指摘する。

松本はラジオ体操の会にみられるような「漫然と集まって体操だけをやって漫

然と解散するようなこと」は改善すべきとし、「建国体操」を「個人の『行』であるばかりでなく団体の『行事』」であると位置づけた[34)]。つまり、武道的な動作を取り入れた「純国産」の体操であることに加え、建国精神の発揚、国民精神の涵養というテーマの下で各個人が精神統一を図り、行進、合唱、体操の三つを一貫した行事としておこなう厳粛さを求めたことが「建国体操」の特色の一つといえる。

松本が求めたのは、建国精神を体現し、それを実施することで日本人としての精神文化に触れることができるような体操であり、実施の際の儀式的厳粛さを伴わせることであった。かくして「建国体操」は、古来の武道的動作を配置し、「建国体操前歌」、「建国体操後歌」や宮城遙拝、行進などを含めた儀式対応型の国家主義的な体操として普及がはかられた。

4. 建国体操の普及

4.1 紀元二千六百年奉祝に向けて

松本らは体操制定後、放送協会などに「建国体操」を売り込んだり、各方面で講演をしたりと積極的な普及活動を展開する。その活動基盤となった日本体育保健協会の理事には、大谷武一のほか岩原拓、甲佐知定、栗本義彦ら、この時期の体操界を牽引した文部省や厚生省関係者が名を連ね、全日本体操連盟機関誌『体操』でも「建国体操」がたびたび紹介されている。

体操を創案した大谷武一は、これまでにない「純日本式の体操」として自賛し、1937年を終えるにあたって「建国体操」の普及状況について以下のように述べている。

今年は建国体操の生まれた年で、然かも、建国体操が記録的躍進を遂げた年である。何処へ行っても、建国体操で持ち切りである。最近九州へ出張したが、到る処で建国体操の実演を見た。誕生してまだ一年にもならぬ建国体操が、大した宣伝もしないのに拘わらず、斯くも急速に普及したといふのも、幾分か事変の影響もあるとは思ふが、建国体操そのものが、良く出来てゐる結果だと思ふ。その内容と構成とが、断然画期的である点が、今日の成效（ママ）をかち得た主なる原因に違ひ無い。吾々建国体操同人の間では、三年後の、建国二千六百年迄に、日本中を建国体操色に塗って了ふといふほどえらい意気込みで、かかってゐるが、この分だと、三年後を待たないでも、建国体操国民総動員の理想が実現されるかも知れない。[35)]

大谷や松本らは紀元二千六百年奉祝行事までの体操普及を明確な目標として掲げており、「建国体操」は「国体の本義」を前提とした文教政策や国民精神総動員運動、奉祝ムードの高まりなどの追い風を受けて急速に普及していった。実際に新聞や体育雑誌等をみる限りでは、ラジオ体操に次ぐ存在感を感じさせる。例えば、1939年3月の『体育と競技』には「我が校の体育」として三つの小学校の体育が紹介されている。岡山県片上小学校では朝会体操や授業の合間の課外運動としてラジオ体操や正常歩とともに「建国体操」が実施されている[36)]。また、静岡県興津尋常高等小学校では「全校体育行」として「建国体操」が実施されている[37)]。説明によれば「此の行によって理屈抜きに児童に日本精神を体得させようとして居る。真に全校一体となるこの行は吾校の訓育否全教育の中心である」というほどの熱の入れようであった。時間は昼食休みの次に三十分の時間をとり、土曜日を除く毎日、全員実施（児童2,050名、教職員46名）とされ、以下の要領で行われたことが報告されている。

(1) 集合：サイレン合図＝黙　(2) 敬礼：校長に対して行う　(3) 遙拝：橿原神宮遙拝　(4) 建国体操前奏歌合唱（レコード）(5) 健康体操前奏二回実施（レコード）(6) 行進：運動場三重円形行進（正常歩）(7) 建国体操讃歌合唱（レコード）(8) 敬礼：校長に対して行う　(9) 講評：諸注意　(10) 解散：黙

各種の体操イベントでも「建国体操」は演技された。中島海は1939年の第10回明治神宮国民体育大会の模様を次のように伝えている。

建国体操の有つ異色の一つは、旗の与える威力観であった。府県の団旗・分団旗・個人旗が整然として隊伍を整えての入場は、旗を物として感ずるよりも飛騰の精神の表れとして我々に迫るものを感ぜしめた。参加者の多彩であったことは、国民保険（ママ）体操に比すべきものであったが、建国体操の精神意義のもとに馳せ参じたと云ふ感を有ったことは筆者のみであったらうか。運動の独自性に関しては最早喋々を要しない。唱歌並に運動に関して今一歩の進境を求めることは今後に期待するところであって、よくこの旗幟の下に地域的と、社会層的に広汎に亘り得たことは、明治神宮国民体育大会なればこそと思はしむるのであった。[38]

このほか、日本体操大会、日本厚生大会、興亜厚生大会、東亜競技大会など国家的なイベントで「建国体操」は演技され、入場・唱歌・体操・退場までの一連の厳粛な様子は、見るものに単なる体操以上のメッセージを発しようとしていた。

また、元警保局長の松本ならではといえるのが、伊勢佐木警察署を通じた横浜市での普及活動である。松本と個人的にも親しかった伊勢佐木署長の坂元清剛は、1937年10月19日、国民精神総動員運動週間の「心身鍛練日」に創案者である松本と大谷を招いて署員に「建国体操」の講習をおこなった。これを端緒として、伊勢佐木署では「建国体操の会」が結成され、その後も指導者講習会により会社員、教員、医師、警察官、商店経営者、飲食店経営者、飲食店員、芸妓など様々な職業の人々に普及していく。さらに中華街の華僑や神奈川県下の在日朝鮮人にも広められ、体操を通じた「思想善導」、「建国精神の発揚」が地元警察を核にして推進されていった。その普及の様子は1938年12月の『アサヒ・スポーツ』にも「横浜名物」として次のように紹介されている[39]。

あくまで強い肉体と意志の権化「建国体操」は、今ミナト横浜の銀座・伊勢佐木町を中心として逞ましい力で普及しつつある。（中略）夜更けの街を「建国体操、建国体操！」と体操開始を報じて歩く子供の一隊、街から街へ、店といふ店の軒並みを合図の鐘を振って歩いてゆくと、あちらからも、こちらの店からも胸に金鵄を縫ひつけた店員たち、主人たちあらゆる同志の人々は街の広場に集まり、声も高らかに建国体操を行ふのである。

図２　「巷に広がる体操熱」伊勢佐木町での建国体操を紹介するアサヒグラフ誌
（『アサヒグラフ』第798号、1939年2月22日）

飲食店が立ち並ぶ繁華街である伊勢佐木町界隈では、「各町の衛生組合、青年団、在郷軍人会、婦人団体、小学校はもとより、附近1,800名の女給たち、12映画館、劇場の案内ガール、美しい関外の芸妓さんたち」までを動員して「建国体操の会」を結成したという。また、内務省社会局関係の各地方健康保健課の監督下にある工場でも導入され、それらの工場を「建国体操の会」地方分会として指定するなどの計画も出されている[40]。

このように松本の人脈などを通じて広がっていった「建国体操」は、その名が示すように、そして「最初の試み」が紀元節であることや、建国体操の旗・シャツに縫いつけられた金鵄のマークなど、紀元二千六百年記念事業を見据えて綿密に筋立てられたものであった。

図３　第7回日本体操大会中央大会（関東）における国民学校建国体操団の入場
（アサヒ・スポーツ編『第七回日本体操大会写真画報』1941年5月、朝日新聞社）

そして松本が思い描いていた「建国体操」普及のシナリオは、先述の紀元二千六百年奉祝第六回日本体操大会での一万人による建国体操や、同年11月3日に開かれた紀元二千六百年奉祝橿原神宮奉納建国体操大会といった1940年の奉祝行事でクライマックスを迎える[41]。

4.2 厚生運動と建国体操

「建国体操」は紀元二千六百年奉祝事業

に向けて普及されたが、その普及活動は厚生省新設とともに展開された厚生運動の一環としても位置づけられた。松本は自ら組織した日本体育保健協会の機関誌(1938年10月〜) に『厚生時代』という名称をつけており、厚生運動にひとかどならぬ関心を持っていた。この雑誌の創刊号で松本は、『厚生時代』という雑誌名について述べ、「将来日本を考へる時今や厚生第一の時代と云はねばならぬ」としている。日本体育保健協会の仕事については、「国民体育の向上と色々な運動、競技の合理化」と「国民保健の達成」の二つを挙げている。しかし、雑誌を見る限りでは、そのほとんど唯一にして最大の事業が「建国体操」の創案と普及であった[42)]。『厚生時代』は「本協会の事業を発表すると同時に国民の体育の向上保健の達成に大に貢献せんとするもの」とされているが、実際にはその大半を「建国体操」の宣伝記事が占めている。

『厚生時代』創刊号の巻頭記事には、松本の「建国体操」普及への思いが凝縮されている。

> 私は此運動は唯単に体操としてでなく、一つの「行」として考へておる、個人の「行」であるばかりでなく、団体の「行事」として実施したい、従って唯無雑作に集って来て体操をやればよいと云ふのでなく、集った人々は一団となって先づ建国体操前奏歌を合唱し建国精神に燃えながら、心を一にして体操を実施し、後で建国体操讃歌を斉唱して後に解散すると云ったやうな一つの「行事」として考へたい。このやうな考へ方をする所以のものは単に肉体的体位向上運動としないで体操と云ふ形態を通しての建国精神総動員の運動たらしめたい即ち一つの大きな国民運動たらしめたいからである。皇紀二千六百年を期して大デモンストレイションを計画しておるのも此訳である。[43)]

松本は国民体位向上が唱道され、厚生運動が台頭する状況に対して、「ところが此厚生運動なるものが、とかく一方に偏してはゐないか」、「余りに肉体的な物質的な方向にのみ傾いて精神的な方面が閑却されておると云ふ嫌はないだらうか」と疑問を投げかける[44)]。そして「今日の厚生運動をもっと基本的な即ち国民文化的な基礎づけをして、其土台の上にもっと大乗的な心身一如の運動にまで発展せしめねばならぬのではなかろうか」と持論を述べている。

例へば体操について云ふならば、只号令に従って手足を動かすだけとすれば、恰も操り人形のやうなもので、殆ど無意識のこととなる。其一動作毎に意義目的があり、其体操全体として大きな感激に燃えると云ふやうな境地が見出されるに至って甫（はじ）めて霊肉一如心身一体のほんとうの厚生運動となるのである。ここまで来れば最早従来の所謂体操ではなくて体操と云ふ形式を通しての精神作興運動であり終に『行』まで発展しておるのである。今日吾国民が要求しておる厚生運動はどうしてもここまで展開せられ、此境地にまで到達せられねばならぬ。

松本は「一国の文化力と云ふことは、其国民の物心両面に亘る生活力、生命力である」との認識を示し、このような解釈にもとづいて、厚生運動を次のように意義づけている。

実に大きな文化発展運動であって、単純な社会制度や組織の課題に重きを置く社会問題でもなく又兎角物質的肉体的にのみ人間を取扱って治病、保健、体育の手段によって所謂健康増進を図らんとする保健体育運動だけでもない、之等の凡てのものを包含して而も単に倫理道徳のみを説く抽象的な精神運動に堕することなく、人間の肉体を通して形体形式から人間完成を期せんとするところに其特色があり、個的には一個人の生命力向上を目標としておるが、之が全的に発展しては一国の生命力、文化力を培養して国民文化の進展を終局の目的とするところに其の本来の面目がある。

もちろん、厚生運動の解釈は一様でなく、これは松本なりの解釈である。実際に、当時の厚生省体力局施設課長の一來鐵郎は「厚生運動の狙ひ所は非常に広い範囲に亘って居りまして、即ち能く学び能く遊ぶと云ふ趣旨に合致する限り、総て此の厚生運動に入る訳であります」[45]とゆるやかな理解を披瀝しており、ドイツの「歓喜力行団」（Kraft durch Freude）やイタリアのドーポラヴォーロがモデルにされたことから考えても、一來のような見解が一般的であったと考えられる。

松本はラジオ体操や各種スポーツ大会、ハイキング、レクリエーションなど雑多な取り組みがなされ、確たる信念、共通理解をもたないままに進められる厚生運動に対して批判的であり、厚生運動についての独自の見解を国の文化力というタームでまとめている。松本にとって「建国体操」は、ぬるま湯的に映る厚生運動を矯め直そうとするものでもあった。

4.3 戦後の松本学と建国体操

余談になるが、戦後の松本と「建国体操」についてのエピソードを付しておこう。松本は戦後も中央警察学校長（1947年1月～48年3月)、日本港湾協会会長（1947年3月～63年10月)、日本河川協会会長（1952年6月～72年6月）など1974年3月に死去するまで社会的活動を継続した。

晩年、松本は大谷武一の一周忌追悼会の場で、大谷の大きな業績の一つとして「建国体操」創始について述べたという。そこでは、ラジオ体操よりも「もっと力強い、しかも信念に燃え、魂を打ち込んだ心身一如の新しい体操を案出して国民精神の作興と国民体位の向上をはかる一大国民運動を起こして皇紀二千六百年（昭和15年）を奉祝すると同時に、ナポレオン占領治下において、国民体操を全国に普及し、独逸国民の奮起を促したヤーンとなられるようおすすめしました」と当時のエピソードが語られた[46)]。

そして、この模様を記した『新体育』誌上の文章では、「敗戦後、虚脱混迷の極、ややもすれば日本を見失わんとするものの多い現時点こそ、はっきりと日本の真相をきわめ、日本への回帰を大声叱咤せねばならぬ」として、当時よりもむしろ1967年のこの時こそ「建国体操」の必要性が高まっていることを訴えた。松本の思いは戦前と変わっておらず、「建国体操」は「行」と観念して継続実行すべきことや、行進、合唱、体操のそれぞれを大事にすることなど「建国体操」の要諦が示されている。

折しも1967年は、2月11日が「建国記念の日」として正式に決定された年であった。松本は、「戦後、神話をナンセンスなお伽噺として捨て去ろうとした人々があるが、彼らは自ら日本人の本質を否認するものというべき」とし、「わが建国精神は祖先伝来の堂々たる民族遺産である以上、これを基調とした建国体操、国民運動を今日行はんとすることは、何の憚ることがあろうか。関係各方面の奮起を期待してやみません。」と締めくくっている。まさに終始一貫、揺らぎのない松本の本領発揮であった。

5. おわりに　建国体操の意味―国民的文化運動としての位置づけ

警保局長時代から日本文化の建設を唱え、関係団体を束ねてきた松本が、おそらくは国体明徴運動や陸軍省から発された国民体位低下の声を意識しながら、自ら体操の創案・普及に乗り出したことは、この時代の体操の位置づけを考える上で重要な事例である。大谷武一も少なからず松本に感化され、以後の自身の活動に後ろ盾を得た思いであったと想像できる。

松本は国民運動の必要性を主張し、その基調は「日本への回帰」すなわち「日本の世界観、日本の原理の上に立つ」文化運動にあるべきとの考えを示した。ここで言う日本の世界観、原理とは「一如観」という言葉に集約される。松本は西洋の世界観は神と人、国家と個人など個人と向き合って全体があり、すべてのものが対立的な関係にあるとし、これとは違う世界観として一如について説明する。

> 一如といふことは一つになることではなく、一色にぬりつぶすことではない。二つのものは厳然として存在してをりながら、而もそれが一如の境地に入る。即ち言葉をかへて云へば「結び」によって生成発展するものであります。[47]

神と人、自然と人生、国家と個人、夫婦、兄弟、労資、地主と小作人などあらゆるものが一如であり、各自が厳然たる存在でありながら、その存在が尊重されて一如となり、常に中心に帰一して発展するのだという。一如観とは「全個一如、帰一中心、生成発展」という三つの内容を総称するものであり、これこそが日本の世界観であると述べる。

松本は私益と公益を対立させて公益を優先すべきというような考えではなく、「公と私は各々厳然と存在しながら、私の拡充発展が其儘公の利益になると云ふ考へ方」をすべきであるという公私一如を打ち出した。このような理屈は、国民統合をはかるこの時期の指導者層の常套句でもあった[48)]。また、共産党弾圧の中心にいた松本の信条でもあったのだろう。

このような考えのもと、国民運動の体制は、政治運動や経済運動ではなく、広い意味での文化的活動であるべきとし、「国民運動である以上は、どこまでも大規模な国民生活全般に亘る民族生命の運動でなければならぬし、又国民の中から、民族生命から盛り上って来るものでなければならぬ」とした。そして、「文化運動こそ最も広範囲の意義を有し、而も国民生活からもり上る力として政治と合一するとき、はじめて、大政翼賛、皇運扶翼の大国民運動となり得る」と、国民生活に即した文化運動から政治的結束力を作り出す道筋を提言した。これが、松本が構想した国際社会における日本のローカル・アイデンティティの表現方法であった。

松本は、この国民運動は国内運動と国外への対外運動との二つに発展する必要があると述べる。対外的な文化運動とは、文化国際連盟の提唱にみるように、「対立の世界観」で立てられた世界秩序ではなく、「対立を止揚した一段上の一如の境地に於て」新世界秩序建設に貢献することであるという。

対内文化運動すなわち現時局に対応する国民運動としては、抽象的なものでなく、もっと具体化した、国民生活に反響のある方策が考えられなければならないとして、地方分権と家族制度をあげている。このように、松本は政治に先行しながらも政治と同調する文化運動を国民的に展開することを示し、日本文化中央連盟の設立など具体的な施策に関わった。「建国体操」の創案・普及はまさにこうした国民生活に即した具体的な民族的文化運動の一つであり、体力問題や国民意識の高揚など時局の要求にかなうものとして重点的に取り組まれたのである。

「非常時」意識や戦時を想定した国民体育論の中で、スポーツは時に批判にさらされ、代わりに国民体位向上と国民精神涵養という二つの要素をもつ国民体育として武道や体操への期待が高まった。体操が生活の中に比較的浸透させやすいものであることは、ラジオ体操の事例から学び得ることであった。体操は単に健康・体力の向上を図るだけでなく、国民精神の涵養という彼らの意図を理屈ではない形で人々にしみこませることができる具体的行動として実践されていったのである。

最後に、「中央」と「地方」という視点をふまえて、この時期の体操と国民統合という問題について研究の視角を提示しておきたい。

「建国体操」は1930年代半ばからの政治的動向を反映し、元内務官僚の松本学や体育界の中心人物であった大谷武一らによって中央から発信されたものであった。これにみられるように、いわゆる十五年戦争の時期、体操は国民の体力向上と国民精神の涵養という国民体育の両輪を期待された。それは合理的な運動方法であるとともに、意図に合わせて創作でき、集団での同調性もはかれるという体操の特色ゆえであった。指導者たちは戦時国民に必要と考えられる運動とともに国家的なイデオロギーを体操に付した。その普及の様相からは、本稿でも紹介したように、横浜伊勢佐木町など特定の地域の特色を見ることもできる。しかしながら、ここでは中央と地方（周縁）という観点から、植民地・占領地における体操普及と国民統合について言及しておきたい。

日本で「建国体操」が創始されるのと同時期、満州では1935年に「満州建国体操」が、朝鮮では1937年に「皇国臣民体操」がそれぞれ制定されている。詳細は別稿にゆずるが、いずれも健康増進・体力向上とともに国民精神の涵養を目的として創案・普及された。「満州建国体操」は各種の「国家的」イベントに際して必ず実施することが定められていたし、「皇国臣民体操」は「国体明徴・内鮮一体・忍苦鍛錬」という皇民化政策にもとづいた教育の三綱領を具体化した「皇国臣民の誓詞」（1937年10月2日制定）とともに、その「動的体認の実践部分」と位置づけられ、児童・生徒に実践させたものであった。また、アジア・太平洋戦争の時期には、はるか南方でもラジオ体操が実施されるようになる。こうした植民地・占領地等における体操普及の様相を現地と日本（本土）との政治的・文化的な力学を考慮しながら検討することは、戦時期を対象とした「地方（周縁）からの体育史」の試みでもある。今後の課題としたい。

注および引用・参考文献

1）それはやがて1941年の体錬科への移行に明確に示されることとなる。国民学校令施行にともなって従来の体操科から改称された体錬科では「身体を鍛錬し精神を錬磨して濶達剛健なる心身を育成し献身奉公の実践力に培う」ことが目的とされ、武道と体操から構成された。こうした体育・スポーツにおける国家主義の浸潤は満州事変後の「非常時」意識によって急速に進行した。

2) この時期の武道の動向については、坂上康博「武道界の戦時体制：武道総合団体「大日本武徳会」の成立」坂上康博 / 高岡裕之『幻の東京オリンピックとその時代：戦時期のスポーツ・都市・身体』青弓社、2009、243-278ページ参照。

3) 柔の型を体操として構成したもので、創作年は確かでない。1928年に発行された嘉納治五郎講述『攻防式国民体育』（講道館文化会、1928）で紹介されている。これは1930年に嘉納治五郎講述『精力善用国民体育』（講道館文化会、1930）として再版され、この改訂版には巻末に文部省体育課長岩原拓の「精力善用国民体育に就て」という批評文が付されている。

4) 1933年、大日本相撲協会が発表したもので、創案者は年寄佐渡ヶ嶽（元阿久津川）。相撲に際しての準備運動にもなり、一般向けの健康増進法としても適用できるとされている。相撲の四十八手の型に則り、相撲道の精神を織り込んだ柔道における「柔の型」のような運動法である。

5) 工場体操の施策化や「体育民謡」（民謡体操）普及の動向については、拙稿「昭和初期の工場体操普及について：産業衛生協議会答申と内務省社会局の取り組み」『龍谷紀要』第33巻第1号、2011年、121-137頁参照。

6) 著名な法学者であり、神道思想家でもあった筧克彦（1872-1961）が1920年頃に『皇國運動』として発表したもの。『古事記』や『日本書紀』などに依拠して天孫降臨神話を表現し、国家神道の身体作法や掛け声を基調に構成されたもので、「皇国精神の実修を目的とする結果自ら身体の健康を増進せしむる体操」（筧克彦『日本体操』筧博士著作物刊行会、1929年（増補普及版1939年）、2-3頁）と説明される。つまり「皇国精神の実習」が目的として先にあり、実践の結果として健康の増進が期待できるというものであった。この体操は、筧の教え子である石黒英彦岩手県知事によって1932年に設立された六原青年道場や農本主義者加藤完治によって設立された万蒙開拓青少年義勇軍などで実施された。

7) 筧克彦『皇国運動』博文館、1920年。

8) 建国体操の普及については、藤野豊が厚生省設置後の厚生運動や健民運動などの健康・体力政策との関連から詳述している（藤野豊『強制された健康：日本ファシズム下の生命と身体』吉川弘文館、2000年、49-63頁／藤野豊「横浜における建国体操の展開」『市史研究よこはま』横浜市史編集室、2000年、29-44頁）。また、国民精神総動員と集団体操イベントの関係などについては、拙稿「量産される集団体操：国民精神総動員と集団体操の国家的イベント化」坂上康博 / 高岡裕之『幻の東京オリンピックとその時代：戦時期のスポーツ・都市・身体』青弓社、2009、405-444頁参照。本稿は、松本学が展開した文化運動としての側面に着目し、国民体育論や国民精神と体操の結合、あるいは統制されるスポーツと奨励される体操という図式について論ずる。

9) 政党政治の否認、軍部および新官僚の発言権強化の容認、農山漁村経済更生運動による農民の組織化などの内政面、反中国・反国際連盟を中心とする排外主義、ワシントン海軍軍縮条約の期限切れを理由とする1935・36年の危機説の宣伝と軍備拡張の主張などの対外政策、1935年の国体明徴運動に象徴される天皇崇拝と日本主義国体論による国民の思想統一など思想面での動向が、いずれも「非常時」を合い言葉として推進されていった。この時期の政治動向については、江口圭一『昭和の歴史4: 十五年戦争の開幕』小学館、1982年など参照。

10）文部省教育調査部編『学制に関する諸調査会の審議経過』文部省教育調査部、1937年、174-187頁（以下、答申についてはこの資料を引用。）。

11）大谷武一「常時及び非常時と体育」『体操』第3巻第10号、1933年10月、1頁。

12）同上。

13）1931年6月、体育運動審議会は文部大臣諮問事項「体育運動競技の健全なる施行方法に関する件」の答申を発表した。この答申を具体化するために、学生野球の健全化についての審議が小委員会でおこなわれ、1932年2月、学生野球関係者や文部官僚、教育関係者から野球統制臨時委員17名が選ばれ、小学校、中学校、大学・高等専門学校の試合規定を作成した。そして同年3月に、この規定が文部省訓令「野球ノ統制並施行ニ関スル件」として発令された。いわゆる「野球統制令」である。その内容は、教育の一環としておこなわれるべき学生野球が各種の大会の乱立などによって興業化の傾向を強くし、選手も学生としての本分から離れて堕落がみられることなどの問題を解決するためのガイドラインというべき性格のものであった。このようなスポーツの問題状況は、非常時を背景とした国民体位向上問題とあいまってスポーツ排斥・統制と体操や武道の振興の声を高めることにもなっていた。

14）1930年8月8日に「地方体育運動職員制」が定められ、道府県費をもって道府県に体育運動主事を置くこととなった。

15）「体育運動主事会議傍聴録」『体操』第3巻第6号、全日本体操連盟、1933年6月、13頁（以下、答申についてはこの資料を引用。）。

16）「体育運動主事会議」『体育と競技』1934年6月号、89頁（以下、答申についてはこの資料を引用。）。

17）日本体操大会については、拙稿「量産される集団体操」坂上康博 / 高岡裕之編著『幻の東京オリンピックとその時代：戦時期のスポーツ・都市・身体』青弓社、2009年、405-444頁参照。

18）文部省体育課長岩原拓「民族統合への力：合同体操の真意義」『東京朝日新聞』1936年6月4日付（以下、岩原の語りについてはこの資料を引用。）。

19）文部大臣平生釟三郎「永久の生命を謳え」『東京朝日新聞』1936年6月4日付。

20）藤野豊『強制された健康：日本ファシズム下の生命と身体』吉川弘文館、2000年、49-50頁。

21）1932年1月から34年12月まで存在した右翼系団体。陽明学者安岡正篤とその支援者たちによって組織された。最初の役員としては岡部長景、吉田茂、近衛文麿、大島辰次郎、松本学、香坂昌康、酒井忠正の七名が理事にあげられたが、広田弘毅や後藤文夫も有力な会員だった（「転換期の政治勢力」『報知新聞』1936年9月9日-15日）。このほか荒木貞夫、近衛文麿ら内務官僚や華族、軍人が参加した。日本精神に根ざした国政革新計画の樹立と、人材の糾合を目的として活動を起こしたが、政界の黒幕といった疑惑をかけられ、解散した。

22）松本学「日本文化連盟の提唱：第五インター（日本精神インター）について」『国維』第14号、1933年7月1日、3頁。
23）「転換期の政治勢力」『報知新聞』1936年9月9日-15日付。
24）田中惣五郎「右翼文化団体に踊る人々」『中央公論』1936年12月号、187-197頁。
25）第三インターナショナル（コミンテルン）、第四インターナショナル（トロツキーを中心とする国際共産主義組織）に対抗する第五インターナショナル（日本精神インター）について松本は次のように述べている。「驕慢なるパルチザンシップと民族性を無視した国際主義の第三インター第四インターのごときは旧時代のこと。真の人道主義と民性主義との上に立って人類の福音をもたらすべき第五インターをやらうといふ大抱負で、しかも謙虚と至誠に依る最新の注意を払ひつつ、之を達成せんとする覚悟が大切だ。」
26）『大阪毎日新聞』1937年1月6日付。
27）松本学「建国体操国民運動の提唱」『新体育』第37巻4号、新体育社、1967年、115頁。
28）伊藤隆・広瀬順晧編『松本学日記：近代日本史料選書11』山川出版社、1995年。
29）同上書、186-208頁。
30）「号令に合せて『エイ』　珍型の“国粋体操”　お歴々を唸らす実演」『読売新聞』1936年12月25日付。
31）「“夏の精華”開く：日本体操大会きのふ初練習」『東京朝日新聞』1936年6月2日付。
32）大谷武一「体操が有する二つの使命」『東京朝日新聞』1936年6月4日付。
33）日本体育保健協会会長 貴族院議員 松本学「建国体操の意義」日本体育保健協会編『建国体操の普及提唱』1937年（以下松本の趣旨説明についてはこの資料を引用。）。
34）松本学「建国体操」『体操』第10巻第2号、目黒書店、1940年2月、7頁。
35）大谷武一「体操界の回顧」『体育と競技』第16巻第12号、1937年12月、34-35頁。
36）岡村正「我校の体育」『体育と競技』第18巻第3号、1939年3月、67-72頁。
37）久米佐門「吾が校の体育」『体育と競技』第18巻第3号、1939年3月、79-83頁。
38）中島海「明治神宮体育大会集団体操の批評と反省」『体育と競技』第18巻第12号、1939年12月、13頁。
39）『アサヒスポーツ』第16巻第27号、朝日新聞社、1938年12月1日、22-23頁（以下、伊勢佐木町での「建国体操」についてはこの資料を引用。）。
40）伊藤隆・広瀬順晧編前掲書、240頁。
41）1940年には、「建国体操の会」が全国300分会に達し、12万5千人の会員がいたという記述がある（松本学「挨拶」『厚生時代』第3巻第11号、日本体育保健協会、1940年11月、2頁）。
42）43）松本学「厚生時代の巻頭へ」『厚生時代』第1号（創刊号）、日本体育保健協会、1938、1頁。
44）松本学「厚生運動と国民文化」『厚生の日本』第2巻第1号、1940年1月、日本厚生協会編集、12-14頁（以下、厚生運動についての松本の見解はこの資料を引用。）。
45）「座談会：工場に於ける厚生施設」『厚生の日本』第2巻第1号、1940年1月、日本厚生協会編集、34頁。

46）松本学「建国体操国民運動の提唱」『新体育』第37巻第4号、1967年4月、114-115頁。

47）松本学「国民運動の体制」『文化日本』第4巻第12号、日本文化中央連盟、1940年12月、4-9頁。

48）例えば、松本とほぼ同時期に内務官僚から貴族院議員となり、「青年団の父」と称された青年団指導者田澤義鋪も同様の論理で青年と国家を結び付ける。拙稿「昭和恐慌期農村中堅青年の自己修養：石川県江沼郡月津村青年団の事例を中心に」金沢大学大学院社会環境科学研究科『社会環境研究』第11号、2006年、17-32頁参照。

新制高等学校における体育科教員の教師像
―「文検体操科」合格者を中心に―

古川　修

1. はじめに

1945（昭和20）年の終戦を境に、日本の学校体育は大きく変化した。連合国軍総司令部（ＧＨＱ）による軍国主義排除方針のもと、終戦直後から教練、武道は廃止され、配属将校や武道教師も学校から追放された。

六三三制の学制改革により、1947（昭和22）年4月には新制の中学校が、翌年４月には新制の高等学校（以下、高校と略す。）がそれぞれスタートした。この新制高校は、新制中学校が義務教育を延長し、国民学校高等科と青年学校、中等学校の一部を含め、新たに設置された学校とは異なり、その多くが前身校である旧制の中学校・高等女学校・実業学校を引き継ぐ形を取っていた。戦時中には、グラウンドは農地となり、体育施設は荒れ放題、校舎は工場になったりしていたが、それでもその場所に学校は残り、生徒も移行措置により各学年に在籍していた。

1947（昭和22）年6月には「学校体育指導要綱」が定められ、教科名称も軍国主義的、超国家主義的な「体錬科」から「体育科」に改められた。1949（昭和24）年にはそれまでの体操中心教材からスポーツを中心教材とする「保健体育科」に大きく転換した。さらに戦後復興、民主主義的体育の掛け声のもとでスポーツが熱烈に支持され、注目を集めるようになった。甲子園野球大会は早くも終戦翌年の1946（昭和21）年から再開した。敗戦後参加が許されなかったオリンピック大会にも1952（昭和27）年のヘルシンキ夏季大会から再び参加が認められた。

このような戦後初期の混乱から、その後の復興へとつながる学校体育に関しての研究は、岸野雄三・竹之下休蔵[1)] をはじめとして、アメリカ教育使節団の報告書や占領期のＣＩＥの方針や関わり等から見た大きな流れとしての民主化の過程や、授業展開の改善などの学校現場の取組など、戦後体育の軌跡を中心に論じられたものが多い[2)]。しかしながら、教育政策は行政機関から学校組織を通して、直接的には個々の教員から生徒に反映されて行くものであることを考えるならば、当事者である教員にもっと注目する必要があろう。特に体育・スポーツの面では、明治以来、地方への普及や競技力の向上について指導者抜きには語れないものである。

大熊廣明[3)] は大正期の体操科教員はその約半数を軍隊出身者が占めるようになり、学校体育と陸軍との関係は一層深まったと述べ、体操教師像を軍人と重ね合わせている。その教師像は終戦後どう変わったのであろうか。上述したように、社会は一変し、軍国主義的な人員や教材は学校から追放された。この急変期に、体育的諸活動のリーダーとなって、学校内外で体育・スポーツを支えたのは体育教師たちであるが、どのような教師像を描くことができるのであろうか。

彼らは、戦前の制度の中で養成された教師である。というのも、1949（昭和24）年5月に公布された「教育職員免許法」をうけて、戦後の新しい教員養成制度による大学卒業生の供給が軌道に乗るのは、1950年代半ば頃のことだからである。

戦前における中等学校体操科関係教員免許取得の条件は、官立の養成校出身者か、無試験検定の合格者か、あるいは試験検定いわゆる「文検体操科」合格者であるかという3種類に大きく分けられる。

一つ目の官立養成校出身者は高等師範学校（以下、高師という。）か、または臨時教員養成所（以下、臨教という。）、東京体育専門学校（以下、東京体専という。）の卒業生である。給費生の制度を取っていた官立の養成校では、卒業後一定期間、指定された学校などに赴任を命じられるという条件がついていた。東京高師の卒業生にあっては、全国の主要な中学校や行政職に赴任し、その中心的存在となっていたことが指摘されている[4)]。

二つ目の無試験検定合格者は日本体育会体操専門学校等（以下、日体という）の指定校あるいは、大日本武徳会武道専門学校（以下、武専という。剣道または柔道と国語、漢文の免許取得ができた。）や東京女子体操音楽学校（以下、東女体という。）、日本女子体操専門学校（以下、日女体という。）、国士舘専門学校

（剣道または柔道と国語、漢文の免許取得ができた。）等の許可校の出身者である。さらに加えて、許可校出身者以外に、中等学校勤務経験年数によって無試験検定の受験資格が得られ、合格した場合も無試験検定合格者に含まれている。量的には最も多くの免許取得者を輩出しているのが無試験検定合格者である。他方、特に女子においては、許可校を卒業し教員免許を取得しても、需要が限られていたために中等学校に職を得た者は少なかった。

三つ目の「文検体操科」合格者の特徴としては、小学校の教員免許所持者が多く、当然ながら師範学校出身の現職小学校教員が多かったことである。彼らは受験雑誌から情報を得、受験生のネットワークを駆使し、年に1回だけの受験機会のために年単位で受験準備を進めた。長い準備期間を計画的に進めるために、学習の生活習慣化が形成されるのは当然であろう。このようなことから、合格後も後輩受験生の面倒を見るなど、立場や役割を変えて関わり続け、合格し、中等学校に転勤できれば目標達成ということではなく、さらなるキャリア形成を重ねる者が目に付く。文検合格者の特性として、生涯学び続ける意欲を失わないという一面が指摘されている[5)]。

以上のような戦前の養成制度であったが、戦後初期にその担い手となった体育教師たちは、いったいどのような状況で、どのような経歴を持って教員となったのか、どのような免許・資格を持ち、戦後の転換期を乗り越えて行ったのであろうか。

本研究では、試験検定制度はその後廃止となってしまったことから、「文検体操科」合格者の体操教師に着目し、戦後初期の体育教師集団について、その特性を明らかにしようとするものである。はじめに横断的方法で、1949（昭和24）年度の埼玉県高校体育科教員について、免許・資格取得・教育経歴実態を明らかにする。この年は新制高校の発足２年目で、しかも、最後となった試験検定は1948（昭和23）年度、正確には1949（昭和24）年3月に実施されているからである。また、埼玉県は「文検体操科」合格者を比較的多く輩出した県である。とはいっても、埼玉県は合格者全体の5.4％を占めているに過ぎず、合格者は全国に広がっている。この集団の中で「文検体操科」合格者たちは、どのような位置を占めていたのかを明らかにしたい。次に、縦断的方法で、文検合格者の一人を事例として取り上げ、彼のライフヒストリーから「文検体操科」合格者のキャリア形成を明らかにしようとするものである。

2. 1949（昭和24）年度埼玉県における高校体育科教員の状況

2.1. 史料について

1949（昭和24）年度の体育科教員を特定するために使用した史料は埼玉県教職員組合発行の『昭和二十四年七月現在　埼玉県教育関係職員録』[6]である。この職員録には県内の小学校、中学校、高校、大学の学校名、学級数、生徒数、それに教員の氏名、最終学歴、卒業年度が記されている。一部の学校は学級数の記載がなかった。担当教科は記されていない。所持している教員免許の教科名の記載があるのは1952（昭和28）年度版からである。そのため、そちらの一覧を先に作成し、1949（昭和24）年度版と比較検討した。

この結果、特定できた体育科教員について、国立公文書館所蔵の『教員免許台帳』を用いて、免許取得事由を明らかにした。『教員免許台帳』は旧制度における高校、中等学校の全学科目の免許取得者を記録した台帳で、中等学校については官立養成校と無試験検定合格者と試験検定合格者用の3種類に分かれている。記載内容は氏名、取得した免許の種類、取得事由、取得年月日、族籍、生年月日等である。このため、免許台帳に氏名の記載があれば、有資格者と確認でき、本籍から出身地が分かり、生年月日から年齢も判明することになる。しかしながら、性別の記載はない。名前からだけでは判別は難しく、はっきり分かるのは男女別学の出身学校あるいは課程出身者だけである。

以上のほか、1937（昭和12）年度と1942（昭和17）年度の埼玉県教学会編『昭和十二年五月現在　埼玉県学事関係職員録』[7]、『昭和十七年五月現在　埼玉県学事関係職員録』[8]も用いた。これらの名簿は埼玉県内の高校から中学校、高等女学校、実業学校、国民学校、青年学校までの県立、市町村立、組合立、私立を網羅した職員名簿である。記載項目は、学校名、学級数、所在地、電話番号から始まり、教員の職名、担当教科、俸給、氏名等である。

『昭和24年度埼玉県統計書』[9]によれば高校数は県立が31校、市立が13校、町村立、組合立が合わせて8校、私立が8校で計60校であった。いずれも分校は除いた数である。

『昭和24年度埼玉県教育要覧』[10] によれば県立が32校、公立が20校である。上記の統計との違いは埼玉県統計書が4月30日現在であるのに対して、教育要覧は9月15日現在の資料であるためと見られる。つまり、この年、公立高校であった深谷女子高校が県立に移管となったからである。また、この年度には与野農商高校に普通科が開設され、校名は県立与野高校に変更となっている。

教員の配当人員数は生徒数を基準として算定され、全日制普通科の高校においての週当たり授業時数は34時間、1学級あたりの標準生徒数は45名、教員の週当たり平均授業担当時間数は生徒数300以下の場合は16時間、750以下は19時間、750以上は21時間を基準とされた[11]。保健体育科の単位数は全日制普通科にあっては保健が1、2年で1単位ずつ、体育は男女で差があり、男子は学年ごとに3単位ずつ、女子は2、2、3単位というものであった[12]。このため、各高校の体育科教員の数は学校の規模に応じて違いが出ている。

2.2 高校体育科教員の状況

表1は1949（昭和24）年度における高校体育科教員の状況である。No. は県立高校、公立高校別の通し番号である。氏名欄のＡ１、Ａ2・・は官立養成校卒業生の通し番号、Ｂ1、Ｂ2・・は無試験検定合格者の通し番号、Ｃ１、Ｃ2・・は試験検定合格者の通し番号である。免許事由の文検は試験検定の「文検体操科」合格の略である。(剣)、あるいは（国、漢、剣）はその学科目の免許を所持していることを表している。備考欄の埼師、埼女師はそれぞれ埼玉師範学校（以下、埼師という。）、埼玉女子師範学校（以下、埼女師という。）の出身者であることを表し、臨特4-2等は臨時特例の4条第2項該当を表している。

体育科教員数は52校で91名（延べ95名）である。男子は73名、女子18名である。春日部女子高校と越ヶ谷高校のＢ16（女）、秩父女子高校と秩父農業高校のＢ17（女）、大宮女子高校と大宮高校のＣ33（女）および、川越女子高校と坂戸高校のＣ19（男）の4名が兼務をしている。また、児玉高校は学校規模から体育科教員は2名と思われるが、体育科免許所持者が他に見当たらないので、授業を担当したか不明であるが、校長で高師体育科卒業のＡ4も含めている。91名の中には翌年春に卒業した、高師、東京女子高等師範学校（以下、女高師という。）在学中の者も各1名ずつ、計2名含まれている。免許台帳で確認した結果、91名全員が載っており、旧制度下での免許取得であった。

表1　1949（昭和24）年度埼玉県高校体育科教員

No.	高校名	学級数	生徒数	教員数	氏名	性	免許事由	年齢	S17年勤務先	備考
1	浦和	24	987	34	C1	男	T13.7文検	51	浦和中	
					C2	男	S15.8文検	33	所沢・小手指国民学校	埼師
					A1	男	S14.3高師	33		
2	熊谷	不明	1053	43	C3	男	S3.8文検	43	(S12秩父高女)	埼師・高師研究科
					B1	男	S11.3日体	34	児玉高女	
					B2	男	S21.4養成講習	43	熊谷中	文検・柔・S15
					A2	男	S20.9東京体専	25		
3	川越	15	718	29	C4	男	S23.3文検	32	坂戸国民学校	埼師
					B3	男	S17.3日体	37		
					C5	男	S14.8文検	37	所沢商業	埼師
4	春日部	26	767	33	C6	男	S14.8文検	35	粕壁中	埼師
					C7	男	S19.3文検	30	三郷・早稲田国民学校	埼師
					B4	男	S16.3日体	28	与野農商	
5	不動岡	15	643	27	A3	男	S22.3東京体専	25		
					B5	男	S21.10臨時特例	46	不動岡中	臨特4-2
					C8	男	S5.7文検	46	(S16不動岡中)	埼師
6	本庄	22	592	27	C9	男	S5.7文検	44	秩父高女	埼師
					C10	男	S17.9文検	41	深谷国民学校	
					C11	男	S12.7文検（剣）	45		埼師
7	松山	不明	596	33	C12	男	S17.9文検	40	浦和第一国民学校	埼師
					C13	男	S19.3文検	39	松山第一国民学校	埼師
					C14	男	T11文検		松山中	埼師
8	児玉	11	492	26	C15	女	S24.3文検	31	東児玉国民学校	埼女師
					A4	男	S6.3高師	43	(S12静岡中)	(校長)
9	飯能	11	448	24	A5	男	S17.9高師	29		
					A6	女	S25.3女高師	20		在学中
10	越ヶ谷	7	273	20	C16	男	S23.3文検	25		埼師
					B16	男	兼務			
11	鴻巣	14	448	25	C17	男	S16.8文検	35	川口高女	埼師
					A7	女	S19.9女子臨教	24		
12	浦和第一女子	17	715	39	A8	男	S5.3第一臨教	41	浦和一高女	
					B6	女	T15.3日体	42	(S12浦和高女)	
					B7	女	S22.3日体	21		
13	浦和第二女子	6	189	14	B8	女	S21.3東女体	21		
14	熊谷女子	16	604	35	B9	男	S7.3日体	40	幸手実業	

					C18	男	S 9.7文検	39	熊谷高女	埼師
					B10	女	S 17.3日体	27	久喜高女	
15	川越女子	16	627	33	C19	男	S 12.8文検	39	川越中	埼師
					C20	男	S 15.8文検	33	(S12所沢・吾妻尋高小)	埼師
16	久喜	14	527	26	B11	男	S 8.3日体	37	(S12川口第一尋高小)	
					B12	女	S 12.3日体	31		
17	行田女子	15	467	27	B13	女	S 17.3日女体	25		
					A9	男	S 5.3第一臨教	38	(S12朝鮮成興高女)	
18	小川	不明	395	20	B14	男	S 6.3日体	41	川越高女	
					C21	女	S 23.3文検	24		埼女師
19	春日部女子	10	421	24	B15	男	S 24.3日体	26		
					B16	女	S 14.3日女体	29	越谷高女	
20	秩父女子	11	457	27	C22	男	S 24.3文検	32		埼師
					B17	女	S 23.3東女体	20		兼務　秩父農
21	松山女子	10	301	18	C23	男	S 19.3文検	37	松山第一国民学校	
22	深谷女子	8	310	15	B18	男	S 21.12臨時特例	39	深谷高女	臨特4-4
23	熊谷農	13	593	34	B19	男	S 23.3経験規程	43	熊谷農	
					A10	男	S 23.3高師	21		
24	秩父農業	9	309	24	A11	男	S 19.9東京体専	29		
					B17	女	兼務			
25	川越農業	5	185	16	B20	男	S 23.3日体	22		
26	杉戸農業	7	253	24	C24	男	S 24.3文検	24		埼師
27	川越工業	13	479	31	B21	男	S 16.3日体	37		
					B22	男	S 7.3日体	39	川越工業	
28	川口工業	11	332	35	C25	男	S 19.3文検	30		埼師
29	深谷商業	不明	561	23	C26	男	S 19.3文検	35	深谷国民学校	埼師
					A12	男	S 17.9高師	31		
30	幸手商業	5	202	13	C27	男	S 24.3文検	37	幸手・行幸国民学校	
31	豊岡実業	6	265	18	B23	男	S 16.3日体	41	豊岡実業	
32	羽生実業	7	240	16	A13	男	S 24.3東京体専	21		
1	川口	8	323	21	C28	男	S 19.3文検	29	浦和第五国民学校	埼師
					B24	男	S 14.3国士館	32	川口中	(国、漢、剣)
2	浦和市立	11	483	26	B25	男	S 4.3日体	41	川越商業	
					C29	男	S 10.8文検	36	川口工業	埼師
3	秩父	10	397	20	A14	男	S 22.3東京体専	23		
4	行田	6	223	16	B26	男	S 24.3日体	19		
5	所沢	5	309	16	C30	女	S 23.3文検	23		埼女師
6	川越市立	14	496	35	B27	男	S 23.3日体	21		
					B28	女	S 4.3東女体	39	(S12秩父高女)	
7	大宮第一	14	541	26	A15	男	S 25.3高師	21		在学中
8	大宮*	13	552	30	C31	男	S 24.3文検	35	埼女師附小	埼師
					C33	女	兼務			
9	川口県陽*	4	196	11	A16	女	S 16.3女高師	28		

10	坂戸*	9	293	22	C19	男	兼務			
11	本庄女子	9	304	16	B29	男	S17.3日体	27		
12	川口女子	12	364	28	B30	女	S24.3日女体	19		
					B31	女	S15.3日女体	28		
13	大宮女子	不明	368	21	C32	男	S23.3文検	30	大宮・三橋国民学校	埼師
					C33	女	S16.8文検	33	鴻巣国民学校	埼女師
14	熊谷市立女子	8	263	14	B32	男	S24.12経験規程	37	鴻巣高女	埼師
15	浦和市立女子	11	404	27	B33	女	S23.3東女体	20		
					C34	男	S23.3文検	32		埼師
16	岩槻実業	不明	187	21	B34	男	S5.3日体	39		
17	与野（農商）	7	162	16	A17	男	S9.3高師	36	埼師	
18	大宮工業	不明	325	16	B35	男	S23.3日体	20		
19	熊谷商工	15	574	26	A18	男	S14.3高師	33		
					B36	男	S6.3日体	43	熊谷商業	
					B37	男	S22.3日体	22		
20	浦和商業	14	638	25	A19	男	S10.3高師	39	（S12福岡県）	
					A20	男	S24.3高師	21		
			22851人	1266人	A:20名 B:37名 C:34名			32.4歳		

＊ 印は定時制の独立校

2.2.1. 体育科教員の免許取得事由

官立養成校出身者（A）は20名（22.0％)、無試験検定による取得者（B）は37名（40.7％)、試験検定合格による取得者（C）は34名（37.4％）である。

官立養成校出身者20名の内訳は高師卒業生が10名、以下、女高師2名、東京体専5名、第一臨教2名、女子臨教1名である。

無試験検定合格者37名の内訳は日体出身者が23名、以下、日女体4名、東女体4名、国士舘1名、教員検定規程第7条第6号（学歴、経験年数による者）の該当者が2名、臨時特例の該当者が2名、養成講習修了者が1名である。経験年数の規定によって取得した者の中で、1名は日体の同窓生名簿によれば1925（大正14）年3月に卒業しているが、その時には免許を取得していなかった。1946（昭和21）年に養成講習によって取得した1名は1940（昭和15）年に「文検体操科」の柔道に合格していた者である（備考欄参照)。

試験検定により取得した34名のうち、埼師出身者が26名、埼女師が4名、それ以外が4名である。

出身校だけで見ると、日体出身が23名と多く、次いで高師出身が10名である。但し、免許取得のために試験検定を経過しているが、埼師出身者は26名と最も多い。

2.2.2. 免許取得の時期

体育科教員中、最も多く免許取得している年度は1948（昭和23）年で、13名である。その次に多いのは1949（昭和24）年で、11名である。それに続くのは1942（昭和17）年、1944（昭和19）年の8名ずつである。

免許取得後の経過年数を見てみると、その年に免許を取得したばかりの者が11名、1年前が13名、5年ないし7年前が8名ずつという状況である。多くの免許取得者を出している1948（昭和23）、1949（昭和24）年の内訳は、試験検定合格者が11名、無試験検定が10名、官立養成校は少なく3名だけである。また、1942（昭和17）、1944（昭和19）年の内訳は試験検定合格が8名、官立養成校と無試験検定が4名ずつである。

終戦後に取得した者は35名（38.5％）であり、それ以前に取得していた者は56名（61.5％）である。すなわち、6割を超える体育科教員が終戦前に免許を取得していたのである。

2.2.3. 体育科教員の年齢

『教員免許台帳』に記載の生年月日から1949（昭和24）年4月1日現在で年齢を算出してみた。ただし、1922（大正11）年は文検合格者の生年月日の記載がない。不明な部分を除いた全体の平均年齢は32.4歳であった。最高齢は51歳、最も若い者は4月の誕生日が来て20歳となる者が2名いた。20代は34名、30代が38名、40代は17名、50代は1名である。生年月日が不明の文検合格者1名は、1918（大正7）年3月に埼師を卒業しているので50代と思われる。

20代の教員34名の免許取得事由は官立養成校出身者が12名、無試験検定合格者が17名、試験検定合格者は5名である。

30代では官立養成校出身者が6名、無試験検定合格者が11名、試験検定合格者は21名である。

40代以上では官立養成校出身者が2名、無試験検定合格者が9名、試験検定合格者が7名であった。

年齢構成から見ると、20代、30代の若い教員が多く見られ、20代では無試験検定合格者と官立の養成校出身者が多く、30代では試験検定合格者が多く見られる。

免許取得時期と重ねてみると、30代の試験検定合格者21名の半数以上となる12名が、「文検体操科」の中断時期を挟んだ1944（昭和19）年に5名、1949（昭和24）年に4名、1948（昭和23）年に3名と集中している。

2.2.4. 戦前の勤務先

1942（昭和17）年の職員録から該当の勤務先を記録した部分が表1の「S.17年勤務先」の項目である。この名簿に見当たらなかった者の中で、1937（昭和12）年度の職員録に記録が見つかった者はそれを付け加えた。その結果91名中50名について戦前の所属先が判明した。判明しない理由は、年齢が20代前半と若いために、まだ教職についていない可能性があることや、官立養成校出身者で卒業後の赴任条件があるため、県外に就職していた可能性があることなどの理由が考えられる。

この項目に記載のある者で中等学校所属は34名を数える事ができた。つまり、3割を超える高校体育科教員が1942（昭和17）年以前から、中等学校勤務をしていたことになる。その中で14名はその前身の中等学校から引き続き、新制となっても同じ高校に所属していた。残りの7割弱の教員も、1943（昭和18）年から1948（昭和23）年までの間に現所属の高校に異動しているはずなので、同一校勤務はもっと割合は高くなるだろう。

2.3 横断的アプローチのまとめ

1949（昭和24）年度における埼玉県内、県立、公立高校に勤務する体育科教員91名中、官立養成校出身者は20名（22.0%）、無試験検定による取得者は37名（40.7%）、試験検定合格による取得者は34名（37.4%）であった。戦後には廃止された試験検定制度であるが、それを利用して新制の高校体育科教員となっている者は4割に迫っている。しかも、この制度を利用した者は、元小学校教員で師範学校の出身者が多かったのである。出身学校別に見れば、埼師と埼女師とで30名、すなわち、3人に1人という割合である。また、年齢構成では、30代で試験検定合格者が占める割合が高かった。平均年齢32.4歳の若い体育教師の集団で、重要な位置を占めていたといえよう。

東京高師出身者が日本の体育行政や体育教育のリーダー的役割を担い、無試験検定の日体等の指定校、許可校の卒業生が量的な面を支えてきたということは一般的に言われているが、それに加えて、地元の師範学校出身の「文検体操科」、すなわち試験検定合格者が、戦後初期の高校体育科教員集団の中で、年齢的にも中堅を担い、数量的にも無試験検定の日体や官立養成校の高師を凌ぐ集団となっていたことが、本事例から明らかとなった。

「文検体操科」合格者の明治以来の総数は武道の科目や女子を合わせても3000名弱であるのに対して、無試験検定の約半数を占める日体卒業の免許取得者は女子も入れて6000名を越えている。この人数差から考えて、戦後初期の新制高校で「文検体操科」合格者をより多く登用されたといえよう。その意味するところは、軍国主義体制が否定され、民主主義の教育が叫ばれたこの時代の反映と見ることができ、学歴に依らず、彼らの持っている学び続ける姿勢と合致したのではないだろうか。新しい時代に向かってステップアップを志向する姿が教師像として期待されたといえるのではないだろうか。

次に、縦断的方法を用いて、「文検体操科」に合格した体育教師のキャリア形成を明らかにしながら、教師像を見てみたい。

3. 浅海公平のキャリア形成

浅海公平は表1のＣ29である。埼師を卒業後、小学校教員となり、その後「文検体操科」に合格、やがて中等学校の教員となった。戦時中、海軍に応召し、終戦後すぐ中等学校へ復帰。新制高校のスタート、共学校のスタートも経験している体育教師である。(表2参照)

記録作成に使用する史料は本人の記した履歴書、及び晩年、病気に倒れ不自由な身体でキーを打ってまとめ、親しい人に配った自叙伝『聽て灯りが見えてくる』(以下、「自叙伝Ⅰ」という)、『聰て灯りが見えてくる　Ⅱ』(以下、「自叙伝Ⅱ」という)である。そこから、「文検体操科」合格者のキャリア形成を見てみよう。

表2　浅海公平の略歴

年	月　日	記　　事	年令
1913(大正2)	1月3日	入間郡吾野村(現　飯能市吾野)において、小学校教頭浅海代亮の第一子、5人兄弟の長男として生まれる。	0
1919(大正8)	4月	入間郡吾野村立北川小学校尋常科入学	6
1925(大正14)	3月	同上　卒業	12
	4月	入間郡吾野村立吾野小学校高等科入学	
1927(昭和2)	3月	同上　卒業	14
	4月	入間郡飯能町立第一飯能小学校高等科入学	
1928(昭和3)	3月	同上　卒業	15
	4月	埼玉県師範学校本科一部入学	
1933(昭和8)	3月	同上　卒業	20
	4月1日	入間郡第一飯能小学校訓導に補す	
	4月	短期現役兵　海軍横須賀管区	
	9月1日	同上　退団、入間郡飯能第一小着任	
1934(昭和9)	3月31日	同上　休職	21
	4月	埼玉県師範学校専攻科入学	
1935(昭和10)	3月	同上　修了	22
	3月31日	復職　入間郡第一飯能小学校訓導	
	5月	文検体操科予試合格	
	7月	本試合格	
1936(昭和11)	10月	児玉郡児玉小学校訓導(月俸12円)及び県立児玉高女嘱託(月俸70円)	23
1937(昭和12)	6月30日	浦和市立第一小学校専訓及び県立浦和商業学校嘱託	24
	10月31日	願により嘱託を解く	
		専科正教員を免じ本科正教員勤務を命ず	
1939(昭和14)	3月31日	浦和市立第一小学校訓導及び第一青年学校兼務	26
		明治神宮大会出場(集団体操)	
1940(昭和15)	3月31日	浦和市立第一小学校訓導及び浦和市立高女嘱託	27
	4月17日	星野喜美代(22歳)と結婚	
		明治神宮大会出場(集団体操)	
1941(昭和16)	3月	長女誕生	28
	3月31日	願により嘱託を解く	
	4月	埼玉県立川口工業学校教諭	
		グライダー訓練	
		明治神宮大会出場(集団体操)	
1942(昭和17)			
1943(昭和18)	1月17日	長男誕生	30
1944(昭和19)	12月20日	召集令状　横須賀海兵団	31
1945(昭和20)	1月	土浦海軍航空隊へ転勤	32
	1月24日	弟　浅海邦平　ニューギニア・ソロンにて戦死	
	3月9日	義弟　星野忠三　ボーゲンビルにて病死(戦死の広報は昭和21.1)	
	3月	奈良海軍航空隊へ転勤	
	3月10日	東京大空襲	

	7月31日	二男誕生	
	8月15日	終戦	
	9月2日	浦和に帰る	
	9月30日	埼玉県立川越高等女学校教諭	
1946（昭和21）	4月3日	浦和市立中学校勤務を命ずる	33
1947（昭和22）			34
1948（昭和23）	4月1日	浦和市立中学校は浦和市立高等学校となる	35
1949（昭和24）	3月31日	浦和市教育委員会事務局体育主事	36
1950（昭和25）	3月31日	新設の浦和市立高等学校（浦和市立女子高と合併）教論	37
1952（昭和27）	3月31日	兼指導主事	39
	6月3日	浦和市立北浦和小学校長事務取扱	
1953（昭和28）	4月1日	北足立郡土合村教育委員会指導主事	40
1954（昭和29）	4月1日	浦和市立商業高等学校教諭	41
		東京教育大に県外派遣	
1956（昭和31）	3月31日	浦和市立高等学校教諭	43
	9月16日	浦和市立木崎中学校教頭	
1957（昭和32）	11月1日	教材等調査委員会（中学校、高等学校保健体育小委員会）委員を嘱託	44
1958（昭和33）	12月1日	教材等調査委員会（中学校、高等学校保健体育小委員会）委員を嘱託	45
1962（昭和37）	4月1日	浦和市立針ヶ谷小学校長	49
1963（昭和38）	4月1日	埼玉県教育委員会体育課課長補佐	50
1964（昭和39）	4月1日	国民体育大会埼玉県準備事務局総務課第一係長 兼オリンピック東京大会埼玉県事務局企画部副部長	51
	9月15日	大宮蹴球場事務所副所長	
	11月1日	国民体育大会埼玉県準備事務局連絡調整課長	
1965（昭和40）	4月1日	国民体育大会埼玉県事務局連絡調整課長	52
1968（昭和43）	4月1日	戸田市立戸田第一小学校長	55
1971（昭和46）	4月1日	埼玉県立越谷北高等学校長	58
1973（昭和49）	3月31日	退職	61
	5月	浦和市民体育館指導員	
1983（昭和59）	3月	退職	71
1996（平成8）	1月2日	死去	83

3.1. 文検受験まで

浅海公平は1913（大正2）年正月、当時はまだ秩父郡に属していた吾野村（現飯能市吾野）に小学校教師浅海代亮の長男として生まれた。下に妹、弟が４人いる５人兄弟の第一子だった。実家は曽祖父が寺子屋で、祖父は明治の最初の校長、父は日露戦争の頃に師範を出て、長い間校長を務めた人物で、三代続いての教師の家系であった。

埼師卒業を前に、専攻科を受験している。その時のことを「自叙伝Ⅰ」に次のように書いている。

師範を卒業して、海軍へ入団する直前、郷里で一通の手紙を受けとった。

押田先生からである。昭和八年三月二十七日。

「お手紙拝見、君の心情が一日も早く、今日のくるのを待っていた、という書出しで師範生活の一年から三年まで、純情のスポーツマンで、四、五年は余りにも見苦しい行動で覆われていたように思われた。

運動会終了後の夜の外出　「大海渡、浅海、猪野、黒沢、黒沢（ママ）」

卒業前の寄宿舎騒動　寮長　「黒沢、浅海、安藤、小林、猪野」

君の魂の覚醒を促そうとしたが駄目だった。

専攻科に入学を進（ママ）めて、おおいに鍛えてやろうと思って進（ママ）めたが、教官の三十一対一で反対された。人生五十年だ。一年ぐらい足踏みしてもなんでもありはしない。それ以上のことを俺が与えてあげる。先のことはおれにまかせろ。

体育で伸びるなら、かならず路を開いてあげる。安心して海軍生活をしてくれ。」

激励のことばだった。私の一年入学の時から見守って、卒業したらこの方面に伸ばしてやろうという激励のことばだった[13)]。

押田先生とは当時の埼師教諭で、自身も「文検体操科」合格、高師研究科修了の後、埼師に着任している。専攻科進学の希望は、この時は叶わなかったが１年後には実現することになる。試験の内容について詳細は不明であるが、判定が31対1で決定というような真偽は定かではない。少なくとも、この頃から専攻科進学、その後の設計もできていたのではないだろうか。結婚話のいきさつの中でも次のようなやり取りがある。

海軍から帰ったときで、「結婚しない。」と話し掛けられた。「あるお店の娘さんで、きれいなひとよ。」突然なので驚いた。私の目標は、専攻科―文検―高師を狙っていたので、当分おあづけと断った[14)]。

以上のように「専攻科―文検―高師を狙っていた」と述べていることから、師範学校卒業時、あるいは短期現役兵から戻った頃の考えとしては、高師に進みたいというものであった。高師の研究科に進むために必要な受験資格が「文検体操科」合格であり、そのために埼師の専攻科に入って「文検体操科」の受験勉強をしようというものであった。そして、専攻科受験に踏み出す。

私は海軍からかえると、時をえて再度専攻科入学を決意した。

父と校長より許可をえて、押田先生に相談した。昨年失敗しているので推薦入学にしてもらった。我儘この上ない。昨年の入試で落ちたものが面接だけでいい。その面接がやってきた。校長室に呼び出された。有元（久五郎、筆者註）校長が中央に、右に金田（福次、筆者註）先生、左に押田先生がおられた。昨年の失敗の原因が舎監の立場で何がでるかわからない。

部屋の緊張を破ったのは、カン高い金田先生の声だった。それも投げ付けるように「君、人生観はかわったかね」

咄嗟に私は「変わりました」と答えた。

それ一つで終りである。真実変わりました。

横須賀管区の師範卒業生が水兵として訓練に入り、五月、大演習のため横須賀をでる。山口の油谷湾―佐世保―上海―馬安群島―台湾・台北―馬公―其隆―南洋群島―大演習「一月」―観艦式木更津沖―海兵団、九月一日退団、厳しい海軍生活、続いて飯能第一小学校に着任、三年生の担任となり緊張が続いた。

「人生観は変わったか」「変わりました」禅問答で試験はおわった[15)]。

試験はパスした。引き続き入学した後について文は続く。

専攻科に入って、体育二時間、週二回学ぶ。仲間は柳沢、矢島、高橋、浅海（本人、筆者註）の四人だった。目標を文検において励んだ。昭和九年のことである。

私の人生の方向が徐々に定まっていった[16)]。

専攻科在学中は文検受験をしていない。初めての受験は専攻科修了後の春であった。

3.2.「文検体操科」合格後

専攻科の1年を「文検体操科」受験準備に当て、次の年予試、本試とも1回の受験で合格した。押田の指導で、この頃には「文検体操科」合格の者は、次年度受験者の面倒を見るというシステムができていたようである。「押田先生の組織的な勉強法が成功して、合格を数多く出す県として認められている。その結果、県内の中等学校の体育指導者は押田先生の弟子といっていい。」[17] と浅海が述べ、他の埼玉県の合格者の体験談でもよく言われている事である。

合格後の高師研究科進学は実現しなかった。浅海の合格後についてみてみよう。合格の知らせを受け取った時のことが、自叙伝の中で同じ内容の文章で場所を変えて何回か出てくる。つまり、これが浅海にとって、「文検体操科」合格と一緒にやってきた使命感なのであろう。

> 文検をめざして十年かかる人もいるというのに、私は早かった。高師をでるより二年早い。これから先、これでいいと満足するまで、体育学会の講習を受けて実力をつけよう[18]。

昭和10年8月、文検合格の祝電を押田から受取、喜びを感じるとともに、何度受験しても合格しない人もいるのに申し訳ないと考え、年２回ある学会の体育講習に出席する計画を立てる。

講師は文検の委員と同じで、代表的な著作もある。それが勉強の中心にもなる。続けていると、講師とも顔見知りとなり、すべて好都合になる。県の体育講習会にはほとんど呼び出され、実技の示範を命ぜられた。そのため県下の先生の中に名が通り、仕事もやり易くなった。また、講習会に見えた中央の講師の接待をよく命ぜられた。昼間の指導も大切だが、夜の接待も出過ぎないように間をよく見て事を処理することを押田には教わった[19]。

3.3. 転機

昭和11年9月のある日、県立児玉女学校の足立（武樹、筆者註）校長の来訪を受ける。浅海君を体育教師として迎えたいと要件を切り出し、30分ばかりの話で校長室を出た。浅海は2人に相談する。飯能第一小学校の小林校長は武者修行もいいだろうと快諾し、押田は「私が推薦したのだ、しっかりやれ」と激励する。これで進路は決定した[20]。このような年度途中でしかも小学校から高等女学校への異動が簡単にできたのか詳細は不明である。履歴書によれば児玉郡児玉小学校訓導（月12円）及び県立児玉高女嘱託（月70円）とある。つまり、形の上では小学校訓導が本務であり、児玉高女が嘱託という兼務の職であるが、給料は高女がはるかに高い。したがって、兼務ではあるが実質的には高女の勤務時間が長く、自身では高女の教員であったと云って構わない状態であったのであろう。

また、指導法について模索している頃に指導を受けた三浦ヒロとの出会いについて、次のように記している。

昭和10年8月、押田先生の文検合格の祝電をもらったのは、飯能一小の暑い校庭だった。嬉しかった。電報を一人握りしめた。一次試験を10回もパスしてまだ合格しない人もいるというのに、早すぎて申し訳ない。

そこで、春秋二回ある学会の、体育講習５か年計画を立てた。この頃から、生涯の体育は号令をかけるだけのものに終わってはならないと考えた。もっと感動のあるものでなければならない。それがなんであるかは分からない。（中略）

昭和11年12月27日、体育研究所の講習会の帰り路、神田三省堂に立ち寄って、本探しに夢中になった。赤い表紙に、「女性とダンス　三浦ヒロ」とある。目次を明（ママ）けて≪これだ≫と思った。早速求めて帰り、児玉の下宿で読んだ。これは感動の深い授業ができるかもしれないと思い、考えを強くした[21]。

三浦ヒロを師と仰ぎ、授業参観に行き、ともに研修に参加するようになるきっかけはこのような彼女の著作との出会いからであった。

児玉高女の前任者は県の体育研究会を引き受けていた。近くの本庄中や埼師の押田に様子を聞いて準備を進める。体育研究会は6月に開催され、授業を公開して無事終了。その後、反省会と懇親会が鬼石の鉱泉で開かれた。その席で県の加藤橘夫体育主事から「君は剣道をやるのだから、男子校がいいのではないか」と話し掛けられた。時間を見て本庄中へ練習に行っていることを話すと「男子校へ行きたまえ」という事になり、「ハイ」と答え、スムースに浦和商業に転じた[22)]。異動したのは翌年の6月であった。

この時の人事について、話が続く。

当時の人事は、校長と県官との話がつけば、即座に解決する。児玉の足立校長は、三月に退職していたので、もう採用の恩義はない。県官は勝という主事で、仲立ちは押田先生と押野喜代次先生で、素早く行われた[23)]。

「勝」という氏名を職員録で探すと、「勝」という姓は見当たらず、名で「福田勝」地方視学官が該当した。視学官のことかどうか詳細は不明である。さらに続ける。

一方社会では、ロンドン軍縮会議などが行なわれ、軍国調ようやく高まり、二・二六事件、日華事変、南京占領と、次第に厳しさを増していった。

私は海軍出の短期現役兵である。師範で兵役の恩典のあるのは、義務教育だけである。時代が厳しくなって、中等学校に務めるのは、二十八才を過ぎなければならない。軍の規則を守らない者は、徴兵検査を受ける必要がある。という達しであった[24)]。

異動の決まっていた浦和商業の松井計郎校長は「君1年は早いよ、行ってきたまえ。」と簡単に言われたが、浅海は、海軍が陸軍になったら目も当てられないと思っていた。そこで義務教育に移ることに決めた。決めたらことはすぐに進んだ。

それから数日たって、駅前で浦和第一小の大校長　吉川（與一、筆者註）先生にあった。私を見つけた吉川先生は、「君君、俺の学校へ来ることになったから」と手を上げて言われた。吉川先生は父の先輩で、入間郡川角村の出身で名が高い[25)]。

当時の浦和第一小は生徒数2,260名の大所帯である。教員も50人を超え、そうそうたるメンバーが揃っていた、と浅海は回顧している[26)]。吉川校長の発言一つで、当時の小学校と中等学校の教員の距離感、交流の多さがよく理解できそうである。これが1937（昭和12）年の異動の内情だった。6月に浦和第一小の専訓と浦和商業の嘱託となった。その後、小学校との兼務のない中等学校の教員となるのは1941（昭和16）年に川口工業学校に異動した時からである。

3.4 戦後の浅海公平

「文検体操科」合格後真っ先に考えたことはさらなる研修の必要性であった。「文検体操科」合格後すぐ、現状からの脱皮を目指し新しい指導法を求め、三浦ヒロの著作との出会いから研修に参加するようになる。終戦後、埼玉に戻った浅海公平は同年9月から川越高女に復帰し、翌年から浦和市立中学に勤務する。

1948（昭和23）年4月には、学制改革により浦和市立中学が浦和市立高校となり、その2年後には浦和市立女子高校と合併し、共学校としての浦和市立高校が新設される。30代後半の浅海にとって、体錬科から体育科へ、新制男子高校から共学校へと変化していく環境の中で、体育経営や学校運営に邁進する姿勢が次には行政に関わる働きも期待され、繋がっていったのであろう。

40代の頃には、浦和では一校一研究と相俟って体育研究グループが生まれ、新しいカリキュラムが模索されはじめるようになった。やがて、東京教育大の丹下保夫らと「浦和の体育」研究に参画するようになり、浅海は小学校、中学校の教員と大学側との調整役となった。研究の担い手、内容の広がり、特定の人間への負担のかかりすぎなどの問題を根気よく乗り越えた。その後中学校の保健体育の指導要領を作成するための文部省調査委員会のメンバーに加わることにもなった。大学教授の多い委員会で常に現場代表として発言し、要領をまとめることが出来たという。

50代となり、戦後の復興が一段落した頃、東京オリンピック大会のサッカー会場となった大宮サッカー場の担当や、それに続いて巡ってきた埼玉国体の開催に向けた準備作業に関わる仕事に携わり、学校現場に戻って定年を迎えた。

退職後には、そのころ完成した浦和市民体育館の体育指導員として、10年間市民に対するスポーツ指導に従事している。

「文検」合格者の一般的特性として、キャリアアップへの意欲や生涯学び続ける姿勢が指摘されている。浅海の生涯からも、このような姿が見てとれよう。

3.5 縦断的アプローチのまとめ

浅海公平にとって「文検体操科」はどんな意味を持っていたのか。浅海は何度受験しても合格しない人もいるのに申し訳ないと考え、次の研修計画を立てる。これから先、これでいいと満足するまで、体育学会の講習を受けて実力をつけよう。年２回ある学会の体育講習に出席する5か年計画を立てる。そしてそれを実践するうちに、付き合いが広がっていった。講師は文検の委員と同じで、代表的な著作もある。それが勉強の中心にもなる。続けていると、講師とも顔見知りとなり、すべて好都合になる。県の体育講習会にはほとんど呼び出され、実技の示範を命ぜられた。そのため県下の先生の中に名が通り、仕事もやり易くなった。また、講習会に見えた中央の講師の接待をよく命ぜられた。昼間の指導も大切だが、夜の接待も出過ぎないように間をよく見て事を処理することを押田には教わった。こうして、早すぎる「文検体操科」合格は生涯、研修に取り組む姿勢を植え付けたと云えよう。それがまた、人生の好循環につながったと自覚し、更なるキャリアアップに繋がったのであろう。

浅海は合格直後から三浦ヒロの下で研修を重ね、浦和の研修グループを組織し、戦後には大学との共同研究まで発展させていく。50代になると、行政職として東京オリンピック大会や埼玉国体に関わるようになった。定年退職後は10年間、体育指導員としてスポーツ指導に携わった。誕生日を迎える前日、ちょうど83年間の生涯を閉じた。この事例は、「文検」合格者が生涯学び続ける姿勢を持ち続け、自己成長を促し、結果としてキャリアアップを果たしていくプロセスを端的に示していよう。努力すれば報われる社会であったということもできるし、戦前とは違う戦後の時代にマッチしていたということもできよう。

4. おわりに

1949（昭和24）年度、埼玉県内の県立、公立高校に勤務する体育科教員91名中、官立養成校出身者は20名（22.0％）、無試験検定による取得者は37名（40.7％）、試験検定合格による取得者は34名（37.4％）であった。

戦後には廃止された「文検体操科」という試験検定制度であるが、それを利用して新制の高校体育科教員となっている者は体育科教員全体の1/3を越えている。この制度の合格者は、一般に小学校教員であった師範学校の出身者が多かった。体育科教員91名の出身学校を見れば、埼玉師範と埼玉女子師範とで30名であった。すなわち、県内の体育科教員は3人に1人が県内の師範出身者という高い割合を示した。また、年齢構成では、30代で試験検定合格者が占める割合が高かった。これらのことを勘案すると、平均年齢32.4歳の若い体育教師の集団で、「文検体操科」合格者グループは重要な位置を占めていたことは間違いないであろう。

これだけ大きな割合を占めた「文検体操科」合格者への期待度は以下のようにも言えよう。すなわち、軍国主義体制が否定され、民主主義の教育が叫ばれたこの時代の反映と見ることもでき、彼らの持っている学び続ける姿勢と合致したのではないだろうか。新しい時代に向かってステップアップを志向する姿が教師像として期待されたのであろう。

浅海公平の事例から、「文検体操科」合格者のキャリア形成を見てみた。「文検体操科」に合格し、中等教員免許を手に入れ、やがて中等教員となった。そこで留まることなく引き続き、学び続ける姿が鮮明になった。すると、その結果、次のキャリアアップに繋がったことも明らかになった。この好循環が自己成長をさらに促していくこととなり、生涯にわたって学び続けるという教師像が見えてくる。

本研究の結果、戦後初期の高校体育科教員の教師像は、軍隊式の教師ではなく、武道家のような教師でもなく、生涯学び続けようとする姿勢を持った体育教師であったということができるのではないだろうか。

注及び引用・参考文献

1）岸野雄三・竹之下休蔵『近代日本学校体育史』（復刻版）日本図書センター：東京、1983年。

2）岡津守彦編『教育課程（各論）《戦後日本の教育改革第7巻》』東京大学出版会：東京、1969年。前川峯雄編『戦後体育の研究』不昧堂出版：東京、1973年。中村敏雄編

『戦後体育実践論第1巻民主体育の探求』創文企画：東京、1997年。など、戦後学校体育の研究は指導法や教材など、主に民主的な授業実践が如何になされてきたかを中心に据えたものが多い。

3）大熊廣明「わが国学校体育の成立と再編における兵式体操・教練採用の意味――明治・大正期を中心として――」、『筑波大学体育科学系紀要』第24巻、2001年、57-70頁。

4）森川貞夫「東京高師と日本のスポーツ」、『スポーツ社会学研究』第8巻、2000年、24-49頁。大熊廣明他「高等師範学校・東京高等師範学校による学校体育の近代化とスポーツの普及に関する研究」『筑波大学体育科学系紀要』第28巻、2005年、157-173頁など。

5）古川修「『文検体操科』の研究――埼玉県における「文検体操科」合格者のキャリア形成を中心に――」、東洋大学博士（教育学）学位請求論文、東洋大学学術情報リポジトリ、2013年。井上えり子『「文検家事科」の研究』学文社：東京、2009年。には、家事科合格者のライフヒストリーにおいて、年老いてもなお学び続ける姿が描かれている。

6）埼玉県教職員組合編『昭和二十四年七月現在埼玉県教育関係職員録』埼玉県教職員組合：埼玉、1949年。

7）埼玉県教学会編『昭和十二年五月現在埼玉県学事関係職員録』埼玉県教学会：埼玉、1937年。

8）埼玉県教学会編『昭和十七年五月現在埼玉県学事関係職員録』埼玉県教学会：埼玉、1942年。

9）埼玉県総務部統計課『埼玉県統計書昭和24年度』埼玉県：埼玉、1951年、247-248頁。

10）埼玉県教育委員会調査研究課編『埼玉県教育要覧昭和24年度』埼玉県教育委員会：埼玉、1950年、155-156頁。

11）埼玉県教育委員会編『埼玉県教育史第6巻』埼玉県教育委員会：埼玉、1976年、241頁。

12）同上書、844頁。

13）浅海公平「軈て灯りが見えてくる」私家版（自叙伝Ⅰ）：1993年、59頁。

14）同上書、38頁。

15）16）同上書、60頁。

17）18）同上書、61頁。

19）同上書、62頁。

20）浅海公平「軈て灯りが見えてくるⅡ」私家版（自叙伝Ⅱ）：1994年、1頁。

21）同上書、69頁。

22）23）24）前掲書Ⅰ、40頁。

25）26）同上書、41頁。

台湾の大学入試における体育学科実技試験の一考察
―戦後（1946）から現在（2014）まで―

林　玫君

1. 緒言

2014年現在、台湾において、大学への進学方法として、主に「繁星推薦」[1)]、「申請入学」[2)]、「試験入学」等が挙げられる。「繁星推薦」または「申請入学」はここ十年の間に実施され始め、各校によって試験内容は異なり、通常毎年2月から4月の間に行われる。「試験入学」が実施され始めた時期は前述の2項より早く、かつ最も歴史があり、実施規模が大きい。以上の3項は全て「大学聯合招生委員会」（大学入試を統括する委員会）が計画、実施し、特に「試験入学」については毎年7月に筆記試験を行う。また、筆記試験で測定できない技能を必要とする場合は学科（体育学科を含む）ごとに実技試験追加して行う。その目的は、特定分野に適した学生を募集することである。

台湾の高校生は大学の体育学科へ進学するために、毎年筆記試験に加え、更に実技試験にも合格しなければならない。この数十年間、毎年4,000～5,000名の高校生が大学入試の実技試験に参加している。この試験は決められた時間や日程で一斉に行われるため、試験会場となった各校の運動場では長い受験生の行列が現れ、皆大量に汗をかいて各試験種目を完遂していく光景が見られる。現在台湾の大学の体育学科への入学には筆記試験で測られる基本的な学力を備えながらも、更に重要視されるのは体育の実技試験であり、実技試験こそ合格に関わる最大の鍵である。

大学入試における体育学科実技試験を研究することは、これまで体育学科に入学した学生たちに求められた身体能力を研究することであり、入学後の体育学科運営を考察する上で重要な課題である。

まず、身体能力あるいは体力測定の歴史について言及するには、歴史の源に立ち返る必要がある。しかし台湾では、2000年に至るまで体力測定に関する刊行物は数少なく、1000件に満たなかった[3)]。ところが、2000年以降、体力測定に関する刊行物は大幅に増加している。研究論文においても同様の傾向があり、2000年以前には僅か29件であった体力測定に関する学位論文は、2001年には600件にも及んだ[4)]。体力測定を扱った刊行物や学位論文の大幅な増加から、2000年は体力測定に関する研究の重要な年代と位置づけられ、体力測定の研究領域の専門知識は成熟期に至ったとみなすことができよう。しかし、そのほとんどは統計的な研究であり、歴史研究は数少ない。これは、体育学の特殊な研究環境が関係していると考えられる。このような状況は、身体観の変化に伴って少しずつ改善されてはいるが、体力測定の研究領域においては、依然として歴史分野の研究土台が構築されているとは言えない。

これまでに、筆者は大学体育学科の実技試験に関わる研究を収集していた。収集の結果、これまでの大学体育学科入学試験に関する先行研究は数少ないながらも、大きく次の3つに分けることが出来る。第一は実技試験の内容に着目し、種目ごとにそれぞれ異なる採点基準を設け、その点数により採点方法を考察した研究である。第二は受験生に注目し、各学生の持つ様々な特性を重視した研究である。第三は大学側の立場から実技試験を行うか否かを問い、その利弊を論じた研究である。

以上、これまでの先行研究を総括したが、このようなテーマを取り扱う前に忘れてはならないのは、大学実技試験の歴史である。しかしながら、歴史研究として、約七十年にわたって実施された体育実技試験の変遷を統括的に整理した研究は現在のところ皆無である。

そこで本研究では、戦後から現在までの台湾の大学入試における体育の実技試験の発展について解析を試みる。

一方で、先行研究の数が少ないという原因により本研究で用いた主な史料・文献は、政府の公的資料、大学聯合招生委員会の文書、教育及び体育関連雑誌・出版物であるが、そのほか本テーマに関わる著作物・新聞記事など多方面にわたり検討を試みた。しかし、現在確認し得る体育実技試験に関する史料は決して多くはない。特に2000年以前の史料は収集に困難を極める。そこでこれらの史料に加え、体育実技試験に実際に参加した計31名へのインタビューも行った。

2. 台湾の大学入学試験の歴史

第二次世界大戦後初期、台湾の大学入学試験は「公私立專科以上學校招生辦法」により行われ、実施された試験は「聯合招生（共同募集試験)」、「軍事学校独自募集試験」、「委託招生（委託募集試験)」と「成績審査」の四つの方式である。各大学は各高校及び受験生の両方に最良である方式を考慮し[5)]、この中の一つの方式を新入生募集の際に実施する。筆記試験は甲組（理工科学、師範学部理系の学科)、乙組（文学、法学、商学、師範学部文系の学科、地理学)、丙組（医学、農学、博物学、生物学等）に分けられ、各組ごとに異なる方式により試験が行われる。体育学科を志望する受験生は乙組の受験生と同じ科目：国文、英文、数学、公民、中外歴史、中外地理、理化（物理化学）等を受験する[6)]。

また、試験方式として上述の4項を挙げたが、実際は各学校が独自の方法で入学試験を行っており、複数の大学を受験する学生たちは毎年夏休み期間まで試験勉強・準備に追われていた。これを受けてか、台湾省立師範学院、台湾省立農学院、台湾省立工学院の三校が1949年に一度だけ共同募集を行ったことがあった[7)]。その後、1954年に当時の教育部長（日本における文部科学大臣に相当する）張其昀が極力共同募集を実施することを主張し、公立大学四校（国立台湾大学、台湾省立師範学院、台湾省立農学院、台湾省立工学院）で「聯合招生委員會（共同募集委員会)」を設立させ、大学入学試験及び新入生募集事項の担当を命じた。この共同募集に参加した学校は大学及び専門学校（軍事学校も含む）であり、以前の試験方式と異なる点は出題方式を統一したことである。これは台湾における大学共同募集制度の嚆矢であった[8)]。

しかし、当時の教育部の指導を受けた「大学聯合招生委員会」は大学入学試験を実施するために一時的に設けられた組織であり、毎年の入試が終わり次第解散されたため、入試制度の公平性や多元性等核心的なテーマについて議論を深めることは不可能であった[9)]。

また、1958年に軍事学校は共同募集から脱退し、実験的に新入生を組分けせず募集を行ったことがあったが、あまり効果を挙げることが出来なかったため、翌年以降は以前と同様に三組に分ける方式に戻した。

その後1966年には、三組だった受験生を甲、乙、丙、丁の四組に増し、さらに1972年、大学、専門学校各自で募集し始め、ここから正式に「大学入試」となった。この大学入試は基本的に共同募集と同じ形式であるが、以前と異なる点は4組の分け方に調整がなされたことが挙げられる。また、実技試験の受験を必要としない多くの受験生にとって、一度の試験のみで合否を判断され、かつ合否がその後の人生を決定づけることから、この試験制度は人々から「一試定終身」と風刺された。

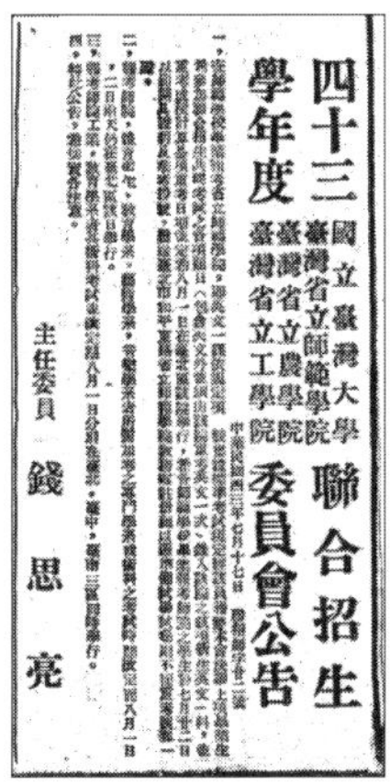
四十三學年度
國立臺灣大學
臺灣省立師範學院
臺灣省立農學院
臺灣省立工學院
聯合招生委員會公告

主任委員　錢思亮

図１　43学年度（1954年）、新聞上に発表された共同募集事項

説明の第二項には体育学科を受ける者には体育実技試験を実施することが書かれている。（「四十三學年度國立臺灣大學、臺灣省立師範學院、臺灣省立農學院、臺灣省立工學院聯合招生委員會公告」、『臺灣民聲日報』、1954年7月18日、版1。）

一方で1976年、教育部は「教育部大学入学試験委員会設置条例」を発表し、大学共同募集における常設機関を本格的に設けた。これは各大学側が持つ学生募集方法の決定権が教育部へ移管されることを意味し、このような側面からみると大学入学試験はあたかも一種の国家試験のような存在となった[10)]。

その後1984年、募集方法は大きく変更された。まず、「先に志望校リストを提出してから試験を受ける」形から「先に試験を受けた後に志望校リストを提出する」ようになり、さらに必要に応じて他の組の科目も受験できる「跨組報名選科考試（特定科目選択試験）」を実施した。これによって、以前までの4組に分けることによって志望校や学科の選択が限られるという難点が改革された。また、大学の学科も以前とは異なる四組に分けられ、各学科が重視する受験科目に対し、点数の割増計算や点数の基準の設定が各自で行えるようになり、受験生も自分の専攻した組以外の科目の試験も必要に応じて受ける選択ができるようになった。表1は大学共同募集制度の変化を時期ごとに比較、整理したものである。

表１　台湾の大学連合募集制度の各時期の比較

	大学・専門学校共同募集	旧制大学連合募集	新制大学連合募集
年代	1954-1971年	1972-1983年	1984-1992年
募集機関	大学・専門学校共同募集委員会 (四つの国立大学により成立)	大学試験委員会 (教育部官員が兼任する)	大学試験委員会 (教育部官員が兼任する)
募集校	大学・専門学校	大学	大学
試験方法	甲、乙、丙、丁四組に分けて試験を実施	甲、乙、丙、丁四組に分けて試験を実施	一、二、三、四類組に分けて試験を実施、受験生は各自の組の受験科目以外、必要に応じて他の組の科目を受験できる
	1. 甲組 ： 主に理工科学類	1. 甲組 ： 主に理工科学類	1. 一組 ： 文学、法学、商学類
	2. 乙組 ： 主に文学類	2. 乙組 ： 主に文学類	2. 二組：理工科学類
	3. 丙組 ： 主に医学、農学類	3. 丙組 ： 主に医学、農学類	3. 三組：医学類
	4. 丁組 ： 主に法学、商学類	4. 丁組 ： 主に法学、商学類	4. 四組：農学類
志望校の選択方法	志望校を提出した後割り当てる	志望校を提出した後割り当てる	受験後に志望校を提出
合格判定依拠	試験の成績	試験の成績	試験の成績

資料出典：秦夢群「大學多元入學制度實施與改革之研究」、『教育政策論壇』第7巻第2期，2004年8月，59-84頁。

1989年、大学入試の試験方法または技術などについて議論を行う「財団法人大学入学試験センター」が正式に設けられ、大学入試は更に改革されていく。当センターでは大学共同募集試験の排除を図り進学の圧力から生じる様々な問題の対策として、1992年に「多元入学方案」を提案した。多元入学方案とは試験と募集を二段階に分ける制度のことである。試験を担当する機関と募集を担当する機関を別にすることにより、各大学各学科が独自に採点対象とする科目を定め、さらに各学科が重視する科目には、その科目の点数比率を1倍、1.25倍、1.5倍、1.75倍、もしくは2倍に設定することができる。この様な制度により、受験生はまず指定科目試験を受け、その後各大学各学科の採用条件を参考し、特定科目の点数の割増などを計算した結果を考慮しながら志望校を選択する。続いて志望校をインターネットで登録し、後に合格校が割り振られる。

その後、大学共同募集試験は2001年に排除され、大学への進学は多元入学方

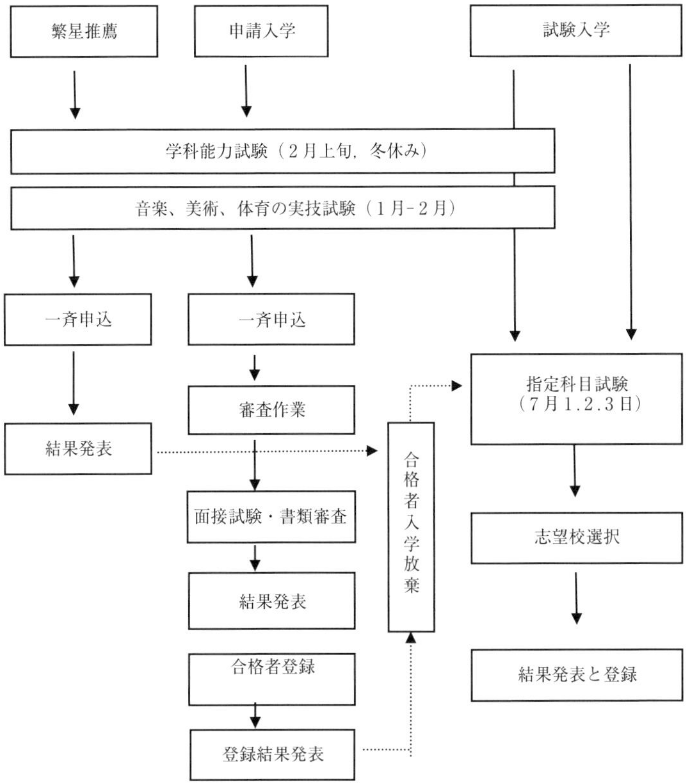

図2　多元入学方案による入試過程

（一）学科能力測験：受験科目は中国語文学、英文、数学、社会、自然の5科目。（二）指定科目考試：受験科目は中国語文学、英文、数学Ⅰ、数学Ⅱ、歴史、地理、公民と社会、物理、化学、生物など10科目。

案が主流となり[11]、約半世紀にわたって毎年行われてきた共同募集制度は正式に幕を閉じ、大学入学手段は新たに多元入学方案へと入れ替わることとなった。

最後に、以上の大学入試制度の変遷の中でも特に体育学科に注目し、体育学科入試における筆記試験についてまとめることにする。

体育学科は最初、乙組に配属されており、文系学類に入っていた。乙組の試験科目は三民主義、国文、英文、数学、中外歴史、中外地理等である[12]。1966年以降、体育学科は丙組に変更され、同じ組に属する学域は医学、農学があり、受験科目は三民主義、国文、英文、数学、化学、生物などの科目となった。2001年以降体育学科の受験生は医学類と同組の第三組に配属され、受験科目は国文、英文、数学、化学、生物、物理となった。

3. 体育学科の実技試験に参加した学校及び受験人数

体育学科実技試験を受けることはすなわち体育学科へ進学し、将来は体育専門分野の人材になることである。台湾における体育専門人材の養成において、実技試験は現在も欠かすことのできない存在である。以下は体育専門人材の養成について説明する。

体育が学校教育の一部になったのは今から百数十年前であるが、台湾では中日戦争で清朝が敗れ台湾が1895年より日本政府へ割譲された時が起源になる。日本の植民地統治時代に入り、新式教育によって「体操科」と称された体育授業（1941年「体錬科」に名称変更）が当時の台湾の学校で教えられるようになった。しかし、日本植民地統治時代、台湾学校の体育人材は日本本土で養成されるか、或いは台湾師範学校の卒業生が体育教師を務めており、当時台湾では体育教育の人材を養成する専門的な学校は師範学校以外存在しなかった。

1945年の終戦後、台湾は中華民国政府に返還された。当時日本政府が設立した学校体育教育制度も統治者の変更により、中華民国の制度に入れ換えられた。日本人教師が引き揚げたため、教育現場は深刻な教師不足問題に見舞われた。政府はこの過渡期における学校教師の需要を満たすため、募集採用、審査採用、試験採用及び訓練講習採用等四つの一時的な対策を行い、教師が不足しないよう取り計らった[13)]。また、積極的に師範学校を設立し、教師の養成に取り組んだ。

1946年6月、台湾省行政長官公署は省立台湾師範学院（現の台湾師範大学。以下「台湾師大」）で四年制の「体育専修科」を設立し1クラス22名の学生を募集した。これは戦後台湾で体育教師を育成した最初の教育機構である。体育専修科は1948年に四年制から五年制の「体育学科」へと改編され1クラス18名の学生を募集し、中学校体育教師の養成を行った[14)]。1955年に五年制の体育学科は再び四年制に変更され[15)]、現在（2014年）に至る。台湾師大の体育学科は中学校体育教師養成の重要な教育機関でありながら、同時に台湾の体育専門教育の嚆矢でもある。

体育実技試験は、大学入学試験の中の筆記試験とは異なる運動・スポーツ技能の分類であり、この中にはいくつかの試験種目があり、それぞれの種目が採点される。体育学科を志望する受験生は、この実技試験の点数と筆記試験の点数との合計が最終成績となる。近年において、大学共同募集委員会はこれまで実技試験を担当していた機構とは別の専門部署に依頼したほか、実技試験の関連事項を担当する体育実技試験委員会を成立した。体育実技試験は政府によって上記のような形になったが、実技試験が始められた当初は台湾師大の体育学科がすべての体育実技試験関連事項を担当した。当時の体育学科は台湾で1校1学科だった。

この1校1学科の状態は十数年続いた。その後1961年「台湾省立体育専科学校」(現在の国立台湾体育運動大学。以下、「省体」)、また1968年に「台北市立体育専科学校」(現在の台北市立大学。以下、「北体」)が設立し、一時は共同募集を行ったが、後に省体、北体の二校が共同募集から脱退し、個別に募集を行ったため、台湾師大は再び独自で募集をする形になった。1963年に中国文化学院(現在の中国文化大学。以下、「文化大学」。)、1969年に輔仁大学にも体育学科が設立し、1970年には体育学科の実技試験を行うことになり、合わせて3校3学科の体育学科が共同で実技試験を行い、体育学科共同募集実技試験となった。3校の共同募集実技試験は20年ほど続いた。

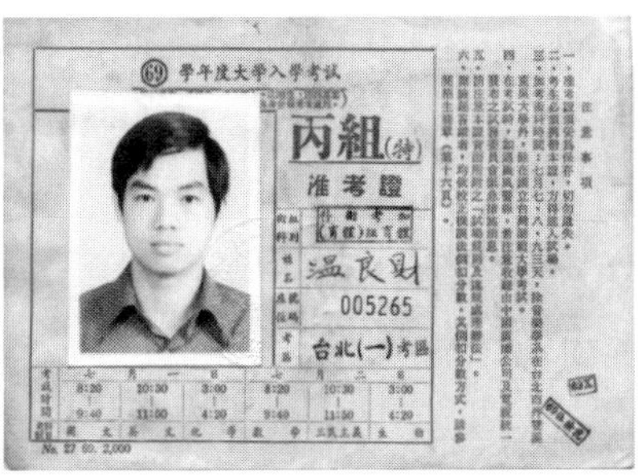
69 學年度大學入學考試
丙組(特)
准考證
温良財
005265
台北(一)考區
注意事項

図3　1980年大学共同募集試験の受験票
当時体育学科は丙組に属する。(台湾師大の温良財教授提供)

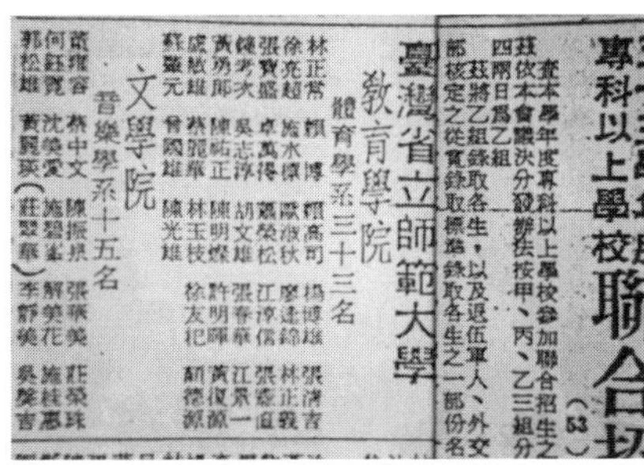
專科以上學校聯合
臺灣省立師範大學
教育學院
體育學系三十三名
文學院
音樂學系十五名

図4　新聞上に掲載された1964年台湾省立師範大学体育学科の試験結果
合格者は33名。全て大学共同募集試験及び体育学科実技試験を受けた。(胡文雄教授提供)

上述の他にも新しい学校や新しく設立された体育学科が現れた。例えば1967年、台湾省政府は九年国民教育政策の実施に合わせ、「省立高雄師範学院」(現在の高雄師範大学) を創立し、1999年8月に体育学科を設置した。また、彰化師範大学にも2001年に体育学科が設置された。そしてここ十年来、師範専科学校は師範学院（後の教育大学）に改編され、次々と新しく設置された体育学科は体育学科実技試験を取り入れ、1990年代から体育実技試験に参加する学科の数が徐々に増えた。これによって体育学科共同募集実技試験の規模も拡大され、2014年は計15校20学科が実技試験を行い、受験人数も毎年4,000 ～ 5,000人へと増加した。

また、時期について、多元化入学方案により、本来は大学入学試験終了後7，8月に行う体育実技試験が入学試験シーズン前の2，3月に行われることになった。試験を比較的早い時期に行う目的は、受験生が実技試験の成績を「繁星推薦」、「申請入学」または「試験入学」に使用できるようにするためである。

図5と図6をみると、2003年以降、体育学科実技試験への参加人数が大幅に増えていることがわかる。これは多元化入学方案との関連性だけでなく、当時の体育・運動の概念の分離、あるいは多元化していく潮流が関係している。元来、台湾における「体育」とは教育制度中の学校体育教師養成を重点とする専門教育のことを指していた。前述の動きに深く関係したのは1987年の戒厳令の解除及び1994年の新「大学法」の発表であり、この二つの政策は大学教育制度に莫大な衝撃を与え、同時に体育専門人材の養成システムにも大きな影響を与えた。これによって大学や専門学校は新しい学科を次々と申請、設立し、大学教育は大きな発展を迎え、大学にも新たに体育学科が設置され、体育専門学校が大学に改編された。そして体育・スポーツ関連学科も大幅に増えた。1996年以前の台湾では、体育学科を設置している大学は5校のみだったが1996年には17校へ増加した。2000年に入ると体育学科の他にもスポーツ、ダンス、レジャー、レクリエーション学科も設置され、これらも含めると合わせて28校以上になり、2003年には49校にまで増え、体育・スポーツ関連学科は計80学科を越えた[16)]。2003年以降も増加の傾向にあり、2009年台湾の大学における体育・スポーツ関連学科はすでに266学科までになった（このうち伝統的な体育学科は56学科）[17)]。このように体育の専門教育は明確に分化し、発展してきており、それぞれ独自に発展している傾向がみられた。この様な変化により、80年来体育学科と総称され、様々な体育・スポーツ関連分野を包括的に養成する旧制度に限界が見られ、やがて多元

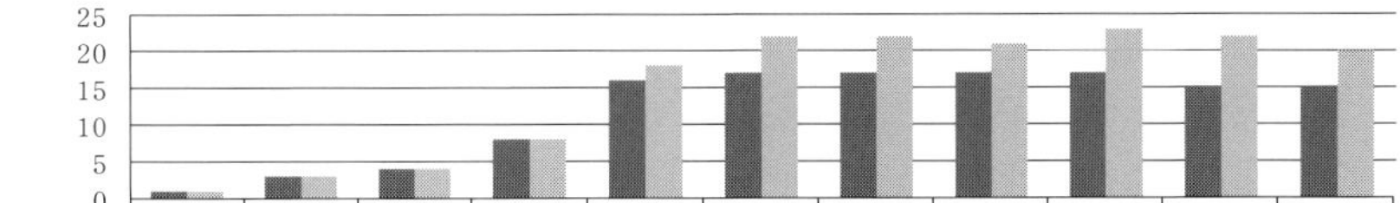

	1946年	1971年	1990年	1994年	2004年	2006年	2007年	2011年	2012年	2013年	2014年
■大学数	1	3	4	8	16	17	17	17	17	15	15
■学科数	1	3	4	8	18	22	22	21	23	22	20

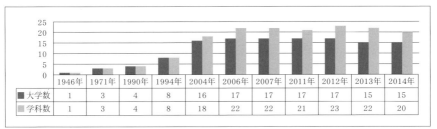

図５　歴年大学体育学科実技試験に参加した大学及び学科数

（歴年大学入試学生募集要項、推薦入試資料より作成）

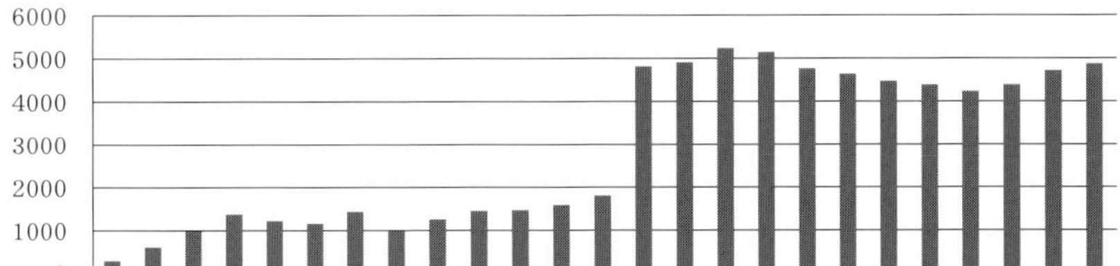

	1958年	1959年	1961年	1971年	1972年	1974年	1975年	1980年	1986年	1999年	2000年	2001年	2002年	2003年	2004年	2005年	2006年	2007年	2008年	2009年	2010年	2011年	2012年	2013年	2014年
■学生人数	300	614	984	1381	1220	1160	1437	981	1255	1453	1470	1586	1806	4814	4905	5235	5144	4761	4632	4468	4385	4229	4585	4712	4870

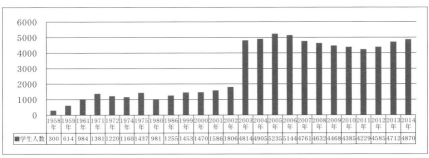

図６　歴年大学入試体育学科実技試験を受けた受験生人数

（大学体育学科実技試験学生募集委員会会議資料。大学入試センター文書、2006 ～ 2014年実技試験体育類成績人数累計表。この他、複数の新聞より作成）

化へと進化した。

さらに時代の変化により、以前の単一的な共同募集試験は多元化された現代社会に適用されなくなり、学生募集方法は2002年から多元化入学方案が採用された。その目的には様々な側面があるが、主には学生たちの進学へのストレスや負担を軽減することであった。この結果、複数ある体育学科実技試験各種目の成績は一つにまとめられ、複数の大学入試に応用可能な形となった。2014年現在、台湾の体育類関連学科は50余学科あり、そのなかで伝統的な体育学科を持つ大学（計15校20学科）は体育実技試験を猶行っている。

4. 競技的な身体能力から健康的な身体能力へ
―体育科実技試験の内容と点数配分について

大学センター試験には実技試験が含まれ、その実技試験を課す主な目的は、「受験者の基礎体力・能力、特に専門分野・競技に関する能力の程度」[18] を調べることである。

そこで、ここでは実技試験の内容についてみていくことにしよう。

まず注目したいのは、1952年に実施された台湾師大体育学科の実技試験内容である。この史料は現在確認できる中で最も古く、かつ試験内容を比較的詳しく知ることが出来る史料である。その詳しい試験内容は以下の12項目15種目である。

(一)、身長
(二)、体重
(三)、肺活量
(四)、砲丸投げ（両手前方投げ）
(五)、立ち幅跳び
(六)、100メートル走（男子）・60メートル走（女子）
(七)、懸垂
(八)、蹴上がり（男子）
(九)、バスケットボール：(1) 壁投げパス（男子）
(2) レイアップシュート（男子）
(1) 壁投げパス（女子）
(2) レイアップシュート（女子）
(十)、硬式野球（的当て投げ）（男子）
(十一)、バレーボール：(1) サーブ（女子）
(2) 水平方向の壁パス（女子）
(十二)、ダンス：基本ステップ（女子）[19]

上述の内容からみると、比較的多岐にわたる種目が課されていることが分かる。

特に身長、体重、肺活量までも試験の項目に含まれていた他、砲丸投げ（両手前方投げ）はこの試験より新たに加えられた種目であり、この様な「斬新な試験内容」は数年にわたって議論された上で決定された結果であった。体育学科の呉文忠先生の説明によれば、これらの種目は六つの身体能力を測定することができる。①体の成長：身長、体重の測定；②持久力試験：肺活量の測定；③瞬発力試験：立ち幅跳び；④筋力試験：砲丸投げ（両手前方投げ)、懸垂；⑤敏捷性、身体協調力試験：100メートル走（男子)・60メートル走（女子)、バスケットボール(壁投げパス)；⑥技術試験：蹴上がり、ダンス基本ステップ（女子)、バスケットボール（壁投げパス)、バスケットボール（壁投げパス)、硬式野球（的当て投げ)、バレーボール（サーブ)、バレーボール（水平方向の壁パス)[20]。また、1952年の体育実技試験の採点方法では統計により標準値を取り、これを用いて合否を判断する方式であった。

4.1 体育実技試験に関する科目

体育実技試験の試験科目は毎年異なり、大学聯合招生会術科考試委員会（大学入試センターに所属する実技試験科目に関する委員会）や科目設定研究小委員会が例年の実技試験の内容を検討し、大学入試センターが定める試験項目・方法を定めている[21]。そして、研究グループが示した結果には専門家の意見と検証が不可欠な条件だと考えられる[22]。

次に1952年以降の体育実技試験について、実際の資料が少ないため、史料や文献を参考にした他、体育科実技試験を受けた経験のある歴代の受験生にインタビューを行った。これを用いて実技試験の内容を整理し、表2にまとめた。

はじめに、これまでに実施された各種目の試験内容を簡単に紹介しよう。

(1) 身長、体重及び肺活量の参考値：身長、体重、肺活量の試験が行われたのは1952年のみであり、この時期体育実技試験は大学共同募集に含まれておらず、台湾省立師範学院体育学科が独自で行っていた。身長、体重、肺活量を試験の一種目に含めていたということは、当時の体育学科は受験者の体型、成長、および心肺能力等を調べていたということであり、現在の観点からいえば非常に特殊な試験だと思われる。しかしこれらの種目が、形式的に測定しただけであったのか、

表２　台湾の体育実技試験の内容

		1952	1955	1959	1962	1963	1964	1965	1967	1968	1969	1971	1972	1973	1974	1976	1977	1978	1984	1985	1986	1987	1988	1993-1998	1999-現在
身長		◎																							
体重		◎																							
肺活量		◎																							
上体起こし																									◎
短・中・長距離走	60m	◎女																							◎
	100m	◎男	◎	◎	◎	◎	◎	◎	◎	◎	◎	◎	◎	◎	◎	◎	◎	◎	◎	◎	◎	◎	◎	◎	
	800m																					◎			
	1500m									◎		◎													
	1600m																							◎女	◎
	2000m																							◎男	
走運動（応用）	往復走				◎								◎				◎女	◎女							
	反復横とび												◎						◎女	◎女	◎女				◎
	曲折跑											◎					◎男	◎男	◎男	◎男	◎男	◎	◎	◎	
跳躍	垂直跳び																◎女	◎女	◎女	◎女	◎女		◎女		
	立ち幅跳び	◎	◎	◎	◎	◎	◎	◎	◎		◎	◎	◎	◎	◎	◎									
	立ち三段跳び									◎							◎男	◎男	◎男	◎男	◎男	◎	◎男	◎	◎
砲丸投げ	両手前方投げ	◎																							
	砲丸投げ		◎	◎	◎	◎	◎	◎	◎	◎	◎	◎		◎	◎	◎								◎	
遠投	ソフトボール投げ（遠投）									◎							◎男	◎男	◎男	◎男	◎男				
	ハンドボール投げ（遠投）																◎女	◎女	◎女	◎女	◎女		◎		
バスケットボール	壁投げパス	◎																							
	的当て壁パス×5			◎																					
	フルコート・ドリブル													◎											
	レイアップシュート	◎			◎				◎			◎				◎	◎	◎							
	センターラインからのレイアップ・シュート×3			◎																					
	3か所からのシュート					◎	◎			◎	◎				◎										

	5か所からのシュート		◎					◎																	
硬式野球	的当て投げ	◎			◎	◎	◎		◎男	◎		◎	◎	◎		◎男	◎男	◎男							
	的当て投げと跳ね返った球の捕球							◎																	
	制限時間内での的当て（10球）		◎	◎							◎														
	投球フォームチェック						◎							◎		◎男	◎男	◎男							
バレーボール	サーブ	◎女																							
	水平方向の壁パス	◎女														◎女	◎女	◎女							
	壁トス								◎女							◎女	◎女	◎女							
	バレーボールのフォームチェック															◎女	◎女	◎女							
水泳	25m		◎																						
	50m																								
体操	蹴上がり	◎男								◎															
	鉄棒前回り									◎															
	懸垂	◎男	◎	◎	◎	◎	◎		◎男		◎	◎	◎	◎	◎	◎男	◎男								
	鉄棒自由演技		◎	◎							◎	◎				◎男	◎男	◎男							
	体操自由演技						◎	◎	◎男					◎	◎										
ダンス	基本ステップ	◎女							◎女																
	ダンス															◎女	◎女	◎女							
	ダンス自由演技								◎女							◎女	◎女	◎女							
	模範演技（リズム運動）		◎								◎														

選択競技																			甲群は(1)バスケットボール(男・女)(2)バレーボール(男・女)(3)サッカー(男子)(4)バドミントン(女子)(5)硬式野球(男子)ソフトボール(女子)乙群は(1)鉄棒自由演技(男子)(2)ダンス(女子)(3)水泳(男子200メートル、女子100メートル)(4)砲丸投げ(男・女)(5)800	甲群は(1)バスケットボール(男・女)(2)サッカー(男子)(3)バドミントン(女子)乙群は(1)バレーボール(男・女)(2)硬式野球(男子)ソフトボール(女子)丙群は(1)鉄棒自由演技(男子)(2)ダンス(女子)(3)800メートル走(男・女)丁群は(1)水泳(男子200メート	甲群は(1)バスケットボール(男・女)(2)バドミントン(男・女)乙群は(1)硬式野球(男子)ソフトボール(女子)(2)サッカー(男子)(3)バドミントン(女子)丙群は(1)砲丸投げ(男・女)(2)800メートル走(男・女)丁群は(1)鉄棒自由演技(男子)(2)ダンス(女子)(3)水泳	8種目中4種目選択：バレーボール・硬式野球いずれか一つ、砲丸投げ・ハンドボールいずれか一つ、バスケットボール・サッカーいずれか一つ、水泳・鉄棒いずれか一つ	甲群は(1)バスケットボール(男・女)(2)硬式野球(男子)ソフトボール(女子)乙群は(1)バレーボール(男・女)(2)サッカー(男子)(3)バドミントン(女子)丙群は(1)砲丸投げ(男・女)(2)800メートル走(男・女)丁群は(1)鉄棒自由演技(男子)(2)水泳(男子200		

																		メートル走（男・女）とある。	ル）(2)砲丸投げ（男・女）とある。	（男子200メートル、女子100メートル）とある。		メートル、女子100メートル）(3)ダンス（女子）とある。		
総計		12/15	9	8	7	6	8	6	7/10	9	8	9	6	8	6	8/13	9/17	8/16	12/18	10/18	10/18	8/12	6/9	5/6	5

資料出典：歴年大学入学試験要項。各新聞記事。廖貴鋒「大學入學考試體育術科測驗探討」、『學校體育雙月刊』第34期、1996年7月、30-35頁。許樹淵「臺灣師大體育學系入學術科考試探源」、『國立臺灣師範大學六十週年校慶　體育學系特刊』、國立臺灣師範大學：臺北、2006年、57-62頁。「大學聯招體育學系新生術科考試項目及方法」、『國立臺灣師範大學教育學院體育學系概況』、1976年3月、34-39頁。「大學聯招體育學系新生術科考試項目」、『國立臺灣師範大學教育學院體育學系 / 研究所概況』、1988年2月、37-38頁。林玫君「武藝超群－大學體育術科考試之探源」、『榮耀金穗—國立臺灣師範大學體育學系六十三年史』、國立臺灣師範大學體育學系：臺北、2009年6月、41-49頁。「大學入學考試體育術科測驗探討」、『學校體育雙月刊』第34期、1996年7月、30-35頁。陳鴻「七十五學年度大學入學考試體育組錄取考生之成績分析」、『師大體育系刊』、國立臺灣師範大學體育學系：臺北、1987年、45-59頁。歴代体育実技試験受験者計31名へのインタビュー。

それとも試験の一つとして課されていたのかを本史料から判断することはできないが、仮に後者である場合、身体の発達状態を試験の一種目とした珍しい内容であるといえる。

(2) 最大筋力や筋持久力測定の腹筋運動：1999年以降、新たに体育学科実技試験に加えられた種目である。試験内容は1分間の回数を記録する。速度を測る短距離走：短距離走は毎年実技試験に必ず含まれる一種目であるが、走る距離に変更が見られる。1952年当初は男女の距離が男子は100メートル、女子は60メートルと異なるが、1955年以降では男女共に同じ距離（100メートル）に設定され、さらに1999年以降の試験では男女共に60メートルと距離が縮められた。

(3) 持久力を測定する長距離走：長距離走は毎年行われている種目ではないことは表2の通りである。実施年度ごとにみると、1968年には男女共に1500メートル走が実施されたが、1987年では距離が800メートルに変更されている。1993～1998年は距離を男女ごとに分けたが（男子2000メートル、女子1600メートル）、現在では男女共に1600メートルと定められている。

(4) 敏捷性を測る往復走、反復横とび、曲折跑：敏捷性を測定する試験も毎年実技試験中に含まれるものではなく、かつ変更が見られる種目である。現在この種目は反復横跳びが行われ、20秒の回数を記録する。

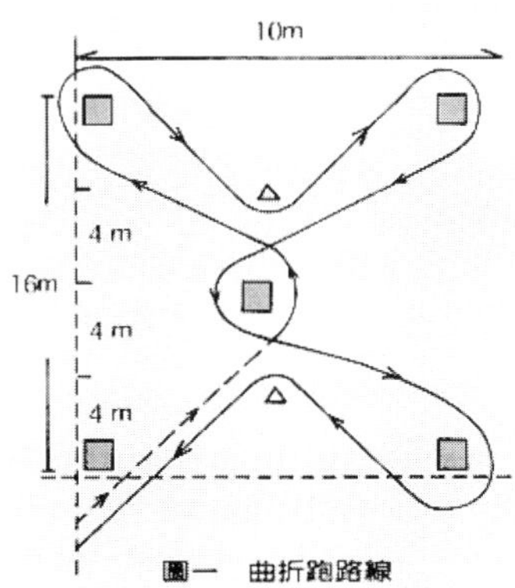

図7　1991年体育学科実技試験に行われた曲折跑の路線
（『台灣體育』7、1992年）

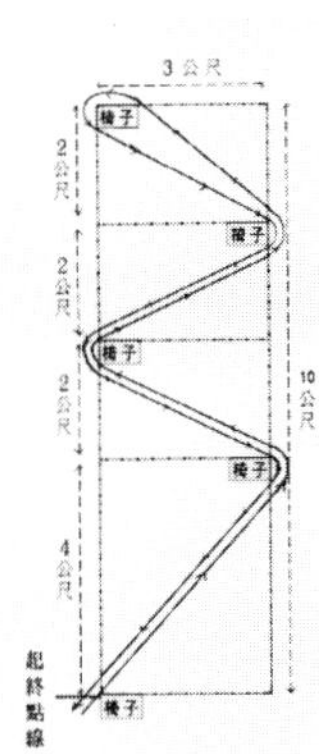

図8　1995年体育学科実技試験に行われた曲折跑の路線
（『體育術科主監試人員手冊』、1995年）

(5) 筋力を測定する砲丸投げ：1952年に行われた砲丸投げは現在の一般的な

投げ方と比べて特殊な投法であった。試験内容は砲丸の重さは男子12ポンド、女子8ポンド、投げ方は「投てきラインの後ろで両足を大きく開いて立ち、上半身を前屈し、両手で砲丸を保持して両足の間から前方へ投げる。計測方法は両足の幅の中間点から砲丸の落下点までの最短距離を記録する。これを三回行い、三回の成績中、最遠距離を試験の成績とみなす」[23] とされている。しかし、これ以降の砲丸投は片手を肩の上に置き投てきを行う現在のフォームとなった。なお、本種目は現在行われなくなった。

(6) 弾力性を測る立ち幅跳び、立ち三段跳び、垂直跳び：立ち幅跳びや立ち三段跳びはほぼ毎年実施されている内容である。垂直跳びは1970 ～ 1980年代のみ女子に対して実施された。

(7) 投てき距離を調べる種目：この種目はハンドボール又はソフトボールを用いて受験生の投てきの距離を計測する。ソフトボール投げ（遠投）は1970 ～ 1980年代のみ男子に対して実施された。ハンドボール投げ（遠投）は1970 ～ 1980年代のみ女子に対して実施された。

(8) バスケットボール：本種目は7種類の技能を測定する。1950年代以前は的当て壁パスを主な試験内容としたが、その後の試験方法が異なりレイアップシュートなどを測定した。例えばセンターラインからのレイアップシュート、ゴール下3か所あるいは5か所からのシュートなどが試験内容であった。1990年代以降、バスケットボールは実技試験に含まれなくなった。

(9) 硬式野球：1981年以前は主に的を狙ってボールを10球投げ、投てきの精確性及び所要時間を計測した。その他、壁から跳ね返ってきたボールの捕球能力や、投球動作・姿勢も試験内容とされたことがあった。1990年代以降、硬式野球は試験種目に含まれなくなった。

(10) バレーボール：1952年、女子の実技試験種目の一つとして課されたが、その後は僅か5回ほど試験種目に取り入れられたのみであった。試験内容は主にサーブとパス（壁トス）である。1990年代以降、バレーボールは実技試験に含まれなくなる。

(11) 水泳：1955年に実技試験の一種目に取り入れられ、その後は1980年代頃に実施されている。距離について、1955年は25メートルであったが、1980年代からは選択競技の中で、男子は200メートル、女子は100メートルに変更された。

（12）体操：体操では7つの項目が計測された。この中で、鉄棒の蹴上がりは1952年と1968年の2回、前回りは1968年の1回のみ実施されている。また、懸垂は7項目の中でも多年にわたり実施された種目である。一方で、1977年に自由演技が追加されたことにより、受験者生たちが自由に表現できる機会が与えられた。

（13）ダンスとリズム運動：体育学科実技試験にダンスが必須種目として取り入れられたのは1950年代と1969年である。その後は1977年試験内容中、自由選択の種目として行われた。

（14）選択競技：1980年代の実技試験では試験種目の選択制が採用されている。例えば1984年の試験では、試験内容の一部分を甲群と乙群に分け、甲群は（1）バスケットボール（男・女）（2）バレーボール（男・女）（3）サッカー（男子）（4）バトミントン（女子）（5）硬式野球（男子）ソフトボール（女子）を、乙群は（1）鉄棒自由演技（男子）（2）ダンス（女子）（3）水泳（男子200メートル、女子100メートル）（4）砲丸投げ（男・女）（5）800メートル走（男・女）を試験種目とした。翌1978年は、男子の受験項目はバスケットボール、硬式野球、器械体操、女子はバスケットボール、バレーボール、ダンスの中から選択することとなった。1987年の選択競技はバレーボール・硬式野球から一つ、砲丸投げ・ハンドボールから一つ、バスケットボール・サッカーから一つ、水泳・鉄棒から一つの計4種目を選択する。

1998年以降の試験内容は健康な体の体力検査に近い形になった。その内容は60メートル、反復横とび、1分間上体起こし、両足三回跳び、1,600メートル走（歩いても可）である。現在、体育学科実技試験の試験種目、及び実技試験成績の中で占める割合（以下、比例）は下の通りである：一、速度試験―60メートル（比例：20%）；二、敏捷性試験―反復横とび（比例：20%）；三、筋持久力試験―1分間上体起こし（比例：20%）四、瞬発力試験―両足三回跳び（比例：20%）；五、心肺能力試験―1600メートル走（歩きも可）（比例：20%）[24]。

以上の説明を見てみると、1980年代まで体育実技試験の選択項目、選択方法、試験内容又は分類のし方等に変動がみられるが、試験の方法については大きな変更は特に見られなかった。

1990年代は試験項目に変化が現れた時代である。1990年代までの基本的運動能力試験の内容は主に競技的な身体能力試験に偏る。基本的運動能力の項目における試験種目も競技に必要な技術を取り入れたものであった。1990年代以降、基本的運動能力の項目は以前と同様に行われているが、競技的運動能力の項目は課されなくなった。

以上のような変化をもたらした要因は以下の2点にある。一つは、1990年以降大学への進学方法が増え、特別な分野に才能を持つ学生は保送甄試（全国大会以上の競技会で優秀な成績を残した者を採用する方法）によって実技試験を経ずとも進学することができたことである。これによって体育実技試験に通過することは大学へ進学するための唯一の方法でなくなり、実技試験内容が特定のスポーツ競技能力から健康身体体力を検定するフィットネステストに近い形へと方向転換された。

また、当時の政府の体育政策の転換も体育実技試験に影響を与えた要因である。戦後初期台湾の体育政策は競技能力を重視していた[25)]が、健康を重視する傾向が見られ始めたのは、救国団[26)]がフィットネステスト及びフィットネスを広めるキャンペーンを行ったことにある[27)]。一方政府も国民の健康を期待し、1990年以降、教育関連部署は「健康身体能力」を重視し始め、多くの政策を発表した。そしてこの時期のフィットネステストの内容は「健康身体能力」へと変更され、種目は減り、難易度も低くなった。その結果が1998年以降に行われている体育実技試験の内容に反映されることとなった。

以上のように、多元化入学方案など運動成績優秀学生の進学方法の増加や政府の政策転換が、体育実技試験の内容量の引き下げや、複雑性および競技性の低減という変化をもたらしたのであった。しかしながら一方で、実技試験の本来の目的であったスポーツ的才能を審査するという性質が失われるという結果ともなったのであった。

4.2 体育実技試験の点数配分と合格基準

体育実技試験が始められた当初は、三大学よりそれぞれ一人専門家を推薦し試験の方法を定め、それを試行し修正を加え、試験当日に試験方法を発表していた。

そのため、「大学入試要項には試験種目しか記入されておらず、試験方法についての説明は記載されていなかった」[28] のであった。当時、このような内密性を持った試験方法に批判が集まり、1991年体育実技試験準備会議中、試験方法の公開について論及されることとなった。この会議中で「実技試験の方法は基準に従って行うほか、公開する必要がある。内密にしても試験の後、当然ながら受験者は試験方法を周知させるであろう。よって完璧に内密性を保つことは不可能である。全ての受験生の合格する機会は平等であるべきであり、これを内密にするより、むしろ発表したほうが公平である」[29] という意見が挙がり、以降、全ての種目の試験方法や内容が公開された。

体育実技試験各種目の成績の割合は毎年異なるが、基本的に試験種目の量によって均等に割当てられている。例として、まず1976年の体育実技試験を取り上げてみる。

（一）男子

1. 陸上（40%）：(1) 砲丸投げ（13%）；(2) 立ち幅跳び（13%）；(3) 100メートル走（14%）
2. バスケットボール（20%）：レイアップシュート（20%）
3. 体操（20%）：(1) 懸垂（10%）；(2) 鉄棒自由演技（10%）
4. 硬式野球（20%）：(1) 的当て投げ（10%）；(2) 硬式野球姿勢（10%）

（二）女子

1. 陸上（40%）：(1) 砲丸投げ（13%）；(2) 立ち幅跳び（13%）；(3) 100メートル走（14%）
2. バスケットボール（20%）：レイアップシュート（20%）
3. ダンス（20%）：(1) 基本ステップ（10%）；(2) ダンス自由演技（10%）
4. バレーボール（20%）：(1) オーバーハンドパス（6%）；(2) 水平方向の壁パス（6%）；(3) フォームチェック（8%）[30]

以上の内容から見ると、体育実技試験の各種目の点数配当はかなり細密に割り当てられていることが分かる。また、1991年の実技試験では男子・女子にそれぞれ5つの種目が課されており、各種目の点数はそれぞれ総成績の20%が割り当てられている[31)]。2014年現在の試験内容は以前とは異なっているが、種目数は同じく5つであり、それぞれの点数配分もまた均等に総成績の20%が割り当てられている。

一方で、合格基準については時期によって変化が見られた。以下、時代に沿って説明する。

4.2.1 筆記試験の成績を優先して評価する方法（1950年代）

実技試験が行われた当初は、筆記試験の成績は体育実技試験より重要視された。この基準により、「筆記の成績は十分だが実技の成績は不十分」な受験者が合格し、逆に「筆記の成績は不十分だが実技の成績は十分」であった受験生が落第してしまい、結果的に合格者が不足する問題が発生した。1958年、台湾師大体育学科の試験合格者はわずか3人と合格者数が本来の予定人数より遥かに下回る事態が起こった。合格定員人数が明らかに不足していたため、大学共同募集委員会は対策として、筆記の成績の及第点を下げ、実技試験の成績と合わせた合計点数の高い受験生を順に追加して合格発表をせざるを得なくなった[32)]。

4.2.2 実技試験の成績を優先して評価する方法（1960～1980年代前期）

1970年代初期に行われた台湾師大、文化大学、輔仁大学の三大学共同体育実技試験では実技試験の成績を基準に合格者を選出した。その方法は、まず三大学の体育学科の「募集予定人数の2.5倍を実技試験での成績の高い順に選出し、その中から更に学科試験の成績を参考して合格者を選出する」[33)]こととした。つまり、最初に実技試験の成績から一回選出し、実技試験及第点を算出した後、次に学科試験の成績とそれぞれの志望校で受験生に合格大学を割当てる。この場合、合格するには実技試験の成績が重要となる。ちなみにこの時期の体育実技試験の成績計算数式は下の通りである：

$$\text{成績}=\left(5\pm\frac{\mathrm{x}-\mathrm{Ma}}{\sigma}\right)^2$$

数式上のxはある種目における受験生の記録（タイム、回数等）、Ma は平均値、σは当該種目の標準偏差である。例えば、ある受験生が100メートル走を12.5秒で走ったとする。この種目の平均タイムは14秒であり、標準偏差が0.5秒である場合、12.5秒の記録は上の数式で換算すると64点となる。そしてこの種目が体育実技試験全ての種目中20％を占めるとすると、100メートル走の成績は12.8点である。その他の種目についても同様に計算し、得られた数値の合計が体育実技試験の成績となる[34)]。この成績計算方法は実技試験の記録や結果が良いほど点数の差が大きくなるという特徴をもつ。

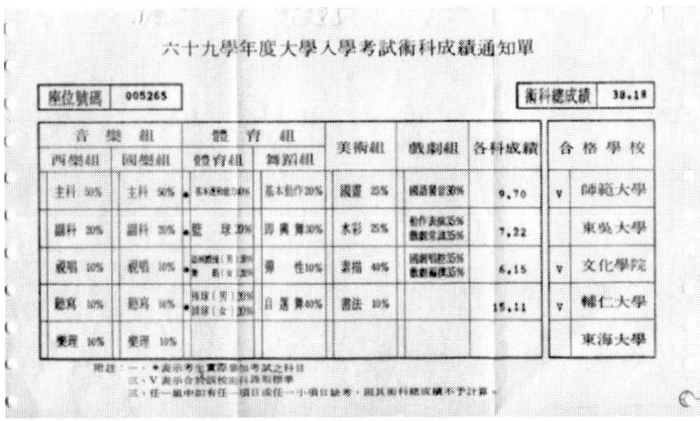

六十九學年度大學入學考試術科成績通知單

座位號碼　005265　　術科總成績　38.18

音樂組		體育組		美術組	戲劇組	各科成績	合格學校	
西樂組	國樂組	體育組	舞蹈組					
主科 50%	主科 50%	◆[illegible]	基本動作20%	國畫 25%	[illegible]	9.70	V	師範大學
副科 20%	副科 20%	◆籃　球 20%	芭蕾舞30%	水彩 25%	[illegible]	7.22		東吳大學
視唱 10%	視唱 10%	◆[illegible]	韌　性10%	素描 40%	[illegible]	6.15	V	文化學院
聽寫 10%	聽寫 10%	◆[illegible]	自選舞40%	書法 10%		15.11	V	輔仁大學
樂理 10%	樂理 10%							東海大學

図９　1980年大学共同募集試験体育実技試験成績通知書

(台湾師大の温良財教授提供)

実技試験の成績が優先された時代は二十数年ほど続いた。この間大学共同募集委員会は各学科の要請にこたえるため、1977年、各大学・学科が独自に筆記試験中の重視する科目を主要科目に設定することを認め、総成績、主要科目の成績ともに一定の基準を超えることが合格の条件となった。体育学科もこの新たな変化に応じるため、3大学の体育学科が何れの教科を主要科目とするかを会議したが、教科の設定どころか主要科目を導入しないという結論に至った[35)]。体育学科においては、主要科目を設定することはつまり、筆記試験も実技試験と同様に重視することを意味するが、この会議によって引き続き実技試験を重視することが決定的となった。

4.2.3 筆記・実技試験の成績を50％に分けて評価する方法（1980年代後期～1990年代）

1991年、大学共同募集試験の成績計算方法はこれまでの選考方法から一変し、学科・実技試験の成績が総成績の半分ずつ占める方法に変更した。その数式は以下のようである。

$$成績=\left(K\pm\frac{x-Ma}{\sigma}\right)^2$$

前述と同じくxは受験生の特定種目の記録であり、Ma は該当種目の平均値、σは当該種目の標準偏差である。K は前一年度の学科成績を学科試験の成績と見なし、換算して得た結果数値である[36]。この数式によって得られるのは各種目の試験点数であり、それぞれの種目の点数を合わせたトータル数値が総成績となる。最後は総成績順と志望校によって合格大学が割り当てられる。

4.2.4 評価方法の多様化（2000年代）

多元化入学方案が実施された後、「学科能力試験」または「指定科目試験」の成績で全ての受験生をそれぞれの志望校の学科へ振り分けられる形になった。大学の体育学科への進学を希望する学生は筆記試験前の1～2月に体育実技試験（試験項目は5つ）を受験し、その後実技試験の成績を算出し、合格基準を定める。その実技試験の計算数式は上項の数式と同じである[37]。ちなみに、現在の体育実技試験内に含まれる5つの種目は十数年も実施し続けられており、既に計算する手間が省けるように各種目の記録（x）と換算された成績の対照表が作成されている。

受験生は体育実技試験の成績を多くの進学方法に使用できる。近年、各学校の体育学科は「指定科目試験」に含まれる受験科目のいくつかを採点指定科目に設定し、計算方法も新たに設定した。これは国文、英文、生物の成績と2倍の体育実技試験成績を合わせて最終成績となる（概ねこのような計算方法であるが、各学校、各年度によって変化がある場合もある）[38]。

以上の説明から体育実技試験は方法が内密にされていた時代からその後公開されるまでに至り、各実技種目の成績比例、または実技成績と学科成績の割合は体育政策の転換によって変化がみられることがわかった。

5. 体育実技試験の今後の課題

体育実技試験は今まで約70年間行われてきた。試験の全体的な実施方法、種目、成績の計算方法についても長期間にわたって社会の期待に応えるべく修正を積み重ねてきたが、それでもなお議論が必要な問題が存在する。

5.1 試験種目の変化が大きく、一定でない

大学入試の歴史において、体育実技試験は約70年にわたり体育的才能を持つ生徒を見分けるための大切な試験であった。その中に含まれる試験種目は「学理的に証明されており、信憑性、有効性と客観性を有するもの」[39] であるべきだが、「一時的な学術討論で実技試験の種目、試験方法、成績計算方法または採点基準を変更してしまう」[40] 場合があったため、多くの批判を受けた。

また、試験種目の分類方法に変化が多くみられていることも問題の一つである。分類方法は試験主催校の判断によるため、基本的運動能力と競技種目の基準が統一されておらず、種目の分け方が毎年異なってしまう。具体例を挙げれば、短距離走、長距離離走、往復走、曲折跑、幅跳び、砲丸投げ等はある時には基本運動能力に含められたが、ある時には競技運動能力（陸上）として分類された。同様に、懸垂も分類が基本運動能力と競技運動能力（体操）に分けられた場合があった。分類（classification）とは物事をある基準に沿って、いくつかにまとめて分けるのが目的である。しかし、運動に必要な能力によって分けられる場合やその運動の本来の分類によって分けられる場合など、分類の基準の考え方に差異があると、ある種目が常に異なる項目に分類される事態が生じ、試験の運動種目の分類が統一されなくなる。

その他、体育実技試験は性別によって受験する内容が違うことも問題である。例えば、長・短距離走、水泳の距離、レイアップシュートの距離が、男子は女子より求められる距離が長いという差異が挙げられる。その他にも、硬式野球とバレーボール、体操とダンス、ソフトボールとハンドボールなどの競技運動種目の選択肢が挙げられる。この中、硬式野球、体操、ソフトボールは男子の受験項目

であり、バレーボール、ダンス、ハンドボールは女子の受験項目であり、男子の試験種目には勇剛なイメージがあり、女性には柔軟さのある種目が課される現象がみられる。これは異なる試験種目や距離による性差を意味し、「女子の身体能力は男子と一緒に比べない」という文化的に浸透した考え方を反映しているほか、「女子は負荷の高い運動や距離に対応できない、ある方面の能力や技術を表現するのは難しい」という考えを表している。現在の体育実技試験内容は男女とも同じであり、性別による違いは特に存在しない。

5.2 成績計算の絶対性と柔軟性

表２で示したように、1970 ～ 1980年代に多く見られた採点方法中、いくつかの実技種目は選択種目となり、またある種目では運動姿勢について採点されていた。

種目の自由選択は一見すると、試験の採点が柔軟になり、受験者も得意なスポーツを選択できるほか、自身の長所を発揮して才能をアピールするチャンスがあるように見えるが、実際はいくつかの種目があらかじめ用意されており、受験者はその中から選んで受験するのであって、全く自由に得意なスポーツを選択し長所を発揮できるわけではない。

フレキシブルな採点方法に対する一方、逆に厳しい採点方法も見られた。例えば1980年の大学入試実技試験水泳種目の採点基準は「規定時間内に泳ぎ切った場合のみタイムを記録する。時間内に泳ぎ切れなかった場合は0点とする」[41] とされた。この基準により、試験中ホイッスルが鳴った時点で残り1メートルのところまで泳いだ受験者の成績が0点となった。この採点基準は学術界で大きな批判を受けた。この他にも1992年、大学入試体育実技試験の「曲折跑」一次試験の際、走り方の目印として使用されていた椅子（椅子の使い方について、図７を参照）に触れたため0点となった31名の受験者に追試が行われたことが他の受験者に抗議された[42]。

また、運動姿勢についても主観的な基準が原因で抗議が発生したこともあった。例えば、上体起こしの採点方法は大学入試要項で標準姿勢を定めているが、審判員の人数が多く、それぞれの個人差により採点結果に激しいばらつきがみられた[43]

ため、採点の客観性が疑問視された。他にも、2003年の大学入試体育実技試験では0点を取った種目が多い受験者が目立つ事態が発生し、批判された。例えば、ある受験者が両足三段跳びに6メートル以上の成績を達成したが、受験者は連続で三回跳んだのではなく、途中で少し止まったとみなされ、反則として0点という結果となった。この事例も後に追試験が行われたことによって抗議を受けている。採点者の主観が採点に影響を及ぼしたことは当然ながら批判されるべきであるが、以上の例からすると、実技試験の採点は完全に客観的であることは難しいことが分かる。

5.3 実技試験の存廃に関する論争

1992年5月「台湾の大学進学制度の改革における建言書—大学多元化入学方案」が提案された。その目的は複数ある進学方法によって適材適所—受験生が各自の長所を活かして志望校へ進学することが可能になり、同時に大学・学科側も専門分野に長けた学生を受け入れる—の理想を目指すことである[44]。新しい募集制度が実施された現在、体育学科のこれからの方針、または適した学生の募集方法について様々な課題が出てきた。

大学体育学科は大学共同募集試験が始まって以来、実技試験によって才能のある学生を選考してきた。しかし、多元化入学方案が実施された後、大学の学生募集方法は専長學生的獨立招生や保送考試を通じて学生を募集したように多種多様になった。現在の大学入試体育実技試験は、「体育分野に関心のある学生も体育学科へ進学できる方法」へと転換した。これにより、試験内容もかつて様々なスポーツ項目について能力を審査する体育実技試験から基本的運動能力を重視する試験へと大きく変化した。従って、現在の体育実技試験を用いて受験者のスポーツ的才能を見出すのは難しく、その結果、体育実技試験を行う必要性が問われることとなった。特に1997年、台湾師大体育学科学科長・許義雄は大学共同募集体育実技試験の必要性について、体育実技試験の目的、内容、実施方法の三方面から説明を行い、体育実技試験の成績と受験生の持つ実際のスポーツ的才能の程度とは必ずしも相関関係があるとは言えないと主張した[45]。

そして1998年9月17日、台湾師大体育学科は次年度の大学入試体育実技試験の成績を採用しないことを発表した。具体的な学生募集方法について、師大は「1クラス（約50名）は運動績優保送（大学スポーツ推薦）入学で、その他1クラスは多元化入学方案で募集する。後者は申請入学、推薦入学或いは独自募集のことである。多元化入学方案の受験者は、高校在学中の体育成績がクラス順位で上位1/3である者、もしくはスポーツ代表チームでの実績がある者を募集基準とし、師大は体育実技試験の成績を合格基準にしない」[46]。つまり実技試験の成績を高校の体育成績或いはスポーツの代表チームに参加した経験で代用することにした。

師大が体育実技試験を採用基準にしないことについて、許義雄は雑誌『學校體育雙月刊』で以下の四つの観点から説明した。

(1) 高校体育教育の発展正常化：高校在学時の体育成績やスポーツ代表チームへの参加経験を入学基準にすることは、知識的な受験科目に偏った高校教育によって妨げられた体育教育の正常化を促し、体育教育の発展につながる。また、スポーツ代表チーム参加経験の有無は高校生の課外スポーツ活動に興味を持たせることが可能になり、学生の五育（徳育、知育、体育、群育、美育）の均等な発達に近づける。

(2) 入学後の充分な実技教育：大学入学試験体育実技試験の成績を合格基準にしないことと体育学科が実技科目の教育を行わないこととは全く関係のない話である。実技試験を行わない意味は実技項目について一つの試験で合否を決める必要がなくなるのであり、他の様々な方法や基準で受験者の能力を判断することである。なお、入学した後、実技科目の教育は必ず行うし、ある水準の実技技術を備えないと卒業は認められないため、学生の実技能力に影響はない。

(3) 合格定員人数の引上げ：毎年大学共同募集に12万人が応募するとし、この中の100人に1人が師大体育学科に応募したとしても1200通以上の申請者がある。この中には様々な運動実技を得意とする学生が含まれる。これは本学科の多元に発展する方針の下、多種多様な人材を受け入れる目標に相応しい状況である。

(4) 新しい市場を開拓するため更なる知能が必要：現在、各大学で体育教師育成コースの設立が増えている。しかし、これは近い将来本学体育学科卒業生の体育教師としての就職に影響する。少なく見積もっても、約1/4～1/3の学生が卒業後、体育教師になれないことになる。そのため、他の就職で有利になり、長所を発揮できるよう、体育実技のほか、様々な問題を解決する能力も併せて備える必要がある[47]。

以上の観点から、台湾師大体育学科は1999年よりこれまで長年にわたって行ってきた体育実技試験の成績を入学基準にしないことにした。しかしこの動きは他の学校はまだ体育実技試験を入学基準としていたことに鑑みれば、非常に斬新的な方法であり体育界で物議をかもした。賛否両論様々な意見があるが、ある教師は「体育実技試験を行わない進学方法は将来学生募集の公平性、合理性や体育・スポーツ界の未来に関わるため、運動科学研究組織、または実技教育組織によって慎重に判断するべきである。」[48] と主張した。一方、行政の立場からの議論[49]では、受験者が公平に扱われているかどうかを考えていないという声もあった。

結果、大学入試体育実技試験を行わない学生募集方法は僅か二年（1999年、2000年）実施したのみで、その後再び体育実技試験を実施することにした。

5.4 体育進学塾問題

体育実技試験で高得点を取ることは全ての受験生の望みである。その方法といえば、例えば生物力学の観点から最適な運動のしかたを見つけ出し、学生にその秘訣を理解させる方法がある[50]。体育学科へ進学する需要があるゆえ、進学したい学生を補助することに興味をもち始めた人たちがいた。その一例が「大金榜補習班」である。この「大金榜補習班」は小学校体育教師黄太民が台湾南部の屏東で開いた全台で初めての体育の進学塾である。この塾は毎週厳しい体力または実技訓練が行われ、約60～70名の生徒が通っている。毎年の授業料は食費・宿泊料を含めて11万台湾元（約35万円）である。進学塾へ通っていた生徒の中、9割が体育学科へ進学していた。

しかし、1999年及び2000年、実技試験が始まる前、名前確認作業の後、ある受験生はお手洗いへ行くことを口実に、自分の代わりに塾生に試験を受けさせる事件が起きた[51]。その他2005年、体育実技試験の合格基準が大幅に引き上げられたことにより、同様に塾生による不正が発覚した[52]。このような不正を働いて進学試験を受けた事件が発覚したことにより、体育進学塾問題が浮上した。

6. 結論

体育実技試験は合理性と強制性のある学生募集試験である。その目的、形式、又は実施方法は時代、政策の移り変わり等様々な要因と共に変動し、修正されていく。1954年の体育実技試験は1校1学科のみで行われたのに対し、2014年は既に15校20学科が実技試験の成績を学生募集試験に採用するまでに至ったが、現在の体育実技試験は既に当初の目的から一変し、体育学科は競技運動能力を持つ精鋭の集まる場所から一般の学生も進学ができる選択肢へと生まれ変わった。

体育実技試験の成立や実施された目的は大学体育学科が体育やスポーツにより適した学生を受け入れ、適材適所の理想に近づけるためであった。大学共同募集試験の改革、又は多元化入学方案の実施により、大学体育学科への進学方法は複数の方法へと変化した。そのため体育実技試験の試験項目は初期の単一項目の運動能力の才能から健康身体フィットネステストへ進化し、一般生徒も体育学科へ進学する機会が与えられた。

後期の体育実技試験項目は現在のフィットネステストの内容と類似している[53]。2007年、教育部が進めた「體適能納入考試計分之可行計畫」[54]（フィットネステスト成績を大学入学試験に取り入れる計画）により、高校で行われたフィットネステストの成績は大学進学の加点科目となった。つまり、高校在学時のフィットネステストの成績は一般大学へ進学する際、更に点数を増やすことのできる一項目となる。こうした時代、政策、目的の変化により体育実技試験はフィットネステストに近づいた。こうした変化により、体育実技試験はスポーツ的才能を持つ人材を審査する機能を有したと同時に、大学への入学基準が低下するという現実に直面している。

体育実技試験の質的な変化により、ここ数十年間の体育実技試験の内容は普遍性や専門性に関して議論し続けられ、さらに体育実技試験の存在の必要性が問われることになった。その他、例えば学生の素質、師大体育學科学生の教育への熱意、運動技術及び多元化に発展した進学制度に応じる対策、学科の未来等多くのテーマについて話し合いがなされた。

試験は大きな影響力を持つ。体育実技試験が公平であることは人々の期待である。大学側と学生側が互いを選ぶ大学入試において、試験の公開は不公平な状況を無くし、努力した学生に希望を与え、また、一般の学生も体育学科へ進学できることになり、人の移動を促す。体育実技試験は時代と共に修正を重ねてきた。勿論進化には試練や困難を伴うが、体育・スポーツの本質を知り、さらに体育実技試験の意義、進学選択の多様性を理解できれば、未来の体育専門人材を選び出すことができ、体育実技試験の最終目標が達成できるであろう。

1）現行の「繁星推薦」は、2010年に「学校推薦」と「繁星計画」を併合した大学への入学制度である。「繁星計画」は2006年に実施され、目的は都市と市町村の差別を解消して多くの多様性を持つ人材を育成しながら都市と市町村にいる受験生に公平の機会を与えようとしている。また、「学校推薦」は、多元入学制度の一方式で、各高校は優秀な学生を大学に推薦するが、推薦された学生は1学校1学部しか推薦できない。2010年「学校推薦」が取り消されて、「繁星推薦」に移行している。

2）「申請入学」という制度は、受験生が個人名義で大学を申請できる制度である。具体的にいえば、受験生は当年度の大学入試センターで行った「学科能力試験」を受けて、その試験結果が大学審査基準を超えていれば志望校の登録資格を持つ。そのあと、志望校の順番により大学を決めていた。受験生は第一ステップの学科能力試験と実技試験に参加でき、あるいは第二ステップの指定科目審査にも参加できる。

3）1975-1980年3篇、1981-1990年23篇、1991-2000年250篇、2001-2010年568篇、2011-2012年95篇。国家図書館台湾期刊文献資料網，（http://readopac.ncl.edu.tw/nclJournal/），2010年12月25日と2014年4月19日に確認した。

4）1990-2000年29篇、2001-2010年446篇、2011-2013年175篇。国家図書館台湾修博士論文知識加値系統，（http://ndltd.ncl.edu.tw/cgi-bin/gs32/gsweb.cgi/login?o=dwebmge&cache=1293706022500），2010年12月25日と2014年4月19日に確認した。

5）「三十五年度公私立専科以上學校招生辦法」、『教育部公報』高字第5943號（1946年6月27日公告）（1946.6.30）、4-6，21頁。

6）同上書、21頁。「公布「三十六年度公私立専科以上學校招生辦法」」、『教育部公報』高字第21788號（1947年4月21日公告）（1947.5.31）、10-12，22頁。「訂定「37年度公私立専科以上學校招生辦法」」、『總統府公報』教育部訓令高字第24523號（1948年5月8日公告）（1948.5.22）、4頁。

7）「師農工三學院聯合招考招生」、『臺灣民聲日報』、1949年7月13日、版4。

8）臺大暨師農工三學院，決舉行聯合招生」、『臺灣民聲日報』、1954年6月20日、版4。「大專院校聯合招生，統一出題同日考試」、『臺灣民聲日報』、1954年6月25日、版4。

「台省大專校院聯合招生」、『正氣中華』、1954年6月21日、版1。「臺大暨三省立學院，聯合招生辨法訂定」、『臺灣民聲日報』、1954年6月30日、版4。

9）秦夢群「大學多元入學制度實施與改革之研究」、『教育政策論壇』第7卷第2期、2004年8月、59-84頁。

10）丘愛鈴「我國大學聯招政策變遷之研究（1954-1997）」國立臺灣師範大學教育學系研究所博士論文：臺北、1997年。

11）簡茂發、洪冬桂「大學入學考試中心的回顧與前瞻」、『臺灣教育』第657期、2009年6月、2-7頁。

12）「公立五院校聯合招生，詳細辦法已正式決定，七月四日起開始報名」、『台東新報』、1955年6月17日、版2。

13）臺灣省政府教育廳『十年來的臺灣教育』臺灣書店：臺北、1955年、183頁。教師検定に関する法が発表される前、政府は「臺灣省中等及國民學校教員甄選辦法」を制定（1945年11月12日発表、1949年迄実施された）し、積極的に教師の選抜を行っていた。しかしこの方法は当時の特殊な事態に応じて作られたため、審査の基準は後に制定された教師検定法より緩い。林本「我國師範教育實施現況及其問題」、中國教育學會主編『師範教育研究』正中書局：臺北、1981年、16-48頁。

14）國立臺灣師範大學體育學系系史編撰小組主編『榮耀金穗—國立臺灣師範大學體育學系六十三年史』國立臺灣師範大學體育學系：臺北、2009年6月、11-29頁。

15）國立臺灣師範大學『校史』國立臺灣師範大學：臺北、1986年、51頁。

16）程瑞福「三十年來體育專業發展」、王同茂主編『學校體育三十年』國立臺灣師範大學體育研究與發展中心：臺北、2003年、120-126頁。邱金松『我國體育專業人力供需、運用及管理制度之研究』行政院體育委員會：臺北市、1999年。謝立文「淺談臺灣運動休閒相關系所現況及師資學生概況」、『國民體育季刊』第34卷第2號、2005年、52-56頁。

17）筆者が台湾の教育部統計処61-65学年度、66-70学年度、71-75学年度、76-80学年度、80-90学年度、91学年度、92学年度、93学年度、94学年度、95学年度、96学年度、97学年度「大学・専門学校各校学科別学生数」内容に基づき体育関連学科の数量を整理した結果である。林玫君、詹俊成、林聯喜、艾珈如「學校體育與運動人才——專業化與系統化」、許義總編輯『我國學校體育現況與展望』國立教育資料館編印：臺北、2010年4月、456-526頁。

18）劉平侯「省立台北師範学校概況」、『教育與文化』第13卷第5期、1956年9月、2頁。

19）「台灣省立師範學院四十一學年度體育學系考生體育術科考試方法說明」、『體育研究』双月刊第5、6期、1953年3月、15頁。

20）吳文忠「體育專業人材選取方式的試行（台灣省立師範學院體育學系考生術科考試經過簡述）」、『體育研究』双月刊第7、8期、1953年10月、11-13頁。

21）林玫君「大學之道－體育學系入學方式」、『榮耀金穗－國立臺灣師範大學體育學系六十三年史』國立臺灣師範大學體育學系：臺北、2009年6月、35頁。

22）許樹淵「談體育運動的考試與測驗」、『大專體育』第47期、2000年2月、23-24頁。

23）前揭19）、15頁。

24）2014年大学入学試験要綱を参照。

25）國立臺灣師範大學體育研究與發展中心、『國民體育獎章測驗第三期工作報告書』國立臺灣師範大學體育研究與發展中心：臺北、1984年、1頁。

26）「救国団」の元名称は「中国青年反共救国団」である。1952年10月31日に、中国国民党は「反共復国」という国策、及び当時の蒋介石総統への誕生祝いとして設置された組織だと考えられる。2000年10月31日に、政党的アイデンティティーを解消するため、名称にある「反共」を削除し「中国青年救国団」になっていた。

27）救国団は「體能訓練委員會」を成立したほか，台湾人民の身体能力向上を図り「青年體育獎章頒授辦法」を発表した。曾瑞成「我國學校體育政策之研究（1949-1997）」國立臺灣師範大學體育研究所博士論文：臺北、2000年、145頁。前掲書25）國立臺灣師範大學體育研究與發展中心、1頁。

28）林正常「八十學年度大專聯招體育術科考試分析」、『台灣學校體育』第7期、1992年、20頁。

29）同上書、20頁。

30）「大學聯招體育學系新生術科考試項目及方法」、『國立臺灣師範大學教育學院體育學系概況』、1976年3月、34-39頁。

31）前掲28）、20頁。

32）「大專聯考新生將二次分發」、『聯合報』、1958年9月9日、版3。白玲「大家談　向大專聯考委會建議 續收學生應合併計分大專聯考新生將二次分發」、『聯合報』、1958年9月19日、版6。

33）許樹淵「不考術科的大學聯招體育入學考試」、『大專體育』第38期、1998年8月、3-4頁。

34）許樹淵「臺灣師大體育學系入學術科考試探源」、『國立臺灣師範大學六十週年校慶體育學系特刊』國立臺灣師範大學：臺北、2006年、57-62頁。

35）前掲33）、3-4頁。

36）37）前掲34）、57-62頁。

38）前掲21）、35頁。

39）前掲22）、23-24頁。

40）41）同上書、23-24頁。

42）「審判規定」中、「曲折跑」試験について、受験者が椅子に触れた場合、本来は反則にあたるが、不注意で触れてしまった場合は追試を行ってもよいと明記されていた。大学共同募集試験センターはこの件についての対応は規定に従って下した判断とみなし、妥当であると評価した。簡余晏「大學聯考體育術科‘曲折跑’碰到椅子　31考生准重考 有人抗議」、『聯合報』、1992年7月9日、版9。

43）林麗雪「大學體育術科評分又見爭議　將全面檢討未來給分標準」、『聯合報』、2003年3月9日、版 A2。

44）余書婷「大學體育術科學測體適能篩選模式之建構」國立臺灣體育大學體育研究所修士論文：臺中、2009年。

45）許義雄「評大學聯招加考體育問題」、『學校體育雙月刊』第40期、1997年7月、2-3頁。

46）許義雄「大學聯招體育組應否加考術科－談臺灣師大體育學系的學生來源問題」、『學校體育雙月刊』第48期、1998年11月、2-3頁。

47）同上書、2-3頁。

48）許樹淵「大學聯招加考與不加考術科體育學系學生徑賽教學成績分析」、『中華體育』第14卷第3期、41-44頁。

49）前揭22）、23-24頁。

50）詹文祥、邱文信「從運動生物力學觀點探討反覆側步之動作技術分析」、『大專體育』第100期、2009年2月、144-150頁。

51）李名揚「體育老師爆料　黄的學生 術科都很強　多人懷疑黄作弊時間不只近兩年　五六年前台師大抓到兩人未公布」、『聯合報』、2005年7月5日、版 A2。

52）蔡政諺「大考弊案　黄太民 去年同手法得逞」、『聯合報』、2005年7月3日、版2。蔡政諺、陳金聲、藍凱誠、張榮仁「大考爆集體舞弊 22人被逮」、『聯合報』、2003年7月3日、版 A1。

53）教育部体育司（文部科学省・スポーツ振興課に相当）は1995年11月23日に「中華民国国民フィットネステスト項目」を発表した，年齢は6歳から24歳、テスト項目は「ボディーマス指数（BMI）」、「座位体前屈」、「立ち幅跳び」、「1分間上体起こし」、「800・1600メートル走（歩きも可）」の計5項目である。教育部『94學年度學生體適能檢測與護照實施績效之調查研究』教育部：臺北、2006年、1頁。

54）「體適能納入考試計分之可行計畫」は教育部体育司（文部科学省・スポーツ振興課相当）が中華民国体育学会へ委託し、計画された内容である。詳しい内容は中華民国体育学会を参照（http://www.rocnspe.org.tw，2014年1月20日に確認した）。

（本研究は台湾・国家科学委員会の補助金『「身」存之道：体適能検測與台湾身体文化の建構』を受けた研究の一部であり、三年間計画である。計画番号：100-2410-H-003-128-MY3、研究期間：2011.8 ～ 2014.12。本文は日本語に翻訳した際、徐秀瑩、野中雄太、林郁偉の協力を得た。ここで感謝の意を述べる。）

第二部　スポーツの展開とローカル・アイデンティティ

アイルランドにおけるラグビーのはじまり
—トリニティ・カレッジのフットボールクラブ誕生（1854年）から IRFU（Irish Rugby Football Union）の設立（1879年）まで—

榎本雅之

1. はじめに

アイルランド島はアイルランド共和国とイギリス（United Kingdom）[1] に属する北アイルランドに分かれている。ここでは政治、宗教、階級、民族などの対立が歴史的に複雑に絡み合い、ゲーリック・フットボール、サッカー、ラグビーの3つのフットボールはその社会状況を表象している。アイルランドの国民的スポーツであるハーリングやゲーリック・フットボールなどを統括する GAA（Gaelic Athletic Association）は、伝統的にナショナリストのスポーツであり、ユニオニストたちを排除してきた。サッカーは、南北それぞれの協会によって運営され、現実的方法で、実際の社会状況を反映している。ラグビーは、国家の枠組みを超えて南北統一チームをつくり出してきた[2]。ただし、基本的にラグビーは中産階級のゲームであり、アイルランドの中産階級は、政治的党派に関係なく、国境を超えた接触に抵抗を持たなかった。つまり、アイルランドのラグビーは、中産階級内部における水平的な統合であり、階級や宗派を縦断する形の垂直的統合が図られているわけではない[3]。サッカーやラグビーは、アイルランドが連合王国の一部であった19世紀後半に伝播し、徐々に普及しつつあった。しかし、1884年に設立された GAA はこれらを敵国のスポーツとして、1971年までプレーすることや観戦することを禁止した[4]。こういった極端な規約は対立を煽り、アイルランド内の分断を再生産してきたが、サッカーやラグビーは着実にとは言えないまでも行われ続けた。

サッカーやラグビーは、イングランドのパブリックスクールで様々な形式で行われていたフットボールが基になっている。1840年代にラグビー校とイートン校の二つのパブリックスクールの対立が、サッカーとラグビーを分化する発端となる。萌芽期のサッカーの支持者は、イートン校やハロー校の OB、一方、ラグビーの支持者はラグビー校の OB と中産階級のために設立された新しい学校の卒業生たちだった。1846年にラグビー校でフットボールのルールが成文化されると、この形式が1850年代から各地に拡がっていく。また、オックスフォードやケンブリッジでは、様々な形式のフットボールを統一するルールの制定を模索し続けた。1863年、後のフットボール協会（Football Association、以下 FA）となる「フットボール・ゲームの統制のための明確なルールを制定するための会合」が6回にわたってロンドンで開催された。ここで、ラグビーの特徴であるランニング・インとハッキングを認めるかどうかで議論が紛糾した。最終的にこの二つのプレーを禁止したルールが制定されたことで、FA からラグビーの支持者は離脱する。8年後の1871年、ラグビー連盟（Rugby Football Union、以下 RFU）が設立、統一ルールが制定される。この際、これまで議論の中心であったハッキングは禁止され、ラグビーはスクラムが中心となるテンポの遅い、密集の多いゲームとなった。RFU 結成時のラグビーは、比較的均質な中産階級の上層の人々によってプレーされ、主にイングランド南部の学校やクラブで行われていた[5)]。このようにサッカーやラグビーは、19世紀半ば以降に誕生した統括組織によってルールが整備され、その形式を定めていく。

それでは、これらのフットボールがどのようにしてアイルランドに伝播したのか。本稿では現在も国家を超えた代表チームを選出しているラグビーに焦点を当て、そのはじまりを検討する。

1854年にアイルランドで最初のフットボールクラブがダブリン大学のトリニティ・カレッジに誕生する。19世紀の半ば、トリニティ・カレッジには、イングランドのパブリックスクールの卒業生が入学し、彼らを中心にフットボールがプレーされていた。学生達はそれぞれ別の中等教育機関で、異なるフットボールを経験していた。そのため、クラブで中心的な役割を担っていたメンバーは、ルールを統一する必要を感じ、ラグビー校の形式に似たオリジナルのルールを制定した。そのルールが、トリニティ・カレッジの関係者によって広められ、アイルランド各地に普及していく。1874年12月、イングランドの RFU とインターナショナル・マッチ[6)] を開催するにあたり、アイルランド代表を選出するために、アイルランド・フットボール連盟（Irish Football Union、以下 IFU）が組織された。1ヶ月後の1875年1月、ベルファストのクラブを中心としたアイルランド北部フットボール連盟（Northern Football Union of Ireland、以下 NFUI）が設立され、最初のアイルランド代表チームが IFU と NFUI の二つの統括組織から選出された[7)]。1879年、IFU と NFUI は統合することに合意し、1880年2月5日にアイルランド・ラグビー・フットボール連盟（Irish Rugby Football Union、以下 IRFU）の最初の会議が開催される[8)]。以降、イギリスからの独立、南北の分断など、政治上の問題を抱えながらも、IRFU は現在も北アイルランドとアイルランド共和国から統一の代表メンバーを選出する組織として存続している。

このようにアイルランドにおけるラグビーはイングランドと同様、高等教育機関を基点に各地に普及し、またその関係者が中心となって統括組織が設立される。本稿では、トリニティ・カレッジのフットボールクラブの誕生から、現在も国家を超えて統一チーム、アイルランド代表を選出する IRFU が設立されるまでの期間に着目し、アイルランドのラグビーのはじまりについて検討する。特に、トリニティ・カレッジで行われていたフットボールがどのようにイギリスのラグビーに変わり、浸透していくのかという点について、プレーのルール、協会の変遷や機能に着目し、考察する。これまで、アイルランドのラグビーのはじまりについては、トリニティ・カレッジのフットボールクラブの150年史[9)]やアイルランドラグビーの通史[10)]によって明らかにされてきた。本稿ではこれら先行研究を概観し、IRFU が設立されるまでの1867/68年シーズンから1880/81年シーズンまで、アイルランドのフットボール事情について報告していた「アイルランドにおけるクリケットのハンドブック（*Handbook of Cricket in Ireland*、以下ハンドブック）」[11)]を主史料として用い、アイルランドでトリニティ・カレッジを中心に行われていた独自のフットボールと宗主国であるイングランドから伝播するラグビーのインターフェイスを照射する。

2. トリニティ・カレッジのフットボール

ダブリン大学の唯一のカレッジであるトリニティ・カレッジは1592年、エリザベス一世により設立された。設立当初はカソリックの学生の入学は認められなかった。また、1873年まで、フェローは通常、国教会の聖職者だった。1793年にカソリック教徒の入学が許可され、1850年の時点で学生の10人に1人はカソリック教徒となった。大学には、ナショナリストとは異なる急進的な改革思想の学生もいたが、1800年のアイルランド統合（Act of Union）以来、ユニオニズムの砦だった[12)]。19世紀中頃になると、アイルランド出身で、イングランドのパブリックスクールで学ぶ学生が増えていた。彼らはパブリックスクール卒業後、トリニティ・カレッジに入学し、イングランド式のゲームをアイルランドに持ち込んだ[13)]。

トリニティ・カレッジのフットボールクラブは1854年、ラグビー校やチェルテナム校の卒業生によって組織された。クラブのメンバーは、対外試合の相手がなかったため、これまでの（original）メンバーと新メンバー、出身カウンティ、イギリスで教育を受けたメンバー対アイルランドで教育を受けたメンバー、名前のアルファベットなどでチームを分け、クラブ内で試合を行った。また、フットボールクラブ対ボートクラブのように学内のフットボール以外のクラブともゲームを行っている。ただし、クラブ設立後5年間は、トリニティ・カレッジを出ての対外試合の記録はみられない[14)]。1856年以前にクラブに入会した36人のメンバーの内訳は、イングランドのパブリックスクールであるチェルテナム出身が16人、ラグビー出身が10人、アイルランドの学校出身が9人、家庭教師の教育を受けて入学した学生が1人だった。ここで行われたフットボールは、ラグビー式、アソシエーション式、ゲーリックといった定まった形式ではなく、毎回異なるフットボールがプレーされていた[15)]。

この当時行われていたフットボールは、ルールが定まっていないという問題があった。1865年から66年、トリニティ・カレッジのフットボールクラブの幹事長をしていたウォール（R. M. Wall）[16)] は、「クラブには、ルールが全くなかった。タッチラインもゴールラインもなく、ただラグビーのゴールポストを目指して、ボールを持って走るだけだった。ラグビー校の出身者は新たなルールの概念を持ち込んだが、彼らでさえ、成文化されたルールを持っているわけではなかった」[17)] と、ルールのない時期のトリニティ・カレッジのフットボールについて述べている。彼は、1867年から68年同クラブの幹事長となったバリントン（C. B. Barrington）とともに、ブラックヒース（Blackheath）クラブ（RFU 設立時のクラブの一つ）が1863年に制定したルールに似たものを、トリニティ・カレッジのルールとして成文化した[18]。そして、1868年10月、トリニティ・カレッジのクラブは、成文化したルールを統一ルールとすることを提案した。主なルールとして、フェア・キャッチ[19]、ランニング・イン、オフサイド規則[20] の導入、地面にあるボールを拾い上げることの禁止、得点方法[21]、パーソナルファール[22]、キャプテンの権限[23] を定めた[24]。トリニティ・カレッジが成文化したルールは、1845年のラグビー校のルール37項目[25] のうち25項目を採用していた[26] が、ラグビー校のルールとの最大の相違点はハッキングを禁止したことだった[27]。このルールは、「ダブリンのトリニティ・カレッジでプレーされているフットボールの規則」として、「ハンドブック」に1868年から1873年まで掲載されている。ここには、「フィールドの図面（図1）」や「用語の定義」も掲載され、ルールの理解を促している。

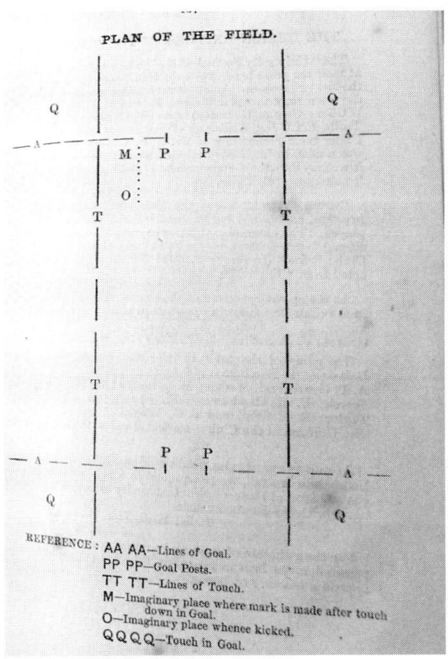

図 1 トリニティ・カレッジ式フットボールのフィールドの図面

（*Handbook of Cricket in Ireland, 1867/68,* 1868, p. 157）

ルールを起草したバリントンは1867年トリニティ・カレッジに入学し、1867年からの3シーズン、キャプテンを務める。彼は、当時のことを、「(トリニティ・カレッジの学生たちは）自転車に乗らなければ、ゴルフやホッケーもしない、ただ、カードゲーム、ビリヤードを行い、ウィスキーを飲み、気取った生活をしている。フットボールは特別にルールを話すでも、準備するでもなく気まぐれに行われている。ウォールと出会い、ラグビー校のルールを持ち込んで、良いクラブを作ろうと決意した。そしてその試みはすぐに成功を収めた。クラブは大きな功績を残し、アイルランドにラグビーゲームを導入した」[28) と回顧している。また、フットボールのゲームについて「フォワードとバックスの区別もなく、全員でボールを追いかけていた。私がラグビー校のようなフルバックとハーフバックを導入した」[29) と述べている。近代スポーツをプレー可能な一定階層以上の人々に対して、特に影響力のあるトリニティ・カレッジが、ラグビー式のルールに似た統一ルールを提案したことで、サッカーよりもラグビーがアイルランドに最初に浸透する一因となった。

バリントンはトリニティ式フットボールについて、「ボールはコートの中央に置かれ、それぞれのチームのフォワードが並んでいる。キャプテンに指名された最高のキッカーが相手のゴールに向かってボールを蹴り、フォワードを走らせる。ボールがタッチラインを出た場合、キックオフのやり直しが行われる」、また、ゴールの方法は、「‘ゴール’や‘トライ’、‘タッチダウン’といったポイントはなかった。唯一、トライからのゴールとドロップゴールの2種類があった。‘ペナルティーゴール’のようなものは存在しなかった。反則があった場合、反則のあった場所に戻され、ボールを置いて、スクラムから試合を再開した。ゴールでのフェア・キャッチはドロップゴールと同価値とみなされた。ゴール又はトライの数により勝敗が決した。‘タッチダウン’はゴールもトライもない場合、勝敗を決する方法だったが、その勝利は本当の勝利ではないと考えられていた」と後に回想している。同時期の他のゲームの描写では、「ハッキングは禁止されていたが、トリッピングは認められていた。パスすることはルールに違反し、我々はそれをハンドボールと呼んでいた。もちろん、オフサイドは存在した。スクラメッジはボールを持っている選手のサイドが押し込まれたため、ボールを地面につけるまで終わりなく続けられた。私はスクラメッジによってグラウンドの半分も移動したことや、グラウンドの4分の3ほどの距離を素晴らしいカーブや身のかわしで走り抜けるのを見たことがある」[30] と述べている。

ダブリン大学のトリニティ・カレッジはイングランド系の高等教育機関で、当時、そこで学ぶほとんど全ての人が社会におけるエリート層だった。1854年に誕生したフットボールクラブは現存する最古のラグビークラブ[31] であり、RFU ルールを採用するまで、独自のフットボールをプレー、またそのルールを成文化し、広報している。1871年の RFU 設立の際、ハッキングの禁止が定められるが、トリニティ・カレッジでは、ルール制定時からハッキングを禁止していた。FA の設立会議において、ラグビー支持者が、非常に危険な方法であることを理解しつつも、スクラムを解消するための方法としてハッキングにこだわっていたことを考えると、トリニティ・カレッジのハッキングの禁止は、ラグビーのアイデンティティをのりこえた、プレイヤーズ・ファーストのルール制定だったのではないだろうか。また、成文化されていないが、1867/68年シーズンの試合報告から、1チームのプレイヤー数が15人であった[32] ことがわかる。対してイングランドでは1875年頃まで[33]、インターナショナル・マッチでは1876年まで20人制で行われていた[34]。トリニティ・カレッジがイングランドに先がけて15人制を導入したのは、プレイヤーがプレーするために十分なスペースを確保するためや、アイルランドでは1チーム20人のメンバーを集めるのが困難なためなどの理由が考えられるが、推測の域を出ない。

3. 二つの統括組織の設立とインターナショナル・マッチの開催

トリニティ・カレッジでのルール制定以降、フットボールはダブリンやベルファストといった都市部を中心に普及していく。トリニティ・カレッジのフットボールクラブは1868/69シーズンに25試合の対外試合を行っている[35]。1870年前後に、後に統括組織に関わるワンダラーズ（Wanderers、1869年）やランズダウンロード（Lansdowne、1872年）[36] をはじめ、ダンガノン（Dungannon、1873年）、クイーンズ・カレッジ・コーク（Queen's College, Cork、1874年：1872年に設立との説もある）、カーロウ（Carlow、1873年）などのクラブが新たに設立された[37)]。

フットボールに参加したのは、ある程度裕福な人々であった。一般の労働者は、仕事を休み、楽しみのためだけにスポーツをするような余裕はなかった。当時の風潮は、フットボールで階級の壁を取り払おうという傾向はほとんどなく、フットボールは教育を受けたエリートたちのスポーツだった。それでもフットボールはアイルランドに浸透していく。各地でクラブが組織され、対外試合も頻繁に行われるようになった。ベルファストの北部アイルランド・フットボールクラブ（North of Ireland Football Club）やダブリンのトリニティ・カレッジなどのクラブは、その活動の繋がりを国外にも作り上げた。例えば、1871年の12月にはウエスト・オブ・スコットランド（West of Scotland）をベルファストに迎えたり、1873 年にはトリニティ・カレッジがリヴァプールに遠征を行ったりしている。こういった交流はやがて、アイルランドとイングランドによるインターナショナル・マッチへと発展していく[38)]。

世界最初の代表チームによるラグビーのインターナショナル・マッチは、1871年にロンドンで、イングランドとスコットランドによって行われた。この時のイングランド代表チームは、その年に誕生した RFU によって組織された。同様にイングランドとアイルランドの試合が計画されたが、アイルランドには RFU のような組織がなかった。そこで1874年12月、トリニティ・カレッジのメンバーが中心となり、各地の代表的なクラブから代表者を招集し、アイルランドのフットボールを統括する組織を設立することを計画した。同月の14日に IFU が誕生した。設立時に集まった8クラブのうち5クラブはダブリン近郊、残りはアルスター[39)]のクラブの代表者で[40)]、初年度はダブリン近郊とアイルランド中部、北部の13クラブが加盟した[41)]。この設立会議にはベルファストのクラブからの代表者は参加せず、IFU にも加盟しなかった。彼らは自分たちのやり方と名誉を守るため、IFU 設立からわずか一ヶ月後、1875年1月、独自に NFUI を組織した。しかし、それは IFU と対立するものではなかった。

最初のアイルランド代表チームは、IFU から12人と NFUI から8人の合計20人が選抜された。トリニティ・カレッジからは9人の代表選手を送り出している[42)]。試合は1875年2月15日にイングランドのオーヴァル（Oval）で、RFU ルールで行われた。結果はイングランドが2ゴールと1トライ、アイルランドは無得点で敗れた。12月にはイングランドの代表チームがアイルランドに遠征してきた。このインターナショナル・マッチのために、NFUI 側からの提案で、IFU と NFUI からそれぞれ5人の代表者で構成される委員会が、11月に行われたアルスターとレンスターの地域対抗戦から、20人の代表メンバーを選出した[43]。この地域対抗戦に関して、アルスターは NFUI 選抜、レンスターは IFU 選抜であった。ダブリンには、インターナショナル・マッチを開催することのできるラグビーのグラウンドがなかったので、レンスター・クリケットクラブのグラウンドを借りた。試合はアイルランドが0ゴール、イングランドが1ゴールでアイルランドが敗れ、試合後にはアフター・マッチ・ファンクションが行われている[44]。当時、すでにイングランドには150近くのラグビークラブが結成されており、競技人口に圧倒的な差があった[45]。1877年の2月には、スコットランドの代表チームがベルファストに遠征した。以後、アイルランド対イングランド、アイルランド対スコットランドの試合は毎年行われる定期戦となった[46]。1877年2月5日、オーヴァルでのアイルランド対イングランドの試合は、インターナショナル・マッチ史上初めて、1チームの人数を15人にして行われた[47]。トリニティ・カレッジのルールから RFU ルールへの変更、そして、インターナショナル・マッチを通して、これまでと異なる技術が必要なことが明確になった。例えば、バックスのドロップキックやパントキックといったキックの技術や、フォワードのコンビネーション（play together）やパスといったフォローアップが重要である[48] ことが指摘されている。

選手を選抜して行う IFU（レンスター）と NFUI（アルスター）の地域対抗戦には、マンスターが1877年から、コナートはフットボール（ラグビー）がほとんど普及していなかったため、1885年から参加した[49]。これら地域対抗戦を運営していた組織が、IRFU 設立後、支部組織として機能することになる。また、IFU と NFUI はアイルランド代表の選出や地域対抗戦の運営以外の活動として、地域内の大会を運営しようとしていた。NFUI はベルファストで、学校のクラブを対象としたカップ戦を開催した[50]。IFU も同様の大会を開催することを計画していたが、結局実現しなかった[51]。

トリニティ・カレッジのルールは、1872/73シーズンまで「ハンドブック」で広報されていたが、73/74シーズン以降掲載されなくなった。ではこの頃、フットボールはどのルールでプレーされていたのか。73/74シーズン、ダブリンのワンダラーズというクラブが、初めてシーズンを通して RFU ルールでプレーし、その結果、多くの引き分けが生じた[52] ことを報告している。わざわざシーズンを通して RFU ルールでプレーしたことを報告していることから、基本的に国内の試合ではトリニティ・カレッジのルールで、プレーを続けていたのではないだろうか。翌74/75シーズンの終盤、1875年2月にアイルランドにとって初めてのインターナショナル・マッチが行われた。ここで採用されたのは RFU ルールだった。この時期以降、トリニティ・カレッジのルールに関する記載が見られなくなる。

IFU は「ハンドブック」のレポートの中で、「イングランドとスコットランドとのインターナショナル・マッチを認識されたルールの下で行うことによって、フットボールはより広範囲にプレーされることとなろう」[53] と述べている。IFU はアイルランド代表の強化とインターナショナル・マッチの開催を目的としており[54]、インターナショナル・マッチが RFU ルールで行われていたことから、IFU に加わったクラブは、認識されたルール、つまり RFU ルールを採用する。76/77、78/79シーズンの「ハンドブック」で、RFU ルールでは、「ゲームの勝敗はゴール数によって決されること、ただし、ゴール数が同じ場合、トライ数によって勝敗を決する」[55] ことが確認されている。このように、これまでトリニティ・カレッジのルールを広報してきた「ハンドブック」でも、RFU ルールに関する記述に変わる。アイルランドの各クラブはイングランドのクラブとの交流などを通じて、RFU ルールの存在を認識しながら、その採用を見送ってきた。しかし、インターナショナル・マッチの開催を契機に、トリニティ・カレッジのルールを破棄し、新たに RFU ルールでのフットボール、ラグビーが行われるようになる。

このトリニティ・カレッジのルールから RFU ルールへの変更に関する議論は、管見の限りみられない。アイルランドのフットボール界において、トリニティ・カレッジのクラブやその関係者は IFU 設立をはじめ、指導的な役割を担っていた。しかし、IFU 設立時にはベルファストのクラブが NFUI を立ち上げたことや、RFU からのインターナショナル・マッチの打診があるまで、アイルランドを統括する組織を作らなかったことから、フットボールがある程度アイルランドに浸透して以降、その影響力は限定的になっていたのであろう。イングランドとのインターナショナル・マッチの開催は、統括組織の設立をはじめ、アイルランドのフットボール界を一つにまとめるきっかけとなった。トリニティ・カレッジのフットボールクラブは各地に自分たちのフットボールを浸透させようとしていたが、それは強制されたものではない。実際のところ、各クラブがどのようなフットボールを行っていたのかという詳細な記録はなく、トリニティ・カレッジのフットボールクラブを中心とした対外試合の記録が残るだけである。しかし、RFU ルールによるインターナショナル・マッチやその選手を選抜するための地域対抗戦を行った結果、RFU ルールは IFU や NFUI に加盟する各クラブで採用された。加えて、ルール変更が無批判に受け入れられたのは、RFU が宗主国イングランドの組織であったことも理由の一つかもしれない。

4. ラグビーの浸透

二つの統括組織の設立とイングランドとのインターナショナル・マッチの開催以後、アイルランドではラグビークラブの増加や統括組織による大会、対抗戦などが行われるようになる。1877/78シーズンのラグビークラブは、1878年版の「ハンドブック」のクラブリストで確認することができる[56)]。ここには、「クラブ名」、「幹事」、「住所」が記載されているが、「幹事」と「住所」に空欄が多い不完全なリストである。46クラブのうち、5クラブの住所が不明である。半数近くの18クラブがダブリンにあり、次に多いのがベルファストやコークの5クラブである。また、ブレイ・スクールやクイーンズ・カレッジ・コークのような学校の加盟は18クラブあり、学校へのラグビーの普及がみられる。クラブの人数規模について、この時期の RFU ルールでは試合を行う為に15人のメンバーが最低必要であったことから、クラブを維持する為には多くのメンバーが所属する必要があった。当時の理想的なクラブとされたトリニティ・カレッジのフットボールクラブには、75から80人のメンバー、ワンダラーズには99人以上のメンバーがいた[57]。

GAA 設立の中心メンバーであるキューザック（Michael Cusack: 1847-1906）もラグビーをプレーしている。キューザックは、ダブリンの中等教育機関であるブラックロック・カレッジ（Blackrock College）に教師として勤務した（1874-76年）。そこではアソシエーション式に似たフットボールが行われていたが、キューザックや神学院生らがハンドリング・ゲームを導入した[58]。ブラックロック・カレッジを退職後、キューザックは公務員になるための予備校キューザック・アカデミー（Cusack's Academy）を立ち上げる。彼は自身の学校の生徒たちとフットボールをプレーし、1879年にはダブリンで開催されたラグビーの大会にキューザック・アカデミーのキャプテンとして出場している[59]。キューザック・アカデミーは常に IFU に加盟していたわけではないが、定期的にラグビーを行っていた[60]。キューザックは、アイルランド西部のカウンティ・クレアの貧しい地域出身で、カソリック教徒、若い頃には急進的なナショナリストの運動に参加したことのある人物だった。いくつかの中等教育機関で教師としてのキャリアを積み、自身の学校を開校、社会的な成功を収めた。前述した通り、ラグビーの場は階級の壁を乗り越えようとしていたわけではないが、キューザックのようなバックグラウンドを持った人物も、一定の社会的地位があれば参加できる環境だった。

アイルランド南部のマンスターでは、1870年にトリニティ・カレッジ出身の校長がいたミドルトン・カレッジ（Midleton College）でフットボールクラブが設立され、同年、コーク FC（Cork Football Club）も設立された。また、コークのクイーンズ・カレッジは独自のルールを1872年に制定した。マンスターにおけるラグビーはダブリンからの影響をあまり受けずにいた。1875年3月にラスキール（Rathkeale）がマンスターのクラブとして始めて IFU に加盟する[61]。マンスターへのラグビーの普及は、南部最大の町コークを中心に徐々に拡がっていく。1879/80シーズンの頃には、各クラブによる対外試合も活発になっており、コーク以外のカウンティ、例えば、ティペラリーではグラマースクールでラグビーがプレーされ、それぞれの町にクラブが設立されつつあった[62]。このようにマンスターでは、ベルファストやダブリンよりやや遅れてラグビーが定着していく。

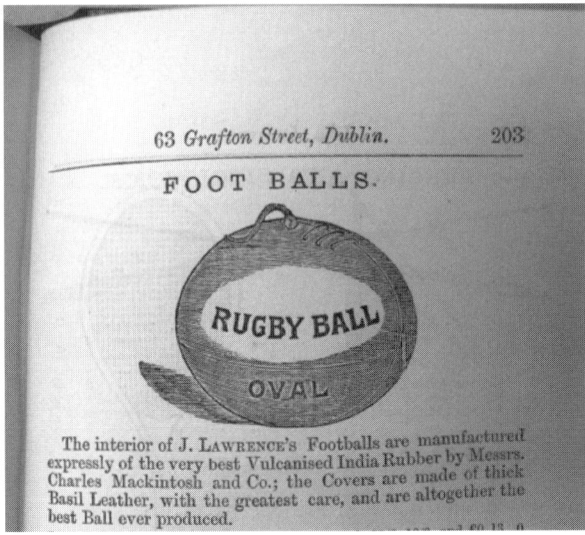

図2 ラグビーボール（*Handbook of Cricket in Ireland, 1880/1881*, 1881：第16号）

ラグビーの用具はどのように販売されていたのか。トリニティ・カレッジの近くのグラフトン・ストリートに店を構えるジョン・ローレンスのクリケット用具店（John Lawrence's Cricket Outfitter）は1866年から1881年まで毎年、クリケットを中心としたアイルランドで行われたスポーツの記録を集めた「ハンドブック」を作成し、スポーツ用具のカタログも載せている。フットボールの用具は毎年掲載され、大きいサイズのボール、小さい若者用のボール、トリニティ・カレッジで使われるラグビーボール、ギルバートの（Gilbert's）試合球（第11号 :1875/76シーズン以降）、フットボールの規則、フットボールのジャージー（第9号 :1873/74シーズン以降）が掲載されている[63)]。価格は、ラグビーボール（大きいサイズ）は10シリング6ペンスと12シリング6ペンス、13シリングの3種類、ギルバート製の試合球は14シリングで販売されている。フットボールの規則は6ペンス、ジャージーは7シリングから10シリングとカタログに記載されている。当時の物価は、同時期のパンの平均価格が4ポンドの重さあたり、6.5ペンスから9ペンス[64)]であり、1ポンドは1日分の主食量に相当する。このことから、1日分のパンの価格を2ペンスとし、最も安価なラグビーボール（1シリングは12

ペンスであるから、126ペンス）を購入するとなると約2ヶ月分のパン代となり、ラグビーボールが高額であったことがわかる。

5. 全アイルランド統括組織 IRFU の設立

IFU は設立当初から、NFUI に対して、アイルランドを代表する一つの組織を設立することを打診していた。IFU は、年次総会を開催し、執行部を選出すること、年次総会の開催地をベルファスト、ダブリン、南部の都市と輪番で持ち回ること、また、毎年の地域対抗戦も輪番で行うことを提案したが、NFUI はダブリンとベルファストの連携があまりにも不自由であるなどの理由で、統一組織を設立することに賛成しなかった。1878年、IFU がアルスター、レンスター、マンスターそれぞれの地域に支部を設立し、各3人の代表者、計9人の委員によって運営される新たな組織を作る計画を打ち出した。NFUI は当初、この計画にも反対だったが、各地域からの代表者を6人、計18人の委員にすること、ただし、マンスターは地域対抗戦でアルスターかレンスターに引き分け或は勝利するまで代表者は4人とすることと修正された案で合併することとなった[65)]。1879年10月27日、IFU の最後の会議の後、全アイルランド統括組織 IRFU の規約が策定された。この規約には、連盟の目的が地域対抗戦やインターナショナル・マッチを開催すること、アイルランドにラグビーフットボールを普及し発展させることと明記され、支部をレンスター、マンスター、アルスターに設置し、それぞれの地域の加盟クラブで構成すること、連盟の委員会の年次会議をダブリンで開催すること、連盟の委員会は3つの地域から選ばれた6人で構成し、会長（1人）、副会長（2人）、幹事長（1人）、会計（1人）を置くこと、クラブの年会費は1ポンド、入会費は1ポンドとする（IFU または NFUI に加盟していたクラブの入会費は免除、学校の入会費はクラブの入会費の半額とする）ことなどが定められた[66)]。

IRFU の最初の会議は1880年2月5日、ダブリンのグラフトン・ストリートにあるローレンスのクリケット用具店で開催された[67)]。レンスターのウイリアム・ネヴィル（William Neville）が会長、アルスターのリチャード・ベル（Richard Bell）とマンスターのウイリアム・ゴールディング（William Goulding）の二人が副会長、幹事長にはレンスターの R. M. ピーター（R. M. Peter）、会計役にはアルスターのエドウィン・ヒューズ（Edwin Hughes）が任命された[68]。執行部は地域のバランスが考慮されたと考えられる。

IRFU の当面の目標は、アイルランド代表の強化だった。代表はこれまで7度行ってきたインターナショナル・マッチで、勝つことはおろか、1度も得点できずにいた。しかし、初めて IRFU によって組織された代表は、1880年に対イングランド戦でアイルランド代表としてトライによる得点を獲得し、翌1881年2月19日、ベルファストのオーモー（Ormeau）でスコットランドに勝利、インターナショナル・マッチでの初勝利を手にした[69]。1882年には、ウェールズと初めてのインターナショナル・マッチを行い敗れたが、翌週行われたイングランドとの試合では、両チーム2トライずつを奪い引き分けた。1883/84シーズンには、初めて1シーズンに3つのインターナショナル・マッチを行った。アイルランド代表はダブリンでイングランドに敗れ、エジンバラでスコットランドに敗れた。ウェールズとの対戦はカーディフに遠征して行った。しかし、IRFU は財政難のため15人の選手を派遣することができず、ウェールズから選手を2人借りて戦った。結果は、1ドロップゴールと2トライを奪われ敗れた[70]。

IRFU が設立された1880年、「ハンドブック」に掲載されていた「フットボール」の部分を引き継ぐ形で、IRFU の幹事長であるピーターが「フットボール年鑑（*Irish Football Annual*）」を出版した。この記録から、当時の加盟クラブは、ダブリン、ベルファスト、コークといった都市部に集中していること、フットボールのシーズンはおおよそ10月から翌年の3月いっぱいであり、特に都市部においては、土曜日に試合が実施される傾向があったこと、複数のクラブが集まって行う交流戦や、定期戦、カップ戦が行われていたことがわかる[71]。

1880年代には、新たなクラブが誕生し、選手数も増加した。各地域の運営に携わる人々は、若者をゲームに参加させることが大切だと考えていた[72]。この時期の重要な出来事は、地域ごとのカップ戦が運営されたことである。IRFU 設立以前にも、NFUI が北部地域の学校を対象としたアルスター・スクールズ・カップを1876年から毎年継続していた。こういった毎年開催する大会は、1881/82シーズンにレンスター支部によってレンスター・シニア・カップが行われ、続いて1884年にはアルスター支部がアルスター・チャレンジ・カップ[73]を、

1886年にマンスター支部でマンスター・シニア・カップがスタートした。コナートの地域内のカップ戦は1896年からスタートする。また、アルスターでは1882/83シーズンからプロヴィンシャル・タウンズ（Provincial Towns）・チャレンジ・カップも行っている。アイルランド国内の全クラブを対象としたオール・アイルランド・カップの開催が1881年に提案されているが、レンスター以外の支部が賛成しなかったため、この時期に IRFU 所属の全クラブを対象とした大会は開催されなかった[74]。

6. おわりに

このようにアイルランドにおけるラグビーのはじまりは、トリニティ・カレッジにフットボールクラブが誕生、オリジナルルールの成文化、インターナショナル・マッチのための IFU と NFUI の設立、RFU ルールの採用、全アイルランドの統括組織 IRFU の設立となる。特徴的なことは、イングランドから帝国内や他国への近代スポーツの伝播の最初の局面が、主に軍人、外交関係者、貿易商人、宣教師、教師らが関係した[75]のに対して、アイルランドのフットボールは、イングランドのパブリックスクールの卒業生を中心にした学生たちの自主的なはじまりだった。これは、それぞれのパブリックスクールで行われていたフットボールを持ち込み、ルールを定めた1846年のケンブリッジ・ルールの作成過程[76]と類似している。ただし、ケンブリッジや FA のルール作成過程において、出身パブリックスクールのプライドがぶつかり合った[77]のに対して、トリニティ・カレッジの場合、そのような議論に関する史料は見られない。制定したルールに関しても、バリントンはラグビー校出身者であったにも関わらず、ラグビー校の象徴的なプレー、ハッキングを禁止している。様々なパブリックスクールの出身者がいたにもかかわらず、イングランドで起こったような対立がなぜ起こらなかったのか、また、RFU に先がけて、1チーム15人制の導入やハッキングを禁止した理由に関しては、今後の検討課題である。

トリニティ・カレッジのフットボールクラブは、「ハンドブック」を通じて、自分たちのフットボールのルールを広報してきた。しかし、1874年に出版された「ハンドブック」から、トリニティのルールは掲載されず、1876年出版分には、

RFU ルールの一部が掲載されている。このように、アイルランドでそれまで中心的な役割を果たしてきたトリニティ・カレッジのラグビー関係者たちは、インターナショナル・マッチを境に、自分たちで作り上げたフットボールのルールを破棄し、RFU ルールを採用することとなる。このルール変更はアイルランドでほとんど無批判に受け入れられたようである。トリニティ・カレッジのフットボールクラブ関係者が中心的役割を果たしていた IFU は、オリジナルのルールを守ることなく、RFU ルールの普及に乗り出す。この構図は、イギリス政府からアイルランド統治のためにダブリン城に設けられた総督府[78)]のような役割を担っていたように思わせる。トリニティ・カレッジのルールの担い手であったアイルランドの中産階級以上の人々にとって、そのはじまりがたとえ自分たちで作り出したオリジナルのフットボールであっても、イングランドが中心的役割を果たすインターナショナル化のコンテキストに組み込まれる中で、IFU は RFU の出先機関のように機能した。

クローニン（Cronin, Mike）は、「IRFU は見かけ上は全アイルランドを表象しながら、ナショナリズムやナショナル・アイデンティティを理解する上であまり大きなインパクトを与えなかった」[79)]と述べている。その理由として、ラグビーがアルスターやカウンティ・リムリック（Co. Limerick)、ダブリン周辺の限定された地域で行われていることや、主に社会の中産階級以上の限られた人々によって行われたからであることを指摘している。しかし、それに加えて、アルスター、レンスター、マンスター（コナートは1885年から）の各地域に支部を作ったことも重要な要素だったと考えられる。これらの支部はもともと、IFU や NFUI の権限を残す形で作られた。つまり、その支部自体が各地域の統括組織として機能した。アイルランド全体の統括組織である IRFU の役割は、代表メンバーの選出とインターナショナル・マッチの運営であった。したがって、IRFU の初期の段階において、カップ戦など国内の公式大会は各支部単位で運営された。現在でもこの支部機能は残り、地域内の大会運営のほか、アルスター、レンスター、マンスター、コナートの代表チームがアイルランド、スコットランド、ウェールズ、イタリアのチームで構成されるラボ・ダイレクト・プロ12 (Rabo Direct Pro12)[80)] リーグやヨーロッパ・カップに出場している。アイルランドにおいて RFU のフットボール、ラグビーが普及する草創期に、ダブリンとベルファストにそれぞれの統括組織が誕生し、IRFU 設立の際、その統括組織の機能を残す形で、3つの地域に支部を設置した。その結果、IRFU は全アイルランドをトップダウンで、コントロールする組織というよりも、各地域の集合体となった。ラグビーの担い手は主に中産階級の人々であり、この階級による水平的な統合に加え、地域支部の集合体としての IRFU の運営形態が、アイルランド共和国と北アイルランドに分かれてもなお、IRFU が全アイルランドを代表するスポーツ組織として存続せしめた一因ではないだろうか。

1) 本稿では、グレートブリテン島と北アイルランドの連合王国を「イギリス」とし、グレートブリテン島の南部地域を「イングランド」の語を用いる。
2) 海老島均「分断された社会におけるスポーツ - アイルランドにおけるスポーツのシンボリズムと文化的多様性に対する寄与に関する研究 -」『スポーツ社会学研究』6、1998年、97頁。
3) 大沼義彦「アイルランドにおけるスポーツの背景 - エスニシティとナショナル・アイデンティティとの間 -」『北海道大学大学院教育学研究科紀要』第89号、2003年、96頁。
4) GAA のこういった禁止条項に関しては、Mac Lua, Brendan. *The Steadfast Rule-a history of the GAA ban-*, Cuchulainn: Dublin, 1967が詳しい。
5) エリック・ダニング、ケネス・シャド共著、大西鉄之祐、大沼賢治共訳『ラグビーとイギリス人 - ラグビーフットボール発達の社会学的研究 -』ベースボールマガジン社：東京、1979年、121-157頁。
6) ネイションは「国家」、インターナショナルは複数の国家を意味する「国際」と翻訳されるが、イギリスはイングランド、スコットランド、ウェールズ、アイルランド（現在は北アイルランド）の4つのネイションが集合し、一つの国家を形成している。本稿ではこれら4地域の対戦について、原語のまま、インターナショナル・マッチと表記した。
7) Garnham, Neal. *Origins and Development of Football in Ireland: Reprint of R M Peter's Football Annual of 1880*, Ulster Historical Foundation: Belfast, 1999, p.5, 6.
8) *ibid.*, p.7.
9) West, Trevor. *Dublin University Football Club, 1854-2004: 150 Years of Trinity Rugby*, Wordwell: Wicklow, 2003
10) Van Esbeck, Edmund. *The Story of Irish Rugby*, Hutchinson:London, 1986; Conroy, J. C.. *Rugby in Leinster 1879-1979,* Leinster Branch I.R.F.U.: 不明 ; O’Callaghan, Liam. *Rugby in Munster, A Social And Cultural History*, Cork University Press: Cork, 2011など。
11) トリニティ・カレッジの近くにあったスポーツ用品店、ローレンスの店が1866年から1881年まで毎年発行していたハンドブック。その年のクリケットやフットボール、アーチェリーなどの結果やスポーツ用品のカタログが全体でおよそ200ページにわたり掲載されている。

12) West, Trevor. *The Bold Collegians -The Development of Sport in Trinity College,* Dublin-, Lilliput Press: Dublin, 1991, pp. 5-8.

13) 1885年の時点では、少なくとも1000人のアイルランド人の少年がブリテン島に渡っている。; West. 1991, p. 12.

14) Van Esbeck. *op. cit.*, p.13.

15) West. 2003, p. 13.

16) Van Esbeck. *op. cit.*, p. 14.

17) West. 2003, p.15.; ただし、実際にはラグビー校は1846年にルールを成文化している。また、1862年に設立されたブラックヒースフットボールクラブもラグビーのルールを成文化している。ラグビー校出身者のバリントンは、成文化されたルールの存在を知らず、ラグビー校で伝統的に行われているフットボールを思い出しながら、トリニティ・カレッジのルールを成文化していった。

18) Van Esbeck. *op. cit.*, p.14.

19) 第4項　選手がフェア・キャッチ（Fair Catch）を行う場合、その選手が要求した場合、すぐにかかとでマークすることによって、フリーキックを行う資格を得る（略）。

20) 第6項　ある選手より自陣側にいる味方の選手が、ボールをキックした時、投げた時、ノックオンが起こった時、（ボールを保持して）走った時、ある選手はオフサイドである。

第7項　オフサイドの選手は、（中略）いかなる場合も、キックしたり、触れたり、チャージやボールを奪ってはならない。

21) 第16項　ゴールへのトライについて。設置されたゴールポストの間にボールが置かれた時とし、ゴールポストの間でない場合は認めない。

第17項　ボールがゴールの後ろにタッチダウンされた時、タッチダウンを行った選手が、ボールを置いた地点から25ヤードまっすぐ戻る資格を得、味方の選手が戻った場所からプレースキックを行うことができる。（略）。

第18項　クロスバーを越え、ゴールポストの、またはゴールポストの延長と考えられる間を通ったドロップキック（一度地面に落ちたボールをキックする）の場合、ボールが触れられていても、それはゴールと認められるが、パントキック（地面に落ちる前にボールをキックする）、ボールをはたく、ボールを投げてのゴールは認めない。

第19項　タッチからのキックはゴールと認めない。

22) 相手のスネを蹴る「ハッキング（hacking）」や相手を捕まえる「ホールディング（holding）」、相手の首を絞める「スロッティング（throttling）」は認めないが、相手の足をひっかけてつまずかせる「トリッピング（tripping）」は認める。

23) 第23項　両チームのキャプテンまたはキャプテンによってその権限をまかされた2名は、全ての争い事に対しての唯一の仲裁者となる。

24) West. 2003, p. 16,17.; Garnham. op. cit., p.4.; Garnham はトリニティ・カレッジのルールはブラックヒースフットボールクラブが1863年に作成したルールに非常によく似ていると指摘している。

25) Johnson, Martin. *The Original Rules of Rugby*, Bodleian Library: Oxford, 2007
26) ラグビー校からトリニティ・カレッジへクラブ設立150周年記念の挨拶状；West. 2003, p. 3.
27) *ibid.*, p.17.
28) West. 2003, p. 15.
29) *ibid.*, p.19.
30) *ibid.*, p. 19, 20.
31) 最初のラグビークラブがロンドンのガイズ・ホスピタル（Guy's Hospital）クラブで現存しない。：*ibid.*, p. 3.
32) *Handbook of Cricket in Ireland, 1868/69*, p. 158.
33) Shearman, Montague. *Athletics and Football, Fourth Edition,* Longmans, Green and Co.: London, 1894, p. 322.
34) 秦修司「ラグビーの歴史について：ラグビー・ユニオン設立から1880年代」『金沢大学教育学部紀要教育科学編』38号、1989、p. 161：1876年11月に RFU から IFU に15人制に変更する要請があったが、出場者数の減少は IFU と NFUI からのメンバー選出が困難になるという理由で拒否している。Van Esbeck. op. cit., p. 31.
35) *Handbook of Cricket in Ireland*, 1868/69
36) アイリッシュ・チャンピオン・アスレティック・クラブ・ランズダウンロード（Irish Champion Athletic Club and Lansdowne Road）として、アスレティクスのクラブでもあった。
37) Van Esbeck. *op. cit.*, p. 15.
38) Garnham. *op. cit.*, p. 5.
39) アイルランド島には、北部をアルスター、東部をレンスター、西部をコナート、南部をマンスターとする自治権のない地区区分がある。
40) Garnham. *op. cit.*, p. 5, 6.
41) *Handbook of Cricket in Ireland, 1874/75*, p. 224.：初年度の加盟クラブは、ダブリンのトリニティ・カレッジ、エンジニアーズ（Engineers）、ワンダラーズ、ランズダウンロード、キングズタウン（Kingstown）、ラズマインズ（Rathmines）、スコッツ・ミリタリー・アカデミー、カウンティ・ウィックロウ（Co. Wicklow）のブレイ（Bray）、カウンティ・リムリックのラズキール（Rathkeale）、カウンティ・フェルマナ（Co. Fermanagh）のポートラ（Portora）、カウンティ・タイローン（Co. Tyrone）のダンガノン（Dungannon）、カウンティ・モナハン（Co. Monaghan）のモナハン、クイーンズ・カウンティ（Queen's County：現在のカウンティ・リーシュ（Co. Laois））のアーリントン（Arlington）。
42) Van Esbeck. *op. cit.*, p. 24.
43) Conroy. *op. cit.*, p. 9.
44) Van Esbeck. *op. cit.*, p. 25.
45) *Handbook of Cricket in Ireland, 1875/76*, p. 240.
46) Garnham. *op. cit.*, p. 6.
47) Rev F, Marshall and Tosswill, Leonard. *Football the Rugby Union Game, Cassell:*

London, 1925, p. 109.
48) *Handbook of Cricket in Ireland, 1874/75*, p. 226.
49) Conroy. *op. cit.*, pp. 27-30.
50) *Freeman's Journal*, 1876年1月27日。
51) Conroy. *op. cit.*, p. 51.
52) *Handbook of Cricket in Ireland, 1873/74*, p. 209.
53) *Handbook of Cricket in Ireland, 1874/75*, p. 224.
54) *Handbook of Cricket in Ireland, 1875/76*, p. 239.
55) *Handbook of Cricket in Ireland, 1876/77*, p. 169.; *Handbook of Cricket in Ireland, 1878/79*, p. 183.：RFU ルールは当初、ゴール数のみによって勝敗が決せられたが、1875年にゴール数が同じ場合、トライ数によって勝敗を決することと改定された。Shearman. *op. cit.*, p. 326.
56) *Handbook of Cricket in Ireland, 1877/78*, p. 184, 185.
57) *Handbook of Cricket in Ireland, 1874/75*, p. 219, 221.
58) Diffley, Sean., *Blackrock College RFC 1882-83 — 1982-83*, 私家版 : Dublin, 1982, p. 12.
59) Búrke, Marcus de. *Michael Cusack and the GAA*, Anvil Books: Dublin, 1989, p. 44.
60) Conroy. op. cit., p. 13.
61) O'Callaghan. *op. cit.*, p. 25, 26.
62) Garnham. *op. cit.*, p.65, 66.
63) 榎本雅之「スポーツカタログにみるアイルランドの近代スポーツ：*Handbook of Cricket in Ireland 1865/66-80/81* を手がかりに」楠戸一彦先生退職記念論集刊行会『体育・スポーツ史の世界―大地と人と歴史との対話』渓水社：広島、2012年、45-46頁。
64) B. R. ミッチェル編、犬井正監訳『イギリス歴史統計』原書房：東京、1995年、771頁。
65) Conroy. *op. cit.*, p. 9.
66) *ibid.*, p. 10.
67) Van Esbeck. *op. cit.*, p. 38.：エズベックはこの会議が開催された住所がグラフトン・ストリート、63であるとしている。これはローレンスのクリケット用具店と同じ住所になる。
68) Marshall Rev F and Tosswill. *op. cit.*, p. 212.
69) Van Esbeck. *op. cit.*, p.38, 39.
70) *ibid.*, p.42-44.
71) 榎本雅之「アイルランドにおけるフットボールの歴史に関する研究① -1879/80シーズンの IRFU 加盟クラブの対外試合の実施状況について -」『星稜論苑』第38号、2010年、30頁。
72) Garnham. *op. cit.*, p. 12.
73) Van Esbeck. *op. cit.*, p.42. は Ulster Senior Cup と表記。
74) Conroy. *op. cit.*, p. 51.; Van Esbeck, op. cit., p.41, 42.
75) グットマンは、サッカーを地球規模の伝播を考えるうえできわめて重要な実例としたうえで、その最初の局面に、イギリスの軍人らが関わったことを指摘している。アレン・グットマン著、谷川稔、石井昌幸、池田恵子、石井芳枝訳『スポーツと帝国 -近代スポーツと分化帝国主義 -』昭和堂：京都、1997年、84頁。ラグビーに関しても同様の職業の人々が帝国支配下の植民地に伝えた。杉谷健一郎『500年前のラグビーから学ぶ』文芸社：東京、2005年、86頁。

76) 山本浩『フットボールの文化史』ちくま新書：東京、1998、135頁。

77) 中村敏雄『スポーツの風土』大修館：東京、1981年、23-25頁。

78) Cronin, Mike. *A History of Ireland,* Palgrave: New York, 2001, p. 119.

79) Cronin, Mike. *Sport and Nationalism in Ireland-Gaelic games, soccer and Irish identity since 1884-*, Four Courts Press: Dublin, 1999, p. 22.

80) ラボ・ダイレクト・プロ12公式ホームページ（http://www.rabodirectpro12.com/home.php）2014年5月6日閲覧

（本研究は JSPS 科研費25750291の助成を受けたものです。）

文部省スキー講習会（昭和６年）創設の意義
－福井県からの講習会参加者の事例より－

新井　博（びわこ成蹊スポーツ大学）

1. はじめに

明治時代外国から導入された多くのスポーツは、裕福な学生たちによって担われてきたが、大正時代後半から経済的、政治的、社会的状況の改善や変化によって、市民の間でも行われるようになっていった。さらに大正13年頃より、政府は「体育デー」や明治神宮大会開催に代表されるような国民的な体育・スポーツの振興を積極的に実施するようになる。

この状況の中で、野球やテニスと共に盛んに行われていたのがスキーであった。大正12年に第1回全日本スキー選手権大会が小樽で開催され、2年後の大正14年に全国組織である全日本スキー連盟が誕生すると、スキー連盟主催による選手権が毎年開催され、各地方での組織化も徐々に進んだ。昭和3年には、スキー連盟が第2回冬季オリンピック・サンモリッツ大会に選手を派遣するまでに発展した。さらに、スキー連盟は競技力向上のために、翌昭和4年に秩父宮雍仁親王の後ろ楯を得てスキー王国ノルウェーからヘルセットを招聘し、世界水準へのレベルアップを積極的に図っている。

これらのスキー連盟を中心とした競技力向上を指向した流れがある一方で、昭和6年になると文部省による全国スキー指導者講習会（以下、昭和6年の講習会）が長野県野沢で初めて開催され、全国的なスキー普及促進の取り組みがスタートした。それまでの最も大掛かりな全国的スキー講習会と言えば、大正初期にテオドール・フォン・レルヒ（Teodor von Lerch）によって紹介されたスキー技術を広めるために開催された講習会があげられる。この講習会は、軍隊と越信スキー倶楽部が合同で開催し、279名が参加した[1)]。だが、昭和6年の講習会は、それを上回る347人が全国から参加した。以後、次第に規模は小さくなるが、文部省によるスキー講習会は日中戦争が始まる頃まで毎年長野県で開催され、スキーの国民的な普及に大きな役割を果たしていくことになる。

参加者数だけでなく、初の文部省主催となる体系的な指導内容を備えた講習会であること、全国各地から参加者が集まったこと、その後継続して開催されたことなど、スキー普及において画期的な講習会であったにもかかわらず、従来の研究では、この文部省による昭和6年の講習会についてはまったく述べられておらず、この時期に文部省がスキー普及に乗り出してきた意味は分かっていない。

そこで本論では、昭和6年に初めて政府によって開催された講習会に焦点を当て、開催の経緯、講習会の内容、開催後の参加者の活動などの分析を通じて、この講習会の意味について検討する。

まず、大正13年に始まる体育運動主事会議に注目して、昭和6年以前の文部省によるスポーツ振興策について確認する。つまり、主事会議からの方針を受けて各道府県は実情に応じて課題の遂行にあたったが、スキーといった冬季のスポーツの場合はどのように展開されたかについて、降雪地方である福井県の事例から検討し、昭和6年の講習会が開催されるまでの経緯を明らかにする。

また、昭和6年の講習会の内容について、野沢スキー博物館に保管されている資料から全体像を把握する。さらに、福井県からの参加者のその後の活動を明らかにし、この講習会が地方におけるスキーの普及・振興にどのような意味をもったのかについて検討する。

2. 昭和6年の講習会開催以前の日本スキー界

2.1 スキーの伝来と一部地方における普及（明治44年～大正13年）

まず、昭和6年以前のスキーの普及状況について概観しよう。

明治44年、オーストリアのレルヒがスキーを紹介すると、降雪地方の冬場の生活を画期的に変える用具としてスキーに対する人々の期待が高まった。大正元年から3年頃まで高田第13師団と明治45年に誕生した越信スキー倶楽部が合同で講習会を開催すると、全国から人々が受講に訪れ、レルヒが伝えた一本杖を使ったオーストリア式スキー技術が全国に知られることになった[2)]。

しかしながら、その後大正末までスキー普及の様子は、各府県において一律ではなかった。樺太、北海道、新潟県、長野県などは降雪量が多く、軍隊やスキークラブにより積極的な推進が行われたことから、スキー大会や講習会の開催などにより普及が進んだ。それらの進んだ地域の上級者たちは大正時代中頃になると、オーストリア式スキー技術を基礎技術と考え、ノルウェー式スキー技術を上級技術と考えるようになり、ノルウェー式技術の練習を始めるようになってきていた。背景には、スキー組織の存在だけでなく、新潟県では高橋進、安部正良、金井勝三郎ら、北海道では旭川師団の三瓶勝美、北大スキー部の学生らレルヒの指導を直に受けた者たちが、さらに上のレベルを目指してクラブや北海道大学などで研鑽を積んでいたからであった。

一方で、降雪地方でありながらも一部を除いて東北地方、北陸地方、中国地方などでは、クラブなどのスキーに関する研鑽を積む環境が整備されておらず、大正時代の末になるまで普及はあまり進んでいなかったのである。

2.2 日本スキー界の組織化と国際競技会への参加（大正14年〜昭和3年）

樺太、北海道、青森県、新潟県、長野県などを中心にスキーが盛んになると、大正14年2月、全日本スキー連盟が誕生した。日本スキー界はオリンピックへの参加を契機に目を世界に向け始めた。大正15 年に国際スキー連盟（FIS）への加盟が認められると、日本は昭和3年の第2回冬季オリンピック・サンモリッツ大会へ選手を派遣した。全日本スキー連盟は、サンモリッツ大会に参加するに当たって「今回のオリンピック参加の企は、唯に勝敗其のものを争ふのみが其目的でなくして、我国に於けるスキーの発達がそれを世界の檜舞台に出して、如何なる地位を占めて居るやと云う事を知らんが為めに行われたのであって・・・スキー界が世界に覇を唱へんが為に精進する目標を得んとするもの」[3] と述べている。つまり、連盟は大会を通じて自国の水準が世界のどの位置にいるのかを把握し、今後の国際大会における目標を定めるための基準を得ようとしていたのである。

大会を終えての結果は、最高位が20位台と全く低調で、世界のレベルの高さをまざまざと見せつけられることとなった。だが、連盟の稲田会長の言葉は、「好成績を以って終了する事を祝し此選手一行の持ち帰れる研究の結果によって我スキー界は益々発展活躍し最も近き将来に於いてスキーに於いても世界の一流となる事を我々一同努力する事を固く決心せんとするものである」[3) と、悲観するよりはむしろ国際舞台への第一歩を好成績と評価し、今後の糧とすることを誓うものであった。

2.3 世界水準を目指す取り組みとスキーへの関心の高まり（昭和4年～ 5年）

昭和3年12月全日本スキー連盟は、自らもスポーツに造詣が深く、「スポーツの宮様」として知られる秩父宮雍仁親王の後ろ楯を得て、世界で最も競技力の高かったノルウェーから、優秀なコーチとして知られたオラフ・ヘルセット（Olaf Helset）と、オウレ・コルテルード（Ole Kolterud ）、ヨオン・スネルスルード（John Snersrud ）の三人の選手を招聘した。これは、先述した同年2月の冬季オリンピック・サンモリッツ大会での結果をうけ、日本スキーの競技力の向上をはかるものであった。ヘルセットらは、1月から3月まで北海道から青森県、新潟県、長野県、群馬県などスキーの盛んな地域で、人々に世界水準のノルウェースキー技術であるジャンプや距離競技の技術を指導した。

他方、全日本スキー連盟による招聘ではなかったが、多摩川・成城学園の招きで翌昭和5年の2月から3月にかけて、世界にその名を轟かせたハンネス・シュナイダー（Hannse Schneider）がオーストリアから来日して、アールベルグスキー技術を紹介した。「聖山」「キツネ狩り」など世界的にヒットしたスキー映画を通して知られていた彼の来日は、日本中で大きな話題となりスキーへの関心を高めた。また、彼はヘルセットと同じくスキーの盛んな北海道、青森県、新潟県、長野県でスキー技術の紹介や講演を行っているが、行く先々で受講者と見物人を合わせて数千人が集まる程であり、シュナイダーの来日もこれらの先進地域におけるスキーへの関心と技術水準を向上させる要因であったと考えられる。

当時のスキーへの関心の高まりについて、文部大臣官房體育課は「積雪地においてスキーを行ふ者の数は百五十万人以上と推定され、而も遂年猛烈なる勢いを以て増加しつつあり。この傾向は國民体育向上の点に於いて、将に又精神陶冶の上に於いて極めて慶賀すべき事である[4)」との認識を示している。

3. 昭和6年の講習会開催までの経緯：体育運動主事会議とスキー普及との関係

3.1 体育運動主事会議における指示と福井県でのスキー普及との関係

大正13年からは全国の体育・スポーツの普及促進のために、毎年一回の体育運動主事会議が開催されるようになる。

この会議で、文部省は全国道府県から体育運動主事（県視学官や他の者である場合もある）を集め、全国的な体育・スポーツの普及促進に関する基本方針を審議により決定した。会議後、各体育運動主事たちは方針を持ち帰り、県学務課の実施責任者として方針に従い課題を推進したのである。

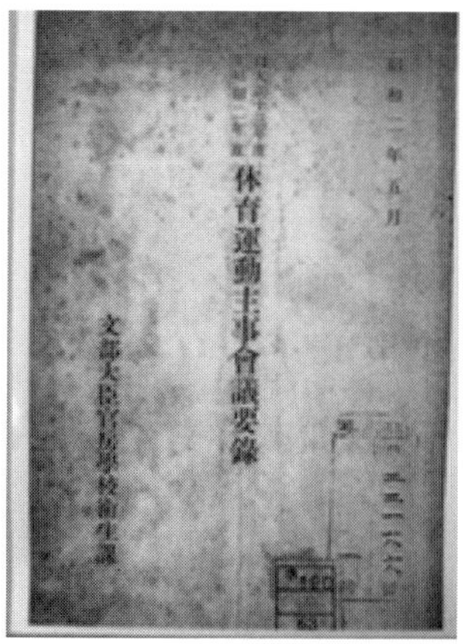

図１　主事会議要録

審議方法は大きく分けて二つあり、一方は文部大臣が当該年度の力を傾注すべき主要な体育・スポーツ普及促進における課題を諮問し、これに対して数名の体育運動主事で構成された特別委員会によって答申をまとめて提出する形であった。他方は、体育運動主事が各道府県から提出された課題について、全体で審議して決める形であった。

以下で、福井県の事例に着目する。福井県から毎年参加した体育運動主事は、帰県してから様々な活動を実施しているが、とりわけ中央からの如何なる答申や決定に従って、スキー普及に結びついた活動を実施したのか。大正13年から昭和5年頃までの会議での議論の方向性を一括して確認し、その間の福井県スキーの普及の道筋をあわせて確認してみよう。

3.1.1 大正13年の体育運動主事会議「答申」と福井県の状況

大正13年1月の会議では、文部大臣により「小学校及ビ中等学校ニ於ケル課外運動ヲ最モ有効ナラシムル方法如何」が諮問された。これに対して答申では、「小学校及ビ中等学校ニ於ケル課外運動ヲ有効ナラシムル方法少カラズト雖モ其ノ主要ナル事項ヲ挙グレバ左ノ如シ」と、課外活動の有効な活用について述べている。その上で、留意事項として「季節ニ適応スルモノ」や「校内ノ運動場、校外ノ特別運動場其他適当ナル場所ヲ利用スルコト」[5)]が示された。

これに対応して、福井県では、例えば大正14年当時、「季節ニ適応スルモノ」として大野中学校では課外活動として、校庭に隣接した亀山の登り道でスキーの練習を行っている[6)]。また『福井市教育概況』によれば、福井市中心にある進放小学校では「冬季中最も価値ある運動として、主に男子児童（高学年）に之を行はしめたが漸次低学年児童に及び更に女児も喜んで之を試むる様になった。・・・スキーは各学年男子児童之に参加す。校庭にて平地行進を練習し、平岡山、足羽山にて斜面行進を練習す。・・・スキー高学年用五〇臺、低学年用三〇臺は有志の寄付に依り備え付けた」と報告されている[7)]。

図２　亀山で滑る大中生

3.1.2 大正14年の体育運動主事会議における指針と福井県におけるスキー普及活動

大正14年12月8-11日の主事会議では、指針と全国のスキー普及活動について議論が行われ、「小学校及女子中等学校生徒児童ニ行ハシムベキ競技種目」として、スキー、スケートを挙げている[8)]。これは、栃木県の委員により提出された

「小学校及女子中等学校ニ於ケル競技種目ノ選択ヲ如何ニスベキカ」といった協議事項であり、意見交換の後委員に附託されて、改めて委員から「協定シタル事項」として示されたものである。

この体育運動主事会議に参加した福井県師範学校教諭吉井甚右衛門は、意見交換会などを聞き福井県にも当てはまる事項と考え、帰県後、県学務課に内容を報告している。県学務課と結び付きの深い福井県教育会は、翌大正15年2月に大正12年の第1回全日本スキー選手権で樺太チームのリーダーとして活躍した高名なスキー家桜庭留三郎を講師として招き、講演会と講習会を実施した。19日には福井県師範学校で講演会、20-21日には六呂師高原で講習会（210名参加)、22日に大野中学校で再び講演会が開催された。講習会参加者は、福井県師範学校、大野中学校、福井商業学校の学生、生徒、一般の人々であり、初級技術から上級技術まで指導が行われた[9]。

昭和2年2月11-15日に福井県教育会は、再び桜庭を招き講習会を主催した。桜庭は11日に足羽山で師範学校、福井工業、福井商業の学生・生徒に対して、12-13日は足羽川の土手で市内の小学生に講習を行った[10]。14日は師範の女子部のために市公園グランドで講習、15日は福井高女の女学生に公園グランドで講習を行った。

昭和3年2月5日福井市小学校スキー連盟は「小学児童スキー競技大会」を市内進放小学校校庭で10メートル、100メートル、200メートル、400メートルリレーが行われた[11]。昭和3年2月26日スキー協会と大野スキー倶楽部によるスキー大会は、児童・女子の部100メートル、フリースラローム60メートル、中等生徒の部100メートル・200メートル、フリースラローム、青年・教員の部リレー、スラロームが実施された[12]。

昭和3年2月24-25日にはスキー協会が六呂師に桜庭を招き、児童から成人までのスキー講習会を開催した。続いて26日は、スキー協会の主催により県下スキー大会が六呂師で開催された。県内から児童・中等学校生徒・学生、一般が参加し、100メートル、2キロ、4キロ、2キロリレー、4キロリレー、各フリースラロームで競われた[13]。

以上のように、大正15年以降、福井県では県教育会やスキー協会が桜庭のような県外からのスキー指導者を招いて、講演会や講習会などの普及活動を活発に実施している。このような動きは、大正14年12月の体育運動主事会議で示された指針を受けて、委員が推進したことによると考えられる。

3.1.3 大正15年の体育運動主事会議における指針と福井県におけるスキー普及活動

大正15年5月24-26日の会議では、文部大臣から「社会体育ノ振興ニ関シ特ニ留意スヘキ事項如何」について諮問された。これに対する答申のなかでは社会体育の充実方策が示され、とくに青年団について「角力、剣道、柔道、登山、遠足、水泳、競技『スキー』、『スケート』等ノ奨励ヲ怠ラザルコト」[14] と、青年団への奨励事項として他の種目とともにスキーがあげられている。福井県のような降雪地域では、冬季の有効な運動方法としてスキーが奨励されていったと考えられる。

福井県に戻った体育指導員加治千三朗は、大正15年12月、大野町での町村青年団の会議に参加し、郡青年団の主催によって翌昭和2年2月16日にスキー大会の開催を決定している。種目は男子200㍍、500㍍、800㍍、1000㍍、2000㍍。女子は100㍍、200㍍。参加資格は中学校生徒、青年団会員、軍人、小学校教員、児童其の他一般[15]。これ以降、毎年2月中旬の土曜日・日曜日に開催される福井県スキー競技大会は、福井県スキー協会と福井県連合青年団が合同で開催して青年団もスキーの担い手となっていった[16]。こうした動きにともなって、大野郡の六呂師青年団は、昭和2年1月から毎週土曜・日曜に来客のために焚火・昼食・貸スキー・宿泊の便を図ることを始めている[17]。

以上のように、主事会議を受けて体育指導員加治千三朗は、青年団によるスキーの奨励を行っていたことが分かる。

3.1.4 昭和3年の体育運動主事会議における指針と福井県におけるスキー普及活動

昭和3年12月5-8日の会議では、文部大臣から「一般女子ノ體育運動奨励ニ関シ適切ナル指導法案如何」について諮問された。これに対して女子に奨励すべき個人的な運動として、「水泳、簡単ナル走技、跳技、投技、『スキー』、『スケート』、体操、弓、薙刀等」[18] があげられている。

福井に戻った福井県体育主事伊達洋三の活動から、一般女子の運動としてスキーを盛んにする活動は特別みられなかった。毎年県下のスキー大会でも児童・学生・一般の部として大会が開催されたが、児童・学生の中での女子は参加したが、昭和10年頃まで一般の女子の参加は極めて少なかった[19]。

上で見てきたように、福井県の場合、小学校や中等学校の女子へのスキーの普及には力を注いできたが、一般女子への普及には充分力が及んでいなかったと考えられる。

3.1.5 昭和４年の体育運動主事会議における指針と福井県におけるスキー普及活動

昭和4年5月27-30日の会議では、文部大臣から「現況ニ鑑ミ體育運動授業ノ體系整備上留意スベキ事項如何」について諮問された。これに対して答申では、「・・・體育運動團體ノ系統ヲ整ヘ、其ノ行フ事業ノ聯絡ヲ緊密ニシ、體育研究指導機関並ニ體育關係廳事務ノ拡充ヲ圖ル事ハ最モ重要ナル事項ニシテ其ノ大綱ヲ挙グレハ左ノ如シ」として「各地ニ存スル個々ノ體育團體ハ、ソノ連絡協調機関トシテ必要ナル郡市體育協會ノ如キ體育團體ニ綜合セラレルコト」と競技団体等の連携や統合を促し、「府縣ヲ単位トセル各種ノ體育團體ハ其ノ連絡協調トシテ必要ナル府縣體育協會等ノ如キ團體ニ綜合セラルルコトト同時ニ、都市（町村）ノ體育協會等ノ如キ團體ト連携ヲ保ツコト」というように、府県体育協会の設立による階層的な組織による体系的な施策の必要性を示した。このほか、「郡市町村等ノ小学校體育聯盟等ノ團體ニ統合セラレ、統合團體ハ市町村教育局ト連携ヲ保ち、且ツ其連絡協調機関トシテ必要ナル府県小学校體育聯盟等ノ團體ニ統合セラルルコト」[20] というように、体育協会への学校体育団体の統合整理や小学校体育団体の統合を促した。

これをうけて、昭和5年1月以降に各地のスキークラブを県のスキー協会によって統括する体制づくりが進められた。福井県に戻った体育主事伊達洋三は、県内の大野地区（大野スキー倶楽部、上庄スキー倶楽部、富田スキー倶楽部、勝山スキー会）、福井地区（福井県スキー協会、福井スキー倶楽部）、武生地区（武生スキー倶楽部、上庄スキー倶楽部、丹生スキー倶楽部、旭スキー倶楽部）にそれぞれ存在していた10のスキークラブを、昭和2年に設立していた福井県スキー協会の下で統括する組織改革を実施した。伊達は直接指示の出せる県学務課にスキー協会の事務局を置き、スキー協会に所属していたクラブ員を福井スキー倶楽部に移している[21)]。以後、県内の各スキー倶楽部は、福井県スキー協会傘下の福井支部、大野支部、武生支部のいずれかの支部所属となった。続いて、伊達は昭和6年1月に福井県スキー協会の評議会で、福井県体育協会への加盟について協議している[22)]。さらに、同年12月22日の評議会でスキー協会を解散し、近年中に福井県体育協会に合体する計画を立てている[23)]。

すでに、この前年の昭和3年1月に福井市では、小学校体育団体によって福井市小学校スキー連盟が誕生し、スキー大会を開催[24)] していた。また、昭和4年には大野郡の平泉寺小学校、富田小学校、阪谷小学校で組織されたスキー連盟によってスキー大会が開催されていた[25)]。さらに、昭和6年2月には、武生スキー倶楽部が南条・今立・丹生三郡学童スキー大会を開催していた[26)]。

体育運動主事会議で議論された体育運動団体の整理統合は、全国的にその他の競技団体を含めて進められたが、伊達が行った福井県体育協会を頂点としたスキー団体の統括も全国的な動向に沿ったものであり、また、福井県内のスキー大会等の興隆をうけたものでもあった。

3.1.6 昭和５年の体育運動主事会議における指針と福井県におけるスキー普及活動

昭和5年の体育運動主事会議（5月20-23日）では、「地方ニ於ケル体育運動ノ振興ニ関シ特ニ留意スベキ事項如何」について諮問された。諮問についてのまとめは7名［原藤蔵（神奈川）、加藤英吉（愛知）、米地武雄（徳島）、中園進（長野）、山本壽喜太（関東庁）、甲佐知定（大阪）、佐竹信夫（山形）］の特別委員に委託され、特別委員会案を答申として議長に提出することが決定した[27)]。

特別委員会がまとめた答申は、特に緊急を要する課題として「学校體育ト相俟ツテ民衆體育ノ振興ヲ圖リ、且ツ左ノ事項ノ実現ヲ期スル」ことをあげ、「行政機関ノ整備並ニ拡充ニ関スル事項」「體育団体ノ組織並ニ統制ニ関スル事項」「運動場其ノ他ノ整備ニ関スル事項」「奨励指導ニ関スル事項」「選手制度並ニ運動競技会ノ改善ニ関シ適当ナル指導ヲナスコト」の事項を掲げている。特に「奨励指導ニ関スル事項」の項目をみると、細目として「学校、団体等ニ於テ優良ナル体育指導者ヲ置クコト」[27] があげられている。

また、「體育尊重ノ機運ノ擡頭シタルハ最近ノ事ニシテ、従ツテ今日尚未ダ其ノ智的陶冶及ビ徳性涵養ノ目的ヲ以テ、生徒児童ヲシテ使用セシムベキ適良ナル體育參考書ノ編纂サレタルモノヲ見ズ・・・今後ノ體育伸展上極メテ重大ナル・・・其ノ重要性ト編纂ノ困難ナルヲ察知了解シ、多方面ニ亘リテ適任者ヲ選定シテ、之ガ編纂委嘱ノ措置ヲ講ジ、一日モ早ク其ノ実現ニ着手セラレンコトヲ希望スル次第ナリ」[27] と、体育による特性涵養に資する参考書の編纂の必要についても言及している。

福井県に戻った体育主事伊達洋三は、「学校、団体等ニ於テ優良ナル体育指導者ヲ置クコト」に対応するために、文部省から昭和5年12月上旬に福井県学務課に寄せられた昭和6年の講習会の募集要項〔3.2.2.(2)〕を県内の主要なところに送り、参加者を募った。

最大の理由は福井県の場合、昭和5年の時点で学校や団体に優れたスキー指導者が存在しない実情であった。大正3年に大野中学校の体操教師桑原耕太が、レルヒによるオーストリア式スキー技術を学んで帰って以来、大野中学校を中心にその技術が広まった。北海道、新潟県、長野県では、既に大正中頃よりノルウェー式スキー技術が使われ始めていたが、福井県に紹介されるのは、大正15年から昭和3年まで毎年スキー講習会のために招聘された桜庭によってであった。それ以外でノルウェー式技術を知る者は、高田の講習に出かけた者か、新潟県等から移ってきた僅かな者だけであった。この現状から「学校、団体等ニ於テ優良ナル体育指導者ヲ置クコト」ためには、講習に参加して腕を磨く、また指導者を呼びレベルを上げる他なかったのである。

3.2 昭和6年の講習会開催の背景と準備状況

3.2.1 昭和6年の講習会開催の背景

(1) 指導要綱作成との関係から

文部省は、昭和3年冬季オリンピックへの日本人選手の参加、昭和4年と昭和5

年の外国人スキーヤーの来日等から、日本において大衆的にスキー熱の高揚がみられたことを掴んでいた。

しかし一方で、北海道、新潟県、長野県などの先進的な県を除いて、理想的な普及のための指導書や指導者が不足している状況であった。例えば、この時期福井県内のスキー普及の母体となった大野中学校でさえ、所蔵していたスキーに関する図書としては、鶴見大尉著の『スキー術』（明治45年）しか備えられていなかった[28)]。また、文部省は全国的なスキーの普及・発達状況について「歴史は極めて浅く、輸入以来漸く二十年の星霜を経たに過ぎない。従って健実なるスキーの発達は尚将来の研究にまつものが極めて多く、正しい技術と基礎的知識の涵養を図ることは今後の最も重要な問題である[29)]」との認識を示していた。

このような状況下で、昭和4年の体育運動主事会議に際して協議された体育に関する多くのスポーツ種目等の読本編纂について、昭和5年5月の主事会議では編纂が必要であるとの報告がなされた。多種のスポーツの場合について、文部省はこの報告を是と受け止めた。スキーの場合は昭和6年1月の講習会が終了した後、3月には普及促進を図るためにスキーの指導要領を作成することを決めている。そして、文部省は改めてスキー指導要綱作成委員を全日本スキー連盟会長稲田昌植、全日本学生スキー連盟会長河本禎助、全日本スキー連盟常務委員小川勝次、麻生武治、全日本学生スキー常務理事泉菊次郎、中川新、鉄道局川上壽夫、文部省嘱託出口林次郎に委嘱し、第1回の会合を4日文相官邸において開催している[30)]。以後、委嘱された委員が専門とする項目を執筆し、文部大臣官房體育課は昭和6年12月に「スキー指導要綱」を完成したのであった。

このスキー指導要綱作成は、昭和6年1月の文部省スキー講習会と密接に関係していることが以下の諸点によって確認できる。

先ず一つ目に、項目・内容が殆ど同じであること。指導要綱の項目は、第1章「用具と服装」、第2章「スキー術」、第3章「競技術」、第4章「スキー登山」、第5章「スキー体操」、第6章「競技場の設備並管理」、第7章「スキー指導法」、第8章「スキー医事」の項目からなっているが、講習会の（一）理論〔3.2.2.(1)〕と、類似している。双方に重なっていない項目は、講習会の「日本スキーノ世界ニ於ケル地位」稲田昌植と指導要綱の第5章「スキー体操」だけである。

二つ目に、項目の執筆担当者と講習会における（一）理論の項目の担当者が殆ど重なっていること。重なっていないのは中園進、富井宣威、小松長司の三名だけである。

三つ目に、講習会で実際に話された内容と、また指導要綱の内容が殆ど同じである。それは、当時講習会の担当者が使用したレジュメ[31]の内容が、指導要綱に書かれた内容と類似していることから裏付けられる。

四つ目に、指導要綱の内容と講習会の内容が殆ど同じだけでなく、スキーに関する必要な事項を網羅しており、最初から広範な人々へのスキー普及促進を考えていたことが推測される。つまり、「要綱」と「講習会」の趣旨は同一であったといえる。

五つ目に、文部省は完成した「スキー指導要綱」を使って昭和7年1月5日から第2回スキー指導者講習会を野沢で開催し、「本講習ハスキー指導上必要ナル事項ニ付予規定セルスキー指導要項ニ基キ指導ヲ行ヒ本邦ニ於ケル現代スキーノ堅実ナル普及発達ヲ図リ併セテ適当ナル指導者ノ養成ニ資セントスルモノナリ」[32]その後も要綱を講習に役立たせている。

これらの背景から、文部省は指導要綱の作成と講習会の開催を一つのセットとして、普及促進に必要な方策と捉えていたと思われる。そのため、昭和5年5月の体育運動主事会議で委員附託協議の内容が「體育讀本編纂ニ關スル件」として報告されたことをきっかけに、文部省は要綱の作成と講習会の開催が可能な団体はスキー連盟しかなく、協力を依頼したと考えられる。つまり、要綱作成や講習会開催にあたって、スキーに関する高い技術や理論の水準を持っていたのは、当時全国大会開催やオリンピック代表を決めたスキー連盟しかなかったのである。

(2) 特別委員の構成と中園進長野県視学の存在

当然、答申をまとめた特別委員たちが、スキー普及のために指導者講習会の開催を考えない筈はなかった。さらに、多くの特別委員がスキー講習会の開催を望み、しかも開催できる条件が存在すれば、開催されても決しておかしくない。以下では、各特別委員とスキー普及促進の関係について解明し、講習会開催の可能性があったのか考えてみよう。

先ず、7名の特別委員（体育運動主事）の中で、中園進（長野）は講師として、米地武雄（徳島）は参加者として講習会に参加しており、開催に積極的であったことが窺える。また米地は昭和7年に徳島県から広島県の体育運動主事に代わるが、昭和8年に広島県スキー連盟を創立し、昭和12年まで代表を務めるなど広島でもスキーの普及に力を注いだ。中園は昭和8年にスキーの盛んな北海道の体育運動主事となり、北海道スキー連盟の代表委員を務めるなど北海道のスキー界で活躍している[33)]。

さらに、大阪の体育運動主事の甲佐知定は、この講習会から3年後の昭和9年に大阪府庁学務課内に本部を置く大阪府スキー連盟を立ち上げ、常務理事として官主導のスキー発展に活躍した[34)]。山形県の体育運動主事の佐竹信夫は、昭和6年に県スキー連盟の本部を県庁学務課内におき、自ら会長を務めながらスキーの普及促進を行った。昭和6年と7年に山形県主催のスキー講習会を小松スキー場で開催している[35)]。

特別委員の中園進は、長野県視学であることから県内のスポーツ事情に精通し、降雪地方にスキー振興は必須であると考えていた。それればかりでなく、本人が昭和６年のスキー講習会の理論と実地指導の両方の講師を務める程の見識と腕前を持ち、また県内で講習会開催にあたっても県内のスキー界から協力を得やすい立場にあったことが挙げられる。

このような各委員の状況の中で、7名中4名がスキーの普及促進に好意的と考えられ、またその中で中園は、彼自身長野県で講習会を開催出来る力を持っていた。それらのことから、昭和6年の講習会開催が決まり、中園が中心となり準備が進められたのである〔3.2.2.(3)〕。

3.2.2 昭和6年の講習会開催への準備

文部省では5月20-23日体育運動主事会議の後、講習会の開催を昭和6年1月2-5日と決めると、前年の秋から開催の準備を始めている。先ず、講習会の内容を考案し、中身の確認をしながら要項を完成させる作業が行われた。

(1)「文部省主催　体育講習会（スキー）開催要項」の内容

講習会の内容と講師は、以下の講習会の要項〔「文部省主催　体育講習会（スキー）開催要項」（以下、「要項」）〕36) からわかるようにかなり組織立っており、スキーに関する幅広い知識とヴァリエーション豊富な滑走方法を学ぶものになっている。

記

文部省主催　体育講習会（スキー）開催要項

一、日時　二、会場　三、講習員資格及申込人員

四、講習科目及講師

（一）理論

一　日本スキーノ世界ニ於ケル地位　　全日本スキー連盟会長　稲田昌植
一　スキー医事　　全日本学生スキー連盟会長医学博士　河本禎助
一　スキー競技規則ノ解説　　全日本スキー連盟常務委員　小川勝次
一　スキー競技会ニ関スル注意　　長野県視学委員　中園　進
一　滑降レース及スラローム　全日本学生スキー連盟常務理事　泉掬次郎
一　登山スキーニ就テ　　鉄道省運輸局　河上壽夫
一　スキーノジャンプニ就テ　　全日本スキー連盟常務委員　麻生武治
一　ディスタンスレースニ就テ　全日本学生スキー連盟常務理事　中川新
一　スキー場ニ就テ　　富井宣威
一　スキー用具ノ手入ニ就テ　　全日本学生スキー連盟委員　小松長司
一　スキーノ一般教授　　文部省嘱託　出口林次郎

（二）実地

実地講習ハ初等、中等、高等ノ三班ニ分テ初等、中等ハ主トシテ一般スキー術ヲ、高等ニハ一般スキー、登山スキー並ニ競技スキー等ヲ、概ネ左ノ如ク行フ

【初等部】

1 スキー着脱及結束　2　平地滑走　3　方向転換　4　登行　5　直滑降等

【中等部】

1 斜滑降、電光形滑降、制動滑降　2　テレマーク、スウィング、クリスチャ

ニア、スウィング　3　スラローム　4　リフテッド・ステム・ターン等

【高等部】

1　アールベルグスキー　2　登山スキー　3　ジャンプスキー　4　レーススキー等

【講師】

・小川勝次（全日本スキー連盟常務委員）・麻生武治（全日本スキー連盟常務委員）・中川新（全日本学生スキー連盟常務理事）・泉菊次郎（全日本学生スキー連盟常務理事）・小松長司（全日本学生スキー連盟委員）・河上壽雄（鉄道省運輸局）・中園進（常務理事長野県視学委員）・富井宣威（常務理事）・出口林次郎（文部省囑託）

(2) 講習会開催のための「募集要項」配布

昭和6年の講習会の要項が完成すると、昭和5年12月文部省は全国道府県の教育委員会に講習会へ参加者の募集要項を配布している[37]。この募集要項は、各府県から各学校長や市町村長、スキークラブ等へ送付された。例えば、長野県の場合、「通帳及照会」（五社第一八四六号）『県報』号外として、昭和5年12月9日県学務部長から「中等学校長」「市町村長」「県下営林署長」「県下スキークラブ代表者」「長野運輸事務所長」宛てに募集要項が送られている。

送られた「募集要項」によれば、講習の目的は「スキー技術の向上」としている。日程は「1931年1月2日～5日」、場所は「野沢温泉スキー場」である。また、講習を担当した指導者は「全日本スキー連盟の指導者」であった。また、参加にあたっての料金は、無料であった。さらに、スキー用具は現地での借用とされていた。また、宿泊は野沢温泉の旅館である。

(3) 講習会直前の野沢温泉スキー倶楽部との打ち合わせ

講習会を1月3日に控えて、野沢温泉スキー倶楽部は開催に協力するために準備をしていた。野沢温泉スキー倶楽部の『会務報告書』[38]に、12月24日からの様子が次のように記されている。

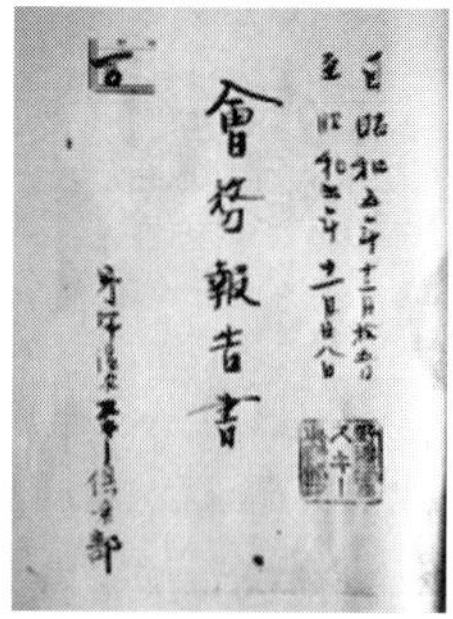

図３　会務報告書

拾二月二拾四日　常盤屋旅館ニ於テ旅館組合総會ヲ開キ文部省主催第一回スキー講習會開催当地ニ於イテ開催ニ關シ対策協議ヲスキー倶楽部ヨリ片桐会出席諸般ノ打開ヲナス。

拾二月二拾七日　文部省スキー講習会ニ關シ打合セノタメ会長出縣ス。

拾二月二拾八日　幹事會

一、講習生貸与ノ「スキー」百拾臺ニ就イテハ、杉山、富井幹事ニ一任シ、飯山中学校ヨリ借受ケルコトニ決ス。

二、二拾九日ヨリ倶楽部事務所ヲ開キ、講習中河野民治ヲ事務所主任トシテ宿割、案内、等ノ対応ヲ命ズ

拾二月二拾九日　幹事会ヲ開キ講習会準備ニ關シ学務部長中園主任と協議打合ヲフス。

昭和六年一月三日

一、午前十時ヨリ公会堂ニ文部省第一回スキー講習会開会式挙行

二、稲田男爵、河本博士ノスキー講演アリ。

三、午後一時ヨリ日影スロープニ講習実地指導開始。

以上のことから、野沢温泉スキー倶楽部では12月24日から、スキー講習会開催前の具体的な講習生の受け入れ体制の準備を始めていた、また中園が主任として関係していたことが確認できる。

4. スキー講習会の開催内容について

4.1「名簿」からみた参加者数

各道府県の参加希望者は、昭和5年12月18日までに各県の県庁社会課に申込書を提出した。その後、申込書は文部省に送られている。文部省は申込書から参加者を初等部（初心者)、中等部（多少経験ある者)、高等部（経験ある者）の3つのレベルに分けた「文部省主催　スキー講習会講師及会員名簿」[39]（以下、「名簿」）を作成した。

「名簿」は12月末に準備を担当している現地の野沢スキークラブに送られている。「名簿」には、参加希望者の全員の名前、住所、職業が記されている。しかし、記述は単に初等部・中等部・高等部と分けられただけで、地域や職種は脈絡なく記されている。

4.2「名簿」の内容

「名簿」に記載された参加者について、数の多い道府県から順に内訳を整理してみると以下のようであった。全国の30道府県から講習会へ参加者があった。

東京府	71名	小学校25名、中学校3名、実業学校1名、外国語学校2名、東京高等女子師範1名、貯金局1名、一般22名
大阪府	47名	小学校1名、中学校3名、高等女学校6名、大学4名、学生1 名、一般32名
長野県	34名	小学校1名、中学校2名、高校1名、高等女学校12名、師範学校2名、農林学校2名、裁縫学校1名、営林署2名、県庁2名、町村2名、一般7名
京都府	17名	小学校6名、商業学校1名、一般10名
石川県	18名	小学校10名、工業学校2名、クラブ3名、青年訓練所1名、一般2名
神奈川県	16名	小学校4名、中学校4名、高工1名、女子師範1名、一般5名、海軍学校1名
愛知県	16名	小学校4名、青年訓練所1名、一般11名
群馬県	14名	小学校3名、高工2名、高等家政学校1名、商工業学校1名、一般7名
新潟県	14名	小学校3名、中学校3名、高等女学校2名、商業学校1名、一般5名
滋賀県	11名	小学校5名、中学校2名、商業学校2名、女子師範1名

福井県	10名	体育運動主事1名、小学校1名、中学校2名、農林学校4名、クラブ2名
埼玉県	9名	小学校7名、高等女学校1名、一般1名
山梨県	8名	一般8名
富山県	7名	女子師範2名、高等女学校1名、一般4名
栃木県	6名	小学校1名、一般5名
兵庫県	6名	小学校1名、クラブ1名、一般4名
秋田県	6名	小学校1名、クラブ4名、鉱山学校1名
岐阜県	6名	体育運動主事1名、小学校3名、農林学校1名、一般1名
奈良県	5名	体育運動主事1名、警察1名、内務課1名、一般2名
徳島県	3名	体育運動主事1名、高等女学校2名
福島県	3名	福島師範学校1名、高等女学校2名
愛媛県	2名	小学校2名
山口県	2名	小学校1名、高等商業1名
北海道	2名	小学校2名
千葉県	2名	体育運動主事1名、一般1名
宮城県	2名	中学校1名、営林署1名
青森縣	1名	小学校1名
山形県	1名	農学校1名
岡山県	1名	一般1名
福岡県	1名	学生1名

4.3「名簿」からみた参加者の道府県

参加者からみると東京府、大阪府、長野県からの参加がとりわけ多い。考えられることは、東京府や大阪府は人口が多く、既にスキーツアーリズムが始まり、鉄道輸送の便が整備されていたことが挙げられる[注1)]。

また、東京で小学校の教員が25名、大阪で一般が32名も参加している。考えられることは、参加した講習のクラスをみると東京や大阪の参加者は多くの場合、初等部で受けていた。そのため、純粋に社会的なスキーへの関心の高まりの中で、経験のない初心者が参加してきたとも考えられる。また初心者は、一般的に「はじめのうちは校庭での平地滑走で満足していましたが、だんだん上達すると近くの土手などにでかけた」[40)] といった水準なので、東京や大阪の近郊で雪の少ない所でも、土手や平地での簡単な滑走を楽しむ技術を学ぼうとしていたとも考えられる。この時期のスキー技術は、平地滑走を主とするノルウェー式が主流になっていたことも影響していたと考えられる。

長野県からの参加者が多い理由は、講習会の開催県として周囲への熱心な参加依頼に加え、県内からの交通の便が他に比べて良かったことなどが主な要因であったと考えられる。

一方で、参加者のない道府県を挙げれば、樺太、岩手県、茨城県、和歌山県、高知県、和歌山県、広島県、島根県、鳥取県、九州地方である。中でも高知県、和歌山県、九州地方、茨城県などは殆ど降雪がなく、スキー指導の必要性を考えていなかったと思われる。

逆に、神奈川県、愛知県、奈良県では降雪は少ないが参加者が複数ある理由は、やはり参加者の多くが初等部で受講しており、関心の高まりから参加したと考えられる。

樺太では、既にスキーが樺太の「島技」[注2)] と言われるほど熱心に行われ、今さら指導員育成の必要性なしと判断したと考えられる。北海道や青森県が僅かな参加者しかいなかったことも、樺太と同様の理由と考えられる[注3)]。参加のなかった岩手県、島根県、鳥取県の理由については定かでない。

それ以外、参加者数の多い地方から少ない地方への特徴は、降雪量の多さに関係した現象と考えられる。それはさておき、スキーの実施可能な広範な地域からの参加があったと言えよう.

4.4「名簿」からみた参加者の特徴―女子学校からの参加者の多さ

「名簿」からみた参加者の特徴として高等女学校、女子師範学校、高等女子師範などの女学校からの教師の参加者が目立つ。

同類の男子学校〔高等学校、実業学校、農業学校、農林学校、高等工業学校、工業学校、商業学校、商工業学校、鉱山学校、外国語学校、東京高等師範学校、大学など〕からの教師などの参加者は、東京府5名・大阪府4名・長野県5名・京都府1名・石川県2名・神奈川1名・群馬県3名・新潟県1名・滋賀県2名・福井県4名・秋田県1名・岐阜県1名・福島県1名・山口県１名・山形県1名の合計30名である。

これに対して、女子学校〔東京高等女子師範、学生7名（女子）、高等女学校、女子師範、高等家政学校、高等女学校、女子師範、高等女学校など〕からの教師などの参加者は、東京府8名、長野県12名、大阪府6名、神奈川1名、群馬県1名、新潟県2名、滋賀県1名、埼玉県1名、富山県3名、徳島県2名、福島県2名で合計39名に及ぶ。

昭和6年に女子学校からの教職員の参加が多いことは、特徴的である。考えられることは、昭和3年の体育運動主事会議で諮問された「一般女子ノ体育運動奨励ニ関シ適切ナル指導法案如何」についての答申が影響していると考えられる。文部省は女子のスポーツの普及について諮問し、体育運動主事会議は「一 体育思想ニ関スル事項、二 指導法ニ関スル事項、三 種目選定ニ関スル事項、四 施設及其他ニ関スル事項」[41] といった項目でまとめられている。この答申では「三 種目選定ニ関スル事項」で「女子ニ適スル運動種目ヲ挙グレハ左ノ如シ」として、「スキー」を挙げていることが影響したと考えられる。

また、大正時代から「良妻賢母」を基礎にした女子教育が、昭和初期に入りナショナリズムと結びつき、健全な精神と身体の育成が強く求められる社会的・教育的風潮の中で、スポーツ活動への女子の参加が求められるようになったという社会的な背景があったと考えられる。

4.5 講習会でのスキー指導

4.5.1 スキーの理論

昭和6年の講習会では「文部省主催　体育講習会（スキー）開催要項」に示された内容に従って、理論と実地指導がなされた。

理論の内容（上記、2.8.2. 参照）は11のテーマで行われ、スキーに関係する全般に及んだ。また、分かりやすく小学生の高学年から理解できる書き方がされている。指導についても、初級から上級まで理解しやすく説明されている。これらのことから、スキーの普及促進を目的に講義されていることが分かる。

4.5.2 スキーの実地指導

実地指導は、各参加者が申込時に希望した初等部・中等部・高等部の三段階の技術レベルに応じて行われた。指導者は小川勝次、麻生武治、中川新、泉掬次郎、小松長司、河上壽雄、中園進、富井宣威、出口林次郎といった競技歴・指導歴など当時の日本のまさにトップクラスのメンバーであった。

人数や割合は「名簿」から、初等部の希望者が143名で全体の41パーセント、中等部の希望者が144名で全体の41パーセント、高等部の希望者が61名で全体の18パーセントであった。

実地指導の中身は、初等部で「1 スキー着脱及結束、2　平地滑走、3　方向転換、4　登行、5　直滑降等の内容」が、中等部で「1 斜滑降、電光形滑降、制動滑降、2　テレマーク、スウィング、クリスチャニア、スウィング、3　スラローム、4　リフテッド・ステム・ターン等の内容」が、高等部で「1　アールベルグスキー、2　登山スキー、3　ジャンプスキー、4　レーススキー等の内容」が指導された。

これらの内容から、中級と上級を合わせて約60％の参加者がノルウェースキー技術の指導を受けていたことになる。また18％の上級者はアールベルグスキー技術まで講習している。その意味は、昭和初期の IOC の冬季オリンピック大会や FIS の世界大会では、競技種目が距離やジャンプなどのノルウェースキーの内容であったことから、昭和4年に招聘したヘルセットによる最新ノルデックスキー技術の徹底が図られたと考えられる。また、新たに世界的に昭和5年以降滑降種目が競技会に含められるようになったことから、昭和5年に来日したシュナイダーが紹介した滑降技術であるアールベルグスキー技術の普及にも力が注がれたともの考えられる。

5. 講習会参加について

地方（道府県）から如何なる参加者が講習会へ参加したのか、また地元に戻って如何なる活動を展開したのか明らかにしながら、講習会の意義について考えてみよう。しかし、参加者全員や全地域について明らかにすることは不可能に近い。そこで、ここでは福井県の場合に限定して、各参加者について述べてみよう。

当時スキー界での福井県の位置は、昭和7年に全日本スキー連盟が選定した最も盛んな甲第一種の地域（樺太、北海道、青森県、新潟県、長野県、富山県）ではなく、次に盛んな石川県、京都府、宮城県、兵庫県などの地域に属していた[42]。甲第一種地域は大正時代初期からスキーが行われたのに対して、福井県は遅れて大正13年、南波内務部長が福井県スキー倶楽部を設立し[43]、大正15年友部内務部長がそれを引き継ぎ振興に力を注いだ。以後、先で触れたように、県学務課によるスキーの普及促進が行われてきた。

その中で、大野町は福井県でのスキー発祥地であり、降雪量に恵まれた六呂師スキー場があった。大野中学校の体操教師桑原耕太は大正3年、新潟県高田のスキー講習会に参加し、初めてスキーを県に紹介している。以後、大野中学校の生徒だけで放課後行われていたが、大正時代末になると学務課（体育運動主事ら）からの要請によって教育界、青年団、スキー協会などの協力で、県内で少しずつ学校、市民、青年団等で行われるようになり、昭和5年頃からより大野地区、福井地区、武生地区など地域毎のスキー活動が盛んになっていった。

そのような中で、昭和6年野沢の講習会に、福井県から伊達洋三、星野千代一、小西哲雄、島田信、塩田玉喜、林一治、藤田耕介、内田勉、福永儀三、鈴木亀之助が参加している。

5.1 伊達洋三（体育運動主事）

伊達洋三は県学務課に所属する体育運動主事であり、講習会では中等部に参加している。伊達は昭和4年から福井県の体育運動主事となり、県下の体育・スポーツ全般の普及促進に関する業務の責任者であった[44]。福井県のスキー界を統括した福井県スキー協会の事務局は県学務課内に置き、伊達は自らスキー協会の理事も勤め、昭和4~5年と県内での講習会や大会の運営に中心的に携わった[45]。

昭和6年1月、伊達は野沢の講習会から戻ると、早速1月18日に高野原スキー倶楽部が開催したスキー講習会で講師を務めている[46]。また2月に講習会を六呂師スキー場で福井県スキー大会と講習会を主催し、野沢の講習会で知り合いとなった高名な指導者富井宣二を招いている[47]。昭和7年1月18日伊達は高野原スキー場で再びスキー講習を開催している[48]。

伊達は昭和9年に山口県の学務課に異動して、体育指導主事となった。山口県はあまりスキーが盛んではなかったが、伊達は自ら組織化に努力し、昭和10年に山口県スキー連盟を設立させた。以後、スキー連盟の理事として県内のスキー振興に活躍し、彼自身昭和12年に県内初の指導員資格を取得して、県内でのスキー普及の現場でも力を尽くした[49)]。

5.2 星野千代一（大野中学校教諭）

星野千代一は県内で最もスキーが盛んに行われていた大野中学校の教諭であり、講習会では高等部に参加している。熟練者であった星野は、大正14年1月、新潟県から大野中学校に理科教師として赴任した。後述する島田信が小浜中学校に異動した後、昭和6年2月15日から大野中学校のスキー部長を継いでいる[注4)]。

星野が野沢の講習会に参加したことは大野中学校の『昭和6年学校日誌』に、「学校が1月3日から野沢の講習に星野を派遣した」、また彼が講習会から戻ってから「福井県スキー協会主催のスキー大会に選手を連れていく」[50)] などと記されている。確かに、星野は戻ってからもスキー部長として生徒の指導に熱心に取り組み、昭和8年に県大会優勝、昭和9年には準優勝、昭和10年には再び優勝に導いている[51)]。

5.3 島田信（稲敷郡小浜中学校教諭）

島田信は稲敷郡小浜中学校教諭であり、講習会では高等部に参加している。昭和5年4月付けで島田はスキーの盛んな大野中学校から小浜中学校に移った[52)]。島田は大野中学校時代昭和3年からスキー部長となり、昭和4年に県スキー大会で準優勝、昭和5年には県大会優勝、北陸大会入賞にスキー部を導いている。特に、島田はスキーの上達にこだわり、昭和4年、ノルウェーのヘルセットが各地を回りノルデックスキーの講習会を開催している時に、新潟県の高田で開催した講習会に福井県から参加する程の熱の入れようであった[53)]。そのため、彼は高度なノルデックスキー技術にも通じていた。

日本海沿いの雪の少ない稲敷郡小浜中学校に移ると、大野中学校の時程スキーは盛んでなかったが、スキーを普及する熱意を失わなかった。

5.4 塩田玉喜（福井市第三小学校訓導）

塩田玉喜は福井市第三小学校の訓導であり、講習会では初等部に参加している。福井市内では昭和元年頃から小学生から師範学校の学生までスキー熱が高まっていた。昭和2年2月11日には、市内を流れる足羽川の土手で小学生に、足羽山で高等工業学校、師範学校、福井商業学校の学生にスキー講習が開催されていた[54)]。昭和3年に福井市小学校スキー連盟が誕生し、毎年合同でスキー大会を開催していた[55)]。第三小学校でもスキーが盛んに行われており、塩田は児童にスキー指導を行うために講習会に参加していたと考えられる。

5.5 林一治（武生スキー倶楽部会長）

林一治は武生町の林病院長で武生スキー倶楽部の会長であり、講習会では中等部に参加している。林は昭和3年に外遊先のドイツからスキーを経験して帰国すると、約40名の仲間と武生スキー倶楽部を設立し、市街の芦山スキー場を整備し活動を始めた。倶楽部は、アールベルグスキー技術を広めるために「聖山」などのシュナイダーの映画を上映する、また練習会を開催するなど、この地域における普及の中心となっていた。

昭和6年、林は講習会から戻ると、ノルデックスキーやアールベルグスキー技術をクラブ員や市民に指導することに努めた。昭和9年、芦山スキー場にヒュッテを創り、10台余りの貸スキーを備えるなど市民への普及にも尽力した[56)]。また、芦山スキー場が小規模であったためスキー大会を開催できる大型の八杉スキー場を池田に開設している。林の心血を注いだ活動により、武生スキー大会や講習会が開催されるようになるなど県中部地域にスキーの拠点が誕生した。

5.6 鈴木亀之助（武生スキー倶楽部理事）

鈴木亀之助は林病院の助手で武生スキー倶楽部の理事であり、講習会では中等部に参加している。講習会から戻った後も、鈴木は林一治会長と協力して武生スキー倶楽部の活動を通して、福井県の中部地域におけるスキー振興に尽力した[56)]。

5.7 小西哲雄・内田勉一・福永儀三（坂井農林学校教諭）

小西哲雄・内田勉一・福永儀三らは3名とも坂井農林学校の教師であった。小西哲雄は坂井農業学校の配属将校であり、野沢の講習会では高等部に参加している。昭和元年より、小西は坂井農林学校でスキークラブの面倒を熱心にみていた。そのおかげで、坂井農林学校スキー部は、何時も大野中学校スキー部と県大会で優勝を争うほどの実力を持っていた。小西は講習会から戻って、早速丸岡スキー倶楽部が女形谷スキー場で開催した講習会など各種スキー講習会の講師を務めていた[57)]。

内田勉一は中等部に参加をし、講習会から帰るとスキー部を中心に生徒にスキー指導を行った。星野千代一や島田信の指導した大野中学校スキー部と坂井農林学校スキー部は良きライバルで、県一番の座を争った。

福永儀三も中等部に参加をしており、小西や内田と共に学生のスキー指導に尽力した。

5.8 藤田耕介（今立農業学校教諭）

今立農業学校教諭の藤田耕介は、中等部に参加した。藤田については、資料が見つからず、活動の様子が分からない。

6. まとめ

昭和初期、昭和3年の冬季オリンピック大会参加や昭和4年、5年の外国人スキーヤーの招聘によって、日本のスキー熱はにわかに高まった。

それ以前の大正末から文部省によるスキーの普及促進は始まっていたが、北海道や新潟県などの一部の地域を除いて、全体的にスキーの組織的な基盤が弱かった。特に、普及のための指導者の育成や指導書の作成が、広く求められていた。

その折り、昭和6年に文部省はスキー連盟に依頼して、指導者の育成と指導書の作成をまとめて実施した。講習の内容と指導書の内容は同じで、講習会に参加した者が後にも講習で使えるものとなっており、また次年度からの文部省による講習会でも利用されていた。内容は、スキー全体にわたり、初級から上級まで多くの人々への普及を考えたものとなっていた。

福井県から、技術水準の高い上級学校の教師たちは高等部で受講し、中程度のスキー技術の普及に重きを置いた倶楽部からは中等部に参加し、盛んになり始めた小学校の教師たちは初等部で受講をしている。彼らは、戻った後も盛んにスキー指導に関して力を発揮したと言えよう。

昭和6年の講習会の開催は、スキー気運の高まりを普及に結びつけるために脆弱であった指導者の養成と指導書の作成を解決させようとするものであり、福井県の場合は役割を果たしていたと考えられる。

注

注1）大正末より、鉄道省は市民による冬の娯楽としたスキー熱の高まりを背景に、東京、大阪、京都などの大都市から、鉄道を使い長野・北陸方面のスキー場に出かけるスキーツアーキャンペーンを盛んに実施した。上野駅や大阪駅はシーズンになると雪山へ向かうスキー客でごった返した。キャンペーンや盛況の様子は、昭和初期の大阪朝日新聞、京都新聞、福井新聞、東京朝日新聞、読売新聞など多くの紙面を賑わせていた。

注2）既に樺太では、日本人の他にアイヌ系、中国系、モンゴル系など複数の民族が住んでおり、「シュトー」といった幅広のスキーを狩りや移動の手段に使用していた。そのため、大正時代初期より日本人が多く移り住むようになり、レルヒから紹介されたアルペンスキーが樺太守備隊により大正2年に大泊で人々に紹介されると、「シュトー」の伝統のあった樺太ではスキーがすぐに普及したのである。そのため、大正3年から樺太スキークラブが誕生すると、全島スキー大会が毎年開催されるなど盛んに行われていた。大正13年から全日本スキー選手権大会が開催されると、樺太は毎年多くの入賞者を出すトップ地域であった。

注3）昭和3年末に来日して昭和4年1月からスキーの巡回指導を行ったノルウェーのヘルセット、また昭和5年に来日して指導を行ったオーストリアのシュナイダーは、スキーの盛んな長野県、新潟県、青森県、北海道などで毎回数百人、時には千人を超える参加者のスキー講習会を開催していたのである。つまり、既に盛んな地域では関心を持つ多くの人々が、ノルデックスキー技術やアールベルグスキー技術を、直接的な或いは間接的な指導を受けていた状況が存在していたのである。

注4）昭和3年頃から大野中学校の校庭に隣接する大野城への登り道を利用して、放課後生徒たちにスキー指導を行っていた。内容は登り道を中腹まで登らせ、下に向かって直滑降を中心に基本技術を指導していた。また大野町スキー大会や福井県スキー大会が開催されると、スキー部の選手を引率して大会に毎回出かけていた。昭和2年に大野中学校は福井県の代表として富山県での大会に参加しており、生徒に帯同している。

参考文献

1）越信スキー倶楽部、「日本における「スキー」の経過」、『スキー』1、1912年、55-61頁。
2）越信スキー倶楽部、「スキー術研究規程の件通帳」、『スキー』1、1912年、53-61頁。
3）全日本スキー連盟、『スキー年艦』1、1928年、1-4頁。
4）文部大臣官房體育課、緒論、『スキー指導要綱』、昭和6年12月、1頁。
5）文部大臣官房體育課、大正13年　體育運動主事會議要録、8-10頁。
6）大野高校八十周年記念誌編纂委員会、『大野高校八十年史』、1986年。
7）福井市役所、『福井市教育概況』、大正15年10月、26-27頁。
8）文部大臣官房體育課、大正14年　體育運動主事會議要録、31-32頁。
9）「成功したスキー講習　桜庭氏の特技」、『福井新聞』、大正15年2月23日。
10）「スキー講習、中等生徒は羽山、小学生は防波堤で」、『福井新聞』、昭和2月13日。
11）「小学校児童スキー大会」、『福井新聞』、昭和3年2月3日。
12）「スキー競技種目の追加」、『福井新聞』、昭和3年2月14日。
13）「本縣スキー大会」、『福井新聞』、昭和3年2月28日。
14）文部大臣官房體育課、大正15年　體育運動主事會議要録、37-38頁。
15）「スキー大会、大野郡青年会主催で」、『福井新聞』、大正15年12月2日。
16）「壮快無比のスキー大会」、『福井新聞』、昭和5年2月17日。
17）「六呂師のスキー」、『福井新聞』、昭和2年1月7日。
18）文部大臣官房體育課、昭和3年　體育運動主事會議要録、81-83頁。
19）山崎紫峰「福井県」、『日本スキー発達史』、朋文堂：東京、1936年、315頁。
20）文部大臣官房體育課、昭和4年　體育運動主事會議要録、100-101頁。
21）「新しく生まれる福井スキー倶楽部」、『福井新聞』、昭和5年1月18日。
22）「スキー協会評議会開催」、『福井新聞』、昭和6年1月7日。
23）「スキー協会解散協議」、『福井新聞』、昭和6年12月12日。
24）「市内の小学校を網羅するスキー連盟」、『福井新聞』、昭和3年1月29日。
25）「三小学校聯合のスキー大会」、『福井新聞』、昭和4年2月5日。
26）「けふ三郡学童スキー大会」、『福井新聞』、昭和6年2月8日。
27）文部大臣官房體育課、昭和5年　體育運動主事會議要録、117-118頁。
28）大野中学校、『備品出納簿』、明治45年から昭和10年。
29）文部大臣官房體育課、「緒論」、『スキー指導要綱』、昭和6年12月、1頁。
30）「指導要領を作りスキー普及に力瘤」、『福井新聞』、昭和6年3月6日。
31）講師　稲田昌植　「我国スキーの世界に於ける地位」要項。
32）文部省主催　スキー指導者講習会開催要項　昭和6年。
33）全日本スキー連盟、『スキー年鑑』8、1935年、263頁。
34）全日本スキー連盟、『スキー年鑑』9、1936年、343頁。
35）山形県スキー連盟、『山形県スキー史』、1981年、254頁。
36）「文部省主催　体育講会（スキー）開催要項」。
37）同上。
38）野沢温泉スキー倶楽部、自昭和五年一二月二十五日　至昭和六年十一月二十八日

『会務報告書』。
39)「文部省主催　スキー講習会講師及会員名簿」。
40) 大野高校八十年史編纂委員会「楽しかったスキー」、『大野高校八十年史』、247頁。
41) 文部大臣官房體育課　昭和3年、同上。
42) 全日本スキー連盟、『スキー年鑑』5、1932年、231-234頁。
43)「六呂師スキー場はや積雪一尺」、『福井新聞』、大正12年12月22日。
44) 福井県教育会（1930)、「体操指導日割」、『福井県』第3巻、第5号、75頁。
45)「壮快無比のスキー大会」、『福井新聞』、昭和5年2月17日。
46)「高野原スキー」、『福井新聞』、昭和6年1月18日。
47)「スキー大会」、『福井新聞』、昭和6年1月15日。
48)「高野ヶ原スキー倶楽部」、『福井新聞』、昭和7年1月18日。
49) 山口県スキー連盟、『五十年史』、1997年、124-125頁。
51) 大野中学校、大野中学校校友会誌、第26号1930年、202頁。
52) 大野中学校、『昭和4年学校日誌』、1929年、126頁。
52) 大野中学校、『昭和6年学校日誌』、1931年、126頁。
53) 大野中学校、「 スキー部」、『独立三十周年紙』、1935年。
54)「スキー講習」、『福井新聞』、昭和2年2月13日。
55)「小学校連合スキー大会」、『福井新聞』、昭和5年1月19日。
56) 芹沢生夫「武生スキークラブ小史」、『武生スキークラブ』、447-458頁。
57)「スキー講習会」、『福井新聞』、昭和6年1月15日。

ソビエト占領下ドイツにおける州政府のスポーツ関係規定（1945-1949年）―内容と特徴を中心として―

實學淳郎

1. 本稿の意図

第二次世界大戦後ドイツを四つに分割占領したアメリカ、イギリス、フランス、ソビエト連合国の最高決定機関は、常設の四ヵ国外相会議であり、その下には連合国管理理事会（Allied Control Commission、以下、ACC と表記）が、さらにその下には各占領地区の軍政があった。ブランデンブルク、ザクセン、ザクセン・アンハルト、テューリンゲン、メクレンブルクで構成され、後のドイツ民主共和国にほぼ継承される地区は、ソビエト占領地区（Sowjetische Besatzungszone、以下 SBZ と表記）と呼ばれ、その最高権力はソビエト軍政部（Sowjetische Militäradministration in Deutschland、以下、SMAD と表記）が有していた[1)]。

SBZ における戦後スポーツ改革に関する従来の研究の多くは、占領下という特殊な状況やドイツ占領機構等を背景に、スポーツに関係する諸規定（以下、スポーツ関係規定と表記）として、ACC や SMAD によって出された規定を重視してきた[2)]。

しかし、戦後ドイツの占領行政は占領権力によってのみなされたのではなく、ドイツ人も行政に積極的に関与していた[3)]。

SBZ における戦後スポーツ改革を究明する際にも、ドイツ側行政によるスポーツ政策という視点は重要と思われる。ドイツ側行政は占領権力のスポーツ政策にどのように対応し、ナチス期に濫用され、戦争で荒廃したスポーツをどのように再建しようとしたのであろうか。

本稿では、中央政府不在の SBZ において、ドイツ側の最高権力機関であった州政府に着目したい。この州政府のスポーツ政策を検討するには、州政府のスポーツ政策主体の構造関係、各主体の意図及び変化などを明らかにする必要があるが、ここでは、ACC や SMAD のスポーツ関係規定の内容を整理しつつ、主に各州の法令集を手懸かりに、州政府によって出されたスポーツ関係規定の内容を明らかにし、その特徴を検討したい[4]。

メクレンブルク州の諸規定が1946年以降しかみあたらず、また、ザクセン・アンハルト州では1946年まではザクセン州の諸規定が有効であったことなどから、規定の数や種類は州によって異なるが、SBZ における戦後スポーツ改革を究明するための一資料を提示できると考えられる。

2. SBZ における社会・スポーツの状況

ここでは州政府のスポーツ関係規定の内容を理解するために、SBZ における社会・スポーツの状況について簡単に述べておきたい。

2.1 SBZ における社会の状況

1945年５月７日、壮絶なベルリン攻防戦の戦火はやみ、ヨーロッパでの第二次世界大戦は終結した。ドイツは、700万人の生命を失い、3500万人の戦傷者を出し、200万人の住居を完全に破壊されて、大都市のほぼ４分の３は廃墟と化していた。

ベルリンは、ACC に直属する四つの連合国当局が統治することになり、７月17日から始まったアメリカ、イギリス、ソビエト首脳部によるポツダム会談で、ドイツ占領の基本方針として、ドイツの非軍事化、非ナチ化、民主化、工場解体が決定された[5]。ドイツの地方分権化も連合国の合意事項の一つであったが、SBZ は西側３地区と異なり、行政権限の力点が州レベルから次第にはっきりと中央へ移行し、州の連邦主義は形式上存在したが殆ど作用しなかった[6]。

SBZ での占領行政、経済、社会の発展は、西側３地区のそれとは著しく異なっていた。西側では州レベルを越えるドイツ人の政治的、社会的活動はかなり長期間にわたり制限されたが、SBZ ではドイツ人の政党結成活動が最初から州レベルを越えて占領地域全体にまたがるものとして許可されたのである。ソビエトだけがその占領地区に忠実なドイツ側代行者、即ち、ドイツ共産党を持っていたからであった。このドイツ共産党とドイツ社会民主党にやがて組織統一の動きが生まれ、1946年４月に両党が合同してドイツ社会主義統一党（Sozialistische Einheitspartei Deutschlands、以下、SED と表記）が発足した。これによって、SED は SBZ における強大な政党となった。

1946年10月20日に SBZ 全州で州議会選挙が実施され、その後、SBZ 全州に州行政が成立し、州憲法が制定された。各州の首相には州行政長官が横滑りし、第一副長官は全員内務大臣に就任した。ザクセン・アンハルトとブランデンブルクの議会では SED は過半数に達していなかったが、SMAD の力添えで州政府の最重要のポストを占めることができたのである[7)]。

東西両陣営の対立が深まる中で、ドイツの統一という連合国が当初目指していた基本方針は次第に崩れ、ソビエト代表の ACC からの脱退（1948年３月)、西側３地区で行われた通貨改革（1948年６月）とそれに対抗して行われた SBZ での通貨改革、そして、ソビエトによるベルリン封鎖（1948年６月から）などが、ドイツの分裂を決定的なものとした。

2.2 SBZ におけるスポーツの状況

スポーツ分野でも戦争の被害は人的、物質的に著しいものがあった。さらに、SBZ におけるスポーツの再建は、主にポツダム協定（その中で、ナチスやその付属機関・下部機関の解体、ナチス党員の追放等も規定していた）や、ACC 及び SMAD の諸規定によって制限された。特に、1945年12月17日に出された ACC 訓令第23号は「ドイツにおけるスポーツの制限と非軍事化」と題され、戦後ドイツスポーツの重要な指針の一つとなった。同訓令は、ドイツ降伏以前に存在したすべてのスポーツ的、競技的、軍事的、準軍事的競技組織「クラブ（Klub)、連盟、施設、その他の組織」のすべての活動の禁止、及び、遅くとも1946年１月１日までのそれらの解散、すべての軍事的、競技的組織の指導や継続の禁止、すべての組織における軍事的及び軍事的性格の競技の練習及びその種の練習指導の禁止を規定する一方で、地域的性格の非軍事的なスポーツ組織の存在を認めていた。しかし、それらのスポーツ組織の新設もクライス（Kreis、以下、郡と表記）レベルを越えないことが条件とされ、新設の認可権限は地区司令官に委ねられた[8)]。

このような人的、物質的悪条件及び占領権力の監視下で始まった SBZ におけるスポーツの再建には、当初、元労働者スポーツ連盟のメンバーや、国家社会主義体育連盟（Nationalsozialistischer Reichsbund für Leibesübungen、以下、NSRL と表記）のフェラインに属していた反ファシズムを志向するメンバーなど多様な考えを持つ者が参加した。これらのスポーツグループは、1945年末から自治体のスポーツ局、青年局、体育局や反ファシズム青少年委員会と結び付いていった[9)]。

SMAD のスポーツへの関与は当初からあったとされる。西側３地区と異なり、1945年７月末という早い時期にドイツスポーツの核とも言えるスポーツフェライン（Sportverein）の禁止という措置を明確に打ち出した SMAD は、自治体に属する反ファシズム青少年委員会の、また自由ドイツ青年同盟（Freie Deutsche Jugend、以下、FDJ と表記）のスポーツ部設立以後は FDJ のスポーツを助成しようとしたのである[10)]。FDJ は1946年３月超党派の大衆団体として設立されたが、実際にはドイツ共産党が圧倒的な影響力を持ち、他の大衆団体と同様、ドイツ共産党の後継政党である SED の賛助団体となった。

連合国は当初全ドイツにおいて、スポーツの非ナチ化、非軍事化を強く要求し、特にスポーツフェラインの再開・設立には慎重であった。しかし、諸都市の中で特別な位置にあったベルリンの連合国司令部は、1947年３月に指令第66号を発し、非政治的なスポーツ組織の設立を認可した[11)]。この指令への対応によって、西側３地区と SBZ のスポーツの再建は大きな差を生じさせ始める。1947年12月に西側３地区では計46のスポーツフェラインが認可されたのに対し、SBZ では1948年４月に ACC 第23号を維持していく方針が SMAD と SED の間で確認され、スポーツフェラインは許可されることはなかったのである。

冷戦の激化とともに、1948年になると SMAD のスポーツへの関与はさらに強まる。同年５月 SMAD は SED 指導部に党の規律強化と大衆団体への指導強化などを求め、スポーツ分野ではその指導を FDJ に委ねると「不意」に通知したのである[12)]。しかし、ソビエト共産党のコムソモールに相当する SED の FDJ にスポーツを委ねることに多くのスポーツマンは批判的であった。

後に政権を担った SED のスポーツに関する方針が明確にみられるのは、

1948年６月29日、30日に開催された SED 党幹部会第11会議の史料「統一的スポーツ促進運動建設に関する基本方針」である。この方針からは、SED が戦前のスポーツの払拭やソビエトスポーツの導入を意識していたこと、そして、「超党派」と明記しながらも実際には SED の賛助団体となっていた FDJ と自由ドイツ労働組合同盟（Freier Deutscher Gewerkschaftsbund、以下、FDGB と表記）という二つの大衆組織を中心に、その政治的目標のためにスポーツ促進運動を展開しようとしていたことが明らかである。また、この方針では、スポーツフェラインに代わって地区､学校､企業に「スポーツ共同体」(Sportgemeinschaft)を設立することが記されていることも重要であろう[13)]。一方､他の政党もスポーツの再建に関して様々な考えを持っていたが、同じ党でも意見が分かれるなど、統一した意見を持ち得なかった[14)]。

先述の「統一的スポーツ促進運動建設に関する基本方針」は公開されることはなかったが、その約１ヵ月後の８月１日に SBZ では、FDJ 中央評議会議長と FDGB 幹部会議長の共同署名による「民主的スポーツ促進運動設立に関する声明」が出された。この声明は大衆団体によって出されたが、これらの団体が SED の賛助団体であったこと、また、この声明の内容が先の「統一的スポーツ促進運動建設に関する基本方針」と類似していることが、同声明の性格を知る上で重要である。さらに、この声明において、社会主義諸国家独特の「身体文化」という用語が早くも使用されていることに注意する必要があろう[15)]。以上の声明に応じ、1948年10月にドイツスポーツ委員会及び州・郡スポーツ委員会が設立された。

3. 占領権力のスポーツ関係規定の出された時期と内容

戦後連合国がドイツスポーツを実際どのような方針によって統制あるいは助成しようとしたのかについて全般的に取り扱った研究はみあたらず、また、SMAD のスポーツ関係規定についても従来それを包括的に取り扱った研究はみられないので、ここでは、SBZ 各州の法令集や SMAD の諸規定を集めた文書集等を手懸かりに、ACC 及び SMAD のスポーツ関係規定の出された時期と内容を整理しておきたい。

3.1 ACC のスポーツ関係規定の出された時期と内容

1945年6月5日に設立された ACC の SBZ 各州の法令集等に記載されているスポーツ関係規定は、法令第1号（1945年10月1日）、法令第2号（1945年10月10日）、法令第8号（1945年11月30日）、訓令第23号（1945年12月17日）、法令第10号（1945年12月20日）、訓令第24号（1946年1月12日）、法令第23号（1946年4月10日）、法令第34号（1946年8月20日）、訓令第37号（1946年9月26日）、訓令第38号（1946年10月12日）、訓令第45号（1946年11月9日）などである。

このように、ACC のスポーツ関係規定は、1945年から1946年に出されている。内容の詳細は後述するが、それらは、主にスポーツの非ナチ化（ナチスに関係したスポーツ関係者の逮捕、処罰、公職追放、諸組織・団体の禁止及び解散)、スポーツの非軍事化（軍事的な訓練・スポーツ種目、プロパガンダ、活動の禁止、関連する組織・団体・施設の活動の禁止、用具の制限）を規定するものであり、解散される諸組織については財産の差し押さえを指示している。これらは、戦後の連合国のドイツ占領政策の基本方針である非ナチ化、非軍事化に応じたものであったと考えられる。しかし、地域的、非軍事的なものに限定していたが、ACC が1945年12月末よりスポーツ活動を認めていたこと（訓令第23号）にも注意を払う必要があろう。なお、ACC は、1948年3月20日ソビエトの代表が脱退することによって解散し、その効力を失った。

3.2 SMAD のスポーツ関係規定の出された時期と内容

ACC の諸規定とは別に、1945年6月9日にベルリンのカールスホルストに設置された SMAD もまた、独自に指令（Befehle）などを発した。SBZ で発せられた SMAD の指令については、ACC の各種法令を一方的に受け継ぎ具体化したものではなく、むしろ SMAD の指令が ACC の決定を先取りした事実もしばしば指摘されている[16)]。ここでは、SMAD の諸規定を集めた文書集等を分析し、スポーツ関係規定の内容を通時的に述べていきたい。

SMAD のスポーツ関係規定の最初のものは、1945年7月31日に出された指令と思われる[17)]。同指令では、青少年委員会の設立とともに、スポーツフェラインなどの活動の禁止が指示されている[18]。

1945年９月17日に出されたナチス期の諸法令廃棄に関する SMAD 最高司令官指令第66号[19] は、ACC 法令第１号と同様に破棄すべきナチス期の諸法令が明示され、その中にはヒトラー・ユーゲント法などもみられる[20]。

同年９月29日には SMAD 最高司令官指令第80号[21] が出された。同指令は、ACC 法令第２号と同様ナチス諸組織の解散を指示し、断固解散すべき組織として NSRL、ヒトラー・ユーゲント、突撃隊、親衛隊などを明記している[22]。

同年10月30日、31日にはそれぞれ SMAD 最高司令官指令第124号[23] と指令第126号[24] が出された。指令第124号は、SMAD によって禁止、解散された協会、クラブ、連盟等の財産の差し押さえ等を指示したものであり[25]、一方、指令第126号は、ナチス、その諸機関、それと結び付いた諸連盟の財産をソビエト軍政部によって差し押さえることを指示し、そのリストに NSRL などを明記したものである[26]。

1947年６月20日には SMAD 最高司令官指令第156号[27] が出された。同指令は、教育機関の指導や青少年の教育を一元化するために、青少年委員会の所轄を社会局から教育局に移管することなどを定めたものである[28]。

同年８月16日には SMAD 最高司令官指令第201号[29] が出された。同指令は、ACC 訓令第24号、訓令第38号との関連で、非ナチ化の実施を通達したものである[30]。

以上のように、SMAD のスポーツ関係規定は、1945年から1947年に出されている。ナチスに関係したスポーツ関係者の逮捕、処罰、公職追放、諸組織・団体の禁止、解散、財産の差し押さえなど、ACC のスポーツ関係規定と同様のものも多いが、スポーツフェラインの活動の禁止という措置を1945年７月末、つまり戦後すぐに明確に規定していることや、スポーツフェラインを含めすべての青少年団体・組織の活動を禁止する一方で、青少年委員会のみの活動を援助しようとしていることなどは ACC の諸規定とは異なることである。

4. 各州政府のスポーツ関係規定の内容と特徴

ここでは、主に各州の法令集を手懸かりに、各州政府によって出されたスポーツ関係規定の内容と特徴を明らかにしたい。

4.1 ザクセン州政府のスポーツ関係規定の内容と特徴

ザクセン州法令集において、スポーツに関係する最初のザクセン州の規定は1945年９月６日の行政粛清に関する命令[31]と思われる。同命令はザクセン州の行政諸局からのナチス党員の排除を規定した。ACC や SMAD 以前に、ナチス期のスポーツ統轄団体であった NSRL 関係者とともに、ナチス期のスポーツにも重要な役割を果たした突撃隊、親衛隊、ヒトラー・ユーゲントの関係者を排除すべき積極的なナチス関係者として明確に位置づけていることが特徴的である。

翌９月７日には反ファシズム青少年委員会設立に関する命令[32]が出された。同命令の中では、ナチズムが支配した12年間、来るべき侵略戦争のために、青少年が精神的にも、また、国防スポーツや野外演習によって身体的にも訓練されていたことが批判され、青少年からナチス的、軍国主義的思考を根絶することが第一の課題とされた。同命令の中では、スポーツは、演劇やダンスなどとともに、真の生活の喜びを青少年に享受させることに役立つものと肯定的な評価がなされている。そして、ソビエト当局の同意を得て、地方長官、郡長、市長所轄の教育局に青少年委員会専門の部局を設置すること、青少年活動に必要なスポーツ用具・施設を利用させることが定められている。その他、すでに存在する青少年委員会を命令や実施規定によって改組することや、すべての他の政治的、スポーツ的な青少年組織はソビエト当局の命令によって禁止されているので、それらが存在する時、解散することなども同命令は定めている[33]。

同日、青少年委員会設置命令に関する実施規定[34]が出された。同規定では、青少年委員会の専門委員は、青少年活動の経験がある者でなければならず、さらにできれば1933年以前に反ファシズム青少年運動に従事した者が望ましいと規定された。青少年委員会は六つの部門（青少年指導者、少女代表者、文化担当者、反ファシズム宣伝活動担当者、企業活動・労働配置担当者、スポーツ担当者）で構成されることとされ、スポーツ担当者は、青少年のスポーツ活動を組織し、その際いわゆる国防スポーツに類さないものを行うことに留意することなどが定められている。また、同規定では、青少年スポーツは幅広い階層の青少年を反ファシズムの青少年活動に獲得することに役立つものとされ、サッカー、バレーボール、体操、卓球・テニス、水泳、ボート、冬季スポーツ等の個々のスポーツ種目で練習時間を定め、スポーツ競技会の準備に取りかかるべきとされている。

翌1946年１月21日の学校粛清命令に関する第二実施規定[35]では、教育部門の課題としてスポーツ大会の開催等があげられている。同年５月22日にはフェライン等の再調整に関する命令[36]が出された。その中ではすべてのフェラインの解散が指示された他、解散されたフェラインの財産の差し押さえやその受託者などが定められた。

1948年５月17日にはスポーツフィッシング組合などの解散に関する命令[37]が出された。同命令はザクセン州に存在するスポーツフィッシング組合、スポーツフィッシング賃貸契約共同体、以前のフィッシングフェラインを直ちに解散することなどを規定している[38]。同命令で重要と考えられるのは、同命令が1945年の ACC 訓令第23号に基づいたものであると記されていることである。先に述べたように、ベルリンの連合国司令部は、1947年３月に指令第66号を発し、非政治的なスポーツ組織の設立を認可したにもかかわらず、SBZ では1948年４月に ACC 訓令第23号を維持していく方針が SMAD と SED の間で確認され、スポーツフェラインは許可されることはなかった。同命令が訓令第23号に基づいたものであると記されていることは、そのことを裏付けるものと言えよう。なお、訓令第23号によって解散されたスポーツフェラインの財産は、解散した時点で所轄の自治体へ移管していることが1948年の命令によって確認されている。

そして、1948年11月16日にはスポーツ共同体登記に関する命令[39]が出された。同命令は、解散されたスポーツフェラインに代わって新しくつくられるスポーツ共同体に関するもので、同州においてつくられるスポーツ共同体は内務省に登録しなければならないことや、所定の申請書にそのスポーツ共同体の指導者、会員数、スポーツ種目（種類）を明記しなければならないことなどを定めている[40]。スポーツフェラインではなく、SED の「統一的スポーツ促進運動建設に関する基本方針」（1948年６月）から使用されているスポーツ共同体という名称が使用されていることや、それを州レベルで実施しようとしていること、その登記を内務省によって厳しく監視しようする姿勢に注意する必要があろう。

4.2 テューリンゲン州政府のスポーツ関係規定の内容と特徴

テューリンゲン州法令集におけるスポーツに関係する最初のテューリンゲン州の規定は、1945年７月23日のナチ分子の公的機関からの排除に関する法律[41]と思われる。同法はテューリンゲン州の公的機関から排除する対象者として突撃隊、親衛隊、ヒトラー・ユーゲントを明記している。ザクセン州と同様 ACC や SMAD の諸規定に先立ちスポーツの非ナチ化が目指されているが、ザクセン州の規定とは異なり、同法には NSRL の関係者については明記されていない。同法の実施・遂行命令は７月25日に出されている[42]。

同年10月９日にはナチス諸財産の没収及び差し押さえに関する法律[43]が出された。同法は SMAD 最高司令官の命令（日付、内容不明）に基づいて、突撃隊、親衛隊、ヒトラー・ユーゲント関係者の財産を没収、差し押さえることなどを定めている。また、同年11月20日には、SMAD 最高司令官指令第124号及び指令第126号の実施命令[44]が出され、二つの指令で定められた財産の差し押さえを11月中に徹底して遂行することが指示された。指令第124号は SMAD によって禁止、解散された協会、クラブ、連盟等の財産の差し押さえ等を指示したものであり、指令第126号は、ナチス、その諸機関、それと結び付いた諸連盟の財産はソビエト軍によって差し押さえられることを規定し、そのリストには NSRL を明記している。

1948年７月23日に出された青少年局の設立と課題に関する法律[45]では、すべての郡と都市の教育局に青少年局を設置することが定められるとともに、その課題の一つに青少年スポーツ、青少年のヴァンデルン、ユースホステルの援助と監視が定められた[46]。同法は、教育機関の指導や青少年教育を一元化することなどを定めた SMAD 最高司令官指令第156号（1947年６月20日）との関連で出されたものであった。同年12月１日にはスポーツ共同体登記に関する州警察命令[47]が出された。この内容は、同年11月16日にザクセン州で出されたスポーツ共同体登記に関する命令の内容とほぼ同じである。

1949年1月28日には上述の青少年局の設立と課題に関する法律の実施命令[48)]が出された。その中では、自治体の教育機関の課題として、スポーツ施設、ユースホステルの設置、保持の際の協力が定められるとともに、FDJ の地域グループと FDJ の児童機関として1948年12月13日に設立されたユンゲ・ピオニールを州として助成することも定めている[49)]。

4.3 ブランデンブルク州政府のスポーツ関係規定の内容と特徴

ブランデンブルク州法令集において、スポーツに関係する最初のブランデンブルク州の規定は1945年8月20日の青少年局の青少年委員会[50)]という布告と思われる。この中では、青少年局に青少年委員会が設置されることの他、青少年団体はスポーツ的なものも含めてすべて禁止されることが定められている[51)]。この禁止は、ザクセン州（同年9月7日）とともに、SBZ において時期的にはかなり早いものである。

同年10月20日にはナチス期の諸法令の廃棄[52)]が、ナチス期の諸法令の廃棄を定めた SMAD 最高司令官指令第66号及び指令第79号に基づいて出された。その廃棄するリストの中には、ヒトラー・ユーゲント法も明記されている。また同月24日には、ナチス諸組織の解散に関する SMAD 最高司令官指令第80号及び ACC 法令第2号の関連で、ナチ諸組織の解散[53)]が州政府によって命じられた。解散すべき団体を載せた法令第2号リストが付記されたが、その第43項目には NSRL が明記されている。

翌1946年8月26日には、水上スポーツに関する布告[54)]が出され、漁業との関連でその練習上の注意が指示されている。同年12月9日には、1946年1月12日の ACC 訓令第24号の実施[55)]が通達された。訓令第24号は、名目的な者以外のすべてのナチス党員を公職及び半公職から追放することを指示したものであったが、この第10項目「強制追放・排除カテゴリー」に NSRL が明記されたことによって、如何なる時代にあっても NSRL の役職にあった者はすべての公職、半公職、私的企業の責任ある地位から排除されることになった。

1948年1月15日に出された青少年局の設立と課題に関する法律[56)]は、児童保育所の指導などを定めた SMAD 最高司令官指令第225号と先の指令156号を実施し、すべての青少年に関する業務を統一的に取り扱うことを目的としたものであったが、その中では、郡及び都市の青少年局の課題として、青少年スポーツ、ヴァンデルンの助成と監視などが定められている。

翌1949年１月15日の郡における地域レクリエーション実施に関する基本方針[57]では、教育局の青少年助成の課題の一つとして、地域のレクリエーションの実施が定められ、児童・青少年のために、遊戯、スポーツ、ジムナスティックを実施することなどが定められている[58]。同年２月22日の芸術グループなどに関する布告[59]では、同年１月22日の諸団体の民主的大衆団体への移管に関する命令を実施することが定められている。同命令では地域に存在するヴァンデルンのグループを FDJ に組み入れることなどが規定されている[60]。

4.4 ザクセン・アンハルト州政府のスポーツ関係規定の内容と特徴

先に述べたように、ザクセン・アンハルト州が州に昇格したのは1947年３月19日であり、1946年末までは、ザクセン州の諸法令が有効であった。1947年以後のザクセン・アンハルト州法令集において、スポーツに関係する最初のザクセン・アンハルト州の規定は、1947年３月19日の1919年以後に生まれた者の非ナチ化に関する法律[61]と思われる。同法では1919年以後に生まれたナチス関係者について、その政治的、経済的生活の同権等を保障する旨が通知されたが、親衛隊やヒトラー・ユーゲント関係者の一部についてはその例外と規定された。

同年６月13日の水上スポーツに関する警察命令[62]では、水上スポーツに関係する用具の登記などが定められている。また、同年10月７日には、州内務省が布告[63]を発し、ACC 訓令第24号、訓令第38号に関連する SMAD 最高司令官指令第201号に基づいて、非ナチ化の実施を通達した。1946年10月12日に発せられた訓令第38号は、戦争犯罪人、軍国主義者、ナチス党員の逮捕、処罰を具体的に規定し、NSRL の指導者やすべてのスポーツ領域の指導者は重罪の対象として、すべての役職にあった者及び重罪のグループに属さない者は有罪の対象者として入念に検査することを定めていた。また、1947年８月16日の指令第201号は、上述の ACC 訓令第24号及び訓令第38号の適用に関する規定である。

1948年２月５日には青少年局の教育機関への移管に関する命令[64] が出され、SMAD 最高司令官指令第156号に基づいて、青少年局を教育局に移管することなどが定められた。1947年６月20日に発せられた指令第156号は、教育機関の指導や青少年教育を一元化するために、青少年委員会の所轄を社会局から教育局に移管することなどを定めていた。

翌1949年１月28日にはスポーツ共同体登記に関する警察命令[65] が出された。この内容は、上述したスポーツ共同体登記に関するザクセン州の命令、テューリンゲン州の命令の内容とほぼ同じである。同年５月14日には、上述した青少年局の教育機関への移管に関する命令の第一実施規定[66] 及び第二実施規定[67] が出された。第一実施規定では、青少年助成部門の課題の一つとして、青少年スポーツ、青少年のヴァンデルン、ユースホステルの援助と監視が定められ、第二実施規定では、自治体の教育機関の課題として、スポーツ施設、ユースホステルの設置、保持の際の協力の他、FDJ の地域グループ及びユンゲ・ピオニールの州としての助成などが定められている[68]。第二実施規定のスポーツに関する事項は1949年１月28日のテューリンゲン州の命令のものと類似している[69]。

4.5 メクレンブルク州政府のスポーツ関係規定の内容と特徴

メクレンブルク州のスポーツ関係規定は、以上の４州と比べて非常に少ない。メクレンブルク州の諸規定が1946年からしかみられないことも関係すると思われるが、その明確な理由については不明である。

メクレンブルク州法令集におけるスポーツに関係する最初のメクレンブルク州の規定は、1946年６月19日の ACC 法令第23号の実施に関する命令[70] と思われる。同命令では、ドイツにおける軍事施設（飛行艇基地、射撃・訓練施設を含む）の使用の禁止を定めた ACC 法令第23号（1946年４月10日）を遂行することが定められた[71]。同年８月16日には SMAD 最高司令官指令第124号、指令第126号に基づき、法令第４号[72] が出され、ファシストや戦争犯罪者の財産を一時的に州に移管することなどが定められた。

翌1947年２月21日の法令第４号の第一実施命令[73] では、その実施を州首相と内務省の所轄下で遂行することなどが定められている。

1949年1月15日には、スポーツ共同体登記に関する命令[74]が出された。この内容は、ザクセン州、テューリンゲン州、ザクセン・アンハルト州の内容とほぼ同じである。

5. SBZ における州政府のスポーツ関係規定の内容と特徴

ここでは明らかとなった SBZ における州政府のスポーツ関係規定の内容をまとめつつ、その特徴を検討したい。

1945年から1947年までの州政府によるスポーツ関係規定の主な内容は、ナチスに関係したスポーツ関係者の逮捕、処罰及び公職追放、スポーツ組織の活動の禁止、解散、財産の差し押さえ、軍事的スポーツ施設の使用禁止、ヒトラー・ユーゲント法の破棄であり、それらはスポーツの非ナチ化と非軍事化を定めたポツダム協定、ACC 及び SMAD のスポーツ関係規定に基づいたものであった。

テューリンゲン州やザクセン州が ACC や SMAD の諸規定に先立ちスポーツの非ナチ化を目指していることは、州政府の主体的なスポーツの非ナチ化への取り組みとして注目される。また、この時期に、ザクセン州は反ファシズム青少年委員会によるスポーツ活動を助成する規定を発しているが、このような規定は同州にしかみられず、スポーツへの対応に州によって相違があったことが窺える。

これらのことは、連合国のドイツ占領政策の基本方針、ACC のスポーツ政策、SBZ における西側3地区とは異なる SMAD の占領政策及びスポーツ政策、各州政府のスポーツへの対応などを背景としていたと考えられる。

1948年以後には戦後当初のスポーツの非ナチ化、非軍事化とは異なる内容が各州のスポーツ関係規定にみられる。

第一は、教育機関によるスポーツの助成や FDJ の活動の援助に関する規定である。これらの動きは、教育機関の指導や青少年教育を一元化するために出された SMAD の規定に基づいたものであった。

第二は、スポーツフェラインの解散とスポーツ共同体の登記に関する規定である。ザクセン州の規定によれば、「ドイツにおけるスポーツの制限と非軍事化」を定めた ACC 訓令第23号（1945年12月）が1948年5月においても有効であり、一方、スポーツ共同体の登記に関する規定は、ブランデンブルク州を除く SBZ

の４州においてほぼ同時期（1948年11月から1949年１月）に出されている。

SED の影響力がある FDJ の援助やスポーツフェラインと異なる政治的なスポーツ共同体の登記は、ドイツに伝統的なスポーツフェラインとの決別を示すものでもあった。

これらのことは、東西両陣営の対立が深まる中、1948年にドイツの分裂が決定的なものとなったこと、連合国司令部が1947年３月に非政治的なスポーツ組織の設立を認可したことによって西側３地区ではスポーツフェラインが許可されたのに対し、SBZ では1948年４月に SMAD と SED が訓令第23号を維持する方針を確認したこと、同年５月 SMAD が SED 及び大衆団体に対する関与をさらに強めたこと、他の政党がスポーツについて統一的な意見を持ち得なかったのに対し、SED が同年６月にスポーツに対する基本的な考え（スポーツ共同体を含む）をまとめたこと、SBZ において FDJ と FDGB を担い手とする民主的スポーツ促進運動が成立したことなどを背景としていたと考えられる。

註及び引用

1) 星乃治彦『東ドイツの興亡』青木書店：東京、1991年、48頁。
2) 例えば次を参照。Gallinat, Klaus. *Der Aufbau und die Entwicklung von Körperkultur und Sport in der SBZ/DDR am Beispiel regionaler Entwicklungen im Land Brandenburg (Mai 1945-Juli 1952)*. Peter Lang: Frankfurt am Main, 1997.
3) クリストフ・クレスマン著、石田勇治・木戸衛一訳『戦後ドイツ史　1945－1955　二重の建国』未來社：東京、1995年、76-77頁。
4) 主に次を使用。ブランデンブルク州【Gesetz- und Verordnungsblatt Brandenburg, Band Ⅰ（1945-1947), Band Ⅱ（1948-1949)】、ザクセン州【Gesetz- und Verordnungsblatt Land Sachsen, Band Ⅰ（1945-1946), Band Ⅱ（1947-1948), Band Ⅲ (1949)】、テューリンゲン州【Regierungsblatt für Thüringen, Band Ⅰ（1945-1946), Band Ⅱ（1947), Band Ⅲ（1948), Band Ⅳ（1949-1950)】、メクレンブルク州【Regierungsblatt für Mecklenburg, Band Ⅰ（1946-1947), Band Ⅱ（1948-1949)】、ザクセン・アンハルト州【Gesetz- und Amtsblatt Provinz Sachsen-Anhalt, Band Ⅰ (1947-1948), Band Ⅱ（1949-1950)】。
5) 成瀬治、黒川康、伊藤孝之『ドイツ現代史』山川出版社：東京、1987年、295頁。
6) 油井大三郎、中村政則、豊下楢彦編『占領改革の国際比較－日本、アジア、ヨーロッパ－』三省堂：東京、1994年、253頁。
7) H. ヴェーバー著、斉藤哲・星野治彦訳『ドイツ民主共和国史』日本経済評論社：東京、1991年、40-42頁。
8) ACC 訓令第23号は、各州法令集にはみあたらない。例えば次に所収。Hemken, R.

Sammlung der vom Alliierten Kontrollrat und der Amerikanischen Militärregierung erlassenen Proklamationen, Gesetze, Verordnungen, Befehle, Direktiven. Deutsche Verlags-Anstalt: Stuttgart, 1946.

9) 次を参照。Nicklaus, Hans. *Vom Kommunalsport zum Deutschen Sportausschuß.* Hofmann-Verlag: Schorndorf, 1982.

10) 次を参照。Mählert, Ulrich. *Die Freie Deutsche Jugend 1945-1949.* Ferdinand Schöningh: Paderborn, 1995.

11) Wonnebener, Günther. "CHRONIK DES DDR-SPORTS Teil Ⅰ : 1945-1949"; in: BEITRÄEGE ZUR SPORTGESCHICHTE 1 (1995), S. 23.

12) Ebenda, S.29.

13) 次を参照。Forst, Wolfhard (Hg.). *Studienmaterial zur Sportwissenschaft. Quellenauszüge zur Sportgeschichte Teil Ⅱ : 1945-1970 (DDR-Sport).* Wiss.-Techn. Zentrum der Pädagog. Hochsch. "Karl Liebknecht": Braunschweig, 1991.

14) Wonnebener, Günther. "CHRONIK DES DDR-SPORTS Teil Ⅰ : 1945-1949", a.a.O., S. 32.

15) 社会主義諸国家では身体文化は精神文化との対比で使用される場合が多かった。内容は、体育、スポーツ、レクリエーション、観光旅行等を総称する。ただし、歴史的には競技スポーツを除外した時代もあった。

16) 木戸衛一「ソ連占領下ドイツにおける戦後改革の諸相」『歴史学研究』第600号、1989年、37頁。

17) この指令には、他の多くと同じように指令番号はみられず、またこの指令は二つの新聞を通じて知らされたとされる。

18) Mählert, Ulrich. *Die Freie Deutsche Jugend 1945-1949*, a.a.O., S. 47.

19) Befehl Nr. 66 des Obersten Chefs der Sowjetischen Militäradministration in Deutschland über die Abschaffung der Sondergerichte und die Aufhebung der faschistischen Gesetze.

20) Below, G.A. (Hg.). *Dokumente aus den Jahren 1945-1949. Um ein antifaschistich-demokratisches Deutschland.* Staatsverlag: Berlin, 1968, S. 156-157.

21) Befehl Nr. 80 des Obersten Chefs der Sowjetischen Militäradministration in Deutschland über die Auflösung nazistischer Organisationen.

22) Below, G.A. (Hg.). *Dokumente aus den Jahren 1945-1949. Um ein antifaschistich-demokratisches Deutschland*, a.a.O., S. 162-164.

23) Befehl Nr. 124 des Obersten Chefs der Sowjetischen Militäradministration in Deutschland über die Beschlagnahme und die Übernahme einiger Eigentumskategorien.

24) Befehl Nr. 126 des Obersten Chefs der Sowjetischen Militäradministration in Deutschland zur Konfiskation des Eigentums der nationalsozialistischen Partei, ihrer Organe und der ihr angeschlossenen Organisationen.

25) Below, G.A. (Hg.), *Dokumente aus den Jahren 1945-1949. Um ein antifaschistich-demokratisches Deutschland*, a.a.O., S. 189-192.

26) Ebenda, S. 194-196. 同指令の一覧は、連合国管理理事会法令第２号の補遺とほぼ同じであるが、若干異なる表記もみられる。例えば、国家社会主義体育連盟について、法令第２号では「NS-Reichsbund für Leibesübungen」、指令第126号では「NS Sportbund」と記されている。
27) Befehl Nr. 156 des Obersten Chefs der Sowjetischen Militäradministration in Deutschland über die Überführung der Jugendämter in die Organe für Volksbildung.
28) Gesetzblatt des Landes Sachsen-Anhalt, Teil Ⅰ, Nr. 7, 15.3.1948, S. 42.
29) Befehl Nr. 201 des Obersten Chefs der Sowjetischen Militäradministration in Deutschland über die Anwendung der Kontrollratsdirektiven Nr. 24 und Nr. 38 über die Entnazifizierung.
30) Below, G.A. (Hg.). *Dokumente aus den Jahren 1945-1949. Um ein antifaschistich-demokratisches Deutschland,* a.a.O., S. 489-492.
31) Verordnung über die Säuberung der Verwaltung.
32) Verordnung über die Bildung von antifaschistischen Jugendausschüssen.
33) Verordnungsblatt für die Provinz Sachsen, Nr. 2, 20.10.1945, S. 32-33.
34) Ausführungsbestimmungen zur Verordnung über die Bildung von Jugendausschüssen.
35) Zweite Ausführungsbestimmung zur Verordnung zur Säuberung der Schulen.
36) Verordnung über die Neuregelung des Vereins- und Genossenschaftswesens.
37) Anordnung über die Auflösung von Sportfischergenossenschaften, Sportfischerpachtgemeinschaften und Angelervereinen.
38) GESETZ- UND VERORDNUNGSBLATT LAND SACHSEN, Nr. 14, 12.6.1948, S. 329.
39) Verordnung über die Registrierung von Sportgemeinschaften.
40) GESETZ- UND VERORDNUNGSBLATT LAND SACHSEN, Nr. 29, 10.12.1948, S. 627.
41) Gesetz über die Reinigung der öffentlichen Verwaltung von Nazi-Elementen.
42) Regierungsblatt für das Land Thüringen, Nr. 3, 4.9.1945, S. 6-7.
43) Gesetz über die Sicherstellung und Enteignung von Nazivermögen.
44) Verordnung zur Durchführung der Befehle Nr. 124 und 126 des Obersten Chefs der Sowjet-Militär-Administration in Deutschland.
45) Gesetz über Aufbau und Aufgaben der Jugendämter.
46) REGIERUNGSBLATT FÜR DAS LAND THÜRINGEN, Nr. 13, 20.8.1948, S. 89.
47) Landespolizeiverordnung über die Registrierung von Sportgemeinschaften.
48) 1. Durchführungsverordnung zum Gesetz über Aufbau und Aufgaben der Jugendämter vom 23. Juli 1948.
49) REGIERUNGSBLATT FÜR DAS LAND THÜRINGEN, Nr. 3, 31.3.1949, S. 23.
50) Jugendausschüsse bei den Jugendämtern.
51) Verordnungsblatt der Provinzialverwaltung Mark Brandenburg, Nr. 1, 20.10.1945,

S. 18. なお、同命令は1945年11月20日に破棄された。

52) Aufhebung faschistischer Gesetze.

53) Auflösung der Naziorganisationen.

54) Fischerei und Wassersport.

55) Durchführung der Direktive Nr. 24 des Alliierten Kontrollrates.

56) Verordnung über Aufbau und Aufgaben der Jugendämter.

57) Richtlinien für die Durchführung der örtlichen Erholung in den Kreisen.

58) Gesetz- und Verordnungsblatt der Landes Brandenburg, Heft 4, 21.2.1949, S. 62-63.

59) Volkskunstgruppen und Volksbildende Vereine.

60) Gesetz- und Verordnungsblatt der Landes Brandenburg, Heft 6, 21.3.1949, S. 110-111.

61) Gesetz zur Entnazifizierung von Personen, die seit dem 1. Januar 1919 geboren wurden.

62) Polizeiverordnung zur Registrierung aller Wassersportfahrzeuge, Handkähne, Boote und Außenbordmotoren.

63) Amtliche Bekanntmachungen. Minister des Innern.

64) Anordnung über die Durchführung des Befehls Nr. 156 der Sowjetischen Militär-Administration in Deutschland vom 20. Juni 1947 über die Überführung der Jugendämter in die Organe für Volksbildung.

65) Polizeiverordnung über die Registrierung von Sportgemeinschaften.

66) Erste Durchführungsbestimmung zur Anordnung der Landesregierung Sachsen-Anhalt vom 5. Februar über die Durchführung des Befehls Nr. 156 der Sowjetischen Militäradministration in Deutschland vom 20. Juni 1947 betreffend die Überführung der Jugendämter in die Organe für Volksbildung.

67) Zweite Durchführungsbestimmung zur Anordnung der Landesregierung Sachsen-Anhalt vom 5. Februar über die Durchführung des Befehls Nr. 156 der Sowjetischen Militäradministration in Deutschland vom 20. Juni 1947 betreffend die Überführung der Jugendämter in die Organe für Volksbildung.

68) GESETZBLATT DES LANDES SACHSEN-ANHALT, Nr. 12, 10.6.1949, S. 185-187.

69) Ebenda, S .187-188.

70) Verordnung zur Durchführung des Gesetzes Nr. 23 des Kontrollrats vom 10. April 1946 betr. Verbot militärischer Bauten in Deutschland.

71) Amtsblatt der Landesverwaltung Mecklenburg-Vorpommern, Nr. 4. 12.8.1946, S. 80-81.

72) Gesetz Nr. 4 zur Sicherung des Friedens durch Überführung von Betrieben(Eigentumskategorien) der Faschistischen und Kriegsverbrecher in die Hände des Volkes.

73) 1. Durchührungsverordnung zum Gesetz Nr. 4 zur Sicherung des Friedens vom 16.August.

74) Verordnung über die Registrierung von Sportgemeinschaften.

旧東ドイツの「青少年スポーツ学校」からドイツ統一後の「スポーツ強化学校」への改革・再編について

藤井雅人

1. はじめに

ドイツ民主共和国、すなわち旧東ドイツのスポーツが驚異的な国際競技力を有していたことはよく知られている。その背景には、旧東ドイツが社会主義的イデオロギーの下で、それを国家的重要政策課題とみなし、集中的な予算投下によって多数の世界的なトップアスリートの輩出を実現してきたということがある。「トレーニングウェアを着た外交官」と呼ばれた、こうしたトップアスリートを育成するシステムを支えた基盤の1つが、旧東ドイツ全土で25箇所に設置された「青少年スポーツ学校（Kinder- und Jugendsportschule：以下「KJS」とする）」であった。KJS では、旧東ドイツ全土から才能を見出され、集められてきた青少年アスリートが、数年間にわたり集中的にトレーニングされ、卒業後トップアスリートへと成長を遂げていくのであった。この KJS は「メダリスト養成所」とも呼ばれるほど、トップアスリートの輩出に大きく貢献した[1)]。

しかし、KJS には、そうしたスポーツ面での大きな成果が認められる一方で、過度な勝利至上主義の蔓延、学習活動の軽視の傾向、心身への過剰負担による障害の発生など、アスリート育成の影の部分として、青少年の健全な発育発達が軽視されてきたのではないかという批判も見られる[2)]。例えば、わが国では近年、競技団体によるエリート育成のためのアカデミー事業[3)] が活発に展開されるようになってきているが、トップアスリートの効率的な輩出が期待できるそうした事業に対して、KJS で見られたように、青少年の健全な発育発達が保証されない危険性があるのではないかとの声も根強くあり、それへの対応策の必要性が強調されている[4)]。こうしてトップアスリートの輩出と同時に、青少年の健全な発育発達の保証という課題の達成もまた強く求められているのは、KJS の歴史を反面教師とみなしてのことであろう。

1990年に統一を果たしたドイツ[5)] でも、KJS は、わが国でも見られるそれへの同様の疑義により大きな批判にさらされ、廃止へと向かっていくことになる。旧東ドイツの政治体制を象徴する競技スポーツのあり方が刷新されていく中で、社会主義体制の優位性を喧伝するためのメダル至上主義に連なる競技スポーツトレーニングに偏重し、その付随現象として青少年アスリートの健全な発育発達の保証を軽視する傾向にあると批判された KJS もまた、旧体制を支えてきたトップアスリートの育成施設とみなされたからである。

しかし実際には、東西ドイツが統一されてすぐに、KJS はその伝統を継承した「スポーツ強化学校（Sportbetonte Schule)」へと改革・再編されることになる。この改革・再編によって、全25の KJS は、競技スポーツトレーニングとともに、学習、居住・生活も同じく重視する、全21のスポーツ強化学校へと生まれ変わった。すなわち、KJS は、トップアスリートの輩出とその健全な発育発達の保証という2つの課題の達成・両立を目指す育成施設へと方向を転換したということである[6)]。

そして、そうした旧東ドイツ地域における改革・再編の動きは、KJS をモデルに設置されていたものの、十分に機能しているとは言いがたかった旧西ドイツの「寮制スポーツ学校（Sportinternat)」[7)] の整備をも促すことになった。さらに、これらの旧東西ドイツのアスリート育成施設をめぐる動きは、ドイツスポーツ連盟（2006年以後はドイツオリンピックスポーツ連盟）による1997年の「エリートスポーツ学校（Eliteschule des Sports)」認定制度の開始につながっていく。以後「トレーニング」「学習」「居住」機能に関わる認定基準を満たしたスポーツ強化学校と寮制スポーツ学校は、ドイツ（オリンピック）スポーツ連盟より「エリートスポーツ学校」の称号が授与され、現在に至るまでドイツの国際競技力を支える大きな柱の１つとなっている[8)]。

トップアスリートの育成および青少年の健全な発育発達の保証の両立を果たし、大きな成果を上げているとされる現在の「エリートスポーツ学校」制度が、KJS からスポーツ強化学校への改革・再編を契機とし、その基礎の上に築かれてきたという事実は、KJS を反面教師としながら、各種エリートアカデミー事業を展開しようとする我々にとって大変興味深い。より具体的にその問題関心を述べるならば、後の「エリートスポーツ学校」制度にもその理念が踏襲されていくことになる、KJS からスポーツ強化学校への改革・再編が、どのように行われたのかという問いである。しかしながら、この問いに関しては、これまでわが国では KJS の詳しい活動内容への言及があまり見られず、またそれがドイツ統一後にどのような状況下でスポーツ強化学校へと改革・再編されていったのかについてもほとんど論じられていないのが現状であり、十分な答えを得ることはできない。

以上のような問題意識およびわが国における先行研究の状況から、本研究では、まず① KJS が旧東ドイツ時代に、スポーツを含めて、どのような教育活動を展開していたのかを示し、次いで②その KJS に対してドイツ統一の際にどのような観点からの批判がなされたのか、そして③そうした批判を受け廃止の危機にさらされた KJS がどのような背景から、どのようにスポーツ強化学校へと改革・再編されたのか、について明らかにしたい。特にスポーツ強化学校への改革・再編の具体像については、ベルリン州での実践例を分析する。

上記の目的を達成するために、文書資料に基づく研究蓄積が進むようになった統一後のドイツにおける KJS に関する代表的な先行研究や、1990年代はじめにドイツにおいて発表されたスポーツ強化学校の設立に関する先行研究などの二次資料を主に活用するとともに、ベルリン州での KJS からスポーツ強化学校への改革・再編に関する文部行政による報告書[9)]や、スポーツ強化学校の校長による合同会議の報告書[10)] などの内容分析を行うこととする。

2. 旧東ドイツの競技スポーツを支えた KJS

2.1 KJS の設立とその発展の概略

旧東ドイツに4校の KJS が設立されたのは1952年のことである。その後2年で17校に急増し、1961年には22校に達するなど、1950年代は KJS の創設期であるとともに、最大の拡大期ともいえた。もっとも、1950年代の KJS は、時間割の枠組みでの正課のスポーツ授業の時間数が若干多いことを除けば、通常の学校と大きく違う教育活動を行っていたわけではなかった。確かにスポーツが当時の KJS での教育活動の特色となってはいたが、最優先されていたのは全般的な教育であった。つまり、この時期には、以後の KJS で展開されたような、特定スポーツ種目に関する少数精鋭型のエリート育成という側面はほとんど見られなかったといえる[11)]。

ところが、1960年代以降、旧東ドイツにおいてスポーツが資本主義に対する社会主義の優越性を国際的に誇示する手段として極めて重要な政策的振興領域とみなされていったことと呼応して、KJS の教育活動も大きな転換を迫られることになる。KJS は、旧東ドイツの義務教育に相当する「10年制普通教育総合技術上級学校（zehnklassige allgemeinbildende polytechnische Oberschule）」と並んで認められるようになった「特別学校および特別学級」の１つである「競技スポーツ特別学校（Spezialschule für den Leistungssport）」として、競技スポーツに偏重した活動を展開していくようになる[12)]。そこでは、学習指導要領に基づく時間割の枠組みでの正課のスポーツ授業が廃止される一方で、「スポーツクラブ（Sportclub）」[13)] での種目専門コーチによるスポーツエリート育成のための競技スポーツトレーニングに偏重した教育活動が行われるようになった。そうした変化は、国際スポーツ大会で勝利する KJS 生徒[14)] および卒業生を増大させたが、KJS においてスポーツが全般的な教育よりも優先される状況が生じたことで、全般的な教育の意義が相対的に著しく低下した。また、この時期から KJS の存在自体が国家機密として位置づけられるようになった[15)]。

1970年代半ば以降、KJS は、旧東ドイツにおける競技力向上政策の強化を背景として、競技スポーツトレーニングを最優先する方針を一層推し進めていった。1990年に東西ドイツの統一を迎えるまで、全25校に達していた KJS は、多くのスポーツエリートを育成し、旧東ドイツの驚異的な国際競技力を支えたのであった。

2.2 KJS での教育活動

東西ドイツ統一前には旧東ドイツ全土に25校存在した KJS では、約1万人の児童生徒が通学していた[16)]。以下では、その KJS の具体的な教育活動を、スポーツ活動を含めて概説していきたい。ただし、前述したとおり、KJS が設立された1952年から東西ドイツが統一される1990年まで、スポーツと全般的な教育との関係性をめぐるその活動方針がかなり変化してきたため、すべての期間に共通する KJS の教育活動の像を描くことは実質的に不可能である。したがって、ここでは、東西ドイツ統一後に発表された研究成果に基づいて、1960年代以降に形作られ、続く1970年代に先鋭化していく、競技スポーツトレーニングを最重要視した KJS の教育活動に関する特色を明らかにしていきたい。

2.2.1 KJS の入学基準

KJS にはオリンピック種目についての優れた才能を認められた青少年のみが入学できた。通常彼らは、先ず全国的な発掘施策（「ドイツ民主共和国におけるドイツ体操・スポーツ連盟のトレーニングセンターおよびトレーニング拠点のための統一的な発掘および選抜（Einheitliche Sichtung und Auswahl für die Trainingszentren und Trainingsstützpunkte des DTSB der DDR)」）や発掘競技会（地域・地方・全国レベルでの「スパルタキアード（Spartakiade)」）などによってその才能が認められると、旧東ドイツ全土で約1,700箇所設置されていた地域の「トレーニングセンター（Trainingszentrum)」に集められ、約1 ～ 3年にわたり週3 ～ 5回、主にスポーツ種目専門的な基礎トレーニングを受ける。その中で特定のスポーツ種目に関する才能が認められる青少年が選抜され、その種目を強化種目とする KJS に代表派遣されることになる[17)]。

このように KJS への入学決定の際には、特定のスポーツ種目についての優れた才能が最も重視されていたが、同時に①両親による KJS 入学の同意、②競技スポーツトレーニングの負担引き受けの確約、③良好な学業評点（平均2.5以上)、③政治的問題を有していないこと、④社会政策的な要求を満たす意志、⑤健康に問題がないこと、⑥平均以上のスポーツ評点（正課のスポーツ授業の評点が2以上)、といった、その他の入学基準の充足も必要とされた[18)]。

2.2.2 KJS での種目専門的な競技スポーツトレーニング

各 KJS は、オリンピックメダリストをはじめとする旧東ドイツのトップアスリートのスポーツ活動の基盤である、近隣の「スポーツクラブ」と強力な連携関係を有しており、KJS の児童生徒はそうした「スポーツクラブ」での当該スポーツ種目のトレーニングを通して競技力を向上させていった。各 KJS の強化種目は、連携する「スポーツクラブ」の強化種目によって規定されており、地域のトレーニングセンターから KJS への青少年の代表派遣は、各 KJS の強化種目に合わせて東ドイツ全土を対象に行われた[19]。

前述のとおり、KJS では、通常の学校教育で展開されるような学習指導要領に基づく正課のスポーツ授業は実施されず、そこでの児童生徒には「スポーツクラブ」でのトレーニングのみが課された。こうしたトレーニングは、放課後はもちろんのこと、午前中にも一般授業との調整を通して、競技団体の指導指針に基づいて、「スポーツクラブ」の種目専門コーチ、また場合によっては競技団体の専任コーチの指導の下で実施された[20]。こうしたトレーニングの実施状況は、KJS での種目専門的な競技スポーツトレーニングが、学校機関としての KJS によって直接的に担われたというわけではなく、緊密に連携する「スポーツクラブ」によって主に実施されたということを意味する。

とはいえ、KJS と「スポーツクラブ」は、相互の情報交換に基づいて、ほぼ一体となって機能していた。このことを可能にしていたのは、例えば KJS 校長による「スポーツクラブ」役員の兼務や、「スポーツクラブ」会長による KJS の運営・活動への積極的な参与、また KJS、「スポーツクラブ」、選手寮 (Internat) の各代表者による共同会議の開催などに基づく、人的・構造的ネットワーク化の確立であった。それによって、KJS の教員、「スポーツクラブ」のコーチ、選手寮の職員による情報の共有が促された[21]。

なお、この「スポーツクラブ」は、KJS の児童生徒に対して、スポーツを通した「共産主義的な教育」[22] を実施する役割も果たしていた。

2.2.3 KJS の教育システム

KJS は、義務教育機関としての10年制普通教育総合技術上級学校と同様に、10年制の形態をとっていた。ただし、KJS への入学学年はスポーツ種目によって異なっていた。フィギュアスケート（第1学年)、体操競技（女子は第3学年、男子は第4学年)、新体操（第3学年)、飛込競技（第4学年)、競泳（女子は第5学年、男子は第6学年）といった、より早い年齢段階でトップパフォーマンスに到達する種目や、陸上競技、スキー、バイアスロン、サッカー（第7学年）といった種目を除いて、原則的に KJS には第8学年で入学することになっていた[23)]。また、例外的ではあったが、入学学年の後から実力を認められた青少年アスリートが KJS に遅れて加入してくることもあった。一方、その逆に、パフォーマンスの向上が望めないと認められた選手が、KJS を強制的に退学させられることも珍しくなかった。したがって、そうした退学によって、入学学年から学年が進むにつれて当該スポーツ種目の児童生徒数が減少していく傾向にあった[24)]。

KJS でのクラス構成は、一般授業との調整に基づいて「スポーツクラブ」でのトレーニングが実施しやすいように、特にスポーツ種目単位で男女別に編成されており、したがって10人以下という少人数クラスも珍しくはなかった。一般授業は原則的に、旧東ドイツの通常の学校と同様に、学習指導要領に基づいて展開されていた[25)]。

また、KJS は、第10学年修了後に大学進学資格を取得できる「拡大上級学校(Erweiterte Oberschule)」としての機能も備えており、この教育段階の生徒もまた KJS と「スポーツクラブ」において学習および競技スポーツ活動を継続することができた。旧東ドイツにおける拡大上級学校の通常の修業期間は第11・12学年の2年間であったが、KJS では、アスリートとしてのトップパフォーマンス期と重なる場合もあることを考慮して、第11 ～ 13学年の3年間に設定されていた[26)]。

2.2.4 KJS での学習活動

クラスがスポーツ種目ごとに少人数で構成されていた KJS では、必然的に有望選手が絞り込まれてくる高学年になるほどその人数はさらに少なくなり、個人授業の様相を呈することも稀ではなかったという[27)]。KJS では、そうした少人数クラスの事情に即した形で、通常の学校よりもかなり多くの教員が配置されていた。

また、KJS では、競技会や強化合宿などへの参加を理由に授業を欠席する児童生徒のために、個人や小グループでの補習授業、付き添い教員による現地授業、自習活動プログラムの提供、試験日程の延期など、学習面での助成・支援施策が実施された[28)]。さらには、KJS では、大学進学資格の取得のための拡大上級学校に相当する修業期間を通常の2年間よりも長い3年間（第11 ～ 13学年）に設定していたことは既に述べたとおりであるが、例えば第16学年まで延長される場合もあったとする、ある KJS の事例にも見られるように[29)]、競技スポーツ活動と学習との両立を目的として3年間以上の修業期間が特別に許可される場合も少なくなかったようである。

そして、KJS では、スポーツとは異なる教科の担当者も含めて、多くの教員が児童生徒の競技スポーツ活動に理解を示し、その発育発達を危険にさらすことがないように競技スポーツ活動と学習を両立させようと努力していたという先行研究の指摘も見られる[30)]。このような教員の全体の雰囲気が、学校全体のポジティブな雰囲気作りに大いに貢献していたという。

2.2.5 KJS での選手寮生活

青少年の KJS への代表派遣は、実質的には KJS と緊密に連携する「スポーツクラブ」の強化種目に基づいて行われ、派遣先は旧東ドイツ全土に及んだ。こうした代表派遣のあり方は、家族と離れて生活する多くの KJS 児童生徒を生み出すことになり、居住および日常生活の場である選手寮（Internat）の設置を不可欠とした。選手寮は通常、KJS 校舎の近隣にあり、競技スポーツトレーニングを実施する「スポーツクラブ」とも近い距離に置かれた。先行研究によれば、1989年の時点で、KJS に通う児童生徒の7割近くが選手寮で生活していた[31)]。選手の家庭に負担がかからないように、選手寮の料金は格安だったといわれている。

選手寮は、睡眠、食事、余暇などの日常生活の場となった。そして、選手寮は休息やリラックスの場であったと同時に、仲間との共同生活によって、社会的コンタクトが確保され、自己の人格形成が促され、責任意識が形成されるなど、児童生徒の発育発達にとって大きな役割を果たした。また、スポーツに関心が偏りがちな青少年にとって、選手寮での余暇活動はバランスを保つ効果をもたらしていたという[32)]。

この選手寮では、児童生徒の日常生活を支援する多くの職員が従事していた。その雇用数の基準は、選手寮生活の児童生徒15名に対して職員1名の割合であった[33]。そして、そうした職員による競技スポーツ活動への理解と様々な支援が、KJS の学校文化をポジティブなものにしていたという。また、健康やスポーツ医学に関わる全般的な配慮もなされていたとされる[34]。

3. 東西ドイツ統一に伴う KJS からスポーツ強化学校への改革・再編

3.1 KJS が抱えた問題とそれへの批判

KJS は旧東ドイツの国際競技力の向上に大きく貢献してきたし、旧西ドイツをはじめ、他国のスポーツエリート育成施設のモデルとしても認められてきた一方で、多方面から様々な批判を受けてもいた。旧東ドイツ国内でも、その社会主義体制下で表立って批判されることはなかったものの、KJS をめぐる様々な問題が認識されていた。そして、実質的に旧東ドイツの消滅を意味した1990年の東西ドイツの統一を機に、社会主義統一党の支配を受けたドイツ体操・スポーツ連盟を基盤とする旧東ドイツのスポーツシステムが、旧西ドイツのドイツスポーツ連盟を中心に改革・再編される中で、KJS も廃止の危機にさらされることになる。

そこで特に問題視されたのは、社会主義的イデオロギーに支配された、連携する「スポーツクラブ」も含めた KJS のあり方であった。例えば、KJS の入学条件としての思想検査や社会奉仕への確約、「スポーツクラブ」による共産主義的な教育といった社会主義的な思想統制、中央集権的に管理・統制された国家機密としての地位、国家予算の集中的な投下、教員、職員、「スポーツクラブ」の指導者の集中的な配置、施設の建設・整備の推進に象徴されるような、人的・物的・財政的に見て過剰な優遇などである[35]。こうした KJS をめぐる批判は、旧西ドイツのスポーツ界によって、旧東ドイツの「社会主義的なスポーツ」の改革・再編が目指された東西ドイツ統一時にあって、不可避的に生じてきたといえる。

また、社会主義的イデオロギーに支配されたそうした KJS のあり方によって、競技スポーツ活動偏重の姿勢が生じ、多くの観点で弊害を生み出していることも問題とされた。とりわけ問題にされたのは、学習活動がかなり等閑視される傾向にあったという点である[36]。既に指摘したとおり、KJS の教員は、児童生徒の競技スポーツ活動との両立を目指して、個別に至るまでの少人数授業、補習授業、課題の設定、試験日時の調整など、様々な施策を通して児童生徒の学力の向上に努め、そうした努力が、KJS の競技面での成功にも大きな役割を果たしたとされる。が、しかしそれでも、競技スポーツ活動を優先する姿勢が、児童生徒の学習活動に大きな負担を負わせていたのは間違いなさそうである。また、先行研究で明らかにされている、かつての KJS 在籍者の回顧からは、医師や理学療法士の診察・治療といった理由などで比較的容易に授業を欠席できたこと、競技力の高い生徒たちには学校での学習に対する大きな努力が必ずしも必要とされていなかったこと、さらに大学進学資格の取得さえもそれほど難しいことではなかったことが看取される[37]。

また、競技スポーツ活動を最優先する KJS の方向性が、極端な成果主義および選抜主義を引き起こし、それによって少なくない割合の青少年の発育発達が阻害されていたという点も問題とされた。例えば、パフォーマンスの定期的な診断によって今後その向上が望めないと判断された児童生徒が強制的に退学させられるという制度は、児童生徒の心身に過度のストレスを招いていた。旧東ドイツにおいて、KJS は、他の学校と比較して特権的な立場にある学校種とみなされていたため、KJS から通常の学校にいわゆる「強制送還」されることに大きな失望が伴い、そこでの統合をしばしば困難にもした[38]。また、KJS と連携した「スポーツクラブ」で児童生徒を指導する種目専門の指導者たちも、競技団体からの大きな圧力を感じていたため、児童生徒に大きな負担を強いたといわれる。1984～1986年の期間に113人の女子体操競技選手が KJS を退学していたが、そのうちの35％が医学的な理由から、24％が精神的な理由からであったといわれ[39]、退学者の約6割が心身の健康の問題を原因とした。こうした数値は、KJS が児童生徒に大きな心身の負担を強いていたという事実の一端を示していよう。また、適性があると判断されたスポーツ種目に基づいて旧東ドイツ全土に代表派遣されるシステムは、選手寮の整備を促し、そこでの職員の支援の下で、共同生活による人間的な成長がもたらされた一方で、幼少期から KJS への入学を求められるスポーツ種目に取り組む児童が親元を離れて選手寮生活を送り、競技スポーツ活動を行うことの大きな負担も指摘されてきた[40]。また、KJS の段階で既にドーピングが行われていたという噂も根強くあった[41)]。

旧東ドイツの国際競技力を支えてきた KJS は、競技スポーツトレーニング、学習、居住・生活を調整的に機能させせる極めて効率的なシステムとみなされる一方で、社会主義的イデオロギーの支配による競技スポーツ活動偏重の基本姿勢が様々な問題を発生させてきたとも理解された。そして、旧西ドイツのスポーツ体制への改革・再編の流れの中で、KJS も消滅の危機にさらされたのであった。

3.2　スポーツ強化学校の設立とそこに見える KJS からの変化

KJS の廃止議論があったにもかかわらず、ドイツ統一の次年度、すなわち1991/92学校年度の開始時には既に、全25存在した KJS は21の「スポーツ強化学校」へと改革・再編され、その伝統が継承されていくことになる。すなわち、KJS と同様に、このスポーツ強化学校でもまた、強化種目の能力評価による入学許可と、その後の学校教育の枠組みでの専門トレーニングへの参加を義務とする、いわゆるスポーツに重点を置いた教育が展開されることになったのである。ただし、この新たに設立されたスポーツ強化学校は、KJS の伝統を引き継ぎながらも、前述した KJS への批判に応ずる形で、その性格を少なからず変化させることになった。以下にその変化の全般的傾向を指摘してみたい。

先ずは、KJS のような中央集権的かつ統制的な運営方法が改められ、スポーツ強化学校は、それが設置された州および自治体の学校行政の管轄下で、その学校法規に基づき運営されるようになった。このことは、東部ドイツ各州におけるそれぞれのスポーツ強化学校の運営形態を、画一的であった KJS のそれとは対照的に、多様化することになった。それは例えば、各校の運営基盤となる中等教育の学校類型（例えばギムナジウム、実科学校、総合制学校など）や、強化種目の選択およびその専門トレーニングを実施する際の制度的な枠組みなどが、それぞれのスポーツ強化学校で異なっていることに表れていよう。また、スポーツ強化学校は、スポーツに重点を置くという教育特性を備えてはいるものの、学校法規上は、KJS のような「特別学校」としての扱いではなく、各校によって採用されている学校類型に基づいて、普通学校として位置づけられるようになった[42)]。

また、スポーツ強化学校では、教育理念として、競技スポーツ活動に対して学習活動が明確に優先されるようになった[43)]。例えば、競技大会や強化合宿への参加を理由とする授業欠席とその補習に関する規則がより厳格に適用されるようになったり、学校での進級や修了にとって重要な時期には、個人の事情に応じてあえて専門トレーニングを補習に代替できる措置が講じられるようになったりした。ただし、こうした教育理念は、学習活動の地位の向上を促した一方で、競技スポーツ活動の地位を相対的に大きく低下させることにつながった。そしてそれは、KJS で絶対視されていた競技スポーツ活動のあり方を大きく変化させることにもなった。例えば、そうした変化として、アスリートに対する1日複数回に及ぶトレーニングを独占的に担ってきた、特定の「スポーツクラブ」との強固な結びつきが解消されたこと、強化種目がオリンピック種目以外にも拡大されたこと、何段階にも及ぶ厳しい選抜過程や強化種目の能力評価による厳格な入学基準が緩和されたこと、それに伴って、競技スポーツ活動への関心を欠いた者さえも入学できるようになったことなどが挙げられる[44)]。

ただし、これらの変化は見られるものの、スポーツ強化学校が競技スポーツ活動を軽視した学校運営を行おうとしていたというわけではない。原則的に学習活動を最優先する教育理念に基づきながらも、それとの両立を実現するために、KJS の手法を参考にしながら、競技スポーツ活動の促進を図る施策も積極的に講じられていた。例えば、近隣のスポーツ施設で教員と地域スポーツクラブおよび競技団体のコーチとの協力の下で実施される専門トレーニングの時間を学校の時間割の中に組み入れること、それによって、放課後の地域スポーツクラブあるいは競技団体の強化拠点施設での専門トレーニングと合わせて、競技スポーツ活動として必要な1日のトレーニング量を確保しようとしていること、また両方の専門トレーニングの内容を関係者間の密なコミュニケーションを通して可能な限り有機的に結びつけ、トレーニング効果をより高めようしていることなど、KJS でも考慮されてきた施策が継承されている[45)]。

以上の変化を総合的に考察するならば、競技スポーツ活動に偏重した中央集権的かつ統制的な KJS の運営方法を改め、各スポーツ強化学校がそれぞれの方法で、学習活動を最優先しつつも、それとの両立を目指し量的・質的に保証された競技スポーツ活動を展開しようとした点を指摘できよう。また、その際には特に、トレーニング効果をより高めるための KJS の伝統的方法論が少なからず継承されたともいえるだろう。

3.3 スポーツ強化学校の設立の背景

KJS が東西ドイツ統一後、その廃止の危機にさらされながらも、結局はスポーツ強化学校という形でその伝統が引き継がれていった背景には、どのような理由があったのであろうか。

KJS から引き続きスポーツ強化学校の校長を務めることになるノイメス（Neumes, Gerd）は、KJS がスポーツ強化学校に改革・再編された理由を次のように述べる。すなわち、①統一前より KJS に在籍する約 1 万人の児童生徒に対する教育的責任から、東西ドイツ統一後も引き続きスポーツに重点を置いた教育を行う必要があったという点、②学校と競技スポーツとを結びつけることが、教育学的な見地から正当性を有しているという点、③スポーツを包括的な教育コンセプトの基盤として設定した教育活動もまた正当性を有するという点、④ KJS による専門的ノウハウ、人的資源、インフラの集中的活用に関する伝統を継続しなければならないという点、⑤統一によって実質的に東ドイツが消滅し、あらゆる「東ドイツ的なるもの」の排除が進められた中で、東ドイツ国民のアイデンティティの拠りどころの1つとみなされてきたスポーツの伝統を、KJS の完全なる廃止によって断ち切ってしまうことへの抵抗があったという点、である[46)]。

これらの理由とは別に、スポーツ強化学校の設立の背景には、統一後の東部ドイツ諸州におけるスポーツの再編を担った旧西ドイツのスポーツ界の思惑も見え隠れする。つまり、統一以前の旧西ドイツにおいてスポーツエリート育成施設の1つのモデルとみなされていた KJS の伝統の一部を、統一後も積極的に継承しようとしたのではないかということである。周知の通り、旧西ドイツでは地域スポーツクラブでのスポーツ活動が盛んで、青少年アスリートの育成も主にそうしたクラブで行われていた。そこには原則的に、KJS のような極めて緊密な学校教育との連携は見られなかった。1969年以降、旧西ドイツに KJS をモデルに設立された寮制スポーツ学校にしても、学校教育の場と競技スポーツ活動の場がかなり明確に機能分担しており、KJS のような両者の緊密な機能連携が展開されているとは言いがたかった[47]。そして、こうした旧西ドイツの青少年アスリートの育成環境が学習と競技スポーツ活動との両立を困難とし、どちらか一方の活動からの離脱、特に競技スポーツ活動からの離脱を引き起こしているとしばしば指摘されてきた[48]。そうした背景から、ドイツ統一後の東部ドイツ諸州のスポーツ環境の整備に取り組んだ旧西ドイツのスポーツ関係者が、学校を組織的基盤としながら「スポーツクラブ」との緊密な連携を通して競技スポーツ活動を展開し、青少年アスリートの育成に成果をあげてきた KJS のノウハウを、新たにスポーツ強化学校という形で積極的に活用しようとする動きが生まれてきたように見える。ドイツ統一後しばらく、ドイツスポーツ連盟（現ドイツオリンピックスポーツ連盟）をはじめとする旧西ドイツのスポーツ組織の関係者が、西部ドイツ諸州にはほとんど存在しないタイプのスポーツエリート育成施設として、このスポーツ強化学校の設立の意義に繰り返し言及していたことは、その証左といえよう[49]。

さらには、旧西ドイツのスポーツ関係者がスポーツ強化学校の設立を求めた理由として、ドイツ統一後の東部ドイツ諸州には、旧西ドイツとは異なる、旧東ドイツ時代のスポーツシステムの影響が色濃く残っていたという点が挙げられよう。旧西ドイツの競技スポーツ活動の基盤は、国土全体を網羅して存在する地域スポーツクラブであったが、旧東ドイツにはこうした地域スポーツクラブのシステムは十分整備されておらず、KJS と連携していたような少数の、競技力の高い「スポーツクラブ」が青少年を含めたすべてのアスリートの競技スポーツ活動を支えていた。したがって、実質的にドイツ統一後の東部ドイツ諸州では、旧西ドイツをモデルとする地域スポーツクラブを基盤とした青少年アスリートの育成が困難であったため[50]、旧西ドイツのスポーツ関係者もまた、KJS の伝統を受け継いだスポーツ強化学校でのある程度集中的な育成手法の必要性を認識していたものと思われる。そうした状況は、例えばドイツサッカー連盟が、統一後の東部ドイツ諸州の青少年サッカーについて、地域スポーツクラブのシステムが未整備で、競技力の高いクラブが限定され、しかも都市部に集中している現状に鑑みて、KJS から再編されたスポーツ強化学校での育成を極めて重要な課題と位置づけてきたことからも理解できよう[51]。

4. KJS からスポーツ強化学校への改革・再編の具体的展開 －ベルリン州を事例として－

以下では、ドイツ統一後に東部ドイツ各州で実施された、KJS からスポーツ強化学校への改革・再編に関わる具体的な展開を、ベルリン州を事例として明らかにしていきたい。

4.1 ベルリン州に設立された３つのスポーツ強化学校

1990年10月の東西ドイツの統一を受けて、1991/92学校年度の開始時には、旧東ドイツ時代の東ベルリンに4校存在した KJS が3校のスポーツ強化学校に再編された。統一に伴い東ベルリンが旧西ドイツのベルリン州に実質的に編入された関係で、これらのスポーツ強化学校は、同州の学校・職業教育・スポーツ省（Senatsverwaltung für Schule, Berufsbildung und Sport）の管轄の下に、その学校法規に基づいて運営されることになった[52)]。その3校のスポーツ強化学校では、以下のように学校類型および強化種目が異なっていた[53)]。

①「ヴェルナー・ゼーレンビンダー校（Werner-Seelenbinder-Schule)」：「ハインリヒ・ラウ（Heinrich Rau)」および「ヴェルナー・ゼーレンビンダー」という2校の KJS を統合して、総合制学校の形態をとる第7 ～ 10学年の中等教育Ⅰ、および大学進学資格を取得するための第11 ～ 13学年の中等教育Ⅱ（ギムナジウム上級段階）を備えた形で再出発し、後に第1 ～ 6学年の初等教育が追加整備された。強化種目は、アイスホッケー、フィギュアスケート、スピードスケート、陸上競技、体操競技、自転車競技、サッカー、ハンドボール、フェンシング、競泳など。おおよそ20の地域スポーツクラブと連携関係を有する。約1,400人の児童生徒が在籍しており、他の２つのスポーツ強化学校よりもかなり規模が大きい。

②「クーベルタンギムナジウム（Coubertin-Gymnasium)」：KJS「エルンスト・グルーベ（Ernst-Grube)」を前身とする、第5 ～ 13学年からなる、主に大学進学資格取得を目指す児童生徒が通うギムナジムの運営形態をとる。強化種目は、フィギュアスケート、スピードスケート、陸上競技、競泳、飛込競技、体

操競技、新体操など。13の地域スポーツクラブと連携関係を有する。

③「フラトゥ上級学校（Flatow-Oberschule）」：KJS「パウル・ゲシェ（Paul-Gesche）」を前身とし、ギムナジウム上級段階を備えた総合制学校に生まれ変わる。後にギムナジウムと実科学校という2類型を１つの学校経営体の中で並立的に運営するようになる。強化種目は、カヌー競技、ボート競技、ヨット競技、サーフィン、陸上競技、サッカー。水上スポーツの活動に特色があり、そのアスリート育成のために連携する地域スポーツクラブは6クラブ。

1994年の報告によれば、この3校全体で約3,000人の児童生徒が在籍し、そのうち約2,000人が競技スポーツ活動に取り組んでおり、さらにその中の約700人が競技団体における連邦および州レベルでの強化指定選手に属している[54)]。

4.2 スポーツ強化学校の改革・再編のための４つの「教育学的コンセプト」

KJS 時代における競技スポーツ活動への偏重に対する批判を受けて、ベルリン州では、3校の児童生徒が、学校教育すなわち学習の最優先を原則としつつ、その学習と競技スポーツ活動の双方の大きな負担を克服し、それらを両立できることを目指して、スポーツ強化学校への改革・再編が進められた。そして、そうした改革・再編の動きは、特に４つの「教育学的コンセプト」に基づいて実践されることになった。ただし、これらの教育学的コンセプトは、改革・再編のための共通枠組みとして3校で実践された一方で、各校は学校類型や強化種目などの点で異なっており、実際にはそれぞれの特色に応じた形で展開されることになった。以下では特に、ベルリン州における改革・再編の事例を特徴づけるために、その共通枠組みとして機能した教育学的コンセプトの内容について述べていきたい。

先ず、第1の教育学的コンセプトは、「授業とトレーニングとの連結」である。このコンセプトのねらいは、競技スポーツ活動に最適なトレーニング頻度および量、さらにその質を確保するということである。具体的に次の2つの「連結」の視点が求められた。１つには、学校の時間割の中に専門トレーニングの時間を組み込むという「外的な連結（äußere Verzahnung）」、もう１つには、その専門トレーニングの時間を教員ばかりでなく、地域スポーツクラブおよび競技団体のコーチもまた共同で担当できるようにする「内的な連結（innere Verzahnung)」の視点である[55]。例えば、ヴェルナー・ゼーレンビンダー校では、時間割の枠組みで選択必修科目として1週間に複数回の専門トレーニングが組み込まれており、児童生徒は、放課後の地域スポーツクラブや競技団体の強化拠点施設での専門トレーニングとも有機的につながる指導を受けることができる。その選択必修科目としての専門トレーニングでは、教員とともに、地域スポーツクラブや競技団体のコーチも指導を担当できる[56]。こうした「授業とトレーニングとの連結」は、確かにかつての KJS でも「外的な連結」の意味では実践されていたが、しかし「スポーツクラブ」がトレーニングでの指導を独占していたため「内的な連結」は想定されていなかった。それはまさに、スポーツ強化学校の設立に伴って生じてきた新たな連結のコンセプトであろう。

第2の教育学的コンセプトは、「選手寮制度」である。この選手寮制度は、KJS 時代から整備されていたが、その改革・再編においても、3校すべてに選手寮が付設されたことに示されるように、引き続き重要な役割を担うことになった。ただし、KJS 時代には約70％に及んだ、選手寮に居住する児童生徒の割合は、地域のトレーニングセンターから旧東ドイツ全土の KJS に代表派遣されるという入学制度が廃止されたこともあり、10％程度（うち約3分の2がベルリン州以外の出身）に減少した[57]。また、選手寮に居住する児童生徒の多くは競技団体の強化指定選手であった。そうした児童生徒の学習と競技スポーツ活動との両立を可能にするために、選手寮の職員は、学習活動の支援、キャリアプランニングについての助言、学校や地域スポーツクラブの関係者および両親との密な情報交換、さらには様々な催し物やコースによる余暇提供などの課題を担っていた。なお、KJS 時代には、家庭による選手寮費用の負担は非常に軽いものであったが[58]、スポーツ強化学校になってからはその負担がかなり増大した[59]。

第3の教育学的コンセプトは、「学習の助成・支援施策」である。このコンセプトもまた、KJS 時代から実施されていたものを、より厳格かつ効果的に展開することを目指している。各校の青少年アスリートは、競技会や強化合宿への参加、さらには怪我などの理由から、しばしば授業を欠席せざるを得ない。各校では、それを補うために様々な助成・支援施策が実施されることになる。例えば、競技会や強化合宿によって欠席した時間を補うために、時間割の中の専門トレーニングの時間に代替的に補習授業を行うこと、あるいは欠席する授業に関連する課題をあらかじめ提示し、競技会や強化合宿の期間中に自習させることなどの施策である。また、そうした期間の後に行われる試験など、成績評価にとって重要となる日程を柔軟に変更することも可能になった。学習と競技スポーツ活動の両立にとって、こうした助成・支援施策の実施は極めて重要とみなされたが、とりわけ学校の成績が良好とはいえない児童生徒にそれは該当した[60]。

第4の教育学的コンセプトは「スポーツコーディネーターの設置」である。このコンセプトは、スポーツ強化学校の設立にあたって新たに提示されたものである。各校2名が配置されることになる、このスポーツコーディネーターとは、授業とトレーニングとの連結をはじめ、学習と競技スポーツ活動の両立を実現するための施策を実施する目的で、教員、児童生徒、両親、地域スポーツクラブ、スポーツ連盟、競技団体といった全ての関係者間の調整を行うポストであり、当該校の教員がその役割を担うことになった。その課題は特に「学校領域」と「学校外領域」に大別された。前者については、例えば時間割の中での授業とトレーニングとの連結のための調整、競技会や強化合宿への参加による授業欠席申請の審査・確認、およびその補習のための学習の助成・支援施策の調整・実施などがあり、また後者については、学校外のスポーツ関係団体および関係者との情報交換、授業とトレーニングとの連結のための外部関係団体および関係者との連携・調整などの課題が挙げられる[61]。

青少年アスリートの学習と競技スポーツ活動の両立という理念を具現化するための、これら４つの教育学的なコンセプトについて、次の２つの特色を指摘することができるだろう。まずは、①その多くが KJS でも実施が試みられていた施策を継承しているという点、ただし② KJS と比較して、学校がより主導的な役割を果たしているという点、である。とりわけ後者の特色は、旧東ドイツの KJS がドイツ体操・スポーツ連盟や「スポーツクラブ」といった学校外の関係団体による影響下で競技スポーツ活動に偏重し、学習をはじめとする青少年の健全な発育発達を等閑視してきた傾向にあるとされた、その反省に立ってのものと思われる。こうした学校による主導性の発揮が、KJS から継承された伝統を、青少年アスリートの学習と競技スポーツ活動の両立という理念の実現に向け適切に活用するよう促すことになる。

5. まとめ

本研究では、旧東ドイツの KJS が、スポーツを含めて、具体的にどのような教育活動を行っていたのかを示した後に、東西ドイツの統一後、その KJS がどのような背景から、どのようにスポーツ強化学校に改革・再編されたのかを、ベルリン州の事例も用いながら明らかにしてきた。その結果は以下の通りである。

1) KJS には、オリンピック種目を対象に発掘されてきた青少年アスリートのみが入学できた。彼らには、1日複数回の「スポーツクラブ」による専門トレーニングが実施され、競技力の向上が図られた。学習活動については、競技スポーツ活動を効率的に展開するために、種目ごとの少人数クラスでの授業や競技スポーツトレーニングに合わせた柔軟な運営が可能とされた。また、選手寮で生活する者が7割近くを占めていた。

2) ドイツ統一後、KJS は、競技スポーツ活動に偏重した活動を行ってきたと批判を受けた。例えば、そうした偏重によって生じた心身の障害や学習活動の軽視の姿勢などが問題とされた。すなわち、競技スポーツ活動を優先するあまり、青少年アスリートの健全な発育発達を等閑視している傾向にあることが指摘され、KJS は廃止の危機にさらされることになった。

3) このような批判を受けて、KJS は、学習を最優先しつつ、それと競技スポーツ活動を両立させることを教育理念に掲げたスポーツ強化学校に改革・再編されることになった。ベルリン州の事例でも示されるように、授業とトレーニングの連結、選手寮制度、学習の助成・支援といった KJS の伝統をスポーツ強化学校は継承することにはなったが、教員によるスポーツコーディネーターの設置を含めて、学校組織が主導権を握るという点で、競技スポーツ活動に偏重しない、青少年の健全な発育発達を考慮した教育活動が可能となった。

4) KJS が完全に廃止されることなく、スポーツ強化学校に改革・再編された背景には特に、旧西ドイツには存在しなかった学校と競技スポーツ活動の連結構造を備えた KJS の伝統的特色を、統一後の東部ドイツ諸州でもスポーツ強化学校の中に一部継承しようとしたこと、また旧東ドイツが展開したスポーツ振興政策の結果、地域スポーツクラブのシステムが未整備なままにとどまっていた東部ドイツ諸州の青少年アスリート育成にとって、スポーツ強化学校が大きな役割を果たすように期待されたことがあった。

注

1) Neumes, Gerd. *"Die Werner-Seelenbinder-Schule in Berliner-Hohenschönhausen; ein Schulporträt". Sportunterricht* 42 (9), 1993, p. 390.
2) Bräuer, Bernd. *"Abschied von den Kinder- und Jugendsportschule?". Sportpädagogik* 14 (3), 1990, pp. 5-9.
3) 例えば、レスリング、卓球、フェンシング、飛込競技、ライフル射撃を対象としたJOC（日本オリンピック委員会）エリートアカデミー事業や、JFA（日本サッカー協会）アカデミーでの活動展開が挙げられる。
4) 滝口隆司「スポーツ英才教育に潜む危険性」、中村敏雄編『現代スポーツ評論12　アスリートはどうつくられるのか』創文企画：東京、2005年、32頁。
5) 1990年10月3日、旧西ドイツの憲法に相当する基本法の23条にしたがって、旧西ドイツに旧東ドイツが加入するという形で統一ドイツが誕生した。ただし、この統一ドイツは実質的に、旧東ドイツの旧15県を再編した新5州が、11州（旧西ベルリンに旧東ベルリンが新たに加入したベルリン州を含む）から構成される旧西ドイツに「吸収合併」（坪郷實『統一ドイツのゆくえ』岩波書店：東京、1991年、71頁）されて生まれたといってよい。
6) 藤井雅人「ドイツのエリートスポーツ学校について―日本のスポーツエリート育成事業の特色を逆照射する」、三本松正敏・西村秀樹編（大谷善博監修）『変わりゆく日本のスポーツ』世界思想社：京都、2008年、263頁。
7) ドイツ統一前の1988年に、旧西ドイツには30の寮制スポーツ学校が存在していた（Becker, Ulrich. *"Entwicklung und Strukturen der Sportinternate in der Bundesrepublik Deutschland von 1968 bis 1990". Leistungssport* 20 (5), 1990, p. 14.）。旧西ドイツにおけるこの「寮制スポーツ学校」という用語は、競技スポーツトレーニングを行う施設、連携する学校、選手寮を包括する複合体的な学校概念として用いられていた。選手寮を付設した競技スポーツトレーニングのための強化拠点施設とアスリートが通学する学校を包括概念的に寮制スポーツ学校と呼ぶことが多かったようだが、三者が統合されている、すなわち KJS に近い形態の寮制スポーツ学校も存在していた。さらには、選手寮に関して、日常生活や宿泊を伴う「全日制」だけではなく、例えば宿題に取り組む際などに一時的に過ごすことが可能な「定時制」も並行的に採用する、あるいは定時制のみの寮制スポーツ学校も存在した（Becker, Ulrich; Messing, Manfred. *"Sportinternate in der Bundesrepublik Deutschland – Eine aktuelle Bestandsaufnahme". Sport Praxis* 27 (3), 1986, pp. 3-7.）。このように寮制スポーツ学校は、画一的であった KJS とは異なり、かなり多様な形態を有していた。

8) 前掲書6) 265-266頁。

9) Senatsverwaltung für Schule, Berufsbildung und Sport des Landes Berlin; Modellversuch „Schule mit sportlichem Schwerpunkt“(Hrsg.). *Schulische Talentförderung im Sport; Das Berliner Modell.* München: KDS-Graphische Betriebe GmbH, 1994.

10) Modellversuch „Schule mit sportlichem Schwerpunkt“; Senatsverwaltung für Schule, Berufsbildung und Sport des Landes Berlin (Hrsg.). *Treffen der Schulleiter sportbetonter Schulen in den neuen Bundesländern und Berlin; Dokumentation.* Berlin: Berliner Institut für Lehrerfort- und -weiterbildung und Schulentwicklung, o. J.

11) Helfritsch, Wolfgang. *“Die Kinder- und Jugendsportschule – Schule ohne Schulsport; Altlasten oder Beispieleinrichtungen für die Nachwuchsförderung im Leistungssport?”.* Hinshing, Jochen.; Hummel, Albrecht (Hrsg.). *Schulsportforschung in Ost-Deutschland 1945-1990.* Aachen: Meyer & Meyer Verlag, 1997, pp. 116-117.

12) 同上書、pp. 117-120.

13) 本研究では、旧東ドイツのトップアスリートが活動した「Sportclub」を「スポーツクラブ」とし、旧西ドイツおよび統一ドイツにおける地域スポーツクラブ（Sportverein）と区別して記述した。なお、1986年には旧東ドイツに、緊密な連携関係にあった KJS と同数の25の「スポーツクラブ」、およびそれと同等に位置づけられる3拠点が存在し、11,187人の KJS 児童生徒およびトップアスリートがトレーニングを行っていたとされるが（Teichler, Hans Joachim; Reinartz, Klaus. *Das Leistungssportsystem der DDR in den 80er Jahren und im Prozeß der Wende.* Schorndorf: Verlag Karl Hofmann, 1999, pp. 187-188.）、ドイツ統一後、特権的な地位を喪失した「スポーツクラブ」は解散するか、あるいは地域スポーツクラブとして再出発することになった。

14) 本研究では、KJSが義務教育期間の第1 ～ 10学年、および大学進学資格を取得するための第11 ～ 13学年の青少年を対象に教育活動を行っていたことから、KJSに通学する青少年全体を表現する際には、日本語の用語法にならい「児童生徒」とした。また、旧東ドイツの義務教育期間が第1 ～ 3学年の「下級段階」、第4 ～ 6学年の「中級段階」、第7 ～ 10学年の「上級段階」に区分されていた（天野正治『日本とドイツ 教育の国際化』玉川大学出版部：東京、1993年、290-291頁）ことに基づいて、「下級段階」および「中級段階」で学ぶ「児童」、あるいは「上級段階」および第11学年以上で学ぶ「生徒」と便宜上概念設定し、そのいずれかを想定して示す場合にはそれぞれ単独で用いることにした。また、ドイツ統一以後のスポーツ強化学校に関しては、初等教育で学ぶ「児童」および中等教育で学ぶ「生徒」と表現した。

15) 前掲書11) p. 120.

16) 同上書、p. 122.

17) Teichler, Hans Joachim; Reinartz, Klaus. *Das Leistungssportsystem der DDR in den 80er Jahren und im Prozeß der Wende.* Schorndorf: Verlag Karl Hofmann, 1999, pp. 139-144.; Thieß, Günter. *“Die Auswahl sportlicher Talente in der DDR; Versuch eines historischen Überblicks”. Leistungssport* 19 (5), 1989, pp. 11-14.; Ledig, Rudlf; Wojcienchowski, Klaus. *“Von den Kinder- und Jugendsportschulen zu Schulen mit sportlichem Schwerpunkt”. Sportunterricht* 42 (9), 1993, pp. 383-385.

18) Brettschneider, Wolf-Dietrich; Klimek, Guido. *Sportbetonte Schule; Ein Königsweg zur Förderung sportlicher Talente?* Aachen: Meyer & Meyer Verlag, 1998, p. 26.; Knecht, Willi Ph.. *"Die schwierige Wandlung der KJS zu Eliteschulen des Sports". Deutschland Archiv* 32 (1), 1999, p. 74.

19) 前掲書18) Brettschneider, Wolf-Dietrich; Klimek, Guido., p. 26.

20) 前掲書11) pp. 117-118.

21) Prohl, Robert; Elflein, Peter. *... und heute ist das nicht mehr so. Fallstudien zur Talentförderung am Sportgymnasium Erfurt.* Köln: Sport und Buch Strauß GmbH, 1996, p. 38.；前掲書11) p. 118.

22) Teichler, Hans Joachim. *"Kinder- und Jugendsportschulen (KJS)".* Röthig, Peter; Prohl, Robert; Carl, Klaus; Kayser, Dietrich; Krüger, Michael; Scheid, Volker (Hrsg.). *Sportwissenschaftliches Lexikon.* (7., völlig neu bearbeitete Auflage) Schorndorf: Verlag Karl Hofmann, 2003, p. 289.

23) 前掲書17) Teichler, Hans Joachim; Reinartz, Klaus., p. 141.

24) 前掲書18) Brettschneider, Wolf-Dietrich; Klimek, Guido., p. 26.

25) 前掲書2) p. 6.；前掲書11) pp. 117-118.

26) 前掲書11) p. 115.

27) 前掲書2) p. 6.

28) 前掲書11) pp. 121-122.

29) Prohl, Robert. *" '... daß es im eigentlichen Sinn gar nicht um uns ging'. Die Kinder- und Jugendsportschule aus der Sicht ihrer Absolventen – exemplarische Retrospektiven". Sportunterricht* 45 (2), 1996, p. 62.

30) 前掲書11) p. 126.

31) 同上書、p. 122.

32) 同上書、pp. 125-126.

33) 同上書、p. 120.

34) 同上書、pp. 125-126.

35) Becker, Ulrich; Helfritsch, Wolfgang. *Dokumentationsstudie Pädagogische KJS-Forschung.* Köln: Sport und Buch Strauß GmbH, 1993, pp. 30-32.；前掲書11) pp. 123-124.

36) 前掲書18) Brettschneider, Wolf-Dietrich; Klimek, Guido., p. 29.

37) 前掲書2) p. 8.；前掲書29) p. 63.

38) 前掲書18) Brettschneider, Wolf-Dietrich; Klimek, Guido., p. 29.；前掲書29) Prohl, Robert., p. 66.

39) 前掲書17) Teichler, Hans Joachim; Reinartz, Klaus., p. 146.

40) 前掲書2) p. 9.

41) 前掲書22) p. 289.

42) 前掲書11) pp. 123-124.；前掲書17) Ledig, Rudolf; Wojcienchowski, Klaus., pp. 385-387.

43) 前掲書11) p. 123.；前掲書18) Brettschneider, Wolf-Dietrich; Klimek, Guido., p. 30.

44) 前掲書11）p. 124.；前掲書18）Brettschneider, Wolf-Dietrich; Klimek, Guido., pp. 40-41.

45) 前掲書11）pp. 123-124.；前掲書18）Brettschneider, Wolf-Dietrich; Klimek, Guido., pp. 33-35.

46) 前掲書1）pp. 390-391.

47) Becker, Ulrich. *"Entwicklung und Strukturen der Sportinternate in der Bundesrepublik Deutschland von 1968 bis 1990". Leistungssport* 20 (5), 1990, p. 15.

48) Richthofen, Manfred von. *"Wir brauchen einen großen Aufbruch im Schulsport!"*. Fessler, Norbert; Scheid, Volker; Trosien, Gerhard; Simen, Joachim; Brückel, Frank (Hrsg.). *Gemeisam etwas bewegen! Sportverein und Schule – Schule und Sportverein in Kooperation.* Schorndorf: Verlag Karl Hofmann, 1999, p. 34.

49) 例えば、1992年10月にベルリンにおいて、文部大臣会議およびドイツスポーツ連盟によって開催された専門会議「学校、クラブ、連盟におけるスポーツ—連携の可能性」の歓迎の挨拶の中で、ベルリン州スポーツ連盟会長およびドイツスポーツ連盟副会長であるリヒトホーフェン（Richthofen, Manfred von）は、その内容の大部分をベルリン州におけるスポーツ強化学校の意義や特色に関する言及に費やしている(Richthofen, Manfred von. *"Grußwort"*. Sekretariat der Ständigen Konferenz der Kultusminister der Länder in der Bundesrepublik Deutschland (Hrsg.). *Sport in Schule, Verein und Verband – Möglichkeiten der Zusammenarbeit.* Berlin, 1994, pp. 21-23.)。

50) 1991年の地域スポーツクラブ総数を、ベルリン州を除いて、西部ドイツ地域と東部ドイツ地域で比較してみると、前者が66,909（人口約6,200万人）に対して、後者は9,317（人口約1,500万人）にとどまっていた（Baur, Jürgen; Braun, Sebastian. *Der vereinsorganisierte Sport in Ostdeutschland.* Köln: Sport und Buch Strauß GmbH, 2001, p. 15.)。また、1993年のデータによれば、ベルリン州を除く東部ドイツ各州における、7～14歳および15～18歳の青少年の地域スポーツクラブ所属率は、15～25％にとどまる一方で、ドイツ全州を網羅するドイツスポーツ連盟全体のそれは50% を超えている（Telschow, Stephan. *"Ostdeutsche Sportvereine im Übergang; Strukturen und Veränderungen". Olympische Jugend* 40 (3), 1995, p. 16.)。ドイツ統一直後の東部ドイツ諸州におけるその所属率はさらに低かったこと、したがって地域スポーツクラブでの青少年のスポーツ活動が一層困難であったことが推測される。

51) 例えばそうした状況は、1990年代半ばに、ドイツサッカー連盟によって東部ドイツ諸州のスポーツ強化学校でのタレント育成を念頭に置いたサッカー指導書(Deutscher Fußball-Bund (Hrsg.). *Fußball von morgen; Talentförderung im Schulunterricht.* Münster: Philippka-Verlag, o. J.）が作成されていること、また同連盟により1999年に開始された「タレント育成プロジェクト」、および2002年にそれが拡大発展して立ち上げられた「タレント育成プログラム」の中で、スポーツ強化学校が東部ドイツ諸州のタレント育成にとって必要不可欠な存在と位置づけられていることなどからも窺える（Deutscher Fußball-Bund (Hrsg.). *Talent fordern und fördern; Trainingstipps für die Stars von morgen.* Münster: Philippka-Verlag, 1999.; Deutscher Fußball-Bund (Hrsg.). *Talentförderung; Trainingstipps für die Stars von morgen.* Münster: Philippka-Verlag, 2002.)。

52) 前掲書9) pp. 19-28.；前掲書10) p. 7.
53) 前掲書10) p. 7.
54) 同上書、p. 8.
55) 前掲書9) pp. 14-15.；前掲書10) pp. 9-10.
56) 前掲書1) p. 392.；前掲書9) p. 26.
57) 前掲書9) p. 15.；前掲書10) pp. 11-12.
58) 前掲書11) p. 127.
59) 同上書、p. 124.
60) 前掲書9) pp. 16-17.
61) 前掲書9) pp. 17-18.；前掲書10) p. 11.

21世紀に生きるピエール・ド・クーベルタンのオリンピズム
―日本の過去と未来の視点から―

和田浩一

2013年は近代オリンピックの創始者ピエール・ド・クーベルタン（Pierre de Coubertin, 1863-1937）の生誕150年に当たる年であった。国際ピエール・ド・クーベルタン委員会はこれを記念し、翌年1月24-25日にリニューアル・オープンしたばかりのオリンピック博物館（ローザンヌ）で、「ピエール・ド・クーベルタンと未来」と題する国際シンポジウムを開催した（International Pierre de Coubertin Committee Symposium : "Pierre de Coubertin and the Future"）。本稿は、このシンポジウムの2日目に行った筆者による基調講演の日本語訳に加筆し、注を加えたものである。加筆部分である「2. 嘉納の目に映ったオリンピズム」の一部は、実は当日の時間的な制約により削除したもので、これを含めたものが元々このシンポジウムに向けて準備していた原稿であった。

基調講演では嘉納治五郎（1860-1938）と2020年東京オリンピック・パラリンピック大会とを取り上げ、過去と未来の視点からクーベルタンの現代性について論じた。講演で特に意識したことは、地理的・文化的にアジアに属する日本という視点から、近代オリンピックの創始者であるクーベルタンについてどのように語ることができるのかを示すことであった。これは欧米中心主義的なクーベルタンのオリンピズムの、オリンピックの歴史にとって周縁的存在ともいえる日本からの再解釈に他ならない。大胆に言い換えれば、これは、欧米諸国が《中心》的に進めてきたオリンピック・ムーブメントの新しい時代における在り方について、《周縁》的視点から議論することの有効性を提示しようとする野心的な試みでもあった。

ところで、2013年9月7日に2020年オリンピック・パラリンピック競技大会の開催都市が東京に決まって以降、日本では体育・スポーツ界に限らず、「オリンピズム」や「レガシー」という用語・概念を用いながら、2020年オリンピック大会の存在理由を問い直す機会が顕著に増えてきた。しかしながら、1）オリンピックの創始者クーベルタンはどのような思想をもった人物であり、2）この人物が創案したオリンピズムは日本の体育・スポーツと一体どのように結びついているのか、というこの問題を考える上で欠かせない根本的な問いかけがどの議論にも欠如している。

冒頭で述べたとおり、本稿は国際シンポジウムにおける基調講演の記録であり科学論文としての体裁をなしていない。しかし、そこで取り上げたテーマと内容は前段落で示した問いかけへの回答であり、2020年オリンピック大会に関する議論の根本的な整理に貢献するものと考えている。なお、海外の方々に向けて行われた基調講演の雰囲気を最大限に伝えるため、記録の文体は口語体とした。

1. はじめに

2020年オリンピック・パラリンピック大会の東京開催が決まりました。1964年の東京と1972年の札幌、1998年の長野を経て、日本では4回目のオリンピック開催となります。これらの開催以外にも東京と札幌、名古屋、大阪が開催地として正式に立候補したことがあります[1)]。つまり、日本はオリンピックと非常に親密な国だと言えます。しかし、ピエール・ド・クーベルタンが近代オリンピックの制度を創設したとき、日本は地理的にも文化的にもオリンピックからは遠く離れた国でした。

一方、ルネサンス以降のヨーロッパではキリスト教や文学、考古学、近代体育、スポーツイベントといった多様な文化を通して、古代オリンピックのイメージが広がっていました。例えば聖書[2)]の中で、ホメロス『イリアス』[3)]やパウサニアス『ギリシャ記』[4)]の中で、シェイクスピアの『ヘンリー六世第三部』や『トロイラスとクレシダ』[5)]の中で、ヨーロッパの人々は「オリンピック」と出会っていました。1776年にはイギリス人チャンドラー（R. Chandler）によるオリンピア遺跡の発見があり、これが呼び水となって、ヨーロッパ各地で「オリンピック」と名のつくイベントが開催されました[6)]。また18世紀末から19世紀末にかけて、近代体育の父グーツムーツ（J. C. GutsMuths, 1759-1839）[7)]やトゥルネンの父ヤーン（F. L. Jahn, 1778-1852）[8)]、体育の方法論を巡ってクーベルタンと対立したフランス人グルッセ（P. Grousset, 1844-1909）[9] が、彼らの記した体育書の中で、古代オリンピック競技会復興のアイディアを表明しました。

これに対し、1909年に国際オリンピック委員会（以下、「IOC」という。）のアジア初の委員に就任した柔道の創始者であり東京高等師範学校校長の嘉納治五郎は、日本の当時の状況を次のように回想しています。

> 私がオリンピック委員に推薦された頃は、世間一般にオリンピックの何ん〔ママ〕であるかを知っているものは極めて少なかった。……。それからオリンピック大会に参加するかどうかを討議したが、オリンピックに対しては［大日本体育協会結成のために集まった］みんなが余り良く知らない[10]。

つまり、日本はオリンピック・ムーブメントに参加し始めたとき、オリンピックをほとんど知らない国だったのです。3年後の1912年、日本はストックホルム大会に初めて参加しました。そして、前回のロンドン大会は日本にとって、オリンピック参加100年の記念すべき年になったのです。

ここで強調したいことは、現代のオリンピック大会には、日本と同じように、かつてオリンピックとほとんど関わりのなかった多くの国々が参加しているという事実です。日本の後でオリンピック・ムーブメントに加わった国と地域は、今では170カ国以上もあるのです[11]。

さて、今から約100年ほど前の1918年、クーベルタンは『ガゼット・ド・ローザンヌ』紙で、オリンピズムを次のように説明しました。

> オリンピズムは一つの学説ではなく、精神の状態である。この精神状態を深く理解するために、考えられうる様々な方法が保証されている。オリンピズムは排他的にこれを独占しようとする一つの民族のものでも、一つの時代のものでもない[12]。

私はこれから、ヨーロッパとは異なるオリンピックの歴史を有する日本の視点から、彼の言葉が描き出そうとしたオリンピズムの未来を論じたいと思います。

論点は2つあります。一つ目は、アジア初の IOC 委員となった嘉納の目にクーベルタンのオリンピズムはどのように映っていたのか、という歴史的な視点です。二つ目は、私たちはクーベルタンから何を学んで2020年の東京大会に向かっていくのか、という現代的かつ将来的な視点です。1964年の東京大会から、今年はちょうど50年目にあたります。この節目の年を大切にしつつ、現在の問題と未来への希望に目を向けます。

2. 嘉納の目に映ったオリンピズム

IOC における日本の代表者として嘉納をクーベルタンに推薦したのは、当時の駐日フランス大使オーギュスト・ジェラール（A. Gérard, 1852-1922）でした。彼は1905年にブリュッセルで開かれたオリンピック・コングレス[13]の協力者で、クーベルタンと面識のある人物でした。

クーベルタンは当時、1906年のアテネ中間大会によって結束が失われた IOC を再建中でした。その彼が求めていた新しい人材は、何よりもまずオリンピズムをしっかりと理解してくれる人物でした[14]。ジェラールが探し当てた嘉納は結果的に、教育についてクーベルタンと共通する考えと経験とをもっていた、まさに「打ってつけの人物（right-man）」[15]だったと言えます。両者の共通点を6点ほど挙げてみましょう。

1点目は功利主義思想です。嘉納は東京大学で哲学者のアーネスト・フェノロサ（E. F. Fenollosa, 1853-1908）に学び、ハーバード・スペンサー（H. Spencer, 1820-1903）の功利主義の影響を強く受けました。「心身の力を最も有効に活用する」という柔道の考え方は、イギリス功利主義思想の影響を受けつつ、柔道の技術的な側面から嘉納が導き出したものです[16]。一方のクーベルタンは、競争社会という時代を支配していた流れは功利主義だと意識していました[17]。そして功利的思考に国家繁栄の野心を関係づけたアメリカ・プラグマティズムの父ウイリアム・ジェームス（W. James, 1842-1910）の思想を、生涯にわたって賞賛していました[18]。1902年から始まったクーベルタンによる実用的ジムナスティークの展開は、競争社会からの要求にプラグマティズムの立場から応えようとするものでした。

2点目は教育制度の比較研究です。嘉納は1889年の欧州歴訪を皮切りに、教育視察を主な目的とした外遊を生涯で13回行いました。嘉納は教育視察を通して、自分が構築しつつあった教育システムの方向性を確認していきました。例えば、1912年のストックホルム大会後にはアメリカに渡り、1927年に *New Physical Education* を記すことになるトマス・ウッド（T. D. Wood, 1865-1951）に会って、普通体操に対するスポーツの優位性を確認しました[19)]。

クーベルタンにとって、教育制度の比較研究は彼の教育学の礎となっています。彼はイギリスのパブリックスクールとアメリカの大学を訪問し、スポーツが青少年の教育に重要な役割を果たすものであることを確信します。彼の初期の著書4冊は、教育制度の比較研究の成果です[20)]。1901年発行の『公教育ノート』は、「ここ10年間、何度もヨーロッパ諸国ならびに北米で収集してきた観察結果」[21)]に基づきながらフランス教育制度の問題点を指摘した、クーベルタンの重要な著作となっています。

3点目は、二人とも明らかに、1860年に出版された Spencer の著書 *Education: Intellectual, Moral, and Physical* の影響を受けていたことです[22)]。嘉納は次のように述べています。「本来身体と道徳と智力とこの三つのものが並び進んで往ってこそ人間は堅実になるのである」[23)]。嘉納は大学卒業後の1882年、この思想に基づく三つの教育事業を立ち上げました。すなわち、柔道の塾である講道館 —— すなわち体育、英語塾の弘文館 —— 同じく知育、そして道徳の塾の嘉納塾 —— 徳育です。このような嘉納の思想は、後に校長を務める東京高等師範学校の教育方針やその卒業生たちにも受け継がれていきました。

一方のクーベルタンは、1901年に刊行した『公教育ノート』で全18章のうち、五つの章を知育（第4-8章）に、四つの章を体育（第9-12章）に、一つの章（第14章）を徳育にあてました。そして、この著書で指摘したフランス教育制度の問題に対する具体的な改革案が、1905年から1915年にかけて出版された『20世紀の青年教育（*L'Education des Adolescents au XXe siècle*）』3部作でした。体育、知育、徳育というタイトルが、それぞれの著書に付けられています[24)]。

4点目は体育・スポーツの奨励です。嘉納もクーベルタンも、それぞれの母国において学生スポーツの組織化に力を注いだ人物でした。現在を生きる我々には想像しにくいのですが、19世紀末の日本とフランスの学校教育には、様々なスポーツが体験できる体育の授業も、運動部という課外活動の制度も、中学・高校・大学ごとの全国規模のスポーツ大会もありませんでした。

1895年、嘉納は東京高等師範学校に運動会を導入し、翌年には各種の運動部活動を束ねる校友会を立ち上げ、毎日、体を動かすことを学生に奨励しました[25)]。さらに長距離走や水泳実習を取り入れ、1908年には柔道または剣道を必修としました。1915年には東京高師の「体操科」を発展させて「体育科」を設置し、これを文科、理科と対等な関係に置きました[26)]。今日、日本全国の学校教育現場で見られる正課および正課外の様々な体育・スポーツ活動のルーツは、嘉納にあると言えます。

一方のクーベルタンは1888年に、「教育における身体運動普及委員会（Comité pour la propagation des exercices physiques dans l'éducation)」を立ち上げます。元首相で元文相のシモン（J. Simon, 1814-1896）を委員長とするこの委員会は、学校ごとにスポーツクラブを結成させ、対校スポーツ大会の開催を目指しました[27)]。クーベルタンは翌年、フランス・スポーツ競技連盟を結成し、引き続き学生スポーツの組織化を進めます。そして1892年、クーベルタンはこの連盟の（前身のフランス徒競走連盟から数えて）創設5周年の記念式典を利用し、オリンピック復興の第一声を上げたのでした[28)]。

二人がスポーツを学生の専売特許のようには考えず、その大衆化を見据えていた点も共通しています。嘉納はスポーツを大衆化させる条件を、次のように考えていました。1）誰でもできること、2）費用がかからない・設備が要らないこと、3）男女や年齢の区別なく好き嫌いのないものであること、4）面白くて熱中しすぎないことです[29)]。

一方のクーベルタンは、1919年に「Tous les sports pour tous」、すなわち「スポーツ・フォー・オール」の理念を打ち出しました[30)]。その萌芽は1890年にはすでに見ることができます。クーベルタンは「大衆乗馬（équitation populaire)」という用語を用いて、貴族のスポーツだった乗馬の大衆化を図っていたのです[31)]。1903年には実用的ジムナスティーク委員会を結成し、1906年にはこの委員会を大衆スポーツ協会に発展させ、1）都市・農村のあらゆる大衆層に、実用的ジムナスティークを普及させること、2）運動に必要な施設を様々な場所に設置するように働きかけること、3）スポーツに関する芸術的・文学的表現活動を普及させることを目指しました[32)]。

オリンピズムの意味を考える際、これら二人の人物がスポーツの大衆化という視点をもっていた点を忘れないようにしなければなりません。

二人はスポーツの経験知を実生活で生かそうとした教育思想の持ち主でもありました。嘉納は1889年の「柔道一斑ならびにその教育上の価値」という講演で、柔道の教育的価値を「体育」「勝負」「修身」に分けて説明しました。そしてこの中で、「勝負」と「修身」の理論を社会生活の中で生かしていくことが柔道の価値であると述べました[33)]。嘉納は1915年には柔道を「心身の力を最も有効に使用する」道と定義し、この道が道場だけではなく社会生活にまで及ぶものであると説明します[34)]。そして1922年の「精力善用」「自他共栄」の立言を経て、それまでの技術と思想をまとめた1931年出版の『柔道教本』において、柔道を「社会における万般の事に応用すると、社会生活の方法となる」と述べました[35)]。つまり嘉納は、柔道の理念を社会生活に応用することの重要性を繰り返し説き続けたのです。

一方のクーベルタンは先ほど説明した大衆スポーツ協会の1907年の式典で、デブルイヤール（débrouillard）は身体の領域にとどめるものではなく、生活のすべてに適用できるものであると説明しました[36)]。フランス語のデブルイヤールとは「機転のきく、要領のよい」という意味の形容詞で、クーベルタンはこの用語を用いて自身が設定した教育目標を表現しました。具体的には、近代社会の諸変化に臨機応変に対応できる能力のことを指しています[37)]。彼は嘉納と同じく、グラウンドや体育館で身につけた臨機応変に対応できる能力を、実際の生活の場面で生かすように主張したのでした。つまり、クーベルタンは単にオリンピックで世界中の若者をスタジアムに集めた人物ではなく、スポーツの社会化を明確に志向していた人物だったのです。

5つ目の共通点は、国際的な視野です。クーベルタンは近代オリンピックの開催地をギリシャに固定せず、「オリンピックの開催地は世界の都市を回る」という制度をつくりました。「第2回大会以降もアテネで開催される」と報じた1896

年4月16日付の *The Times* に対し、クーベルタンが「オリンピックは世界を回ることになっている」[38] と強く反論したのは、国際的な視野に立って、世界の人々が様々な都市の歴史や文化に直に接する機会を保証するためでした[39]。

嘉納も国際的な視野をもった人物でした。日清戦争後の1896年、嘉納は清国からの留学生を受け入れ始め、1902年には留学生のための学校を設立します。これは、「真に善隣の道を尽くしてこそ、初めてその結果が反射して我が国の大利益となる」[40] という考えに基づくものでした。最終的には1909年までに7000人を超える規模となる、嘉納による日本で初めての組織的な留学生の受け入れは、1922年に柔道の理念として打ち出される「自他共栄」への芽生えでした。1910年、嘉納は雑誌『英語教授』の中で、英語で次のように訴えました。

> The highest good to all will be realised when an intimate understanding of each other's differences and peculiarities has been created.... mutual understanding which is the foundation of a close union, lasting friendship, and the peace and happiness of the whole world.（お互いの異質性や特性が十分に理解されたとき、初めて最善なるものが実現される。……相互理解は全世界の結束、恒久的な友情、平和と幸福などの基礎となる[41]。）

つまり、嘉納は IOC 委員に就任したときすでに、他国同士の相互理解こそが世界平和につながる礎になるというオリンピック的な考えをもっていたのです。

最後は「自他共栄と相互敬愛」です。嘉納は1926年、「自他共栄」について次のように記しました。

> 基督教も、儒教も佛教も、みなそれと協調して行くことの出来るものであると、私は信じて居ります。その案は、社會生活の存続と発展との原理に基いて道徳を説くので、その條件とか原理とかいふものは如何なるものであるかといふに、それは、互に助け合ひ、互に譲り合ひ、我と他とが共々に榮えるといふこと何（ママ）なるのであります[42]。

特定の宗教観からではなく、国民道徳の指導原理から生まれた「自他共栄」は、前節で考察したように「異文化・異質性」を尊重し、互いに理解し合おうとする思想に基づく教育理念でした。これは柔道の応用範囲を道場の外にまで広げることを説明する一つの原理となり、他国との関係から身近な他者との関係まで、柔道は実社会と実生活のありとあらゆる場面において実践されるべき活動として位置づけられました。

一方、クーベルタンが『相互敬愛』と名付けた『20世紀の青年教育』3部作の1冊には、「自他共栄」と重なり合う部分の大きい道徳理念が記されています。寛容という態度は「他」への無関心の現れでしかなく人間相互の無知を生む原因になるが、「相互敬愛」は何よりも相互の理解を必要とすると、クーベルタンは述べています[43]。

さらには、「相互の接触の機会を増やすことによって、相互の認識を容易にし、……相互敬愛の感情と慣習の普及のみが道徳教育を活気づける」と続けています[44]。このクーベルタンの言葉は、都市を変えて開催される4年に1度のオリンピックが若者相互の接触の機会を定期的に保証し、他国・他者との間に相互敬愛の感情を高めることに貢献するものであることを示唆しています。つまり、嘉納が「自他共栄」を柔道の理念として説明したように、クーベルタンもまた「相互敬愛」をオリンピックの理念として位置づけていたのでした。

以上、嘉納とクーベルタンにおける教育思想と経験の近似性を説明してきました。私はここで、嘉納の教育思想が優れていると主張したかったのではありません。私が伝えたいことは、クーベルタンのオリンピズムと対比させることによって、嘉納の教育思想の意義や意味を皆さんにきちんと理解してもらえたという事実です。

スポーツと文化を融合させた教育改革を世界に広めるオリンピック・ムーブメントには、これを広める先々で、オリンピズムの意味をより的確に伝えてくれる教育モデルを示すことが必要です。私が先ほど嘉納という日本の教育モデルを示すことができたように、クーベルタンには、世界各地に埋もれている特徴ある教育的な営みを〈掘り起こす力〉があります。

一方で、自国の教育者やその思想についての考察がなければ、かつてオリンピックを知らなかった日本のような国々の人々が、クーベルタンの現代的そして将来的な意義や意味を評価することは難しいでしょう。したがって、国際ピエール・ド・クーベルタン委員会の活動には、「嘉納からクーベルタン」「クーベルタンから嘉納」といった二つのベクトルが求められるのです。

3. 2020年東京大会に向けて

さて次に、2020年の東京大会を見据えた現代的かつ将来的な視点で、クーベルタンを論じたいと思います。

IOC は現在、開催地の立候補都市にレガシー・プランの提出を義務づけています[45)]。これは、大会開催を祝う打ち上げ花火のようなその場限りのスポーツ政策から、レガシーを次世代に伝える継続性のある政策への「質的転換」が、オリンピックに求められていることを意味します。

2020年大会を見据え、中長期的なスポーツ政策の「質的転換」を図ろうとする日本には、新しいオリンピックの理念が必要です。私はこの理念を考えるにあたり、クーベルタンが IOC 会長辞任直後に設立した万国教育連盟（Union Pédagogique Universelle）に注目しました。なぜなら、この連盟は、IOC で果たすことのできなかった理想を実現するために、クーベルタンが創った組織だと考えるからです。

実は、近代オリンピックはその誕生前から、創始者の思いとは別の方向に向かって進んでいきました。クーベルタンは『オリンピックの回想』の中で、自分の友人たちは当初からオリンピズムを誤解していたと記しています[46)]。1929年には「もし輪廻というものが存在し、100年後にこの世に戻ってきたならば」、自分はオリンピックを破壊するだろうと述べました[47)]。また1936年に記した未公刊の回想録では、ネオ・オリンピズムは「最初は微笑みで迎えられたが、それは次に皮肉に変わり、やがて不満と敵意になってしまった」とも語っています[48)]。

それゆえ、クーベルタンが IOC から身を引いた直後に結成した万国教育連盟で示された教育改革の内容は、2020年東京大会の基礎となる理念の在り方に有益な示唆を与えてくれると、私は考えるのです。

万国教育連盟の機関誌第1号には、クーベルタンの手による三つの記事が掲載されました。「ラジオメッセージ」と「基本憲章」、「十本のたいまつ」です[49]。

これらの記事の中でクーベルタンが見据えていたのは、19世紀後半から20世紀初頭にかけて諸科学の発達が築いた膨大な知識の山を、どのように認識するのかという問題でした。細分化・専門化された断片的な知識は人間を自分の殻に閉じこめ、そこから生まれる人間相互の無理解が戦争の原因になると、クーベルタンは考えたからです。例えば、地図が頭に入っていなければ、通りの名前をたくさん知っていても道に迷います。地球の大きさが比喩的な意味で急激に縮まった20世紀に求められる教養とは、細分化された知識ではなく、様々な関係性の中で全体を把握しようとする力、すなわち世界を的確に俯瞰する力であると、クーベルタンは考えたのです。

この教育課題の解決策として彼が示したのは、「知の飛翔（aviation intellectuelle）」という方法でした。険しい登山ルートをピッケル片手に時間をかけて登るのではなく、知識の山を飛行機で一気に飛び越え、膨大かつ複雑な知識体系の全体像を短時間で理解するという方法です[50]。「十本のたいまつ」で示された10領域の知識は、細分化された膨大な知識が生い茂る険しい山の上空を旋回する飛行機です。この飛行機に乗って身につけられる教養は、新しい時代を担う若者たちの世界認識の力に直結するものであり、これによって「社会の平和が保証される」とクーベルタンは考えていました[51]。

クーベルタンは第1回アテネ大会直後に、次のように書き記しました。すなわち、1）世界の紛争の種は他国への無知や誤解、偏見から生まれる、2）したがって、世界の人々との相互理解を深めることが重要である、3）近代オリンピックは国際的な相互理解を進める有力な制度である、と言うことです[52]。

「無知」とは、単なる知識不足のことではありません。私が考えるに、これは、自分の枠の外に世界があることを認めない精神状態のことを意味します。戦争につながる可能性があるこのような「無知」に、クーベルタンは強い危機感を抱きました。そして彼は、若い人々がスタジアムに集い、自分の枠の外に無限かつ多様な世界が広がっていることを認識し合えるような機会を定期的に設けるために、近代オリンピックの制度を創ったのです。

この地球上に世界の平和を維持する国際連盟（1919-1946）や国際連合（1945-）のような国際機関がなかった時代、世界の国々への人々の移動や意志の伝達を助ける飛行機、国際電話、テレビ、インターネットなどがなかった時代、スポーツの国際大会がほとんど存在しなかった時代の話です。クーベルタンは、世界をつなぐことが容易でなかった時代に、「スポーツ」と「知の飛翔」という斬新な手段を用いて、世界を認識する方法を改革しようとした希有な教育者だったのです。

さて、私はここで残念なことを述べなければなりません。それは、現在、日本の体育・スポーツ界には大きな社会問題が山積みになっていると言うことです。柔道の授業における生徒の死[53)]、オリンピック柔道金メダリストによる準強姦[54)]、柔道全日本代表監督・コーチによる女子選手への暴力[55)]、高校スポーツクラブ所属生徒の自殺[56)]、大相撲における若い力士の暴行死[57)]、スポーツ競技団体による助成金の不正受給[58)] など、枚挙にいとまがありません。

日本の体育・スポーツ界は今、スポーツに関わる人々が自分たちの狭い世界にそれぞれ閉じ籠もり、自分たちの枠の外に別の世界が広がっていることを認識しようとしない「無知」の状態にあります。「無知」は、彼らの慣習や認識をその小さな世界の中で絶対的なものへと変えていきます。言い換えれば、「無知」は、新しい知見や他者との関係性を直視しながら自分と世界を見直していく作業を拒み、「自分に都合のよい物語」の中に人々を閉じ込めるのです[59)]。そして、このような「無知」から生まれる相互の無理解や無関心、誤解、偏見が、クーベルタンが戦争の引き金になると指摘したように、日本の体育・スポーツ界の堕落の原因となっているのです。

体育やスポーツそれ自体は、多様な解釈が可能です。ある者は肯定的な価値を、またある者は否定的な価値を語ろうとします。クーベルタンは、体育やスポーツを身体と意志と精神の教育的手段になり得ると見なす一方で、これが平和と同じく戦争をも準備させる「有益とも有害ともなり得る」存在であることを自覚していました[60)]。このように考えると、体育やスポーツの理想を2020年の東京大会で具体化しようとする私たちには、体育やスポーツが内包する二面性を常に意識できる仕組みが必要であることが分かります。

クーベルタンが IOC 会長辞任直後に示した「知の飛翔」は、現在そして未来を生きる私たちにとって、一つには「無知」をなくし世界の平和を確立するための、もう一つには体育やスポーツの二面性を私たちに常に意識させるための、極めて有効な仕組みになり得ると考えます。

4. おわりに

クーベルタンのオリンピズムは言うまでもなく、ヨーロッパ文明にルーツをもった概念です。オリンピズムは古代ギリシャ哲学と西洋キリスト教、民主主義的な国際性の調和を目指した一種の混沌状態だと、ブロンニュ博士は表現しました[61)]。これはルネサンス以降、古典古代とキリスト教を精神的な支柱とした欧米知識人の理想的な自我像を逆投影したものであるとも解釈できます[62)]。

このようなヨーロッパ色に彩られたオリンピズムを、私は日本の歴史的そして将来的な視点から検討し、次の2点を皆さんにお伝えしました。一つ目は、クーベルタンのオリンピズムには世界各地の多様な教育的営みを掘り起こす力がある一方で、それぞれの国や文化に固有な教育の意義や意味の考察なしに、オリンピズムの真の理解には至らないということです。

二つ目は、「知の飛翔」は、私たちの未来にとって極めて重要なオリンピック的な仕組み――すなわち、世界平和の確立に向かうとともに、体育やスポーツの二面性を私たちに常に意識させる仕組み――となる可能性を秘めているということです。

ここで再び、クーベルタンの言葉に戻りましょう。

> オリンピズムは一つの学説ではなく、精神の状態である。この精神状態を深く理解するために、考えられうる様々な方法が保証されている。オリンピズムは排他的にこれを独占しようとする一つの民族のものでも、一つの時代のものでもない（再掲）。

96年前、クーベルタンがローザンヌ市民に語ったこの言葉は、彼の想像を時間的にそして空間的に超越するオリンピズムの世界があると、彼自身が認識していたことを私たちに伝えてくれます。私が日本の過去そして未来という視点からオリンピズムについてお話ししたように、とりわけ、かつてスポーツやオリンピックと深い関係をもっていなかった文化圏の人々が、今後、時を超え、国を超え、それぞれの立場からクーベルタンやオリンピズムについて議論し、その成果を世界に発信していくことが大切です。なぜなら、このことが「無知」の世界とは対極に位置する21世紀の新しいオリンピズムの創造につながるからです。

表１　オリンピック・コングレス 1894-1925

	年　月	場　所	テ　ー　マ	参加者数	
1	1894年６月	パリ	アマチュアリズムの原則の研究と普及 オリンピック競技会の復興	9ヶ国	78名
2	1897年７月	ル・アーブル	身体訓練と結びつく衛生・教育学・歴史ほか	10ヶ国	約60名
3	1905年６月	ブリュッセル	スポーツと体育に関する諸問題の検討	21ヶ国	205名
4	1906年５月	パリ	芸術と文学とスポーツの融合	10ヶ国	約60名
5	1913年５月	ローザンヌ	スポーツ心理学とスポーツ生理学	9ヶ国	約100名
6	1914年６月	パリ	オリンピック・プログラムの統一と参加資格	29ヶ国	約140名
7	1921年６月	ローザンヌ	オリンピックのスポーツ・プログラムの変更と参加資格	23ヶ国	78名
8	1925年６月	プラハ	オリンピック教育学	21ヶ国	62名

クーベルタンは、当時の人々の認識の枠を超えたスポーツの見えざる世界を探すために、また体育・スポーツの二面性を含む様々な可能性を議論するために、IOC 会長のイニシアチブによってオリンピック・コングレスを開きました（表1[63]）。

私はこの基調講演を終えるにあたり、国際ピエール・ド・クーベルタン委員会会長のミュラー博士がオリンピック・コングレスについて考察した著書[64]が、トマス・バッハ新 IOC 会長（2013年9月10日就任）に届けられるように願いたいと思います。みなさま、ご静聴、まことにありがとうございました。

注及び引用文献

1) 1940年：東京に決定（1938年に返上）、1960年：東京が立候補（ローマに決定）、1968年：札幌が立候補（グルノーブルに決定）、1984年：札幌が立候補（サラエボに決定）、1988年：名古屋が立候補（ソウルに決定）、2008年：大阪が立候補（北京に決定）、2016年：東京が立候補（リオ・デ・ジャネイロに決定）。

2)『新約聖書』には次の記述がある。「あなたがたは知らないのですか。競技場で走る者は皆走るけれども、賞を受けるのは一人だけです。あなたがたも賞を得るように走りなさい。競技をする人は皆、すべてに節制します。彼らは朽ちる冠を得るためにそうするのですが、わたしたちは、朽ちない冠を得るために節制するのです」（コリントの信徒への手紙一、9章、24-25節）。共同訳聖書実行委員会訳『聖書：新共同訳』日本聖書教会：東京、1993年、（新）311頁。

3)「第23歌：パトロクロスの葬送競技」。松平千秋訳『イリアス（下）』岩波文庫：東京、1992年、333-375頁。

4)「第五巻第三章 オリュンピア祭競技会の歴史と組織」「第六巻第二章 宝庫と競技場など」他。飯尾都人訳編『ギリシア記』龍溪書舎：東京、1991年、327-331および418-421頁。

5) Spevack, Marvin, *The Harvard Concordance to Shakespeare*. Hildesheim : George Olms, 1973, p. 920. なお、記述内容は次のとおり。*The Third Part of King Henry the Sixth* (1590-91): "And if we thrive, promise them such rewards/ As victors wear at the Olympian games." (II.3.52-53) / *Troilus and Cressida* (1601-02): "And I have seen thee pause and take thy breath,/ When that a ring of Greeks have hemme'd thee in,/ Like an Olympian wrestling."(IV.5.192-194)

6) Lennartz, Karl. *Kenntnisse und Vorstellungen von Olympia und den Olympischen Spielen in der Zeit von 393 bis 1896*. Schorndorf : Hofmann, 1974, 224p.

7) GutsMuths, Johann Christoph Friedrich. *Gymnastik für die Jugend*. Wien und Leipzig : A. Pichler, 1893 [1793], pp. 56-63.（成田十次郎訳『青少年の体育』明治図書出版：東京、1979年、82-89頁）

8) 真田久『19世紀のオリンピア競技祭』明和出版：東京、2011年、6-8頁。

9) Daryl, Philippe (Grousset, Paschal). *La Renaissance physique*. Paris : J. Hetzel, 1888, pp. 256-257.

10) 嘉納治五郎「わがオリンピツク秘録」、『改造』第20巻第7号、1938年、269および272頁。

11) 日本オリンピック委員会のウェブサイト（http://www.joc.or.jp/games/olympic/poster/、2014年5月3日）によれば、1912年のストックホルム大会には28カ国が、2012年のロンドン大会には204の国と地域が参加した。

12) Coubertin, Pierre de. « Lettre olympique ». (*La Gazette de Lausanne*, 22 novembre 1918.) Carl-Diem-Institut. *Pierre de Coubertin : L'Idée Olympique, discours et essais*. Stuttgart : Verlag Karl Hofmann, 1967, p. 54.

13) クーベルタンのイニシアチブによって不定期に開催された、オリンピック・ムーブメント推進のための会議。オリンピックの運営上の諸問題を話し合うことを目的に毎年定期的に開かれる IOC 総会とは区別される。

14) Wada, Koichi. *L'origine du mouvement olympique au Japon : développement de l'olympisme en Asie par Pierre de Coubertin*. Mémoire du DEA des STAPS à l'Université de Strasbourg II, 2005, pp. 51-52.

15) ジェラールはクーベルタンへの書簡（仏文）の中で、この部分を英語で強調している。Lettre du 19 janvier 1909 de Gérard à Coubertin. Archives Historiques du Comité International Olympique (Lausanne).

16) 藤堂良明『柔道の歴史と文化』不昧堂：東京、2007年、151-154頁。

17) Coubertin, Pierre de. « Une Nouvelle formule d'Education physique ». *Revue Mensuelle du Touring-Club de France*. 15-20 avril 1902, p. 149.
18) Müller, Norbert. « Préface ». Comité International Olympique (éd.). *Pierre de Coubertin : Textes Choisis*. tome III, Zürich : Weidmann, 1986, p. 7.
19) 阿部生雄「嘉納治五郎とピエール・ド・クーベルタン：『精力善用・自他共栄』とオリンピズム」、筑波大学編『体育科学系紀要』32巻、2009年、4-5頁。
20) Coubertin, Pierre de. *L'Education en Angleterre. Collèges et Universités*. Paris : Hachette, 1888. ; *L'Education Anglaise en France*. Paris : Hachette, 1889. ; *Universités Transatlantiques*. Paris : Hachette, 1890. ; *Notes sur l'Education publique*. Paris : Hachette, 1901.
21) 前掲書20) Coubertin, 1901, p. 2.
22) Spencer, Herbert. *Education: intellectual, moral, and physical*. New York: D. Appleton and company, 1860. この書は尺振八（1839-1886）による訳で1880年に『斯氏教育論』と題して刊行されており、明治期日本の教育学に少なからぬ影響を与えた。庭野吉弘『日本英学史叙説』研究社：東京、2008年、237頁。
23) 嘉納治五郎「国民の体育に就いて」(『愛知教育雑誌』356、1917年)、講道館監修『嘉納治五郎大系』第8巻、1988年、24頁。
24) Coubertin, Pierre de. *Education physique : La Gymnastique utilitaire. Sauvetage - Défense - Locomotion*. Paris : Alcan, 1905. ; *Education intellectuelle : L'Analyse universelle*. Paris : Alcan, 1912. ; *Education morale : Le Respect mutuel*. Paris : Alcan, 1915.
25) 真田久「東京高師校長嘉納治五郎と校友会運動部の発展」、『講道館柔道科学研究会紀要』第12輯、2009年、1-15頁。
26) 真田久「我が国における社会とスポーツの在り方の源流を探る」、一般財団法人嘉納治五郎記念国際スポーツ研究・交流センター編『社会の中におけるスポーツの価値に関する調査報告書（平成21年度東京都研究委託)』、2010年、13-14頁。
27) 清水重勇『スポーツと近代教育（下)』紫峰図書：横浜、1999年、554-558頁。
28) Coubertin, Pierre de. *Mémoires olympiques*, Lausanne : Bureau International de Pédagogie Sportive, 1931, pp. 7-10.
29) 前掲書23) 嘉納、「国民の体育に就いて」、『嘉納治五郎大系』第8巻、30-31頁。
30) Coubertin, Pierre de. Lettre à Messieurs les membres du Comité International Olympique, janvier 1919. Carl-Diem-Institut. *Pierre de Coubertin : L'Idée Olympique, discours et essais*. Stuttgart : Verlag Karl Hofmann, 1967, p. 71.
31) 和田浩一「ピエール・ド・クーベルタンの乗馬論」、『体育史研究』第18号、2001年、13-27頁。
32) 前掲書27)、691-692および708頁。
33) 体育法：柔道によって身体の強化と調和的な発達を促すこと、勝負：相手を殺傷捕捉して勝ちを得るための練習法、修心：柔道によって智・徳およびそれらを社会生活全般へ応用する力を養うこと。嘉納治五郎「柔道一斑ならびにその教育上の価値」(1889年)、講道館監修『嘉納治五郎大系』第2巻、1988年、103-130頁。
34) 嘉納治五郎「講道館柔道概説第2回」『柔道』(第1巻第3号、1915年)、講道館監修『嘉納治五郎大系』第3巻、1988年、130頁。

35）嘉納治五郎『柔道教本』（三省堂、1931年）、講道館監修『嘉納治五郎大系』第3巻、1988年、297頁。

36）Coubertin, Pierre de. *Une campagne de vingt-et-un ans (1887-1908)*. Paris : Librairie de l'Education physique, 1909, p. 218.

37）前掲書24）Coubertin, 1905, p. vi.

38）Coubertin, Pierre de. "To the Editor of the Times." *The Times*. April 30, 1896.

39）前掲書28）、p. 50.

40）嘉納治五郎「清国」（『国士』44号、1902年）、講道館監修『嘉納治五郎大系』第6巻、1988年、212頁。

41）Kano, Jigoro. "To the Japanese Teachers of English."『英語教授』第3巻第2号、1910年、6および9頁。訳は庭野のものに若干、手を加えた。前掲書22）庭野、149-151頁。

42）嘉納治五郎「〈講演会速記録〉精力最善活用自他共栄」（愛日教育会、1926年）、渡辺一郎編『近代武道史研究資料7』桜村（茨城県）：筑波大学体育科学系、1986年、21頁。

43）前掲書24）Coubertin, 1915, pp. 13-15.

44）同上書、pp. 16-17. 訳は清水重勇氏のウェブサイト（http://www.shgshmz.gn.to/shgmax/public_html/coubertin/20adult_ed/ed20_3_jp.html、2014年3月31日）から引用。

45）International Olympic Committee. *2020 Candidate Acceptance Procedure*. Lausanne: IOC, 2011, pp. 14, 54-56.

46）前掲書28）、pp. 9-10.

47）Coubertin, Pierre de. « *Olympie* ». Genève : Burgi, 1929, p. 6.

48）Coubertin, Pierre de. « la symphonie inachevée ». (1936). Boulongne, Yves-Pierre. *La vie et l'œuvre pédagogique de Pierre de Coubertin 1863-1937*. Montréal : Leméac, 1975, p. 462.

49）Coubertin, Pierre de. « Message par radio transmis à l'occasion de l'inauguration des travaux de l'Union Pédagogique Universelle (Aix-en-Provence, 15 novembre 1925) / Charte de la réforme pédagogique / Le flambeau à dix branches ». *Union Pédagogique Universelle I. année 1925-1926*, [1926], pp. 5 / 5-7 / 9.

50）「ある地域を調査したいが、ピッケルを手に頂上を目指してゆっくりとよじ登る時間の余裕がないときは、その上空を飛べばよい」［前掲書49）Coubertin, « Message par radio ... », p. 5.］。なお、「知の飛翔（aviation intellectuelle）」という用語は、次の文献に見られる。Coubertin, Pierre de. *Les assises de la cité prochaine (Conférence donnée à Berne, le 19 avril 1932)*. Genève : Burgi, 1932, p. 7.

51）前掲書49）Coubertin, « Le flambeau à dix branches ». p. 9. なお、「10領域の知識」は次のとおり。□個人の生存そのものを規定する四領域の知識：天文学、地質学、歴史学、生物学／□人間の精神的・道徳的な発達に関わる三領域の知識：数学、美学、哲学／□人間の社会生活を支配する三領域の知識：経済、法律、民俗学・言語学。

52）Coubertin, Pierre de. "The Olympic Games of 1896." *The Century Illustrated Monthly*

Magazine 53.1. (New Series, 31.), 1896, p. 53.
53) 内田良『柔道事故』河出書房新社：東京、2013年。山本徳郎『教育現場での柔道死を考える：「子どもが死ぬ学校」でいいのか !?』かもがわ出版：京都、2013年。
54) 柔道66kg 級のアテネ大会、北京大会の金メダリスト内柴正人被告（1978-）が、2011年9月20日未明、酒に酔って熟睡していた大学女子柔道部員に性的暴行をしたとして準強姦の罪に問われた。2014年4月23日付で懲役5年の実刑が確定した。『朝日新聞』2014年4月25日、朝刊。
55) 2013年1月29日、女子柔道の国際試合強化選手15名が、全日本女子ナショナルチームの園田隆二監督ほか指導陣による暴力行為やパワーハラスメントを訴えていたことが発覚した。松原隆一郎『武道は教育でありうるか』イースト・プレス：東京、2013年、46-65頁。溝口紀子『性と柔：女子柔道史から問う』河出書房新社：東京、2013年、177-184頁。
56) 2012年12月、大阪市立桜宮高校男子バスケットボール部主将だった2年生の生徒が、顧問から暴力を受けて自殺した。大阪地方裁判所は2013年9月26日、元顧問を有罪とする判決を言い渡した。『朝日新聞』2013年9月26日、夕刊。
57) 大相撲時津風部屋の17歳の序ノ口力士が2007年6月26日、親方や数人の兄弟子力士から暴行を受け死亡した事件。2011年8月29日、傷害致死罪に問われた前時津風親方・山本順一被告の懲役5年の実刑が確定した。『朝日新聞』2011年8月31日、朝刊。
58) 2013年度に日本スポーツ振興センターから助成金の一部返還を命令されたスポーツ競技団体：日本フェンシング協会（独立行政法人日本スポーツ振興センター「再委託事業における再委託費の返還について」2013年12月20日)、全日本柔道連盟（『朝日新聞』2013年8月10日、朝刊)。また、文部科学省「スポーツ・青少年分科会」(第66回、2012年3月27日）では、「JOC 国庫補助金及び toto 助成金に関する不正疑惑について」議論された（議事録：http://www.mext.go.jp/b_menu/shingi/chukyo/chukyo5/gijiroku/1324001.htm、および配付資料「参考5-1/2/3」)。
59)「『反知性主義』への警鐘」『朝日新聞』2014年2月19日、朝刊。
60) Schantz, Otto. « Avons-nous besoin d'une éducation olympique ? ». Monnin, Éric ; Loudcher, Jean-François ; Ferréol, Gilles (éds.). *Education et Olympisme en Europe*. Belfort : Université de Technologies de Belfort - Montbeliard, 2012, pp. 117-118.
61) 前掲書48) Boulongne, p. 337.
62) 桜井万里子・橋場弦編『古代オリンピック』岩波書店：東京、2004年、214-215頁。
63) クーベルタンは近代オリンピックの創設を決めた1894年の会議をオリンピック・コングレスに含めていないが、ミュラーはこの事実を踏まえながらも、これを第1回会議に位置づけている。Coubertin, Pierre de. « Les Congrès Olympiques », *Revue Olympique*, 2e série, no. 86, 1913, pp. 19-20. ; Müller, Norbert. *Cent ans de Congrès Olympiques 1894-1994*. Lausanne : Comité International Olympique, 1994, pp. 18, 34-47, 49, 67, 81, 95, 109, 121, 131.
64) 前掲書63) Müller.

第三部　東アジアの武術交流・発展史

世宗7年（1425）騎馬撃毬の武科試験科目導入の背景
―朝鮮朝初期の北方社会状況―

村戸　弥生

1. はじめに

1.1. 先行研究の問題点

朝鮮半島における騎馬撃毬は、高麗王朝末には盛んに行われており[1)]、朝鮮王朝を開国した太祖・李成桂も即位前にはその名手であったことが知られる[2)]。だが朝鮮朝に入ると騎馬撃毬はなされなくなり、宮庭での徒歩撃毬ばかりになる[3)]。ところが世宗代（第4代王、1397～1450年、在位1418～1450年）に入ると、騎馬撃毬は軍士撃毬として復活し（『朝鮮王朝実録』世宗7（1425）年3月辛卯(21日）条。以下『実録』と略記し、『実録』からの引用は多数にわたるので書名を断らず条目のみ示す)、軍士登用試験である武科[4)]の試験科目の一つとして初導入されることになる（世宗8年4月甲戌（11日）条)。

このような朝鮮朝初期撃毬の変遷の大枠を示したのは、戦前の今村鞆による先駆的な撃毬の専論である[5)]。戦後の研究は今村論同様、『実録』から時系列順に撃毬記事を抽出し、その変遷を通観するものであり、今村論を修正精緻化するが、その大枠を越えるものではないといえる[6)]。

なぜ騎馬撃毬が復興され、武科試験科目として採用されたかについては、いずれの先行研究も、以下のそれに関わる論議を挙げるので、今一度概観しておく。

世宗7年、騎馬撃毬を武科および春秋に行われる都試[7)]の科目とするよう、兵曹（軍事担当官庁）の啓（上奏文）が上がった。撃毬は遊戯によって武芸訓練をなすもので、撃毬の上手な者は騎射にも槍剣にも巧みだという理由からである。この兵曹の啓は採用された（世宗7年4月戊午（19日）条)。

このような動きに対して、騎馬撃毬の武科科目採用に反対する司諫院（諫制担当官庁）の啓が上がる。撃毬は武芸訓練のものとはいうが、みな遊戯で国家にとって無益である、我が国には既に騎射や騎槍といった武芸訓練の種目があるではないか、と。この反対意見に対し世宗は、撃毬を採用するのは遊戯ではなく、あくまで軍士に武芸訓練させるためだとして、強く騎馬撃毬導入への意向を示した（世宗7年11月乙卯（20日）条）。かくして騎馬撃毬は世宗の意向で、その翌年の武科において実施されることになる。

この論議は騎馬撃毬が武芸訓練か遊戯かという機能面での主張で対立し、その論点で平行線をたどる。そのため先行研究でも、騎馬撃毬が武科科目として採用された理由として、武芸訓練という騎馬撃毬の機能を挙げるに留まる。だが、まず問わなければならないのは、世宗7年のこの時期になぜ武芸訓練たらんとする騎馬撃毬を復活させる必要があったのかという、その社会背景であろう。その点で先行研究では、騎馬撃毬が武科科目に導入された社会背景に関わる考究は未だなされていないのが現状である。それを明らかにした上で、武芸訓練が本当に必要な時期なら、なぜ遊戯という反対意見がつきまとうのか、しかも、遊戯になりかねない種目を武科科目として制度化することには、どんな背景や意義があったのか、また制度化された結果、どんな展開をみせるのかを問わなければならないであろう。

1.2. 本論文の目的

以上から本論文では、『実録』をもとに、武科試験科目に騎馬撃毬が採用された理由を、当時の社会背景から明らかにすることを目的とする。紙幅の都合上、騎馬撃毬が武科科目として制度化された後の詳しい検討は別の機会に譲ることにする。対象とする期間は、世宗の完全親政の時代となる太宗（第3代王、1367～1422年、在位1400～1418年）の没後（世宗4年5月丙寅（10日）条）から騎馬撃毬初出（世宗7年3月辛卯（21日）条）までを中心とする。世宗は太宗の禅譲を受けて22才で即位するが、即位以後も太宗は上王として実権を握り、特に軍事に関しては、世宗が壮年になるまで掌握することが宣言されていた（世宗即位年8月丁亥（10日）条）。太宗が急逝してはじめて、世宗の完全親政の時代となり、それ以降の記事が、世宗の軍事に対する考え方なり施策なりを明確にあらわすことになるからである。

騎馬撃毬が武科に導入されたのは武芸訓練のためという理由からであるが、武芸訓練が必要とされる社会背景としては、倭寇や女真人など外方からの軍事的脅威といった外的要因と、国内の安定に従って起こってくる軍事的弛緩といった内的要因、あるいは双方の複合的な要因が考えられよう。本論文では内的要因の検討は今後の課題とし[8]、直接的な大きな要因となるはずである外的要因について見ていく。

外的要因のうち倭寇侵攻問題については、世宗5年から世宗7年までにかなりの落ち着きをみせている。世宗元年5月、世宗は太宗の命を受け、飢民となり倭寇となった対馬島民を征するために己亥東征（応永の外寇）を行うが、太宗没後、世宗は交隣体制をとり、倭寇を貿易相手である倭客として遇するようになる（世宗5年2月戊午（7日）条）。それ以降は、まれに倭賊船の記事が出ても小規模船団に過ぎず、その他の倭人関係記事は、ほぼ貿易や捕虜返還への対応記事となる。南方沿海の倭寇防備に対しては継続して注意が払われるが、水軍の整備（世宗5年正月丁亥（5日）条、同丙辰（14日）条、同癸卯（21日）条）と火砲の充実（世宗4年8月癸卯（19日）条、世宗5年正月辛卯（9日）条、世宗6年9月丙子（4日）条）に力点が置かれる。また倭客の上来は水路によるとされ、10頭以下の騎馬の場合には陸路を許す論議がなされる（世宗5年3月癸巳（12日）条）。このように倭客は陸路通行や陸上行動に制限を加えられており、朝鮮の騎馬軍が対応する必要のない相手だったろう。騎馬撃毬に関わる朝鮮騎馬軍の強化があるとしたら、南方の倭寇防備のためではないと考えられるので[9]、本論文では、外的要因のうち北方女真人の動向について見てゆき、そこから中央の武科や軍制との関わりを見てゆく。

朝鮮王朝のような中央集権体制国家では、中央制度が地方へ波及する図式で考えられがちである。だが、太祖のころ北方安定のために置かれた慶源府が、世宗代には南へ後退していることにみるように、北方情勢は常に不安を抱えていた[10]。また太宗の急逝によって親政をとりだした世宗にとっては、自らの親兵を形成するためにも、女真人との紛争の絶えない北方の両界地方（咸吉道と平安道）の安定のためにも、中央の武科や軍制の改革は急を要する問題であったろう。他ならぬ地方の要因が、中央の武科の変更にも関わってくることが考えられるのであり、本論文で明らかにすることは、その事例ともなろう。以下ではまず、北方の社会状況を咸吉道と平安道に分けて見ていくことにする。なお、参考に資するため本論文に関わる咸吉道（咸鏡道）と平安道の地図を末尾に添付する（図版）[11]。

2. 朝鮮朝初期の北方社会状況

2.1. 全体的状況

北方女真人の動きが活発化して『実録』記事に出てくるのは、倭寇とは対照的に世宗4年頃からである。この頃は明の永楽帝が韃靼の族長・阿魯台（アロタイ）を討伐するため北征し、漠北は争乱のさ中にあった。世宗4年5月から6月にかけては、阿魯台の軍を避けた遼東人が再三、平安道方面へ逃げて来た。

この間は、遼東人の李生吉、朴仁吉等40余人が平安道江界に来た（5月壬申（16日）条）。さらに遼東人の文長命の妻が子女を連れ平安道義州江辺に来た（5月壬午（26日）条）。遼東人は明国籍にあたるので、朝鮮では彼らを明へ護送している。この頃、明から戻ってきた賀節日使の呉陞により、韃靼が遼東、広寧、山海衛等に満ち満ちて掠奪する状況が報告されている（5月辛巳（25日）条）。

朝鮮では北征中の永楽帝に対し、判中軍都摠制府事の韓長壽を欽問起居使として送り（5月甲申（28日）条）、帰国した彼から永楽帝が漠北から還都するという報を得る（9月乙亥（21日）条）。その間にも韃靼の乱を避けて、遼東人の男女23人が平安道昌城に来た（6月丁亥（2日）条）。これら逃げて来る遼東人に対し、兵曹は食糧をやって追い返し、再び国境に入らせぬようにと啓上、裁可の後（6月癸巳（8日）条）、順次遼東へと護送した（7月庚午（15日）条、8月乙酉（1日）条、8月甲寅（30日）条、10月辛卯（7日）条）。

世宗4年の秋冬から翌年にかけては、遼東から戻ってきた護送官の高奇忠が、9月壬戌（8日）に永楽帝が還都したという報と戦勝の詔勅をもたらし、遼東郡司が遼東人の返還を謝していることを報告した（11月庚申（7日）条）。また、遼東より戻った通事の任種義は、韃靼の遼東侵掠を報告し（閏12月丁丑（24日）条）、北京より復命した進賀使書状官の李世衡は、韃靼の数万の兵が中原に入寇し、再び永楽帝が親征しようとしているという報をもたらしている。（世宗5年2月戊辰（17日）条）。このように朝鮮国境の外の北方は全く落着きのない状況であった。

世宗4年は、旱と大水による全国的飢餓で各道人民が流浪し、北辺の異民族地域と接する両界地方は特に深刻であった。太宗没後の天災飢饉関係記事を挙げると、7月、諸道の飢餓では江原道が最も甚だしく、人民の流浪を止められなかった（甲子（9日）条）。咸吉道内も飢饉であり（丙子（21日）条）、江原道内の飢民は4,024人であった（辛巳（26日）条）。8月、水旱の災が甚大で（乙酉（1日）条）、忠清道の飢民は5,970人に上り（己丑（5日）条）、大水のため穀物が実らなかった（己亥（15日）条）。9月、平安道の飢民は40,500人に上り（癸亥（9日）条）、京中にたどり着いた飢民に粥の炊出しがあった（甲子（10日）条）。10月、江原道・黄海道・平安道の飢民が流浪し（癸亥（9日）条）、11月にも飢民の流浪は続いた（丙寅（13日）条）。12月、諸道の首長である観察使に各道の飢民数を報告させ（丙戌（3日）条）、江原道・黄海道・平安道・咸吉道は他道より飢饉がひどいので貢物を減らした（壬辰（9日）条）。

民の困窮は翌年、翌々年にまで及び、国家はその対応に迫われた。世宗5年の初めには、種籾と食糧の乏しい京畿道・忠清道・咸吉道へ米や豆を貸し付けている（正月己酉（27日）条）。世宗6年に入っても人民が流浪する状況は変わらず、流浪の禁令が出された（正月丙戌（9日）条）。このように飢饉関係記事は多出し、深刻な状況だったことがわかる。

このような全体的状況は騎馬撃毬復興の頃にいたるまで及んでいる。そのような中で女真人は漠北の乱れにより南下傾向にあり、しかも飢えに苦しんでいた。南下した女真人による入寇が再三起こるようになった朝鮮国家はその対応にも迫られたのである。太宗代より朝鮮王朝独自の懐柔政策として、帰化した女真人に侍衛職を授け、物品や家舎や妻などを与え、租税も免除するなどの優遇策をとっていた。そのような事例もこの頃から急増する[12)]。

以下、女真人侵寇の様子とその対応策を咸吉道と平安道に分けて見てゆく。

2.2. 咸吉道における女真人の動向と対応策

咸吉道では世宗4年9月以降、女真人の慶源府入寇が再三にわたった。まず、女真人の嫌真兀狄哈巨乙加介が兵100余人を率い慶源府等を侵した（9月戊寅（23日）条）。これは太宗17年の慶源府が富居に復置されて以降の、女真人入寇の記録のはじめである[13)]。さらに翌月、女真人の兀良哈200余人が慶源府に入寇した。このとき咸吉道僉節制使（地方武官職、従三品）の田時貴が衆を率い、これを防いだとされる（10月丙戌（2日）条）[14)]。

9月以前にも女真人との小競り合いはたびたび起こっていたらしい。これらの記事に先立つ咸吉道兵馬都節制使（地方武官職長官、従二品）の啓では、兀狄哈と兀良哈の混成部隊と戦う場合、彼らは甲冑を着けず、戦列を成さず、弓矢に長けているので対応が難しく、そのため木造の防牌（楯）を用い、戦時には前に行列させ、騎槍・騎射の者を後方に据えれば、臆病者でも敗走しないであろう、と楯の使用を請うている（7月癸酉（18日）条）。女真人は防具もなく騎馬で、隊列など関係なく個人技によって矢戦をしかけてくるようなものであった。対して朝鮮側の女真人との戦いは騎槍・騎射による。楯を要請していることからも、ある程度陣形を意識した戦いであろう。ただ軍人は臆すれば敗走するような者であることから、エキスパートの軍人ではなく兵農一致の現地軍人を多く活用したものだったのだろう。

世宗は9月以降起こった女真人の入寇を受けて、己亥東征のときの実績者（世宗元年5月丁巳（13日）条、同6月壬寅（29日）条）である金孝誠を助戦僉節制使に任命し、王近侍の精鋭兵である内禁衛・内侍衛の中から、家が咸吉道にある勇壮者23人を選び率いさせて慶源府に赴かせた（世宗4年10月壬辰（8日）条）。咸吉道出身者を特に選んで派遣したのは、現地防備軍として配置するのに便利だからである。またこの時、父の代からの帰化女真人で、女真言語に通じている馬辺者という人物を東良北（豆満江上流地方）に行かせ女真人を招諭させた（同条）。さらに現地での対策として、木柵を咸吉北道の要路・高郎岐伊などに置き、強勇の諸鎮所属の武官を選び、軍人100名を率いさせ女真人の入寇掠奪から農民や農事を守護させようとした（同甲午（10日）条）。そして新たな人事として咸吉道兵馬都節制使に、太宗の代から王側近である河敬復を任命した（閏12月己卯（26日）条）。

女真人の動きが落ち着きを見せるのは世宗5年4月頃からである。咸吉道では前年からの禁軍派遣、招諭、木柵設置といった北方対策が功を奏する。武力によるよりも、まずは現地女真人や通事といった現地の言語に通じる者を活用して招諭懐柔し（世宗5年正月辛卯（9日）条、同甲午（12日）条)、その後、捕虜返還問題の解決に努めた（同4月壬戌（12日）条)。成功した場合、返還に従った女真人に宣慰使を送っている（4月庚午（20日）条、同丙子（26日）条)。

防備策としては、慶源府高郎岐に木柵設置を完成させつつ（同4月辛未（21日）条)、秋以降に、近隣地域の流浪軍民を入植させる計画を立てて変事に備えた(世宗5年2月己巳（18日）条、同3月丙戌（5日）条)。4月以降、慶源府には童猛哥帖木、楊木塔兀といった女真人が来るが[15)]、これらの備えによって、秋冬の閑農期を迎えても武力衝突はなかった。そもそも女真人らは食い詰めてやってくる。自国の食糧事情も厳しい朝鮮王朝側では、秋冬は特に緊張感を高めており、女真人の疑いを受けないよう斥候の頻度を酌量させたり、常に甲冑を着けさせたりもしている（9月壬寅（24日）条、同癸卯（25日）条、12月戊午（11日）条)。

世宗6年も北方女真人対策のため軍を整え防備に努めていた。現地軍は事変に備え、人馬を休養させ（正月甲申（7日）条)、咸吉道往来の要衝駅を整備した(2月庚申（14日）条、同丁卯（21日）条、3月辛丑（25日）条)。一方で、反抗的ではない女真人部族には諭すことで人心安定を図り（正月壬午（5日）条)、食糧を与えて懐柔した（3月癸卯（27日）条)。4月に入ってからは、咸吉道近辺に住居のある内禁衛・内侍衛、宿直当番が終わる甲士を2番に分け赴かせた（4月己酉（4日）条)。また、道内の兵に授職し現地兵力を確保した（4月辛亥（6日）条)。

世宗6年には女真人との武力衝突が2回起こっている（同5月乙未（21日）条、同9月乙未（23日）条)。まず慶源僉節制使の李澄玉の急報にて、女真人100余人の入寇が伝えられ、留防軍により撃退したという[16)]。その後、咸吉道宣慰使の柳季聞に伝旨（王旨による伝達事項）があり、慶源府に入賊して殺された女真人部族50人が阿木河に到っているという。女真人の地は食糧が絶えているので、その状況を尋ね救済させている（6月辛午（28日）条)。

また9月にも河敬復の啓にて、女真人300余人の入寇が伝えられ、朝鮮軍500余騎にて撃退したという[17)]。

これら入寇女真人を撃退後、世宗は咸吉道の各官子弟のうち武芸をよくし、家柄がよく侍衛に当てるにふさわしい者50人を選抜させた（同11月辛丑（30日）

条)。王の近侍軍として新たに咸吉道の現地エキスパートを採用することで、懐柔と牽制の二重効果を計ろうというものである[18)]。世宗4年の女真人入寇対策として咸吉道出身の内侍衛・内禁衛軍を派遣したが、そのような人材の補充である。

世宗7年に入ると、前年より選定が進められていた咸吉道から、射御にすぐれ、家柄のよい人材50人が侍衛として選進されてくる（正月甲午（23日）条)。咸吉道では女真人の帰化希望者があとを立たなかった（世宗7年3月癸未（13日）条)。

2.3. 平安道における女真人の動向と対応策

平安道では世宗4年に女真人が国境の江界付近の閭延に入寇する事件があった。まず女真人30余人が、閭延の境に侵入し、稲を焼いた（10月庚戌（26日）条)。翌日、女真人は江界でまたしても稲を焼いた（10月辛亥（27日）条)。さらに翌日には義州に入り人民を殺掠、稲を焼いた（10月壬子（28日）条)。これらの事件によって上命があり、宿衛の都鎮撫（武官職、三軍鎮撫所所属）が辺境の事情に詳しい将帥1,2人と同議し、文書で上奏することが決まりとなった（世宗4年10月辛亥（27日）条)。

さらにこの約2か月後、別の閭延入寇事件あった。平安道都節制使が兀良哈400余騎が閭延に侵掠し、10余次にわたる戦いでまだ勝負がつかぬ、と馳せ報じた。世宗はさっそく三議政（領議政・左議政・右議政）を召し防御策を討議するに、もし更に賊による変事があるなら固守すべきだが、閭延の軍士、馬、及び留防軍ではうまく守備できないので、江界の軍士の驍勇者を選び、順番に宿直する輪番制で赴防させようということにした。閭延は極辺にあるので、賊による変事があっても都節制使は赴援するには及ばない、今後は江界道節制使の領兵が急ぎ赴き、都節制使は行かせてはならないとした（12月庚子（17日）条)。このように近隣地域の軍士を交代で防御に行かせ、中央派遣の都節制使は行かせないことになった。このときの女真人は400騎の騎馬軍で、咸吉道入寇女真人の数より多いにも関わらず、極辺ということで禁軍は送らず、現地軍に銃筒訓練を施し現地対応させているのである（同条)。

その2日後、また女真人との武力衝突が起こる。知閭延郡事の李安吉が鎮撫の崔南京を遣わせて馳せ報じるに、兀良哈が城下に至り、200余騎で迎え撃ち退却させたが、自分も矢に当たり、軍士にも矢に当たった者が多数いると。世宗は勝利の報に安寧を得、李安吉や軍士たちに医療的対応をした（12月壬寅（19日）条）。そして同日、太宗側近だった成達生が平安道都観察使（地方文官職長官）として任官されているが、彼への諭（王の命令書）から、李安吉に率いられて女真人と戦ったのは飢困の軍士で構成された現地軍で、飢民対策を兼ねていたことが知られる（閏12月丁未（24日）条）。

世宗6年には韃靼人が建州衛に入侵した結果、李満住ら建州衛の女真人が南下し入朝を請うた。建州衛は明国から授職された女真人が住むところで、皇帝の聖旨がなければ私通するわけにはいかず、朝鮮王朝では当座の食糧を与えて入朝を拒否、明国に報告することとなる。かくして世宗7年3月騎馬撃毬復活にいたる頃の平安道では李満住が不当に居座り続けていた[19)]。

以上のことから、平安道の女真人対策は咸吉道と明確に異なっていることがわかる。つまり、咸吉道での女真人対策は、中央においては禁軍の派遣と、招諭による懐柔であり、その際には現地咸吉道出身者や帰化女真人が活用された。また、現地での対策は木柵設置による防備であり、それには現地軍が活用された。

それに対し平安道での女真人対策は一貫して現地のみで対応させるか、対明事大関係という外交手続きにあって解決をはかっており、咸吉道のように内政的な解決努力はしない。よって朝鮮の武科や軍制と関係を持ってくるのは特に咸吉道での女真人の動きである。

3. 咸吉道女真人対応策に関わる武科・軍制改革と騎馬撃毬復興

本節では、咸吉道女真人の動きや防備策と朝鮮の武科や軍制がどのような関連を見せるのか、またそれが騎馬撃毬復興にどう関連してくるのかについて検討する。

まず武科については、世宗5年に式年の武科を控えており、その方針は親政なった世宗の意向が大きく反映されたものになる。それは書物を暗唱する講経の重視であり、実技が多少未熟でも講経に優れていれば合格させ（世宗4年12月丁未（24日）条）、また、『六韜』や『孫子』などの武経によく通じた者を抜擢し叙用・昇進させる武経習読官制をとる（同閏12月甲寅（1日）条）。

将帥として戦いのときの陣形を指揮・訓練する能力という点、紛争現地での軍人集めや糧食の確保、防御のための柵の設置など現地軍の運営能力という点で講経は関わる。朝鮮王朝では基本的に招諭懐柔策をとるので、武芸の練達はもちろんだが、紛争現場で臨機応変に対応できる指揮運営能力のある人材をより一層求めていたのである。

注目されるのは、このとき改定された騎槍の試験科目である。これまでは対決型の試験方法で、相手に当てることに主眼があったのだが、藁人形を立てて姿勢や馬の速さといった騎馬技術を重視するようになった（世宗5年3月丙申（15日）条）。攻撃の成功に第一義を置かない点は、講経を重んじる考え方と通じるものがある。ここから世宗の武芸訓練の武芸に対する考え方が、武力制圧といったものではなく、ある程度形式的なものであることが予想される。ここに騎馬撃毬の武科科目採用の理由の一端が垣間見える。

次にこの頃の軍制改革を見ておく。

世宗4年、兵曹の要請によって、高麗時代軍制から続く、新任護軍（将軍）の家系・能力審査担当官庁である護軍房[20]をやめ、軍事的統括や庶務は兵曹に担当させた。武芸訓練も兵曹と、その指揮下にある三軍鎮撫所と訓鍊観に任せた（世宗4年11月癸亥（10日）条）。また中央での防備通信情報を兵曹に一元管理されるよう体制整備した（同丁卯（14日）条）。また武臣と文臣とが交代で六曹（吏曹・戸曹・兵曹・刑曹・礼曹・工曹）の堂上官に用いられる文武交差制を採用した（同条）。

世宗5年には、宮廷警護に当たる内禁衛・内侍衛への採用は武芸の実力とともに家柄財産が条件としてあったが（世宗5年10月癸亥（16日）条）、それより下級兵の甲士の採用にあっても家柄財産が応試資格に加えられた（同7月癸卯（25日）条）[21]。一方で政策的な採用として、武芸に優れていれば新白丁は甲士職に（同10月乙卯（8日）条）[22]、帰化女真人は内禁衛・内侍衛に（同11月甲申（7日）条）と仕路が開かれた[23]。また中央での人材活用を円滑にし、辺境の安定を中央からはかるために、都試の開場を決め（同癸未（6日）条）、品階が六品になったら去官しなければならない六品去官制を整え（同丙申（19日）条）、現職者と解職中の者にも辺塞を守らせ（同壬寅（25日）条）、中央や地方の閑職を淘汰し

（同12月甲寅（7日）条）[24]、地方官に中央官を、中央官に地方官を兼職させたりした（同戊午（11日）条）[25]。

世宗6年には数々の規定が整えられる。官職を与える候補者名に保証・推挙する人の数と経歴を記す規定（世宗6年2月壬戌（16日）条）、武経に通じた者の特別採用規定（同3月戊子（12日）条）、各役人の業績評価規定（同4月丙寅（21日）条）、三品以下の官人の昇進と昇給の規定（同庚午（25日）条）、毎年1回の推薦による人材採用規定（同5月丁丑（3日）条）、内侍衛の内禁衛への併合（同庚辰（6日）条）、訓錬観の七品以下の禄官は六品になったら去官せねばならない規定（同6月壬戌（19日）条）などであり、世宗の近侍軍を人事制度面から整備していった。

これらは中央集権強化の一環としての中央軍強化策でもあり、下層階級者や帰化女真人の生活基盤を安定させ、空間的には辺境社会を中央へ組み入れる方法ともなる。講経を重視する武科の方針は軍制改革にも絡んで打ち出されたものであり、すべて兵権を中央集権体制に組み込むためのものであろう。

世宗はその上で、自らの近侍兵を中心とした中央軍の武力強化に取り組んでいった。世宗6年、射庁を昌徳宮西墻門内に作ったり（世宗6年2月甲寅（8日）条）、奏聞使となった元閔生に命じ、明で連箭を求めさせ、放射の法を学ばせたりした（同4月丙午（1日）条）。景福宮での放砲を命じ（同2月丙子（30日）条）、世宗自身も宮廷内にて夜陰に乗じて放砲していた（同5月庚寅（16日）条）[26]。9月末には二大軍事演習、講武（長期にわたる狩猟行事）[27]と大閲（いわゆる観閲式）が実施されるが、これらの行事に先だって宮廷の慶会楼で軍士騎射の観射がなされ（同8月庚午（28日）条）、訓錬観の兵書習読官に世宗自ら親講もした（同壬申（30日）条）。講武終了後には軍士の射毛毬が始めて実施され観覧された（同12月甲寅（13日）条）[28]。この射毛毬観覧の時は、他の普通の観射とは異なり、帰化女真人の同席をみている。このことから、射毛毬の技術の教授に帰化女真人が何らかの関わりをもった可能性も考えられるのではないだろうか。この時は設酌の時、玄貴命による拝舞がなされたが、玄貴命は騎馬撃毬初出記事にその監督者として名前の出る人物で、射毛毬にまつわる人間関係は騎馬撃毬導入背景とも近いものがあろう。

先述したように、世宗7年正月には、前年より選定が進められていた咸吉道から50人が侍衛として選進されてくる。そして3月の軍士騎馬撃毬復興記事の直前、世宗は春の講武に出る（3月己卯（9日）～己丑（19日）条）。随駕するのは宗親をはじめ、堂上官、三品以下総出であった。直接的にはこの直前の講武が世宗にとって、武芸訓練の必要性を感じさせるものであり、騎馬撃毬を練習させることに繋がったのではないかと思われる。その後、世宗の命によって撃毬杖30本が訓錬観に下され、文孝宗、玄貴命、元胤といった3人の摠制と訓錬観提調が軍士に撃毬をさせることになる（同3月辛卯（21日）条）[29]。

4月からは翌年の実施予定の式年武科について討議されていく。その中で、騎歩射・騎槍、講経といった従来の科目に加え、騎馬撃毬を新たに、武科および春秋の都試の試験科目とするよう要請した兵曹の啓が上がり裁可された（世宗7年4月戊午（19日）条）[30]。

このときの記録によると、武科科目にするのは「遊戯によって武芸訓練する」ためで、撃毬の上手は騎射も槍剣も巧みなはずだ、という理由からである。もともと、武科の応試者たちは騎馬撃毬を武芸訓練としてできる環境にあったのであろう。点数基準は騎射の基準にならって設けられ、毬杖を使いこなし毬門より撃出させる撃毬技術と、騎射や騎槍で言われていた「馬手倶快」（馬の速さと手具捌きがともに早いこと）や「勢」といった、騎馬技術や基本姿勢が評価観点であった。恐らくこの時、騎槍試験同様、対戦形式を取らず一人ずつ試す形式が想定されたと推測される。この時騎馬撃毬を試験の中場にいれる話があったことも知られるが（世宗12年6月庚午（1日）条）、新科目が入ることで相対的に従来の科目の配点比重が小さくなる。ここで「到宿処の無い者で、慣熟特異（飛び抜けて慣れて上手）な者は論賞する」とある。「到宿」とは、宿直日数を計算して昇進の評価点数にするもので、特に侍衛武官や宿直者に適用されるものである[31]。それが「無い者」で、しかも、これまで朝鮮でなされていなかった騎馬撃毬技術の「慣熟特異者」として考えられるのは馬芸が日常化している北方人である。この「論賞」は帰化女真人を対象に職に就かせようとするものではなかったろうか。

このような流れを見ると、騎馬撃毬の復興は武断的な発想に立脚したものではなく、むしろ政策的なもので、叙用も含めた北方女真人対策を背景にした、中央軍強化策の中での武芸訓練の一つと捉えるのが妥当かと思う。現実に騎馬撃毬を担った人材としては、射毛毬のあり方から類推して、咸吉道から選進されてきた50人が契機になっていることが考えられる。それは世宗の近侍軍を強化するものであったろうが、武芸としての騎馬撃毬は敵を殺傷するものではなく、観覧芸につながるような形式的なものであった。騎馬撃毬を遊戯だとして武科科目導入に反対する意見が常につきまとうのは、そのせいであったといえる。ところが試験科目導入以後、騎馬撃毬は運動競技としての魅力を失い、規則に則った技術披露に留まるようになっていくのである。

4. まとめ

以上述べてきたように、世宗4年5月の太宗没後、世宗は自らの親衛隊形成の必要とともに、北方女真人対策が必要となり、中央軍の軍事力強化に積極的に取り組んでいった。騎馬撃毬を武科科目の一つとして復活させた理由としては、女真人を制度的に取り込むための女真人の得意技芸の試験科目への採用、咸吉道地域の担当武臣となる中央エキスパートの養成が推測される。騎馬撃毬の復活は、女真人問題、つまりは咸吉道問題の解決努力に関わっての政策的なものであったことが考えられる。

世宗は太宗と異なり、父祖の出身地である咸吉道統治に進取的意欲をもつことは指摘されるところである[32)]。はじめから咸吉道経営の将来的な目算があったのか、あるいはこの時期にたまたま起こった飢饉や北方の乱れが、その目算を具体化させる契機となっていったのかは明らかではないが、この時期の危機的状況に対処しているうちに咸吉道経営意欲が成長していき、それと結びついた施策の結果の一つとして武科科目に騎馬撃毬が採用されることになったとも考えられる。世宗は、遊戯との認識であった騎馬撃毬の、武芸訓練機能のほうに着目した。騎槍や騎射といった敵殺傷技術とは異なる、遊戯的なものを武芸として認定することの意味を考えると、それは敵を殺傷することよりも、訓練そのものが武芸の目的になることになる。世宗の考える中央集権国家の経営は儒教理念に基づく。世宗の考える武芸もまた、儒教理念に基づいて捉え返され制度化されて、騎馬撃毬の武科科目採用による騎馬撃毬復活となったものと思われる。

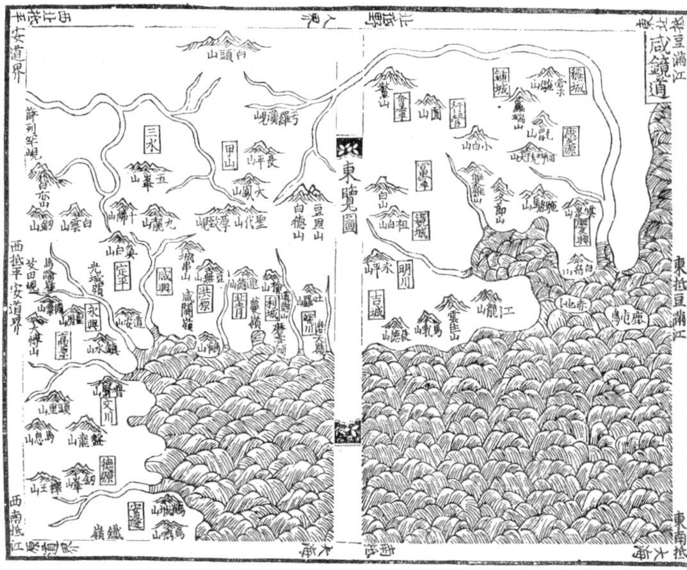

図1　咸吉道（後に咸鏡道と改称）

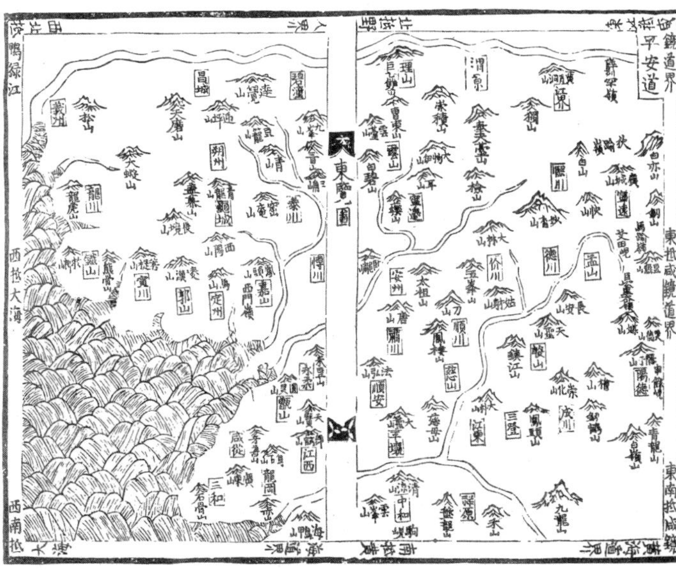

図2　平安道

注

1）高麗朝撃毬は2隊に分かれた競技形式であった。高麗朝撃毬の変遷に関しては、郭亨基「麗朝撃毬発展相에 대한 小考―高麗史를 中心으로―」서울大学校大学院体育教育科碩士論文、未刊：ソウル、1978年。李鎮洙「韓国의 打毬戯에 관한 考察（其1）―撃毬의 伝来年代를中心으로―」『東亜大学校附設스포츠科学研究論文集』第4輯、1986年、21-33頁。(同「高麗の撃毬について―その伝来年代を中心に―」『韓』第108号、1988年、75-101頁はその日本語版)、参照。

2）『太祖実録』総書、『龍飛御天歌』第44章注による。

3）『実録』の撃毬記事からは騎馬・徒歩の区別は明確にはならない。この点に関する詳細な論述は後日に期す。朝鮮朝の騎馬撃毬実施方法に関しては、村戸弥生「朝鮮時代の騎馬撃毬実施方法に関する記事について―テキスト比較の観点から―」、楠戸一彦先生退職記念論集刊行会編『体育・スポーツ史の世界―大地と人と歴史との対話―』溪水社：広島、2012年、121-140頁。

4）朝鮮時代初期の武科について、沈勝求「朝鮮初期武科制度」『北岳史論』創刊号、1989年、14-75頁により、その概略を以下に記す。武科の種類には、子・卯・午・酉年の3年ごとの定期試験である式年武科と、不定期試験である各種別試武科がある。式年武科は太宗2年（1402）に初めて施行され、文科とともに実施された。文科の小科（生員・進士試）のような予備試験のない、単一科であって、初試、会試（覆試)、殿試の三層法によった。式年武科の初試には館試（訓錬館試）と郷試があり、式年文科の初試である館試（成均館試)・漢城試・郷試より一つ少ない。初試の額数（定員）は太宗2年では計220人（館試50人・郷試170人)、朝鮮王朝の基本法典である『経国大典』(世祖6年（1460）より選進されはじめ成宗16年（1485）完成）では190人（館試70人・郷試120人）である。初試合格者は兵曹で実施する二次試験である覆試に応試し、28人が選抜され、国王親臨の三次試験である殿試に進む。殿試では特別な欠格事由がない限り落ちることはなく、及第者の等級を決めるための試験である。考試科目はおおまかに武芸と講書試験に分けられ、初試は武芸試験だけで、木箭・鐵箭・片箭・騎射・騎槍・撃毬の6種目である（『経国大典』)。覆試は武芸と講書の試験があり、初場・中場・終場の三場制を取る。覆試初場は、木箭・鐵箭・片箭の試験であり（『経国大典』)、かつては長箭と片箭の試験だけだった。中場は、騎射・騎槍・撃毬の試験であり、撃毬科目導入以前は騎射・騎槍だけだった。終場は講書試験であり、文武兼備の将帥選抜のため行われたもので、かつては武経七書のみだったが、世宗4年以降、四書五経も加わる。殿試の科目は、かつては歩騎射・騎槍・講書であったが、世宗2年に講書が除かれ歩騎射・騎槍となり、世宗7年にはそれに撃毬が加わった。『経国大典』では騎馬撃毬と徒歩撃毬だけになる。合格者の前歴は、両班子弟、甲士・別侍衛・内禁衛・兼司僕・宣伝官といった特殊兵、朝官者、郷吏であり、その他として帰化女真人や賤人の場合もあった。なお、不定期試験である各種別試は、国家慶事や各種行事のあるときなどに施行されるもので、増広別試・別試・外方別試・謁別試・重試・抜英試・登俊試・進賢試等がある。実技に優れていれば武科は文科に比して、はるかに合格しやすかった。

5）今村鞆「〈日鮮支那〉古代打毬考（上編)」『朝鮮』196号（朝鮮総督府)、1931年、

145-160頁。今村鞆「打毬史」、朝鮮総督府中枢院『朝鮮風俗資料集説―扇・左縄・打毬・匏』民俗苑：ソウル、1981年、275-398頁（同書、朝鮮総督府中枢院、1937年）。

6）戦後の朝鮮朝の騎馬撃毬に関する研究には次のようなものがある。（1）羅絢成「韓国蹴鞠・撃毬攷」『民族文化研究所』3号（高麗大学民族文化研究所）、1969年、141-179頁。（2）李學來・李鎮洙「朝鮮朝의 撃毬戯에 關한 研究」『體育科學』8号（漢陽大體育科学研究所）、1988年、5-27頁。（3）조성환（趙成煥）「朝鮮前期宮中놀이에 관한 연구 ―撃毬놀이의 변화과정을 중심으로―」『韓国文化研究院論叢』55号（梨花女子大学校韓国文化研究院）、1989年、549-573頁。（4）壬東權・鄭亨鎬『韓国의 馬上武芸』（馬文化研究叢書Ⅱ）韓国馬事会馬事博物館発行：果川、1997年、255-309頁。（5）沈勝求「武科殿試儀」『朝鮮前期武科殿試儀考證研究』（忠清南道牙山市忠南発展研究院）1998年、66-136頁。（6）その他、概説的著書にも触れているものは多い。羅絢成『韓国體育史』教学研究社：ソウル、1981年、63-68頁。同『韓国體育史研究』教学研究社：ソウル、1981年、73-76頁。이진수（李鎮洙）『한국고대스포츠연구』教学研究社：ソウル、1996年、22-89頁。（1）（2）は体育史学的見地からの論文で、（1）は、遊びを通しての武士の武芸訓練、スポーツ、レクリエーション、保健といった撃毬の機能を主張する。（2）は、撃毬での奢侈淫乱が高麗王朝滅亡の一因となったという朝鮮朝儒臣の否定的見解にも拘わらず、なぜ朝鮮朝でも続けられたのかという論点から、撃毬は遊びとしてではなく、武芸訓練、あるいは保健機能でみるべきだと主張する。（3）は民俗学的見地からの論文で、徒歩・騎馬撃毬を分けて論じ、宗親による撃毬は娯楽、軍士による撃毬は武芸訓練と、その機能を明確に区別する。（1）（2）（3）では、撃毬の機能が何であるかに論が収斂してゆく。（4）は騎馬撃毬をはじめ、騎槍、騎射など、韓国の馬上武芸を復元実施することを目的とした論、（5）は武科殿試（王臨席の最終試験）科目の一つとしての騎馬撃毬を復元実施することを目的とした論であり、それぞれ騎馬撃毬方法と併せて、装束や儀式次第などに関する記述が精緻になっている。

7）都試の変遷については、沈勝求「朝鮮初期都試와 그 性格」『韓国学報』60、1990年、98-134頁、参照。世宗5年以前に「春秋都試の例に依る」（世宗4年閏12月甲寅（1日）条）とあるので、都試はある程度恒例化していたようだ。武科は武芸の才能のある人材の選抜のためのものであるのに対し、都試は武官の武芸練磨を意図した昇進試験である。中央と地方での都試があり、身分は関係なく応試できた。

8）内的要因については未検討であるが、世宗3年5月乙丑（4日）条、同丙寅（5日）条の石戦記事で、旧軍士で構成される擲石軍の圧倒的強さと、対する官軍歩兵側の弱さを見ると、世宗代の兵士の武芸能力の低下が推測できる。

9）朝鮮朝初期の倭寇の脅威とその防備に関しては、田中健夫『中世海外交渉史の研究』東京大学出版会：東京、1959年、66-93頁。中村栄孝『日鮮関係史の研究（上）』吉川弘文館：東京、1965年、227-310頁。田村洋幸『中世日朝貿易の研究』三和書房：尼崎、1967年、83-100頁。有井智徳『高麗李朝史の研究』国書刊行会：東京、1985年、425-516頁、参照。

10）慶源府は太祖の頃、女真人の住む国境最北端の要害の地・孔州に置かれたのではあるが、その後、後退を見、太宗17年に復置の下命がなされるものの、かつてより後退した富居の地に木柵を設けて終わった。世宗代に慶源府と呼ばれていたのは、その富居である。以降、女真人入寇の記事を見なくなるが、世宗4年9月以降、再三入寇記事が出、世宗7年11月より慶源府後退の論議が朝堂に上るようになる。慶源府に関しては、池内宏『満鮮史研究・近世篇』中央公論美術出版：東京、1972年、135-167頁、参照。

11）民族文化推進会編『新増東国與地勝覧』古典国訳総書45（奎章閣本影印）、舎出版社：ソウル、1996年、綴込地図「咸鏡道」「平安道」。『新増東国與地勝覧』は中宗25年（1530）刊行の地理書、55巻。成宗12年（1481）『與地勝覧』（現存せず）50巻が完成、成宗17年（1486）『東国與地勝覧』（現存せず）35巻として発刊され、燕山君代の修正を経て刊行された。

12）本論文での検討対象期間を中心とする朝鮮初期北方女真人の動きについては、園田一亀『明代建州女直史研究』国立書院：東京、1948年、12-54頁。前掲書10）池内宏、65-222頁。河内良弘『明代女真史の研究』同朋舎出版：京都、1992年、141-148頁、参照。女真人侍衛に関しては、同上書、河内良弘、171-210頁、参照。なお、世宗5年と6年の帰化侍衛女真人に関する記録は以下の条にある。世宗5年正月辛卯（9日）条、同巳酉（27日）条、2月乙卯（4日）条、同巳未（8日）条、5月壬辰（13日）条、同乙未（16日）条、7月丁亥（9日）条、11月丁卯（30日）条、12月巳未（12日）条、同戊辰（21日）条。世宗6年正月癸未（6日）条、同壬寅（25日）条、2月巳酉（3日）条、同丙辰（10日）条、3月丁丑（1日）条、同辛丑（25日）条、4月丙辰（11日）条、同丁巳（12日）条、7月庚寅（17日）条、8月辛酉（19日）条、9月丁丑（5日）条。

13）前掲書10）池内宏、154頁、参照。

14）後に田時貴には何らの功もなかったことが知れ、罪せられている（世宗4年10月癸卯（19日）条、世宗5年正月丙午（24日）条）。

15）部族別の女真人の世宗5年頃の状況については、前掲書12）河内良弘、59-63、130-135、141-147頁、参照。童猛哥帖木の関連記事は、4月乙亥（25日）条、6月癸酉（24日）条、同丙子（27日）条、7月辛巳（3日）条、同壬午（4日）条、同己丑（11日）条、9月癸卯（25日）条、12月戊午（11日）条。楊木塔兀の関連記事は、4月乙亥（25日）条、6月丙子（27日）条、9月癸卯（25日）条、12月戊午（11日）条、世宗6年正月甲申（7日）条、同甲午（17日）条、2月辛未（25日）条、3月己卯（3日）条、4月己酉（4日）条、5月癸卯（29日）条、6月丁卯（24日）条、8月戊午（16日）条、同癸亥（21日）条。

16）論功行賞も含めての関連記事は、5月乙未（21日）条、同丁酉（23日）条、6月己未（16日）条、同癸亥（20日）条、同乙丑（22日）条、同辛午（28日）条。戦闘があったのは5月丁亥（13日）。

17）論功行賞も含めての関連記事は、9月丁酉（25日）条、11月癸酉（2日）条、同乙酉（14日）条、同庚子（29日）条、12月庚申（19日）条、世宗7年正月癸未（11日）条。戦闘があったのは9月丁亥（15日）。女真人との戦闘時に武功のあった軍士名を河敬復が啓上するが、中には崔毛多好といった女真人の名前も見られる（11月乙酉（14日）条）。崔毛多好は世宗15年の閭延征討の際に通事として従っている（世宗15

年6月癸卯（22日）条）。

18）車文燮『朝鮮時代軍制研究』檀大出版部：ソウル、1973年、64-67頁では、京中の富豪子弟よりも咸吉道人や女真人を優先的に内禁衛に叙用した理由について、当地人に対する撫摩と牽制の二重の政治的効果を狙ったため、また武才に優れた当地人を王の近侍兵にするためであるとし同意できる。世宗5、6年当時は、咸吉道安定のための帰化女真人叙用は切実な現実問題としてあったはずであり、咸吉道での弓矢槍剣といった個人技術の中央への伝習と、中央での大閲や講武といった軍事演習によっての陣形等、集団技術の彼らに対する教習が企図されていたと思われる。騎馬撃毬の導入は前者によるものと推測できる。

19）世宗6年の平安道への女真人入寇関連記事は、世宗6年4月辛未（26日）条、同壬申（27日）条、同7月乙亥（2日）条、10月癸亥（22日）条、11月甲申（13日）条、12月庚申（19日）条。世宗6年頃の李満住に関しては、前掲書12）園田一亀、44-54頁。同12）河内良弘、144-145頁、参照。

20）千寛宇「朝鮮初期「五衛」의 形成」『歴史学報』17・18合輯号、1962年、541-571頁を参照すると、世宗4年頃の軍階級の呼称には、上護軍・大護軍・護軍・司直・副司直・司正・副司正・隊長・隊副があり、上護軍・大護軍・護軍は高級指揮官で、上護軍（正三品）・大護軍（従三品）は各「衛」（または各「司」）を総指揮し、護軍（正四品）は衛の下級単位である「領」を指揮した。護軍の下には司直（正五品）・副司直（正六品）・司正（正七品）・副司正（正八品）の軍職があり、主に甲士がこれに当たった。甲士職であるこれらの下には隊長・隊副があり、品外職であった。護軍以下の各職には、攝護軍・攝司直・攝副司直・攝司正・攝副司正・攝隊長・攝隊副など、本職に準ずる非公式階級があった。

21）朝鮮初期の甲士については、前掲書18）車文燮、6-51頁、参照。

22）白丁はもと才人・禾尺と呼ばれていた下層の者であったが、世宗4年からの飢饉のために流浪がはげしく、その管理対策は急務であった（世宗4年7月庚午（15日）条）。軍籍に付さない才人・禾尺は盗みや殺人に走るので軍籍に付し、平民と雑居させて農業を習わせ、子孫を探し出して戸籍を作成し、他所へ出入する際には行状（旅行許可書）を給す、とした（世宗4年11月丁丑（24日）条）。ここに至って才人・禾尺は白丁と改称することになり、「武才特異」な者の仕路が開けることになった（世宗5年10月乙卯（8日）条）。

23）朝鮮初期の内禁衛・内侍衛については、前掲書18）車文燮、52-89頁、参照。

24）この閑職淘汰は吏曹判書（判書は六曹首席官、正二品）の許稠、兵曹判書の趙末生等の啓によって成された。飢饉や軍費への配慮による。

25）咸吉道・平安道関係者では、咸吉道兵馬都節制使（外官）河敬復が右軍都摠制（京官）、平安道都観察使（外官）金自知が左軍摠制（京官）、兵馬都節制使（外官）崔閏徳が右軍都摠制（京官）を兼官し、工曹参判（京官）鄭招が咸吉道都観察使（外官）を兼官した。

26）世宗は12月にも火砲訓練をさせている（12月乙卯（14日）条）。

27）講武の事前準備に関連する記事は、8月癸亥（21日）条、9月丙戌（14日）条、同辛卯（19日）条。大閲の事前準備に関連する記事は、9月壬午（10日）条、同甲申

(12日）条。朝鮮時代初期の講武に関する概略は、朴道植「朝鮮初期講武制에 관한 一考察」『慶熙史学・朴性鳳教授回甲紀念論叢』1987年、389-421頁、参照。

28）射毛毬の変遷や実施方法については、沈勝求「朝鮮時代の武芸史研究—毛毬を中心に—」『軍史』38、1999年、101-134頁、参照。

29）摠制については、韓忠熙「朝鮮世宗代（世宗5～14年）摠制研究」『朝鮮史研究』第9輯、2000年、33-62頁によると、定宗代に摠制制度が成立、太宗代に整備が進み、上護軍以下の指揮、国王侍衛、宮城宿衛、都城守備等に当たり、世宗代には政治、軍事、外交に機能を発揮した。従一品から正三品。摠制固有のものだった軍事機能に他の堂上官も参与するようになり、閑職化して世宗14年に消滅したという。訓錬観は、軍士取才、武芸訓練、兵書と戦陣の講習を職掌とする官庁で、太祖元年漢城南部の明哲坊に創設、世祖13年訓錬院と改称する。提調とは各官庁の長官ではない人物が、その官庁の職務を任されたときの官職で、従一品から従二品。世宗5年3月乙巳（24日）条によると、訓錬観提調は4名である。

30）原文は以下の通り。「兵曹啓、謹按古制、（中略）而其所以然者、皆因戯而習戦也、前朝盛時、撃毬之戯、実権輿於此矣、善撃毬者、可以善騎射、可以能槍剣、自今武科試取及春秋都試、并試其芸、馬手俱快、備勢三回、能撃出毬門者為一等、依騎射三発三中例、給分十五画、（中略）其親試時一等入格者、給到二百、二等入格者、依都試二等例、給到一百五十、三等入格者、依都試三等例、給到一百、其中無到宿処、而慣熟特異者論賞、従之」。

31）李成茂『韓国의 科挙制度（改正増補版)』集文堂：ソウル、2000年、107頁、参照。

32）深谷敏鐵「朝鮮世宗朝における東北邊彊への第一次の徙民入居について」『朝鮮学報』9、1956年、37-65頁、参照。

空手道史研究
―琉球王国時代における禁武政策史料について―

ビットマン ハイコ

1. はじめに

空手道の発祥地である沖縄の琉球王国時代（1429-1879年）にあったとされる「禁武政策」が空手道の発展に大きな役割を果たしたと巷間に流布されてきた。例えば次のような見解が挙げられる。まず、尚真(しょうしん)王（1465-1526年）の時代に「世界にさきがけた武器廃止」[1] 政策が行われた。加えて、薩摩の侵攻（1609（慶長14）年）後、「一切の武器を取上げられ、徹底的な禁武政策を布かれたので」[2]、「時代の要求が斯の空拳の術を創造せしめた」[3]。あるいは、禁武政策によって、その徒手の武術の発達が促進された[4]。さらに、禁武政策の一環として、武術も禁じられていたと主張する文献も存在する[5]。そもそも琉球王国は武器を持たなかった国だったという説すら見受けられる[6]。かつては主流であったこうした説に、近年では、禁武政策自体やその解釈に疑問が寄せられている。こうした疑問は重要かつ興味深い問題であるが、必ずしも明確な史料を以って示されているわけではない。そこで、本稿では、琉球王国時代における禁武政策史料と共にそれらの諸説を検証してみたい。

2. 尚真王期の「武器廃止」

琉球王国は1429年に成立した。琉球王国統一[7] 以前、沖縄本島の北部の北山(ほくざん)、中部の中山(ちゅうざん)、南部の南山(なんざん)という地域に分かれており[8]、三山分立時代（14世紀頃-1429年）と称される。この中山の王・察度(さっと)が1372年、初めて明朝に入貢し、以後朝貢関係が開始された。さらに、1380年に南山が、1383年には北山も朝貢関係に入った。こうして三山の時代及び統一された琉球王国の時代に、明朝との間では貿易を通じた人事文物の交流のほか、冊封使(さっぽうし)の来琉や進貢使の渡中などが行われた[9]。

この琉球王国尚真王[10]（在位1477-1526年）期に、禁武政策があったという説がある。これは首里城正殿を飾る欄干に刻まれたという尚真王の事績や治世を記録した11項目にわたる「百浦添欄干之銘（ももうらそえらんかんのめい）」[11]の第4項目に依拠している。この銘の末尾には1509年との記述が見られる。

「其四曰ク、服ハ裁チ二錦綉ヲ一、器ハ用フ二金銀ヲ一、専ラ積ミ二刀剣弓矢ヲ一、以チ為ス二護国之利器ト一。此邦財用武器、他州所レ不ルレ及バ也。」[12]

この中の武器に関する文言は、これまでほとんど「武器をかき集めて倉庫に積み封印した」と解釈されてきたが、特に最近の研究では「もっぱら刀剣・弓矢を積み、もって護国の利器となす。この邦の財用・武器は他州の及ばざるところなり」と読み改められるようになってきている[13]。

後者の解釈に従えば、この意味はすべての武器を廃止した禁武令ではなく、琉球王国の国防のために武器を集積した軍備強化策であったとする見方となる。それが地方支配層の按司（あじ）を首里に住まわせた政策と相俟って、王国内の安定化にもつながったであろうことは想像に難くない[14]。

尚真王期には、琉球王国軍が完成し、その中には解体された按司の軍団が組み込まれた。この軍隊の役割は王府守備、対外貿易船の警固、外敵の侵入・攻撃からの国防であり、さらに国内の反乱への出動・鎮圧や周辺地域の征服も含まれた[15]。

琉球王国の軍事行動としては、次の例を挙げることができる。1493年に、琉球王国の勢力下にあった奄美地方で、南進する薩摩勢力と武力衝突が起き、琉球軍が勝利した。1500年の八重山のオヤケ・アカハチの乱では、尚真王が約3000人の兵及び軍艦46隻[16]を投入し、八重山地方を征服した。また、1507年の久米島への侵攻、1522年の与那国・鬼虎（おにとら）の乱を平定[17]、1537年及び1571年の奄美地方の反乱鎮圧がある[18]。1554年の尚清王（しょうせい）[19]期には外敵、主として倭寇[20]と呼ばれた海賊の襲撃を防ぐために、那覇港口に堡塁を築き、大砲が備え付けられた[21]。

1609年の薩摩による侵攻の時にも、琉球王国軍と薩摩軍の間に実際に戦闘が行われ、双方に戦死者が出ている。薩摩軍は3月の初め、80隻とも100隻ともいわれる軍船に、3000人あまりの大量の火器による武装兵を乗せて鹿児島・山川港を出航し、組織的な武力抵抗を受けながらも、奄美大島、徳之島を攻略し、3月末に沖縄島北部に到達して、今帰仁城を陥落させた。沖縄島に達した薩摩軍に対して、琉球側は那覇に3000人を集中配置し、最新兵器の大砲を使用して、那覇入港をくい止めたが、薩摩軍は陸海二方面に分かれており、大湾渡口（現：読谷村渡具知）から上陸した部隊が陸路王国の都に迫り、4月の初めに首里城を攻め落とした[22)]。結局、戦国乱世を生き抜いた薩摩軍に比べて琉球王国軍は実戦経験が乏しく、戦略や接近戦の練度などにおいて、薩摩軍は王国軍を凌駕していたのであった。そもそも沖縄島はサンゴ礁に囲まれており、大型船が兵を上陸させるために入港できる地点は限られていた。そのため、琉球王国は海路からの侵攻のみを想定して、那覇に軍を集中配備しており、薩摩軍が上陸した中部地方の守備は疎かであった。このような戦略的な誤算や総合的な軍事力の差に加えて、王府内部に講和派と抗戦派が存在し、抗戦姿勢は徹底されなかった。琉球王国の敗北には、こういったいくつかの要因が考えられる[23)]。

このように、尚真王期の琉球王国では国家的なレベルでは武器を廃止していないし、薩摩侵攻の時にも軍隊が投入され、交戦している。決して無抵抗な国ではなかった。

また、個人的なレベルでも琉球の人々が武器を持っていたとする記述が見受けられる。例えば、『朝鮮世祖実録』[24)] の1462年には、「其の俗、常に大小二刀を佩し、飲食起居するに身より離さず」[25)] と書かれてある。さらに1477年に、尚真王とその母后世添御殿の行幸の様子について朝鮮の記録者は次のように述べている。「長剣をもち、弓矢をおびて、前後をまもる兵士が百人あまり、道々、楽を鳴らし、火砲を放っていた」[26)]。また1557年に出版されたポルトガルのインド総督で、マラッカも占領したアフォンソ・デ・アルブケルケ[27)] に関する『アルブケルケ伝』[28)] がある。その中には、次のような記述が見られる。

「このゴーレス（Gores）の地をレクア（Lequea = 琉球）と言う。［その］人たちは白い人で、彼らの服は頭巾のない祭服のようである。彼らはトルコの三日月刀〔29〕のような作りの長い刀を持っているが、もう少し細身である。［また、］2

パルモス〔30〕（44センチ）の短剣を何本か持っている。彼らは勇敢であり、この地［マラッカ］で恐れられている」[31)]

上里は上記の1462年と1557年の記録をもとに、15-16世紀に、琉球人が日常的に大小の刀剣を腰に差していたと見ている[32)]。さらに琉球王国貿易の最盛期（およそ15-16世紀[33)]）には、中国、日本、朝鮮のみならず、東南アジアに進出して幅広く交易が行われていた。その交易品の中には日本刀と日本製の武器類も含まれており、金工輸出品の主力は刀剣であった[34)]。つまり、15-16世紀、即ち尚真王期に琉球人が刀剣を所持し、武器類の売買にも携わっていたと思われる。

このように、尚真王が「武器をかき集めて倉庫に積み封印」する禁武令を下したとする説がこれまで流布されてきたが、尚真王期とそれ以後も、琉球王国内には国家的なレベルでは、武器廃止政策は取らず、王国軍を作り上げ、軍事行動も展開していた。また、個人も武器を所有していた可能性が記録上からは示唆される。

3. 薩摩侵攻後の「禁武政策」

1609年の薩摩侵攻後、琉球王国は明朝の朝貢国でありながら、薩摩藩の支配下にも置かれた。

薩摩侵攻以前の琉球王国は、先述したように、明朝と朝貢関係にあり、そこには貿易を通じた人事文物の交流のほか、冊封使の来琉や進貢使の渡中などが行われ、この関係は幕藩体制時代の薩摩藩支配下でも維持されていた。明・清朝と琉球間の貿易は薩摩にとっても利をもたらすものであったため、薩摩は琉球を支配下に置きながらその関係を秘匿し、「琉球国」として異国扱いもしていた。明・清朝はそうした実情を把握しつつ黙認していた[35)]。

こうした薩摩藩支配下の琉球王国の軍事的な特色について、上里は、侵攻以前のように自在に動かせる軍隊はなくなったようであり、琉球の防衛は薩摩藩が担当することになった。要するに、琉球王国は近世日本の安全保障の傘の下に入ったと述べている[36)]。

さて、空手道史では、薩摩藩が琉球の人々の武力抵抗を恐れて禁武政策を布いたとする見解が見られる。だが、これは史実であろうか。金城も「空手は、薩摩に武器を取り上げられたので、自らを護るために素手の格闘術として発生した、と考える人が多い」が、それは「単なる個人的な推論ではないか」と問題提起している[37]。そこで、薩摩の取った琉球に対する武器に関する統制令を検討してみたい。

薩摩から下された武器に関する最初の「覚」は1613（慶長18）年と思われる。関連部分を抜粋する。

「一 兵具御改之事、付鉄炮堅可有禁制事、
一 王子衆・三司官・侍衆自分之持具御免許候事、」[38]

この「覚」を精確に読むと、兵具御改之事とは武具統制の意味であろうが、これは鉄砲のみを指し、すべての武器に言及しているわけではない。さらに王子衆・三司官[39]・侍衆など琉球の王府や士族には、自分の武具を所持することが許されており、それには鉄砲も含まれていた可能性がある[40]。

上記の「覚」が鉄砲以外の武器には及んでいなかったことは、1614年12月末から1615年5月まで琉球を訪れた英国船長ウィリアム・アダムス[41]の航海日誌からも窺える。彼は平戸からシャムに向かう途中、悪天候に遭い、浸水したシー・アドヴェンチャー号の修理のため琉球に避難したのであった。その1615年の会計記録には、那覇に宿泊し、4振の刀、複数の脇差し及び2本の槍を購入したと記されている。即ち、「覚」が出されたほぼ2年後の1615年の時点で、琉球王国内で刀剣などの武器類が売買されていたことが分かる。

"Item pd my ost for my logine [at Naha] from
the 28 of december tell the 20 of Aprill
[1615] for hoousse rent to lay our goods[1]　　　m
in and for my ssellf & my servants ...　　　120 - 3 c[ondrin]
[...]

m[as]

bought 4 kattannes[4] [　] wakedashes[5] 2 pikes cost ... 106

[...]

[4] katana, a sword.

[5] wakizashi, short sword or dagger." 42)

また、1638（寛永15）年及び1639（寛永16）年には琉球王国の進貢船における武器について次のような「覚」が見られる。

1638年：「一 進貢船謝恩渡唐之時、日本之武具相渡間敷事、」43)

1639年：「一 何邊ニても兵具之類船中為用心之ニも、曾而被差渡間敷事、」44)

最初の「覚」は進貢船への日本の武具の搭載を禁止し、1639年の「覚」は、全面的に兵具の類の船中持込を禁止している。このように琉球王国から外国に武具を持ち出すことが禁止された45)。しかしながら以下の文書に見るように、琉球王国側は進貢船への鉄砲等の武器搭載を要望し、ほぼ10年後の1648（慶安元）年には再び許可されるようになった。

「一 大明江左右聞舩遣度［、］各被存通［、］此度継目之儀被伺御意候［、］次而ニ御申上候へハ、従上古琉球国之儀ハ王号并冠をも大明より相度儀ニ候、後年渡海之障ニも可罷成と被申上候、尤被　思召候、其分ニ左右聞舩可被申付候、鉄炮之儀も弐拾梃程其外ニいふり筒二三丁迄者苦間敷由、御三老より北郷佐渡守・新納右衛門佐へ被仰聞候、其心得可被成事、[略]

慶安元年九月二日

山田民部（有栄）　判

川上因幡（久国）　判

島津図書（久通）　判

三司官

金武王子」46)

この琉球側の武具搭載要請、及びそれに対する許可の背景には、中国に遣わされる船を海賊から守る事情があった。倭寇と称する海賊がしばしば東シナ海に出没し、琉球では1554年には那覇港口に大砲を備え付けた堡塁を築くほどの問題となっていた。実際、この武器搭載許可が出された1648年にも琉球の船が海賊に掠奪されている。また、麻生によると、幕府の老中がこの許可を出したのは、薩摩が幕府の指示を仰いだということを示し、琉球の船を無事に帰国させることは幕府の意思でもあった[47]。さらに明朝（1368-1644年）が終わり、清朝（1644-1912年）が始まった動乱期であったので、薩摩藩だけではなく、幕府もこれによって中国の情勢を把握しようとした[48]。

すでに1621年には幕府から九州の諸大名宛に武器輸出禁止令が下されており[49]、また琉球にも武具を売り渡すことを禁ずる令が発せられている。それが最も早いのは1643（寛永20）年であり、1646（正保3）年にも再び発令されている。

1643年：「一 何色ニよらす武具之類、琉球嶋中へ被賣渡間敷事、[…]」[50]

1646年：「一 不依何色武具之類琉球嶋中へ被賣渡間敷事、」[51]

このような琉球に対する武器売り渡しの禁止は、琉球を通じた外国への武器輸出を遮断するためであったと考えられる[52]。事実1642（寛永19）年に外国船の来航を恐れ、八重山島で番役を務めた薩摩藩の役人が帰国時に、現地で鉄砲を売り払い、処罰される事件も起こった。こうした武器売り渡しの禁止強化には1637-38年の島原の乱以降強められた幕府の鎖国政策が背景にあった。しかしながら琉球から中国に遣わされる船は特別扱いされていた。また前述した「覚」などの令はすべて琉球王国内の個人的な武器所有までも禁ずるものではなかった[53]。

次に1657（明暦3）年薩摩藩から琉球に下された「掟」を検討しよう。

「一 御物之鉄炮、付玉薬以下之道具并所之衆格護之鉄炮、御物ニ召上置候、右之取あつかい、向後者在番衆奉行所江受取置、修理等可被申付事、」[54]

この掟の中の「御物」とは麻生によると、琉球王府のことであり、「所之衆」とは琉球士族のことである。したがって、王府所有の鉄砲はもちろんのこと、士族が個人で所有している鉄砲も、王国のものとなり、以後は薩摩藩の在番所に置くことと定めたことになる。先述の1613年の「覚」と照らし合わせると、「王子衆・三司官・侍衆が自分之」鉄砲をこの時点までは持つことが認められていたと思われる[55]。そうでなければ、個人の鉄砲を「御物」にするというような掟は発令する必要がなかったからである。

また、この掟の背景として、麻生は、琉球から中国に遣わされる船に薩摩藩として武具を補填する必要があったと推測している。当時の火器・火薬類は薩摩藩から供給されていたが、それらは故障が多く、常に不足がちであり、19世紀まで琉球側は繰り返し借用を要請していた[56]。薩摩藩は琉球と中国の間の貿易で得られる自藩の利益を損なわぬよう、琉球から中国へ渡る船に必要な武具を搭載する一方で、これによる藩の財政負担を最小限に留める手立てを取らねばならなかった。徳永も、薩摩藩の財政は江戸初期から既に借財に苦しみ、琉球王国の中国との進貢貿易の利益を確保することが藩の財政政策綱領ともいえるものとなっていたと述べる[57]。薩摩藩が琉球王国の火器・火薬類を一括管理しようとした背景にはこうした財政事情があったと考えられる。このように見ると、1657年の「掟」は琉球の人々による武力抵抗を抑止する意図ではなかったと思われる。武力抵抗を抑止するのであれば、なぜ鉄砲並びに玉薬などの道具類の所有権が琉球王国に残されたままになっていたのか、あるいは、この掟が他の武器類に及ばなかったのかが問われるからである。

また、次の資料は当時の琉球王国に諸種の武器が存在したことを示唆する記述である。1657年の「掟」の6年後に最初の清朝の冊封使として琉球王国に派遣された張學禮（ちょうがくれい）は、『使琉球紀・中山紀略』の中で、次のように述べている。原田の現代語訳で見てみよう。

> 「琉球から進貢した土物は、線盔甲一副・鏤金鞍韂一副・琉鎗刀・硫黄・磨刀石・蕉布・琉扇・琉紙・胡椒であった。」[…]
>
> 「琉球は、海中の小国である。その地で生産するものは、ただ蕉布と硫黄だ

けである。その煙草・刀・紙類・扇子・漆器は、すべて日本から来たものである。」[…]

「旧来からの例として、使臣には七宴があり、…器には金銀を用い、折席をさしだすことになっている。（引出物の）琉刀・小刀・蕉布・琉煙草・苧布・琉扇・琉紙・琉鎗と折席とをともに免除して、宴席につくだけにした。」[…]

「八月の中秋節に、…（料理とともに）音楽が奏でられ、走馬・刀のジャグル・鎗術、剣の舞、蹴鞠・綱渡りの余興があった。暗くなって散会した。」[58]

さらに、次のような記述も見られる。

「那覇の東北三里に、三清殿があり、…三清殿の東に天妃廟がある。…廟の東に演武場がある。」[59]

原田はこの「演武場」が、冊封使に随行した兵士の武技訓練場であったと見ている[60]。この「場」を武技訓練のために使ったのが冊封使に随行した兵士のみであったのかどうかはこの記録からは読み取れない。いずれにせよ、張學禮の記述は、まず、1663年の時点で、琉球王国内には少なくとも刀、鎗などの武器が存在していたこと、及び「演武場」もあったことを示している。つまり、1657年の「掟」は鉄砲以外の武器類には及んでいなかったということになる。さらに、武器を使用しての「余興」も行われていたことが明記されている。この張學禮の記録と1657年の「掟」、さらに1670（寛文10）年に海賊に襲われて武器を捕られた琉球の渡唐船に対して薩摩藩が次のように命じたことを考慮すると、薩摩藩が琉球王国内の火器・火薬類を一括管理しようとした背景には、やはり薩摩藩の財政負担を軽減するための意思が働いたように思われる。

「[…] 去々年渡唐小唐舩持渡候石火矢・鉄炮賊舩ニ捕候ニ付、此節替鉄炮之儀ニ為申候石火矢、此度も余けい無之候間不被遣候、鉄炮廿丁之儀ハ尤御物より可被遣候へ共、琉球より唐渡唐舩之儀毎度之事ニ候ハゝ、借物計ニてハ鉄炮持渡衆も大形ニ在之、入用之時節無調法ニ可有之候間、渡唐舩用之鉄炮ハ琉球かたへ御免候間、当秋小唐舩用之鉄炮廿丁琉球かたより相調可差下旨被仰付候ニ付、東風平親方・幸喜親方へ申談、大坂へ申上せ候、追付可罷下候間跡舟より差下可申候、為御存候、先々早々御意得を入儀ニ付、可申下通御下知ニて、当秋下り之内より使舟として彼山川ノ六郎兵衛舩申付申候、為御存候、以上、

桂杢之助

子八月廿四日」[61]

つまり、薩摩藩が琉球側に対して大坂で自前による武器調達を命じていることが分かる。さらに1675（延宝3）年にも今度は次のように薩摩藩と見られる「御国」で武器を発注するように命じられた。

「[…] 雖然異風棒火矢・大鉄炮いつれも無之候而不叶之由候条御免被成候、前ニ四十丁御免被成候筋ニ琉球方より可被相調候異風棒火矢才覚御国中ニ而可然候、左候而右鉄炮同前ニ在番所格護ニ而渡唐之砌被請取候様ニ可授申渡候、異風棒火矢他領より相求事可悪之由被仰候、

卯九月十一日取次　　相良源五左衛門（頼安）

諏方采女殿」[62]

幕府の武器輸出禁止令にもかかわらず、これらの発注が認められたのは、1648年から、中国に遣わされる船については武器搭載が許可されていること、及び薩摩藩の財政負担を軽減するための方策が背景にあったからであろう。

また1699（元禄12）年の「覚」では、琉球への武器持込が禁止された。

「近年琉球人於御當地刀・脇指を相求、磨拵等相調持渡者有之由其聞得候、琉球國之儀者御領内之儀ニ者候得共、向後刀・脇指・弓・鐵炮其外兵具等琉球江持渡儀者一切御禁止之なかった、可得其意候、」[63]

すでに薩摩藩の侵攻からおよそ100年が経過していても、上記の「覚」に書かれてあるように、「琉球人」が未だに薩摩藩と見られる「御当地」で武器を求め

ていたことが分かる。このように、いくつかの統制令が出されていたが、これらは必ずしも守られていなかったのかもしれない[64]。この「覚」は1643年及び1646年の武器売り渡し禁止令をさらに強化するものであったと思われる。ただし崎原によると、修理のために、武器を薩摩まで持って行くことは許可されていた[65]。

1723（享保8）年には、薩摩藩から次の「覚」が下された。

「且又異國江兵具差渡候儀者御大禁之儀候間、賊船為用心定置候兵具之外、武具之類持渡間敷候、右之段者毎度雖申定置候、猶以入念相改之[、]出船可申付候」[66]

このように琉球への武器の持ち込み禁止令に加えて、武器の輸送も禁止されるようになったが、海賊から防備するための兵具は除かれた。琉球王国は、武具の調達を主に薩摩藩からの借用に依存せざるを得なかったが、琉球側は薩摩藩だけではなく、清朝にも武器借用を依頼していた[67]。

さて、東アジアは17-18世紀には、かつてない平和な時代となっていた。日本では、江戸時代の武士は実戦から遠ざかり、官僚化し、「大小」は武器というよりも地位・身分の象徴としての意味合いが強くなった。琉球王国も、「平和社会」となったとされる[68]。これを裏付けるように、1728年から1752年まで長く琉球王国の三司官を務め、「琉球の五偉人」の一人とされる[69]久米村士族の具志頭親方文若・(唐名) 蔡温（1682-1762年）は『独物語』で、次のように述べている。

「[…] 往古は御当国の儀政道も黙々不相立、農民も耕作方致油断、物毎不自由何篇気侭の風俗段々悪敷、剰世替〔70〕の騒動も度々有之、万民困窮の仕合言語道断候処、御国元〔71〕の御下知に相随候以来風俗引直、農民も耕作方我増入精、国中物毎思侭に相達、今更目出度御世に相成候儀、畢竟御国元の御陰を以件の仕合筆紙に難尽御厚恩と可奉存候、[…]」[72]

さらに、「御当地の儀、至極静謐の国土にて、武道の入用絶て無之候、然共毎年致渡唐候に付、若賊船共相逢候はゞ至其時は槍長刀弓鉄鉋抔の働不仕は不叶儀に候、依之相考候得ば御当地奉公人誰にても平時槍長刀弓の嗜仕置申候、是又奉公節儀の勤に候、何ぞ御支も無御座候はゞ鉄砲迄も平時稽古被仰付度存候、渡唐人数は毎年於潮の崎〔73〕鉄砲三日稽古被仰付事候得共、此分の稽古にては用に相互間敷と存当申候。」[74] と記する。

蔡温はこのように琉球王国は「至極静謐の国土」であり、薩摩藩の支配下で王国内の秩序が保たれるようになったと述べている[75]。これにより、「武道の入用絶て無之候」状態になったとしても、なお「賊船」の問題は消えなかった。従って、蔡温は海賊などに備えるために、琉球の「士」が武術に取り組み、鉄砲の稽古までが望ましいと考えていた。

また、『大島筆記』（1763年）には、次のような記述が見られる。

「一 外國の備え、不虞の備え武器等、皆々國府に夫々備えある事の由也。

一 刀・脇指・鎗等皆日本の通の由、されども常は帯せぬ也。上官人の行列は式ある事也。劍の調えも別にある事なる由也。」[…]

「一 相撲、日本の通にあるなり。

一 馬術執行由（油）斷なくする也。[…]」

「一 弓矢は薩摩の通り也。本唐のは四尺計のそり深なる弓なり。」[76]

その他に、進貢船については次の記述がある。

「まづ進貢船は矢倉を組立、狭間（はざま）を明（あけ）、帆も蒲葵（びろう）を用ゆ、飾り物數々あり、武器も砲（いしびや）・鐵炮・槍・大刀・弓矢等を備、百五六十人も上り、船二三艘も仕立つ也。」[77]

さらに琉球の「人物風俗」の中には次の記述が見られる。

「手習、學問、武藝など心懸稽古する也。」[78]

これらの記述によると、琉球王府には外国、あるいは不慮の備えのためにさまざまな「武器」があった。琉球王国は薩摩藩の支配の下、蔡温が「武道の入用絶て無之候」と述べたように、侵攻以前のような軍隊を保持し続ける必要性はなくなったとしても、ある程度王国独自の「備え」はあったことが窺えよう。また、武器は日本製で、常には帯びていなかったが、上官人の行列には格式が必要であるため、「劍の調え」も別にあった。さらに相撲や馬術、弓も存在した。進貢船はかなりの武器類を備えており、武芸の稽古もしていると述べられているのである。

加えて、江戸幕府が1850（嘉永3）年から編纂した『通航一覧』にも、琉球は「弓矢刀鎗、また日本の製を用ふ」と書かれてある[79)]。即ち、これらの史料からも武器が琉球王国内に存在したとことは明らかであろう。『通航一覧』とその続輯には、琉球使節団の江戸上り18回のうち、初回以外には太刀が献上された記録すら見られる[80)]。

また、1864年の「大清国江為御返船指渡人数私物帳」の史料中に、「刀」や「脇差」が挙げられており、史料表題が示すように、これらの刀剣類武器は船の乗組員が「私物」として所持していたものであった[81)]。さらに麻生によると、末端の乗組員と思われる無系（百姓身分）の者までが刀剣を所持していたことがわかる。おそらく海賊に備えての護身用だったと考えられる[82)]。いずれにせよ、この史料は琉球人が個人的に武器を所有していたことを示す貴重な資料である。

これまで検討してきたように、薩摩藩の覚・掟などからは、琉球王国内に対して、王府や士族以外に鉄砲を禁ずる「覚」、ないし個人所有の「鉄砲」を琉球王国の「御物」とする「掟」のほかには武器を禁止する令は見当たらない。つまり、薩摩藩に「一切の武器を取上げられ、徹底的な禁武政策を布かれた」ことによって「時代の要求が斯の空拳の術を創造せしめた」とする見解を裏付ける文献は見つけることはできない。また、薩摩藩は琉球王国に軍隊を常駐させてはいない[83)]。その主な理由は、薩摩藩は琉球王国の朝貢貿易を妨げないように藩の支配を秘匿したからである。これらの事柄から考慮すると、薩摩の侍から身を守る必要性から、琉球人が素手の武術を考案したとする考え方は成り立ち難い。

ただし、次の史料には注意しなければならない。

薩摩藩の侵攻後の初期においては、紙屋によると、「島津氏が、琉球に幕藩制の支配原理を導入し、［…］琉球の日本同化を打ち出した［…］」[84]。だが、幕府は日明貿易を望みながらも、明との朝貢関係を結ぶ考えはなく、幕府の対明貿易は実現しなかった。それに伴って、薩摩藩の琉球支配にも変化が現れ、琉球王国を介して明と貿易をするために、琉球王国を「ヤマトではない」異国として扱う必要性が生じた。例えば日本との異質性を強調するために、1624（寛永元）年に、「日本名を付支度仕候者、かたく可為停止事」[85]と「定」が出されている。このように、薩摩藩が琉球支配を秘匿した上で、琉球王国と明朝の朝貢貿易から得る財政上の利益を妨げないようにする意図や、加えて幕府にとっても中国情勢の情報源として琉球王国を利用する価値があったことが窺える[86]。また、この「支度停止」の「定」によって、琉球人が古琉球の時代のように日本風に「大小」を持つことが出来なくなったと考えられるが、仮にそうであったとしても、この「定」は、すべての武器を禁止する令として出されたのではないと判断できよう。

では、薩摩藩の禁武政策によって、徒手の武術の「発達が促進された」とする説について検討して見よう。管見の限り、すでに述べたように、鉄砲を除けば、薩摩藩が武器を全面的に禁じたことを示す史料は見出せなかった。これに関連すると思われる唯一の史料は1670（寛文10）年に琉球王国の当時の裁判所である「平等所（ひらじょ）」[87]から発せられた次の「覚」である。この「覚」は1922（大正11）年に出版された最初の本格的な空手道教本と言える富名腰義珍（ふなこしぎちん）『琉球拳法唐手』に収録された当時の沖縄学の「御三家」の一人である東恩納寛惇（ひがおんなかんじゅん）による「序」中に次のように掲げられている。

> 「一、正月十六日夜、燈爐見物に棒刀持或は覆面仕候儀従前々御法度被仰付候へ共為念堅横目被仰付置候若相背者於有之者捕可致披露旨被仰付候間燈爐見物仕候者能々其心得可為専候
> 一、夜行ニ棒刀持候儀従前々御法度被仰付候處隠々相背者風聞ニ堅御法度被仰付候事」[88]

まず、東恩納も「［…］国防の外に個人の護身用としても武器を携帯する風の

あった事は、寛文十年（慶長役後六十一年）平等所の廻文に次（上記引用文のこと：筆者）のようなものがあるのでも想像出来る」[89]と述べており、少なくともこの年までは琉球人が武器を携帯する習慣があったと考えられる。また、「前々御法度被仰付候處隠々相背者風聞」とあるように、以前にも「御法度」が出されていたようであり、1670年の「覚」もどこまで守られたかは不明である。けれどもこの「覚」について、東恩納は次のように続ける。

「此の廻文等に依って、少なくとも公にも、私にも、武器を携帯する風の他動的になった事は知られる。カラ手の発達をそれ以後の事と断定するのは早計ではないと思ふ。
カラ手の由来に関しては、自分は之れまで深く調査したことはないが、支那伝来のものである事は、その各種目の名称からでも断言できると思ふ。然らば何時代に伝来したが、之れも各武術者の系譜等に拠って穿鑿すれば或程度まで確める事ができようが、今はその便がない。それで大体から推して自分は慶長以後の事と考へる。それは前に云うた武器廃止の事と今一つは、支那使節の側からの観察とに依ってゞある」[90]。

このように、琉球王国の平等所による「覚」が空手道の発達にとって重要な契機となったと見ている。しかし、この「覚」を厳密に読むと、夜間に棒刀を持ち歩くことは禁止されているが、その所有や夜間以外の取扱いについては何も言及されていない。従って棒刀などであっても夜間の外出の際に持ち歩かなければ、ないしは屋内であればそれらの稽古ができたという可能性は考えられる。またその背後に薩摩藩の存在があったとしても、注目すべきはこの「覚」を下したのが琉球王国の平等所だということである。

さらに、東恩納は「カラ手の由来に関しては［…］支那伝来のものである」とし、「自分は慶長以後の事と考える」と述べる。しかし、「カラ手」の発達を慶長以後とするのは歴史的に見れば遅すぎるのではないかと思われる。そもそも空手道の起源や歴史には伝聞が多く、その検証は容易ではない。そのため諸説が存在する。最も流布されているのは沖縄固有の「手（て）」（方言で「ティー」）と呼ばれる格闘術に中国拳法が加わってできたという説である[91]。ただし、この「手」は、中国拳法が沖縄化された[92]、あるいは土着化した日本武術の影響を受けて「手」となったとの見解も見られる[93]。次に中国拳法が沖縄に伝えられた時期についても諸説あり[94]、14世紀後半に、沖縄本島の三山分立時代に、中山の察度王の政策により、琉球と中国の間に国交が成立し貿易が始まってからという説が有力視されている[95]。確かに以後、人事文物の交流、福建省出身三十六姓の沖縄帰化、冊封使の琉球派遣、明への進貢使や留学生派遣などが行われており、すでに慶長以前に中国拳法がもたらされるようになっていたという可能性は高い。しかし、残念ながら、『喜安日記』[96] に述べられているように薩摩侵攻の時に慶長以前の文献、古文書などは灰燼に帰し、「失果」した。金城はその際に中国拳法文献も焼失したと推測している[97]。とすれば、仮に空手道の祖形に関する文献等が存在したとしても、同様であったろう。

また、15 ～ 16世紀の琉球人は「大小」と思われる刀剣類を持っていたという上里の指摘に従えば、琉球人、とりわけ武装した琉球商人は、日本刀の使い方にも通じていた可能性がある。この時期は、ほぼ日本の室町時代（1392-1573年[98]）ないし戦国時代（1477-1573年[99]）に重なり、戦場の実戦経験からさまざまな武器及び武術の研究が進み、ある程度流派の成立も見られるようになっていたが、戦場ではいくつかの武術をこなす総合的な兵法が優勢であった。この総合的な兵法には、例えば「武器」を持たずに素手で戦う術も含まれる。「常に大小二刀を佩し」た琉球人が武器の使い方とともに、このような日本の素手の術も習得していた可能性も考えられる。さらに、当時の琉球王国の那覇港には唐人が帰化した三十六姓の久米村（くめむら）だけではなく、15世紀から琉球人と雑居していた「日本人」の居留地が17世紀に入っても存在したことが確認されている[100]。これらの雑居していた日本人との交流によって、日本の武器の使い方とともに、素手の術が琉球に伝わった可能性も考えられる。広く流布されているのが沖縄固有の「手」と呼ばれる格闘術に中国拳法が加わってできたとする説であるが、その沖縄固有の「手」という格闘術はこうした琉球人や日本人の影響も受けていた可能性を考慮してもよいであろう。新垣も「社会全般において武器をもつ武術が発達した場合には、武器をもたない、あるいは武器をもてない場合において、相手から身を守る武術が発達するのは当然である」[101] と述べる。古琉球の時代[102] に武具が存在し、また使われていた[103]。尚真王期に解体された地方按司の軍団を組み込んだ王国軍が完成したこと、さらに中国拳法がもたされるようになった時期を併せ考えれば、いわゆる祖形としての空手道の発達は東恩納の主張よりももっと早い段階から始まっていたと見ることができる[104]。

従って、沖縄の素手の武術の発達が17世紀からの「武器廃止」によって促進されたとする説も、上記の琉球王国の平等所から廻文された「覚」を論拠とするだけでは疑問とされねばならない。いずれにせよ、この琉球王国の平等所の「覚」をもって「武器廃止」即ち完全な薩摩藩による武器禁止令と解釈すること、そしてそれによって「カラ手の発達」が促されたと主張すること、ましてやこの「覚」からは武術までが禁じられたとする解釈は困難であろう。

そもそも武術も禁止されていたとする説に関して言えば、1801（享和元）年『薩遊紀行』の中に琉球王国内で実際に武術稽古が行われていたとする明確な記述を見ることができる。

「琉球、剣術、ヤハラノ稽古ハ手ヌルキモノノナリ、唯（タヽ）突手ニ妙ヲ得タリト云、其仕形ハ拳ヲ持テ何ニテモ突破リ、或ハ突殺ス、名ツケテ手ツクミト云

右ノ手ツクミノ術ヲ為スモノヲ奉行所（薩ヨリナパツメ）へ招テ瓦七枚重ネヲ突セラレシニ、六枚迄ハ突砕シヨシ、人ノ顔ナトヲ突ケハ切タル如クニソゲル、上手ニナレハ指ヲ伸シテ突ヨシ」[105]

この旅日記を残した著者については、肥後藩士であるとしか分からないが、上記の情報は3年ずつ2度にわたって琉球に詰めていた薩摩役人の水原熊次郎から聞いたものであると記している[106]。この中に述べられている「剣術」や「やわら」が日本の「剣術」「やわら」であった可能性もあるが、当時琉球王国内で武術の稽古が行われていた証拠にはなる。また、「手ツクミ」はのちの空手道の何らかの祖形かと思われる。さらに薩摩の奉行所はこの手ツクミの術をなす者を招き、試し割として「瓦七枚重ネヲ突セラレ」た。このことで、薩摩藩は琉球人の武術稽古を承知していただけではなく、容認していたことが分かる。さらに、

1663年に来琉した冊封使張學禮が著した『使琉球紀・中山紀略』の中に「走馬・刀のジャグル・鎗術、剣の舞、蹴鞠・綱渡りの余興があった」や、戸部良熙の『大島筆記』(1763年) に見られる「手習、學問、武藝など心懸稽古する也」の記述も見られ、それ以前に武術が存在した可能性は否定できない。

また、地域名に由来する首里手 (方言で：スイディー)[107] の名手と言われる松村宗昆 (1809-1899年)[108] は、中国で武術を修める前に薩摩の奉行官に示現流 剣術を学び、それを何人かの弟子にも教えていたと言われている[109]。これらのことを合わせ考えると、「禁武政策の一環として、武術も禁じられていた」とする見解には疑問が生じることになるといえよう。

4. まとめ

空手道史において、「禁武政策」が空手道の発展に大きな役割を果たしたという諸説について検討してきた。まず、尚真王期に「世界にさきがけた武器廃止」政策が行われたという説が依拠している史料の解釈の妥当性が疑われた。この説の根拠となっていた「百浦添欄干之銘」の第4項目は近年、「もっぱら刀剣・弓矢を積み、もって護国の利器となす。この邦の財用・武器は他州の及ばざるところなり」と読み改められ、琉球王国の国防のために武器を集積する軍備強化策であったとする見方が主流になってきている。また、尚真王期には、琉球王国軍が完成し、周辺地域の征服などの軍事行動も見られ、1609年の薩摩侵攻時においても、琉球王国は「武器をもって」薩摩軍に抵抗した。このように、国家的なレベルで尚真王期の琉球王国では武器を廃止しておらず、また無抵抗な国でもなかった。さらに、15-16世紀に、琉球の人々が武器類の売買に携わって、刀剣を所持していたことを示唆する記録が存在し、個人的なレベルでも、武器が所有されていたと考えられる。

次に、薩摩藩の侵攻後、琉球王国では「一切の武器を取上げられ、徹底的な禁武政策を布かれたので」、「時代の要求が斯の空拳の術を創造せしめた」とする説について検討した。まず、琉球王国内で鉄砲以外の個人の武器まで放棄させられたとする薩摩藩からの下命は、管見の限りでは確認できなかった。それとは反対に、ウィリアム・アダムスの「航海日誌」、『使琉球紀・中山紀略』、『大島筆記』

や『通航一覧』には、琉球王国内に武器が存在したことが窺える。加えて、慶長以後の薩摩藩支配下において、藩は琉球王国に軍隊を常駐させることはなかった。薩摩藩は琉球王国の朝貢貿易を妨げないよう、藩による支配を秘匿したからである。これらの事柄を考慮すると、薩摩の侍から身を守る必要性から、琉球の人々が素手の武術を考案したとする考え方は成り立ち難い。つまり、薩摩藩の侵攻後「時代の要求が空拳の術を創造せしめた」とする見解には疑問が残るところである。

このことは、薩摩藩の侵攻後の「禁武政策」により、徒手の武術の発達が促進されたという見解に対しても同様である。この見解に関連すると思われる唯一の史料は琉球王国の当時の裁判所である平等所から出された1670年の「覚」である。背後に薩摩藩の存在があったとしても、この「覚」は薩摩藩から出されたものではない。つまり、薩摩藩の禁武政策によって沖縄の徒手の武術の発達が促進されたとは言いがたいのである。

その上、「覚」の内容を厳密に読むと、夜間に棒刀を持ち歩くことは禁止されているが、その所有や夜間以外の取扱いについては何も言及されていない。従って夜間の外出の際に持ち歩かなければ、ないしは屋内であれば棒刀などの稽古ができた可能性は考えられる。

また、この「覚」を根拠とした「カラ手」の発達を「慶長以後の事と考へる」という見解も疑わしくなってくる。なぜなら、琉球の中国への朝貢関係が1372年から始まっており、少なくとも中国拳法が来琉した時期は慶長年間よりもっと早い可能性がある。加えて、三山分立時代に主権争いが起こったこと、さらに琉球王国軍が存在していたことも考慮すれば、「カラ手」の発達は、慶長以前にその始まりがあったのではなかったかと考えられる。三山分立時代の軍団や琉球王国の軍隊が、武器と平行して素手で戦う術（すべ）を身につけたと考えるのは不自然ではあるまい。

『朝鮮世祖実録』にある「其の俗は、常に大小二刀を佩し」ているという記述（1462年）と、16世紀のポルトガル人の記録をもとに、上里は「十五～十六世紀の琉球人は日常的に大小の刀剣を腰にさしていた」と述べている。また、琉球王国貿易の最盛期には、琉球の人々とその商人たちは中国、日本、朝鮮のみならず、東南アジアに進出して幅広く交易を行っていた。その交易品の中には日本刀と日本製の武器類も含まれており、金工輸出品の主力は刀剣であった。とすれば、琉球の人々、とりわけポルトガル人の記録に見られる武装した琉球商人は、日本刀の使い方にも通じていた可能性がある。この時期は、ほぼ日本の室町時代ないし戦国時代に重なり、戦場の実戦経験からさまざまな武器及び武術の研究が進み、ある程度流派の成立も見られるようになっていたが、戦場ではいくつかの武術をこなす総合的な兵法が優勢であった。この総合的な兵法には例えば「武器」を持たずに、素手で戦う術も含まれる。「常に大小二刀を佩し」た琉球の人々が武器の使い方とともに、このような日本の素手の術も習得していた可能性も考えられる。さらに、当時の琉球王国の那覇港には唐人が帰化した三十六姓の久米村だけではなく、15世紀から琉球人と雑居していた「日本人」の居留地が17世紀に入っても存在し、これらの雑居していた日本人との交流によって、日本の武器の使い方とともに、素手の術が琉球に伝わった可能性も考えられる。一般に沖縄固有の「手」と呼ばれる格闘術に中国拳法が加わってできたとする説が広く流布されているが、その沖縄固有の「手」という格闘術はこうした琉球人や日本人の影響も受けていた可能性を考慮してもよいであろう。

さて、東アジアは17世紀の時代に入ると、かつてない平和な時代が到来した。それは琉球の地も、日本も同様であった。江戸時代の武士は実戦から遠ざかり、官僚化し、「大小」は武器というよりも地位・身分の象徴としての意味合いが強くなった。琉球王国でも、上里がいうように「平和社会」となり、「近世日本の安全保障の傘の下に入った」ため、薩摩藩の侵攻以前のような軍隊を保持し続ける必要はなくなったようである。また、薩摩藩が琉球王国の士族階級に対して、計画的に鉄砲を放棄させたとしても、その主な理由は琉球王国の進貢船に必要な武器搭載を薩摩藩が担っており、薩摩藩の財政負担軽減の策であったと考えられる。

要するに、いくつかの史料が示すように、琉球王国時代、王国内には武器が存在し、尚真王期の「世界にさきがけた武器廃止」政策、または薩摩の侵攻後の「徹底的な禁武政策」によって、一切の武器がなくなった、ないしは琉球王国は武器を持たなかった国であったとは考え難いのである。また、薩摩藩は琉球王国内に常駐軍を配置しなかったことから、琉球の人々はそれらから身を守る必要性はなかったと思われる。従って、「時代の要求が斯の空拳の術を創造せしめた」、あるいは徒手の武術、即ち「カラ手」の発達が促進され、さらに、禁武政策の一環として、武術も禁じられたという諸説の史料的根拠は乏しいと言わざるを得ない。

例えば、琉球王国内で徹底的な「禁武政策」が布かれていたとするならば、なぜ薩摩藩は鉄砲以外の武器についてはっきりした禁令を下さなかったのであろうか。あるいは、なぜ鉄砲を薩摩藩の管理下に置きながら、一方で琉球王国の所有物として残したのであろうか。さらには、琉球王国の平等所が夜間に棒刀を持ち歩くことを禁止した「覚」が下されたにもかかわらず、王国内で、(『大島筆記』にあるように)「武芸の稽古」あるいは、「剣術」、「ヤハラ」、「手ツクミ」といった武術の稽古が行われていたのはなぜだろうか。これらの疑問に答えるためにも、空手道の発達史は更なる歴史的検討が必要である。

注

1) 例えば、渡口政吉『空手の心』角川書店：東京、1986年、24頁。
2) 例えば、大家礼吉『空手の習い方』金園社：東京、1955年、11頁。
3) 例えば、富名腰義珍『琉球拳法唐手』武侠社：東京、1922年、2-3頁。
4) 例えば、宮城篤正『空手の歴史』ひるぎ社：那覇、1987年、18頁、または摩文仁賢榮『武道空手への招待』三交社：東京、2003（[1]2001）年、35-36頁を参照。
5) Haines, Bruce A.. *Karate's History and Traditions. Rutland*, Tokyo: Tuttle, 1968, pp. 77-78 及び Draeger, Donn F; Smith, Robert W.. *Asian Fighting Arts*. Tokyo: Kodansha, 1974 ([1]1969), p. 58. 西洋における空手道史を学術的に研究した先駆者のひとり、ドレーガーは次のように述べている。“In the early seventeenth century Okinawa was invaded and defeated by a Japanese force, though the country still continued to pay tribute to China. Under Japanese control Okinawans could develop no martial art practices. Weapons were confiscated and a ban placed on all martial arts” (同上書).
6) この説に関してもっとも有名なエピソードは、19世紀初期に琉球を訪れたイギリス人のバジル・ホール船長からナポレオンが聞いたとされる話であろう。“When Napoleon was told that there existed a kingdom in which no arms were found and (as the visitors believed) the art of war was unknown, [...] the general [...] refused to believe that such a kingdom and such people could exist” (Kerr, George H.. *Okinawa. The History of an Island People. Tokyo, Rutland*, Singapore: Tuttle, Revised edition 2000 ([1]1958), pp. 258-259). どのように琉球の「武器を持たない国」及び「平和」

なイメージが作られたかについては、上里は次のように述べている。「それは琉球を訪れた欧米人の体験談が、19世紀アメリカの平和主義運動のなかで利用されていった経緯があります。好戦的なアメリカ社会に対し、平和郷のモデルとして自称琉球人のリリアン・チンなる架空の人物が批判するという書簡がアメリカ平和団体によって出版され、『琉球＝平和郷』というイメージが作られました。このアメリカ平和主義運動で生まれた琉球平和イメージ、史料の解釈の読み違いから出た非武装説に加え、さらに戦後の日本で流行した『非武装中立論』が強く影響して、今日の『武器のない国琉球』のイメージが形作られていったのです」（上里隆史『目からウロコの琉球・沖縄史』ボーダーインク、那覇、2011（[1]2007）年、68頁）。

7）沖縄島は、第一尚氏王統（1406-1469年）の尚巴志王（1372-1439年・在位1421-1439年）により、1429年に初めて統一された。また、第二尚氏王統は1469年から1879年の琉球処分まで400年以上続いた。

8）山北、中山、山南とも称される。

9）高宮城繁ほか編『沖縄空手古武道事典』柏書房：東京、2008年、91頁；上里隆史『琉日戦争1609 島津氏の琉球侵攻』ボーダーインク：那覇、2010（[1]2009）年、17頁を参照。

10）第二尚氏王統第三代国王。

11）この銘にはもともとタイトルが付いていなかった。また1671年もしくは1715年の再建の時に、石高欄には刻まれておらず、王府が編集した『琉球国中碑文記』の中に「百浦添欄干之銘」という名称が見られる（沖縄県文化振興会史料編集室『沖縄県史各論編・第三巻・古琉球』沖縄県教育委員会：南風原町、2010年、206頁、注8を参照）。

12）塚田清策『琉球国碑文記』学術書出版：東京、1970年、82頁。

13）前掲書9）新里勝彦、104頁及び玉野十四雄『今、使える！技術修得システム 宮城長順の沖縄空手に空手を学ぶ』BAB ジャパン：東京、2013年、17 頁。こうした解釈は、すでに1958年に仲原によって指摘されている。「ところが、第四条の末尾『此邦財用武器』を伊波（普猷：沖縄学の父と言われる。() 内は筆者による）先生は『此邦、財に武器を用い』と読み、王が、国中の武器を取りあげ、これで農具か何かを作ったように解された」（仲原善忠「琉球王国の性格と武器」、『仲原善忠全集第一巻・歴史編』沖縄タイムス社：那覇、1977年、588頁）。また崎原貢も Kerr 著の *Okinawa. The History of an Island People* の2000年に出版された改訂版付記で、次のように述べている。“In 1932, Ifa Fuyu, the father of Okinawan studies, deciphered the forth achievement as follows: ‘This country used armor for utensils.’ He explained that Sho Shin turned all iron arms in the country into useful tools and utensils. [...] Based on Ifa, Kerr said ‘Private ownership and use of arms were done away with.’ He further added that, in an attempt to forestall the dangers of insurrection, ‘it was first ordered that swords were no longer to be worn as personal equipment. Next, the pretty lords were ordered to bring all weapons to Shuri, to be stored in a warehouse under supervision of one of the king’s officers.’ No sources were cited for these statements”（前掲書6）Sakihara in Kerr, p. 543）.

14）上里隆史「古琉球の軍隊とその歴史的展開」、『琉球アジア社会文化研究』琉球アジア社会文化研究会：西原、2002年、115頁；前掲書6）上里、2011年、64-65頁；前掲書9）高宮城、102-110頁；金城裕『唐手から空手へ』日本武道館：東京、2011年、139-142頁。

15）前掲書14）上里、2002年、112及び115頁；前掲書6）上里、2011年、64-66頁。

16）百浦添欄干之銘では100隻としている（沖縄大百科事典刊行事務局編『沖縄大百科事典・中巻』沖縄タイムス社：那覇、1983年、422頁）。

17）同上書、上巻、610頁によると、この乱は、1522年とされているが、むしろオヤケ・アカハチの乱の余波とみる向きが強い。

18）前掲書14）上里、2002年、113-114頁；新垣清『沖縄空手道の歴史 琉球王国時代の武の検証』原書房：東京、2011年、402-403；前掲書16）上巻90、610、625頁を参照。

19）第二尚氏王統第四代国王（1497-1555年・在位1527-1555年）。

20）倭寇は、主に13-16世紀に中国や朝鮮半島で掠奪行為を行った海賊集団をさす中国と朝鮮側の呼称である。前期（14-15世紀）と後期（16世紀）の倭寇に分けられる。彼らは必ずしも日本人だけではなく、民族・国籍を超えた連合集団であった。後期には中国人が大多数で、日本人が1-2割、ポルトガル人やスペイン人まで含まれていた（日本史広辞典編集委員会編『日本史広辞典』山川出版社：東京、1997年、2265頁を参照）。

21）前掲書14）金城、142頁；前掲書18）新垣、57-58頁を参照。この堡塁は屋良座森城（やらざもりぐすく）とされている。

22）薩摩軍における琉球への侵攻の詳細については、前掲書9）上里、2010年、222-293頁を参照。

23）前掲書14）上里、2002年、115-116頁；前掲書9）上里、2010年、266-272頁及び287-290頁；前掲書6）上里、2011年、65頁；前掲書18）新垣、68-89頁を参照。

24）1471年編纂。

25）上里隆史「文献史料からみた古琉球の金工品－武器・武具の分析を中心に」、久保智康編『東アジアをめぐる金属工芸－中世・国際交流の新視点』（アジア遊学134）勉誠出版：東京、2010年、237頁。

26）前掲書14）金城、132頁。

27）Afonso de Albuquerque（推定1453-1515年）。

28）“Commentarios do grande Afonso d’Alboquerque”（“Comentários do grande Afonso de Albuquerque”）1557年（改訂版1576年）。

29）シミターともいう。

30）1 palmo = 22 cm（Ferreira, Aurélio Buarque de Holanda. *Novo Aurélio Século XXI: o dicionário da língua portuguesa*. Rio de Janeiro: Nova Fronteira, ^{3}1999, p. 1481）.

31）この日本語訳は金沢大学国際機構留学生センター太田亨教授の助言による。原文は Albuquerque, Afonso de. *Commentarios de Afonso Dalboquerque capitão geral e gouernador da India, collegidos por seu filho Afonso Dalboquerque das proprias cartas que elle escreuia ao muyto poderoso Rey dõ Manuel o primeyro deste nome, em cujo tempo gouernou a India*. Lixboa: por Ioam de Barreyra, 1557, p. 390（digital version）。英語訳はBirch, Walter de Gray（Transl.）. *The Commentaries of the Great Afonso Dalboquerque, Second Viceroy of India*. London: Hakluyt Society, 1880, p. 89を参照。また「Gores」についてはMarschall, Wolfgang. *"Notes on Arab Seafaring in the Indian Ocean and beyond"*. Kreiner, Josef（ed.）. *Ryūkyū in World History*. Bonn: Bier'sche Verlagsanstalt, 2001, pp. 78-82を参照。[] 内は著者による、以下同じ。

32）前掲書25）237頁。

33）「かつて南西諸島に存在した琉球王国は、十四～十六世紀にアジアの海域世界で中継貿易を行い繁栄した。[…] 十四世紀後半に、中国明朝との冊封・朝貢関係を結び交易活動を活発化、[…]『万国津梁の鐘』（1458年鋳造）銘文には琉球が格国と親密な関係を築いて万国の架け橋（万国津梁）となったこと、また『異産至宝は十方刹に充満せり』と記され、その繁栄ぶりがうかがえる。しかし十六世紀中頃に中継貿易は衰退へと向か［った]」（同上書、224頁）。

34）詳しくは、同上書、236-238頁。さらに、刀剣について、上里は次のように述べる。「史料［…］を検討した結果、海外に輸出された琉球の刀剣は、日本から調達した刀身を琉球で加工、外装を仕立てていた可能性が高いことを論証した」（同上書、239頁）。また、前掲書18）新垣、39-43頁；前掲書13）玉野十四雄、15-16頁を参照。

35）前掲書16）中巻、218頁を参照。

36）前掲書6）上里、2011年、67頁。

37）前掲書14）金城、170頁。

38）鹿児島県歴史資料センター黎明館編『鹿児島県史料 旧記雑録後編4』鹿児島県：鹿児島市、1984年、414頁。

39）「三司官」は琉球王国の職名及び位階名であり、国政を担当する3人の宰相を指す。投票により親方（ウェーカタ）の中から選ばれ、琉球王国士族が昇進できる最高の位階にあたり、実質的な行政の最高責任者であった（前掲書16）中巻、253頁を参照）。

40）麻生伸一「琉球における薩摩藩の武具統制について」、沖縄文化編集所『沖縄文化』（第41巻2号、通巻102号）沖縄県立芸術大学附属研究所：那覇、2007年、44-46頁を参照。

41）William Adams（1564-1620年）。来日した最初の英国人で、徳川家康の側近・外交顧問として知られる。日本名は三浦按針（みうらあんじん）。航海士、水先案内人であったが貿易業も営んだ（前掲書20）59頁を参照）。

42）Purnell, C[hristopher] J[ames]. *The log-book of William Adams, 1614-19. With the journal of Edward Saris, and other documents relating to Japan*, Cochin China, etc. London: [The Eastern Press, ltd], 1916, p. 33（219）.

43）鹿児島県維新史資料編さん所編『鹿児島県史料 旧記雑録後編5』鹿児島県：鹿児島市、1985年、788頁。

44）鹿児島県維新史資料編さん所編『鹿児島県史料 旧記雑録後編6』鹿児島県：鹿児島市、1986年、52頁。

45）麻生伸一『近世琉球外交史の研究』琉球大学大学院 人文社会科学研究科 比較地域文化専攻：中頭郡西原町、2010年（博士論文）、20頁を参照。

46）鹿児島県維新史資料編さん所編『鹿児島県史料 旧記雑録追録1』鹿児島県：鹿児島市、1971年、131頁。
47）前掲書45）24頁。
48）徳永は次のように述べている。「[…] 正保三（1646）年六月一日付、松平信綱外二名の幕府老中連署奉書（『薩藩旧記雑録追録一』）には、中国では兵乱（明・清の交代期）が続き不安定な国情であるというが、いかがな様子であるか、とある。また、中国兵乱の時期ではあるが、琉球口からの糸購入はどのような状況であるか、と問い、可能な限り今までのように生糸購入を行うようにと指示するとともに、中国の状況を把握し、幕府への情報提供をも命じている」（徳永和喜『海洋国家薩摩』南方新社：鹿児島、2011年、82-83頁）。また、紙屋敦之『東アジアのなかの琉球と薩摩藩』校倉書房：東京、2013年、160-163頁も参照。
49）永積洋子「平戸に伝達された日本人売買・武器輸出禁止令」、日本歴史学会編『日本歴史』（611）吉川弘文館：東京、1999年、67-81頁を参照。
50）前掲書44）229頁。
51）前掲書46）32頁。
52）前掲書6）Sakihara in Kerr, p. 544を参照。
53）前掲書45）20-22頁；前掲書13）仲原、592頁を参照。
54）前掲書46）354頁。
55）前掲書45）18頁を参照。
56）同上書、25-29頁を参照。麻生によると、中国に遣わされる船への武具搭載は1648年には許可されており、また少なくとも1666年、1672年、1757年、1803年、1809年には武具供給要請があったことが確認できる（同上書）。また、海賊からの防衛のほか、進貢船は出入港の際、礼砲を打つ儀礼があったことも琉球側からの武器借用要請の一つの要因となっていた（同上書、32頁）。
57）前掲書48）61頁。ここで述べられる見解については前掲書45）31頁も参照。
58）原田禹雄『張学礼 使琉球紀・中山紀略』榕樹書林：宜野湾、1998年、61、65、83-84及び86頁。原文は次の通りである。「琉球進貢土物線盔甲一副鏤金鞍韂一副琉鎗刀琉黄磨刀石蕉布琉扇琉紙胡椒」[…]「琉球海中小國也所出土産惟蕉布硫磺其烟刀紙張摺扇漆器之類皆来自日本國有」[…]「舊例使臣有七宴…器用金銀折席琉刀小刀蕉布琉烟苧布琉扇琉紙琉鎗幷折席已上倶免祇領席」[…]「八月中秋節…走馬弄刀刺鎗舞劍踘毬走索諸戯至晩方散」（張學禮撰『(龍威祕書) 使琉球紀』（百部叢書集成：原刻景印）芸文印書館：台湾、1968年、12、14、18及び20頁）。
59）前掲書58）原田、82頁。原文は次の通りである。「那覇之東北三里有三清殿、…三清殿東有天妃廟…廟東有演武場」（前掲書58）張、18頁）。なお、可能な限り原文旧漢字を用いたが、一部現代漢字を使用した。
60）前掲書58）原田、83頁、注3。
61）前掲書46）595頁。
62）同上書、653頁。
63）鹿児島県維新史資料編さん所編『鹿児島県史料 旧記雑録追録2』鹿児島県：鹿児島市、1972年、169頁。

64）前掲書40）46頁を参照。

65）前掲書6）Sakihara in Kerr, p. 544.

66）鹿児島県維新史資料編さん所編『鹿児島県史料 旧記雑録追録3』鹿児島県：鹿児島市、1973年、627-28頁。

67）前掲書45）25及び34-35頁を参照。琉球側が清朝に武器借用を求めた例として、1854年に、琉球船が海賊に襲われた際、武具が奪われたために、清の役人から武具借用が認められたことが挙げられる（同上書、34-35頁）。

68）前掲書6）上里、2011年、68頁。

69）伊波普猷と真境名安興（まじきなあんこう）の共著『琉球の五偉人』による。なお、真境名安興は伊波普猷と東恩納寛惇（ひがおんなかんじゅん）と共に、戦前の沖縄学における「御三家」と称される。

70）崎浜は「世替」を「革命」としている（崎浜秀明『蔡温全集』本邦書籍：東京、1984年、76頁）。

71）崎浜は「御国元」を「薩摩」としている（同上書）。

72）同上書。仲原はこの文の一部を次のように現代語訳している。「昔は、この国は政治もわるく、世替り（革命）も度々あったが、薩摩の支配になってから…目出度い世の中となった」（前掲書13）仲原、593頁）。

73）崎浜は「潮の崎」を「磯崎（古琉球）」としている（前掲書70）84頁）。

74）同上書。仲原はこの文を次のように現代御訳している。「当地は至って静かな国で、武道は全く必要ないが、毎年渡支するので、海賊にあう恐れがある。それ故、士はすべて、槍、長刀、弓を習わせたいものだ。（薩摩で）差支えなければ、鉄砲までけいこさせたい。渡支前に三日位鉄砲のけいこしたのでは役に立つまいと思う」（前掲書13）仲原、593頁）。

75）仲原は蔡温の文を次のように解釈している。「おそらく、薩摩向けのせんでんではなく、これが本音であろう」（同上書）。

76）戸部良熙「大島筆記」、宮本常一、原口虎雄、比嘉春潮編『日本庶民生活史料集成・第一巻』三一書房：東京、1968年、363、367及び362頁。『大島筆記』は1762年に鹿児島に向かう途中の琉球船が土佐の大島に漂着し、その琉球の様々な事柄について語った潮平親雲上（しおひらペーチン）の話が、儒学者戸部良熙（とべよしひろ）をまとめたものである。空手道史上よく知られている「組合術」についての記述もある。

77）同上書、371頁。

78）同上書、352頁。

79）国書刊行会編『通航一覧』国書刊行会：東京、1912-13年、8頁。『通航一覧』は、幕府が編纂した対外関係史料集である。正・続あわせて523巻。正編纂着手1850年、完成は1853年、続輯は正編の完成後に編纂1856年に完成したと推定されている。1566年の安南船の漂着記事から、1825年の異国船打払令までの各国との交渉史料を扱っている（前掲書20）1439頁）。

80）前掲書79）国書刊行会編、43-228頁及び箭内健次編『通航一覧続輯 第1巻』清文堂出版：東京、1968年、4-63頁。琉球王国が正使を江戸に派遣したのは、1634年から1850年までである（詳しくは、前掲書16）上巻、348頁を参照）。

81）那覇市企画部文化振興課編『那覇市史 資料編第1巻11 琉球資料（下）』那覇市役

所：那覇、1991年、22-27頁。

82）前掲書45）36頁。

83）前掲書6）上里、2011年、67頁。

84）紙屋敦之「琉球支配と幕藩制」、歴史学研究会編集『歴史学研究 世界中の新局面と歴史像の再検討　1976年度歴史学研究会大会報告』（別冊特集）青木書店：東京、1976年、107頁。

85）前掲書38）818頁。

86）前掲書84）108-112頁を参照。

87）平等所については次のような記述が見られる。「[…] 琉球王国の裁判所を平等所（ひらじょ）という。平等所の裁判記録は、戦前には沖縄の那覇地方裁判所にかなりの分量が保存されていたようであるが、それらは戦禍で殆ど湮滅してしまった。しかし、幸いにも大正十三年ごろ沖縄の那覇地方裁判所の判事奥野彦六郎氏が、その平等所記録の一部を当時の裁判所書記に筆写せしめたものが残っている。それは恐らくただ一つ現存する平等所の裁判記録であると思われる」（比嘉春潮、崎浜秀明編訳『沖縄の犯科帳』（東洋文庫41）平凡社：東京、1965年、1頁）。

88）東恩納寛惇「序」、富名腰義珍『琉球拳法唐手』武侠社：東京、1922年、16頁。

89）同上書、15-16頁。

90）同上書、16-17頁。伊波普猷も1932年の「古琉球の武備を考察して『からて』の発達に及ぶ」の中で、次のように述べている。「[…]『からて』の慶長以後に発達したことは最早疑ふ余地がない」。また「[…] 武器を取り上げられた琉球に這入って、大に流行したものも偶然ではない」（服部四郎、中曽根政善、外間守善編『伊波普猷全集・第五巻』平凡社：東京、1974年、212及び214頁）。

91）例えば、前掲書88）富名腰義珍、3頁；前掲書9）高宮城、90及び95頁。

92）例えば、藤原稜三『格闘技の歴史』ベースボール・マガジン社：東京、1990年、625 頁；金城裕『唐手大鑑』出版館ブック・クラブ：東京、2003年、37頁；金城裕「唐手から空手へ - その歴史的検証 - 第２回」、日本武道館篇『月刊 武道』（479）日本武道館：東京、2006年、50頁。

93）前掲書18）新垣、20頁。

94）主に12世紀、14世紀及び18世紀伝来の説がある（前掲書9）高宮城、90-95頁を参照）。

95）同上書、92頁。また、そのほかに琉球王国の貿易に伴い、東南アジアからの格闘技も加味されたとする見解も見られる（前掲書4）宮城、17頁；前掲書5）Haines, pp. 84-85；前掲書13）玉野十四雄、17 頁）。

96）喜安入道蕃元（ばんげん）（1565-1653年）の作。喜安は堺に生まれ、1600年琉球に渡り、茶道職として尚寧王（しょうねい）（1564-1620年・在位1589-1620年）に任えた。薩摩藩による侵攻の際、交渉人としても働き、琉球側の唯一の記録である『喜安日記』を残した（前掲書14）金城、159-160頁を参照）。

97）同上書、162頁。

98）室町時代は1336-1573年及び1338-1573年の区分もある。

99）戦国時代は1467-1573年及び1493-1573年の区分もある。

100）上里隆史「古琉球・那覇の『倭人』居留地と環シナ海世界」、櫻井万理子編『史学雑誌』史学会：東京、2005年、4頁及び26-27頁。さらに、武装したヤマト商人以外に、当時の那覇には日本的宗教施設が存在したほか、琉球士族の中にも日本出身者がいて、琉球王府が日本出身者を登用した事例が見られると指摘している（詳しくは、同上書、5-8頁、11-14頁及び16-17頁を参照）。また『通航一覧』にも次のような記述がある。「那覇には、日本町といふもありしよし見ゆ」（前掲書79）国書刊行会編、8頁）。

101）前掲書18）新垣、91頁。

102）「古琉球」は、時代区分としては農耕社会の成立（12世紀頃）から薩摩藩の侵攻（1609年）までを指す。1609年の薩摩侵攻から1879年の琉球処分によって沖縄県とされるまでの時代を「近世琉球」という（前掲書9）上里、2010年、13頁を参照）。詳しくは、渡辺美季『近世琉球と日中関係』吉川弘文館：東京、2012年、2-4頁を参照。

103）前掲書45）15頁；前掲書14）金城、140頁；前掲書14）上里、2002年を参照。さらに上里は「古琉球における武器・武具類の大きな特徴は、その大半が日本様式であることだ」と述べている（同上書、122頁）。また、王府が編集した古琉球の歌謡集とされる「おもろさうし」の巻一（1531年編纂）には41首のうち、8首が戦争に関するオモロであるとも記している（同上書、124頁）。

104）この見解を支持する史料として、琉球王国の正史と言われる『球陽』（1743-45年編纂）が挙げられるかもしれない。その中に、1524年と思われる出来事が次のように記されている。「建極[、]手ニ寸鉄ナク、但空手ヲ以テ童子ノ両股ヲ折破シ、走シテ城門ヲ出ヽテ、中山坊外ニ行キ至ッテ薨卒セリ」（桑江克英訳註『球陽』三一書房：東京、1971年、59頁）。この記述にある「空手」（読みはおそらく：くうしゅ）が素手の格闘術を示すかもしれないという見解が見られる（前掲書9）高宮城、665頁；前掲書18）新垣、91を参照）。ただし、この「空手」はまだ武術としての意味をもつものではないだろうという見方もある（前掲書9）高宮城、127頁）。この見解については他に前掲書13）玉野十四雄、18 頁を参照。

105）小野まさ子、漢那敬子、田口恵、冨田千夏「岸秋正文庫『薩遊紀行』」、沖縄県文化振興会文書管理部史料編集室編『史料編集室紀要』（31）沖縄県教育委員会：那覇、2006年、233頁。

106）同上書、232頁。

107）空手道の諸流派が成立したのは、昭和初期1930年代からである。それ以前は，沖縄での稽古が行われていた地域名から、いわゆる首里手（代表的大家：松村宗昆）、那覇手（方言で：ナーファディー・代表的大家：東恩納寛量（1853-1915年））、泊手（トゥマイディー・代表的大家：松茂良興作（1829-1898年））という名称が用いられていた。ただし、いつ頃からそう呼ばれていたかは明確ではない。これについて、藤原は次のように述べている。「首里手・那覇手という名称は、沖縄県庁の学務課が、旧大日本武徳会への加盟手続きをとるに当たり、当時の唐手術指導者を招き、『日本武道の精神からみて、唐手という名称は、あまり芳しいものではない。何かこれに代わる別の名称を考えてはどうか』と提案したことから生まれたもので、この名称を用いるようになったのは、明治末年頃からの話にすぎないのだが、唐手術と地名を結びつける基本的な土壌は、薩摩藩の琉球進攻以前から、すでに存在していたように思われる」（前掲書92）藤原、641頁）。

108）松村宗棍（混）とも書く。

109）例えば、板良敷朝忠（いたらしきちょうちゅう）（1818-1862年）と安里安恒（あさとあんこう）（1828-1914年）はそうであるとされる（前掲書9）高宮城、374及び386頁；また前掲書18）新垣、106-118頁を参照）。

付記

なお、この論文は拙論「空手道史と禁武政策についての一考察 ―琉球王国尚真王期と薩摩藩の支配下を中心に―」、『金沢大学留学生センター紀要』（17）金沢大学、金沢：2014.3、1-22頁に加筆修正を加えたものである。

『武藝圖譜通志』の「長槍」の記述に関する研究

朴　貴順

1. はじめに

『武藝圖譜通志』[1] は、1790年に朝鮮の王である正祖（1752年～1800年）の命令によって刊行された朝鮮時代（1392年～1896年）の代表的な総合武芸書である。中・韓・日三国の145種の関連書籍を参考にしたとされており、その内訳は中国の文献が128書、韓国の文献が14書、日本の文献が3書となっている。

正祖の命をうけた奎章閣検書官の李徳懋、禦侮将軍の朴済家、壮勇営哨官の白東修が刊行作業に当たり、すでに刊行されていた『武藝諸譜』（1598年）と『武藝新譜』（1759年）をもとにしながら、これに新しい6技を加えた24種の武芸について解説している。『武藝圖譜通志』という書名が示すように、この書は武芸（技芸と武器）を「図」（動作を絵で示したもの）とその説明である「譜」によって説明した「通志」、すなわち系統的に分類した総合書である。

正祖は父である思悼世子（顯隆園）の武芸に対する意思を継承することと、朝鮮の武芸を整理して国防強化に役立てることなどを目的として、この書を刊行した。まず、正祖がこの総合的な武芸書を刊行させた背景について知るために、正祖の時代に至るまでの朝鮮の状況を外交と武芸書の流入という観点から概観しておこう。

16世紀末、朝鮮では壬辰倭乱（1592年：文禄の役）と丁酉再乱（1597年：慶長の役）を契機として、武芸研究の重要性が再認識された。1592年4月13日、豊臣秀吉の日本軍は15万8700人という大軍で釜山を奇襲、上陸した[2]。

これが壬辰倭乱の勃発だった。秀吉の軍隊は、その日から20日足らずで、朝鮮の首都である漢陽（ソウル）までを陥落させた。同月30日、宣祖は平壌に避難して兵士を募る一方、明国に援軍を要請した[3]。その後、日本軍は平壌まで侵攻したが、明軍の参戦によって情勢は次第に変化し、日本軍は釜山まで後退することとなった。

明・朝鮮の連合軍が平壌城を奪還した際、宣祖は明の提督営を訪問し、参将李如松に勝利の要因を尋ねたという。そして、それが戚継光の『紀效新書』の兵法と武芸によるものであることを知って、宣祖は閲覧を希望したが、明の李如松がこれを拒否したため、宣祖は極秘で朝鮮の訳官を通じて明から書を取得した後[4]、領議政である柳成竜に翻訳させて、兵士たちへの普及を図った。さらに明に軍隊を派遣して『紀效新書』と関連する武芸を学ばせるよう命じた[5]。

このように、『紀效新書』(主なものとして1560年、1562年、1584年の三版がある) の朝鮮への導入は、その後、朝鮮における兵法・武芸の発展を促した点で大きな意味を持つ。まず『紀效新書』を翻訳・研究した成果として『武藝諸譜』が刊行された。その後、刊行された『拳譜』(1604年)、『武藝諸譜飜譯續集』(1610年)、『武藝新譜』、『武藝圖譜通志』(1790年) 等の武芸書にも『紀效新書』の影響が見られる。

『紀效新書』は多くの種類の改訂版が刊行され、朝鮮にもいくつかの版が導入された。朝鮮に導入された『紀效新書』のすべてを検討することは困難であるが、『武藝諸譜』の後に刊行された朝鮮の武芸書は、どの版かは確認できないものの、それぞれ『紀效新書』の影響を受けたと考えられている[6]。

つまり、朝鮮時代の主要な兵法・武芸書は『紀效新書』を翻訳したものやそれに準ずるものなのだが、『紀效新書』の導入から約200年の時を経て刊行された『武藝圖譜通志』は、それだけに止まらない。その刊行の経緯をみると、突然刊行されたのではなく、兵士に必要な武芸を集成して、次なる戦争で朝鮮を守るために計画的に作成されたものであったことが分かる[7]。『武藝圖譜通志』はこの時代の朝鮮の代表的な武芸書というだけでなく、この間の朝鮮および東アジアをめぐる情勢や武芸および武芸書の国際的な流通を考える上でも非常に重要な資料であるといえる。

『武藝圖譜通志』の性格や歴史的な意義を問うためには、そこに記載されている24種類の武芸すべての形成過程及びその内容などについて検討する必要があるが、本研究では、まず、その中から「長槍」を取り上げる。「長槍」は朝鮮の壬辰倭乱の際に『紀效新書』によって朝鮮に紹介され、その後、戦闘の主力として位置付けられていく[8]。他の武芸書の順序と異なり、『武藝圖譜通志』では「長槍」が最初の項目として扱われていることも、戦闘技術における「長槍」の位置づけの高まりと無関係ではないと考えられる。この「長槍」が中国ではどのように発達し、それが『武藝圖譜通志』に至って朝鮮でどのように位置づけられているのか、これが本研究の関心である。

そこで本研究では、『武藝圖譜通志』の記述に影響を与えた『紀效新書』以前の「槍」の位置づけを確認し、その上で『武藝圖譜通志』の「長槍」の記述が『紀效新書』からどのように変化しているのか、その過程と意義について検討することにしたい。

2.『紀效新書』刊行以前の中国武芸における「槍」

まず『紀效新書』刊行以前の中国武芸における「槍」という武器・武芸の位置づけについて概観しておきたい。

中国の裘錫榮等の『中华古今兵械图考』（人民体育出版社、1999年）によれば、「槍」の起源は原始の時代にさかのぼる[9]。最初の「槍」は長い木の棒の先端を鋭くしただけのものだったが、徐々に形を整えて、「百兵之王」と呼ばれるほど有力な武器として位置付けられていく[10]。

中国では「槍」を「戟」、「肩二」、「一丈威」などとも呼称し、その威力を強調している[11]。「槍」には、その長さと厚さに応じて様々な種類がある[12]。後漢時代（25年～220年）の「矛」は、既に「槍」の形を整えており、さらに晋代（265年～420年）には「銅矛」の刀頭は、漢朝の「矛」より縮小され、外形も簡単になっており、後世の鉄「槍」の形体が形成された[13]。

唐代（618年～907年）の「矛」頭は、すでに後世の「槍」と同様の形状をしており、「槍」頭の外形は後世の「槍刀」とほぼ同じになっていた。唐代の初期にはすでに、「槍」と同様の兵器が無数に出現しており、「槍」の熟練した使い手も増えたという[14]。

宋代（960年～1279年）には、「槍」は馬戦や歩戦などの戦争状況の中で要の武器となり、主に鉄棒を使用した唐代の古い形式がそのまま踏襲された。宋代の『武経総要』（1044年）の記録によると、この時期は槍の種類が非常に多く、形の異なる槍が18種類以上あったとされる。例えば、馬戦、歩戦、城等を攻撃するときには、それぞれの用途によって異なる槍が使用されていた。槍の形状には、槍の刀が一つである単槍と、槍の刀が二つである双鉤槍とがあり、反対側のハンドルの端には鉤刀がかかっている。槍の頭の種類として、宋代には、雙鉤槍、單鉤槍、錐槍、抓槍、環子槍、素木槍、拐槍などがあったとされる。宋代には、楊業の父子が槍の素晴らしい使い手として知られ、人々に「楊無敵」と讃えられた。後世の人々は、その槍法を楊家槍として継承している[15)]。

明代（1368年～1644年）に入ると、「槍」はその形状とともに技術や流派が多様化し、それぞれに様々な特徴を持つようになる。例えば、陽家槍、金家槍、拒馬槍、大寧筆槍、長槍などが知られるように、明代の鄭若曾の著述である『江南経略』（1562年）によると、この時代には槍の名家として17以上の流派が存在したという[16)]。同じ時期に刊行された何良臣の著書『陣記』（1562年）は、馬家槍、沙家竿子、李家短槍など7つの槍法があったとしている。何良臣はその中で最強の槍法は楊家の梨花槍であると強調しているが[17)]、戚継光も「楊家槍」の槍法に対して非常に高い評価を与えている[18)]。戚継光は楊家の「梨花槍」を賞賛していただけでなく、彼自身も槍の素晴らしい使い手だった。彼の代表的な陣法である「鴛鴦陣」を見ると、「長槍」が主要な役割を果たしている[19)]。ほぼ同じ時代となる1621年に茅元儀は、戦場の兵器の中では「長槍」が最も実用的だと賞賛した[20)]。

戦闘の必要性や戦争の形態によって、採用する「槍」の種類や戦い方は異なっていた。宋代には戦う時に、「長槍」と共に「鏢槍（あるいは標槍）」が用いられていた。投げる武器である「鏢槍」は、南方の山間地域の叢林の中で戦争時に使われた伝統的な「槍」である。宋代の『武經總要』には、「南方夷蠻其性剽悍狠怒、樂為盜賊、而勢不能堅惟用鏢槍旁牌、飛力木弩、以為兵械」と記されている。すなわち南方の野蛮人は非常に凶暴、非道であり、群れをなして通って盗みをすることを楽しむ。それらを牽制することができないが、唯一鏢槍、旁牌、飛力、木弩等のような兵器で防ぐことができる、というように、暴力的な南方の野蛮人に対して鏢槍、旁牌、飛力、木弩を用いて制圧したとされる。また、「鏢槍」のような「槍」は、近戦と海戦で効果的な武器であった。明の唐順之は、もし敵が百歩（１歩は約60センチメートルから80センチメートルくらい）以上の場所にいると弓で対応し、百歩を越えるの場所にいると必ず「鏢槍」のような「槍」を使うと強調している。また「槍」は、揺れる船の上で戦う時に銃や弓より効率的な武器として使用された[21)]。このように「槍」は、近戦と海戦で他の兵器よりよく使われた。

ここまでみたように、宋代と明代には様々な形状の「槍」がそれぞれの用途にあわせて作られるようになっており、歩兵、騎兵、水兵で広範囲に使用された[22)]。現代社会で使われている「槍」は、明代と清代に形成された「長槍」にその基本形を見ることができる[23)]。

『紀效新書』の「長兵短用説篇第十」には、長い「槍」を作成する方法は、楊氏が起源であると記されている。これは「梨花槍」と称され、すべての「槍」の中でも天下無敵の武器であると位置づけられている。例えば、『紀效新書』では『宋史』の「二十年梨花鎗、天下無敵手」を引用し、20年間「梨花槍」が無敵であることとその威力を伝えている[24)]。また、『武備志』では「梨花槍」が戦う時に効率的な方法であることを強調している[25)]。このように「長槍」は『紀效新書』の時代までに技術を整え、戦闘の主役ともいえる位置づけとなっていた。

中国では、「長槍」を「諸器之王」と位置づけている。例えば、清朝時代に刊行された槍法に関する書である呉殳の『手臂録』(1662年）には「語云、槍為諸器之王、以諸器遇槍立敗也」、つまり「槍」と対戦すれば多くの武器は敗れると記されている[26)]。様々な種類の槍が用途によって使い分けられるようになっていたが、長槍は他の槍とは異なる発展を遂げた[27)]。「長槍」は中国の古代兵器の矛のように刺す兵器であり、形と使用方法が似ていた。古代の戦争の方法であった車戦で長い矛、すなわち、「槍」が実用的に使用されたが、車戦が少なくなるにつれて、「槍」の使用も減るようになった。晋代から隋代と唐代までの棒や槍など長兵器の使用が減った後、刀や剣など単兵器の使用が盛んとなった。明代に入ってから、矛が改造されたり、槍頭が新たに作成され、「長槍」が出現するようになった[28)]。明代の人々が改造したり製造した長兵器は、刺兵器（刺す兵器)、句兵器（引き掛け兵器)、鍤兵器（鍬先形の兵器)、砍兵器（切る兵器)、鏟兵器（すくい取る兵器)、叉兵器（やす形の兵器)、钂兵器（三枝槍のような兵器)、筅兵器（ほうき状の兵器)、火兵器（火薬を用いる兵器）に分類することができる。

「長槍」は矛が変化したものであり、刺兵器に属する[29]。

3. 『武藝圖譜通志』における「長槍」

3-1. 材質・種類・形状・長さ

『武藝圖譜通志』によると、「槍」というのは「木」から来た文字である。さらに中国古代字典である『類篇』（1066年）によると、「槍」というのは木を鋭く整えて相手（敵）を傷つけるようにするものであると言う。また一般的に「鎗」の文字を用いることは誤りであり、「鎗」は鐘の音あるいは器（お酒を飲む時の器）であると言うが[30]、現在、中国では「鎗」と「槍」をほとんど区別していない。

『武藝圖譜通志』の「長槍」の冒頭では、『紀效新書』の著者である戚繼光の話が次のように記載されている[31]。

> 戚繼光曰長一丈五尺、槍桿（音汗木梃也杆俗字俗訓槍柄）、稠木第一、合木輕而稍軟次之、要劈開者佳、紋斜易折攢（聚也）、竹腰軟、必不可用北方乾燥竹、不可用東南竹木皆可

それによると、「長槍」の長さは一丈五尺であり、棒の木材は稠密な木で、固く軽く、しかも少し柔軟性を持っているものがよいとされた。「槍」の棒の木材には綢木が最も適しており、乾燥した竹や東南アジアの竹は、使用するべきでない、とされている（台湾国家図書館所蔵、1562年）。次の【図1】は韓国ソウル大学の奎章閣（李氏朝鮮の王立図書館に相当する機関）に所蔵されている『武藝圖譜通志』記載の「長槍」である。

【図1】のように、「長槍」は木材と素槍で作られ、槍頭、槍杆、槍纓、槍鐏の4つの部分に分けて呼称される[32]。槍頭は鉄や銅からなる鋭い刃であり、槍杆は頭部を除いた残りの部分である。槍纓は装飾であり、槍鐏は槍柄（握り手）である。槍鐏は槍柄の部分に鉄や銅の鋭い刃を付いて、「槍」を立てる際に地面に差し込むためのものであり、ある時には相手を攻撃するときに使用された。

『武藝圖譜通志』では、槍の様式を華式と今式で区分している。今式の「長槍」

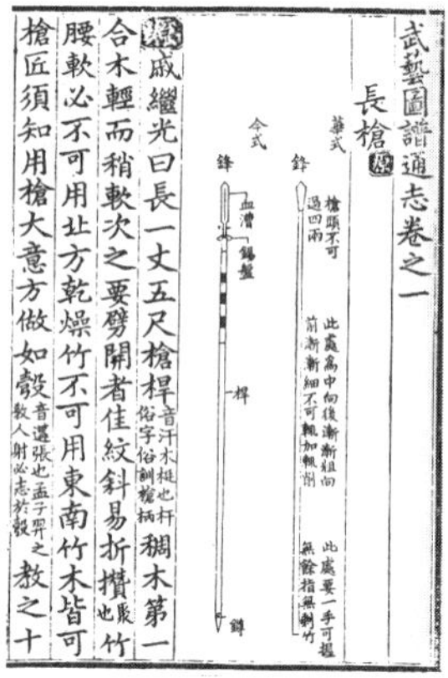

図1.『武藝圖譜通志』の「長槍」
出典：正祖『武藝圖譜通志』の「長槍」韓国ソウル大学の奎章閣の所蔵本、1790年

は華式と違って、槍頭が矛で、反対側には鐏が付いている。「槍」の鐏は、「槍」を立てたり、攻撃するために使用された。華式の「長槍」は矛だけが付いている「長槍」である。このような二つの機能を比較してみると、華式より今式の「長槍」は戦闘時を想定した実用性がより高められていると考えられる。

【図1】で示した華式の図の右側には、以下のように「長槍」の槍頭、槍棒、槍柄（握り手）に関する説明が付されている33)。

　鎗頭不可過四兩、此處爲中、向後漸漸粗、向前漸漸細、不可輙加輙削、此處要一手可握、無餘指、無剩竹

ここには、「長槍」の槍頭は、4両を超過してはいけないこと、槍棒の真ん中から後方はだんだん太く、真ん中から槍頭の方はだんだん細くすること、槍柄は片手で持てる大きさで、指の余裕がなく、持ち手の竹の部分が余ってはならないこと、という長槍の構造が説明されている34)。

『武藝圖譜通志』に記載されている「長槍」の槍棒の長さは、1丈5尺で、朝鮮時代の營造尺に換算すると450cm で、周尺に換算すると315cm になる35)。全体の長さ、全体の重さなどは記載されていないが、「長槍」の素槍によってその長さと重さが異なる。「長槍」の素槍とは槍刀と棒で構成され、全体的にすっき

りとした形状の「槍」である。『武藝圖譜通志』では、場合によって營造尺と周尺が使用されている。

明代の槍法は、相当に進んでおり、攔（阻む）、拿（受け取る）、扎（刺す）、圏（囲いこむ）、纏（巻き付ける）等の槍法が存在していた。その歩法と身法には「三尖四平」すなわち、鼻尖、槍尖、脚尖、頂平、肩平、脚平、槍平という教えがある。これは鼻先、槍先、足先の三つの部分が、飛び出るようにしなければならず、頭、肩、足、槍4つの部分を平行にするという意味である[36)]。

明代には戦陣武器の中で「槍」が最も実用的な武器として位置づけられている[37)]。当時、「槍」は車戦、騎戦、水戦に用いられ、城を守るときには「長槍」が、歩戦と進攻するときには「短槍」が使用されるといように、状況によって長いものと短いものとが使い分けられていた[38)]。

3-2.『武藝圖譜通志』の構成と「長槍」の位置づけ

『紀效新書』には「長槍」、「藤牌」、「狼筅」、「棍法」、「射法」、「拳法」の6項目があり、それらのすべてが『武藝圖譜通志』に記載されている。『紀效新書』の「長兵短用説篇第十」では24勢の動作名称が記されており、『武藝圖譜通志』の「長槍」でも同様に24勢で示されている点は共通している。ただし、詳しい内容は後述するが、『武藝圖譜通志』ではこの24勢が「長槍前譜」12勢と「長槍後譜」12勢に分けられている。これに対し、明の『紀效新書』と『武備志』では24勢がひとまとめにされている。

韓国ソウル大学の奎章閣の所蔵本である『武藝圖譜通志』は、「漢文本」と「諺解本」（注釈・解説本）から構成されている[39)]。以下の【表1】は、この書の構成を示したものである。

【表1】に示すように、『武藝圖譜通志』では「巻之一」（6項目）、「巻之二」（4項目）、「巻之三」（8項目）、「巻之四」（6項目）に計24種類の武芸が分かれて記載されている。また、漢文を理解できない兵士のために補足した「諺解本」では、「漢文本」の武芸動作の内容が解説されている。

『武藝圖譜通志』において「長槍」は、「巻之一」の6つの武芸項目の一つとして収められ、そこでは「長槍」の種類や用途などが記されている。ここで「巻之

表1.『武藝圖譜通志』の「漢文本」と「諺解本」の構成比較

項目／順序	「漢文本」	「諺解本」
序　文	「御製武藝圖譜通志序」	なし
巻　首	「凡例」、「兵技總叙」、「戚茅事實」、「技藝質疑」、「引用書目」	なし
巻之一	「長槍」、「竹長槍」、「旗槍」、「鎲鈀」、「騎槍」、「狼筅」	「長槍前譜」・「長槍後譜」、「竹長槍譜」、「旗槍譜」、「鎲譜」、「騎槍譜」・「騎槍交戰譜」、「狼筅譜」
巻之二	「雙手刀」、「鋭刀」、「倭劍」、「倭劍(交戰)」	「雙手刀譜」、「鋭刀譜」、「鋭刀總譜」、「倭劍譜（土由流・運光流・千柳流・柳彼流)」、「(倭劍) 交戰譜」
巻之三	「提督劍」、「本國劍」、「雙劍」、「馬上雙劍」、「月刀」、「馬上月刀」、「挾刀」、「藤牌」	「提督劍譜」、「本國劍譜」、「雙劍譜」、「馬上雙劍譜」、「月刀譜」、「馬上月刀譜」、「挾刀譜」、「藤牌譜」
巻之四	「拳法」、「棍棒」、「鞭棍」、「馬上鞭棍」、「擊毬」、「馬上才」	「拳法譜」、「棍棒譜」、「鞭棍譜」、「馬上鞭棍譜」、「擊毬譜」、「馬上才譜」

出典：正祖『武藝圖譜通志』の「長槍」韓国ソウル大学の奎章閣の所蔵本、1790年

一」に注目すると、「漢文本」の「長槍」が「諺解本」では「長槍前譜」と「長槍後譜」に、同じく「騎槍」が「騎槍譜」と「騎槍交戦譜」にそれぞれ分かれていることが理解できる。この「長槍」と「巻之二」の「鋭刀」を除き、他の武芸項目は「漢文本」と「諺解本」間において一対一対応の関係にある。

4.『武藝圖譜通志』に影響を与えた武芸書

『武藝圖譜通志』の刊行に際して、中国の『紀效新書』と『武備志』、朝鮮の『武藝諸譜』、『拳譜』、『武藝諸譜飜譯續集』、『武藝新譜』が参照されていることは前に述べたとおりである。ちなみに『紀效新書』と『武藝圖譜通志』の間には、発行年におよそ200年の差がある。以下、両書の刊行関係を理解するために、両書の中間に位置しかつ「長槍」の記述が見られる『武藝諸譜』、『武備志』、『武藝新譜』の内容を刊行順に概略する。

4-1.『武藝諸譜』

前述したように、明の『紀效新書』は壬辰倭乱と丁酉再乱という日本からの攻撃に対処するために、宣祖の命令によって公的に導入された兵法・武芸書である。

宣祖によって『紀效新書』が朝鮮に導入されると、柳成竜に推挙された韓嶠が1594年に宣祖の命を受けて『紀效新書』の翻訳・研究を始めた。宣祖は韓嶠を明軍に派遣して、棍・棒等の6技を研究させて図譜を作らせた[40)]。韓嶠は、まず「長槍」12勢を整理し、後に残った12勢に関する翻訳と研究を進めた。韓嶠が刊行に携わった『武藝諸譜』で「長槍」が「前譜」12勢と「後譜」と区別されているのはこのためである。

韓嶠は1595年に『紀效新書』すなわち、『殺手諸譜』[41)]の翻訳に、また1598年には『武藝諸譜』[42)]の刊行にも着手した。宣祖が韓嶠に『紀效新書』を基にした『武藝諸譜』を刊行させたのは、明軍が日本軍勢に対して見せた戚継光の主要兵法・戦術である「浙江兵法」を朝鮮兵士らに学ばせるためだった。当時、平壌戦で浙江省出身の明軍が見せた武器と武芸は朝鮮にはないものであり[43)]、韓嶠が『紀效新書』を翻訳・研究する際には、難解な部分が多々あったであろう。特に武芸の「図」（武芸動作）はあってもこれらをつなぐための「譜」（武芸動作の説明）がなかったために、正確な理解が困難だったと考えられる[44)]。韓嶠は、正確な理解を得るために明軍陣営を訪れたが、動作観察と質問等を通じても完全には理解することができなかった[45)]。また、『武藝諸譜』は戦争中に緊急を要して編まれたため、『紀效新書』の内容のうち、短兵武芸の6技だけを記述するにとどまった。

しかし、ともかく『武藝諸譜』が刊行されたことにより、それまでの一部の武芸だけを修練する傾向から、各人が多くの技芸・手法を訓錬する傾向に変化し、また、各種武芸の試取（朝鮮時代の試験名）を行う際にも評価基準や尺度が統一された[46)]。韓嶠は、『紀效新書』から「棍」、「籐牌（片手盾）」、「狼筅」、「長槍」、「钂鈀」、「長刀」の6技を抜き出して訳した。その書が『武藝諸譜』であり、それは戦乱の最中に速やかに兵士たちに指導し、活用できる内容を選択して整理したものであった。

なお、『武藝諸譜』が取り扱った「長槍」を含む6技は、集団的な接近戦術に用いられる武技であった。当時の朝鮮では弓術と馬術に比重が置かれ、接近戦が軽んじられていたが、日本軍との戦いで刀槍による死傷者が多かったことから、『武藝諸譜』が刊行された頃に「長槍」を含めた接近戦術が研究されたものと考えられる。

4-2. 『武備志』

明では『武備志』が1621年に茅元儀によって刊行された。明の内憂外患と軍備の不足を実感した彼は、強兵政策を実現するために先秦から明代までの15年の間に世に刊行された軍事関連書籍2000余種を幅広く収集・編集し、この書を刊行した。『武備志』は明代に刊行された兵書・武芸書の中でも、壮大な規模の本である。茅元儀が『武備志』を著した趣旨は、自序に次のように述べられている[47)]。平和な時代がつづいたために、士大夫たちは武に心を奇せることなく、儒学ばかり重んじたので、今日のような難局を招いたのである。ただ、士大夫たちが武を習わなかった理由には、一つに兵家の法が時代とともに百余種にも分かれてしまったことがある。だからそれらをまとめた書物が必要であり、それによって不測の事態に備えなければならない。『武備志』は『紀效新書』とともに明代の代表的な兵法・武芸書であり、『武藝圖譜通志』が刊行される時に『紀效新書』とともに基準になった。

『武備志』は全240巻、200万余文字と738幅の図からなる壮大な兵書・武芸書であり、「兵訣評」、「戰略考」、「陣練制」、「軍資乗」、「占度載」の五つの項目で構成されている。「兵訣評」は全18巻で、『武經七書』、『太白陰經』、『虎鈴經』の一部を選別して集録している。孫武を高峰とみなし、各家兵書の要旨を掲げた全篇の理論篇といえる内容となっている。

「戰略考」は全33巻で、春秋時代から元代に至る各時代の重要な戦例を選抜して集録し、奇謀機略の運用の研究に重きを置いている。

「陣練制」は全41巻で、「陣」と「練」の二つの部分に分かれている。「陣」は、西周から明代に至る各種陣法を掲載し、319幅の図がある。「練」は、兵士を選抜して訓練する方法を詳細に記述している。茅元儀は「士不選、則不可練（兵士は選抜しなければ訓練できず)」、「士不練則不可以陣、不可以攻、不可以守、不可以營不可以戰（兵士は訓練しなかったら、参戦できず、攻撃できず、守備できず、駐屯できず、戦闘できず)」と言い、「練為最要（訓練が最重要)」であるという見解を述べている。「練」の主要な内容は、「弓」、「弩」、「劍」、「刀」、「鎗」、

「鏜鈀」、「牌」、「狼筅」、「棍」、「拳」、「比較」である。『紀効新書』で示された「長槍」24勢は、この中の「鎗」にそのまま記載されている。

「軍資乗」は53巻で、営・戦・攻・守・水・火・餉・馬の8種類、さらには計65の細目に分けられている。ここでは、およそ軍備に関係のある行軍・設営・臨戦・攻守・後方勤務・輸送・火薬の調合・機械の製造・人馬の医療等が詳しく述べられており、今日においても、貴重な科学技術の史料となっている。

「占度載」は全93巻で、「占」と「度」の部分に分かれている。「占」は、日、月、星、雲、風、雨、雷電、五行、雲物、太乙、奇門、大六壬等、陰陽占卜の天文気象と用兵の関係を記載している。これは古律書と兵陰陽の名残で、古代の用兵が天の時と地の利を重視した形跡を反映している。「度」は、明代の軍事的に重要な地域を記載しており、方輿・鎮戍・海防・江防・四夷・航海の6種の内容に分かれていて、明代地理の研究に重要な資料となっている[48]。

4-3. 『武藝新譜』(『武藝新式』、現存せず)

1759年に朝鮮では思悼世子によって『武藝新譜』(後に『武藝新式』と呼称される)が刊行された。『武藝新譜』は現存しないが、『武藝新譜』以前に刊行された韓嶠の『武藝諸譜』とその後に刊行された『武藝圖譜通志』とをつなぐ重要な書籍であると考えられる。『武藝圖譜通志』の刊行が父である思悼世子(顯隆園)の意志を継承する事業であることを正祖が強調しているように、『武藝圖譜通志』の刊行は、思悼世子が刊行した『武藝新式』(『武藝新譜』)を継承する意味合いが強かった[49]。思悼世子は1749年から父である英祖の命を受けて代聴庶務(摂政役)を務めた。英祖は後に政治問題によってその息子である思悼世子を殺すことになるが、それまでは思悼世子に対する慈愛が厚かったといわれる。1759年に思悼世子は英祖の裁可を受けて『武藝新式』を刊行した。『武藝新式』は思悼世子が命じて、「竹長槍」、「騎槍」、「槍旗槍」、「鋭刀」、「(倭劍)交戦」、「月刀」、「挟刀」、「雙劍」、「提督劍」、「本國劍」、「拳法」、「鞭棍」の12種の技芸に原譜である『武藝諸譜』の6技を加えた計18技を収めたものである。朝鮮の「武藝十八般」の名称はこれに始まる。後に『武藝新式』は正祖から『武藝新譜』と称された[50]。

5.「長槍」の記述の推移：『紀效新書』から『武藝圖譜通志』まで

既に述べたように、明の『紀效新書』は壬辰倭乱の時、朝鮮の王である宣祖によって朝鮮に導入され、その後、朝鮮で刊行された武芸書に影響を与えた。また、前節では、時代的には『紀效新書』と『武藝圖譜通志』の中間に位置し、かつ「長槍」の記述が見られる『武藝諸譜』、『武備志』、『武藝新譜』の内容を概略してきた。ここでは「長槍」の記述に焦点を絞り、これら5書の関係について考察したい。

注目すべき1点目は、個々の掲載順序は異なるものの、『武藝圖譜通志』における「長槍」の動作24勢はすべて、『紀效新書』と『武藝諸譜』、『武備志』にも見られることである。なお、これらの書における武芸動作や動作名称は酷似していた。

2点目は「長槍」24勢の動作が明の『紀效新書』と『武備志』では一つのまとまりの中で記されているが、朝鮮の『武藝諸譜』と『武藝圖譜通志』では「長槍前譜」12勢と「長槍後譜」12勢とに分かれて記されていることである。また、『武藝諸譜』も『武藝圖譜通志』も、「長槍」は「前譜と前図」(12勢）と「後譜と後図」(12勢）とに分けて記されていることから、『武藝圖譜通志』は直接的には『武藝諸譜』をもとにしていると考えられる。

3点目は朝鮮の『武藝諸譜』『武藝圖譜通志』において、図で描かれた武芸師範者の靴や服装が朝鮮風のものとなっていることである。これは明の『紀效新書』『武備志』の図から、自国風のものへと書き換えたものと推察される（図2参照)。

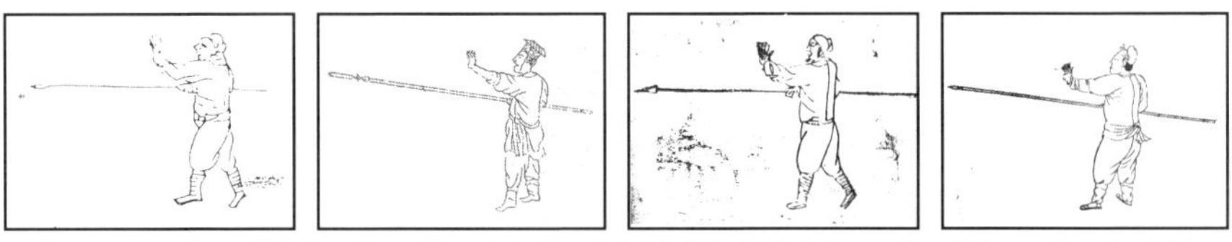

【図2】『武藝諸譜』『武藝圖譜通志』『紀效新書』『武備志』の「長槍」の夜叉探海勢
出典：韓国ソウル大学の奎章閣の所蔵本 台湾国家図書館

4点目は、『紀效新書』と『武備志』にはない「総図」と「総譜」が、『武藝諸譜』と『武藝圖譜通志』とに加えられていることである。この事実は、『武藝諸譜』と『武藝圖譜通志』とが完全な翻訳本ではなく、朝鮮人を対象にした解説本としての性格を有していたことを物語っている。

5点目は、同じ朝鮮の武芸書ではあっても、『武藝諸譜』にはなかった中国式の「華式」と朝鮮式の「今式」の区別が、『武藝圖譜通志』においてはなされていることである。ここには、中国式の「長槍」を学ぶ立場だった朝鮮が、先進的な中国式「長槍」を自国化しようとした形跡を見て取れる。

以上、細かな相違点はあるものの、『紀效新書』から『武藝諸譜』や『武備志』に写し取られた記述が『武藝圖譜通志』にも継承されていたことがわかる。

なお、朝鮮で「長槍」の技術解説が初めて見られたのは『武藝諸譜』であった。総合武芸書である『武藝諸譜』が刊行されたことにより、国家的な施策として兵士にさまざまな技芸や手法など広範囲な武芸の修練をさせることも可能となった。また朝鮮時代の試験である試取の評価基準や尺度は統一されることになるが、『武藝圖譜通志』の刊行後からは、この書の「長槍」が主要な基準になった。朝鮮末までに、その内容には若干の変化があったものの、「槍」の試取は武芸項目として維持された。

6. おわりに

『武藝圖譜通志』は、朝鮮の王である正祖による思悼世子（顯隆園）の武芸に対する意思の継承と朝鮮の武芸の整理、国防強化などを目的とした国家事業として刊行された、朝鮮時代の代表的な総合武芸書であった。

本研究では『武藝圖譜通志』に記された武芸の中でも、当時の最も重要な武器として位置付けられていた「長槍」の記述に注目した。まず、『紀效新書』以前の「槍」の位置づけを確認し、その上で『武藝圖譜通志』の「長槍」の記述が『紀效新書』およびその翻訳本である『武藝諸譜』からどのように変化しているのか、その過程と意義について検討した。

相手を刺す刺兵器に属する「長槍」は、明で『紀效新書』が刊行された16世紀末までは他の武器よりも戦争における有用性が認められており、用途に合わせた様々な形状の「長槍」が考案された。「梨花槍」はその中でも技術的にも修練された代表的な「長槍」として、武芸書でもその威力を認められていた。

『武藝圖譜通志』の「長槍」動作の名称とその記述は、明の『紀効新書』の「長槍」の名称・記述とほぼ同様であった。明の『紀効新書』と『武備志』、朝鮮で『紀効新書』を翻訳・研究して刊行された『武藝諸譜』、『武藝圖譜通志』の「長槍」に関する記述を比較してみると、24勢の動作が酷似していた。この四書では、24勢の名称と武芸動作とが記されていた。つまり、すべての書の「長槍」の記述のもとになっていたのが『紀効新書』であり、16世紀末までに明で体系化された「長槍」の技術が、その後18世紀末までの武芸書に継承されたことがわかる。ただし、図中の師範者はそれぞれの国の靴や服装で描かれていた。

『紀効新書』の刊行後まもなくして朝鮮で刊行された『武藝諸譜』において、「長槍」24勢の動作は「前譜と前図」（12勢）と「後譜と後図」（12勢）とに分けられて記載されている。『武藝圖譜通志』の「長槍」は『武藝諸譜』と同様のスタイルで記述されていることから、『武藝圖譜通志』の「長槍」の項目は『武藝諸譜』あるいはその後に刊行された『武藝新譜』（現存しない）から転載したものと推測できる。一方、『武藝圖譜通志』は『武藝諸譜』と異なり、各武芸動作の内容が具体的に記されていた。

『武藝諸譜』と『武藝圖譜通志』の「長槍」は『紀効新書』のものと酷似しているが、1）「図」に示される武芸師範者の靴や服装などが朝鮮風に書き換えられていること、2）「華式」と朝鮮式である「今式」により若干の変化が示されていること、3）『紀効新書』と『武備志』にはない「総図」と「総譜」が記載されていることから、『武藝諸譜』と『武藝圖譜通志』は完全な翻訳本ではなく、朝鮮人を対象にした解説本としての性格を有していたと考えられる。

『紀効新書』から『武藝圖譜通志』にかけて「長槍」の記述に変化がなかった理由には、①『紀効新書』に示される「長槍」の技術体系の完成度の高さ、②その後の火器を中心とした戦闘技術への移行、③『武藝圖譜通志』自体が国家的な戦闘という意味では実用的な役割を期待されていなかったことなどが考えられるが、その理由は確定できない。今後、これらの仮説をふまえ、200年の時間を経て武芸書に記述される「長槍」の戦闘技術に変化がないことの意味を、時代状況や総合武芸書に期待された役割を含めて検討する必要がある。

注および引用文献

1）本研究の『武藝圖譜通志』の刊行とその内容は、朴貴順「16世紀以降における中・日・韓武芸交流に関する研究―『紀效新書』、『兵法秘傳書』・『武術早學』、『武藝圖譜通志』を中心に―」（日本金沢大学博士論文、2006年）を参考にして再構成する。
2）北島万次『豊臣秀吉の朝鮮侵略』吉川弘文館：東京、1995年、37頁。
3）傅衣淩編『明史新編』雲龍出版社：台湾、1995年、283-287頁。
4）『宣祖修正實録』28宣祖27年2月6日1日庚戌（1594）
5）『宣祖實録』43宣祖26年10月6日丙戌（1598）
6）前掲書1）、121頁。
7）前掲書1）、134頁。張伯夷『中國兵器大全』逸文出版社：台北、1996年、39頁。裵錫榮等『中华古今兵械图考』人民体育出版社：北京、1999年、31頁。『清導錄』の「蜀王建軍中隱語、槍曰肩二」、『事物志導』の「隋煬帝易槍、名爲一丈威」
8）同上書。
9）前掲書7）裵錫榮等、31頁。
10）前掲書7）。
11）前掲書7）裵錫榮等、31頁。『清導錄』の「蜀王建軍中隱語、槍曰肩二」、『事物志導』の「隋煬帝易槍、名爲一丈威」
12）李成銀『中国武术咨询大全』山东教育出版社：山東、1997年、203頁。
13）14）15）前掲書7）張伯夷、39-47頁。
16）鄭若曾『江南經略』台湾国家図書館の所蔵本、1562年。「使槍之家、凡十有七曰」、前掲書13）、47頁。
17）何良臣『陣記』台湾国家図書館の所蔵本、1562年。「馬家槍、沙家竿子李家短槍、各有其妙、長短能兼用（중략）、而天下稱無敵者、惟楊氏梨花槍也」、前掲書7）張伯夷、47頁。
18）戚繼光『紀效新書』の「長兵短用説篇第十」台湾国家図書館の所蔵本、1562年。「夫長槍之法、始於楊氏、冑之曰、梨花槍」、前掲書7）張伯夷、44頁。
19）前掲書7）裵錫榮等、31頁。
20）茅元儀『武備志』の「槍」台湾国家図書館の所蔵本、1621年。「陣所實用者莫若槍也」、吳殳『手臂録』逸文出版社：台北、1996年、１頁。
21）同上書、44-45頁。
22）前掲書7）裵錫榮等、32頁。
23）康戈武編『中國武術實用大全』五洲出版社：台北、1996年、242頁。
24）『宋史』巻477『李全』傳：高揚文・陶琦編『紀效新書 十四巻本』中華書局：台北、2001年、95頁。
25）茅元儀『武備志』の「槍」台湾国家図書館の所蔵本、1621年。「山東河南處教師相傳楊家鎗法、其陰陽虚實之理相同、其妙是左右二門弩他鎗（中略）彼雖習藝勝我幾倍、一失勢便無再復之隙、雖有師家、一敗永不可返矣、近以此法教長鎗、收明効、極妙極妙」
26）吳殳、『手臂録』逸文出版社：台北、1996年、１頁。
27）前掲書7）裵錫榮等、33頁。

28）前掲書23）、243頁。
29）周緯『中國兵器史稿』明文書局：台北、1981年、262頁。
30）正祖『武藝圖譜通志』の「長槍」韓国ソウル大学の奎章閣の所蔵本、1790年。前掲書1）、153-154頁。「槍字本從木、類篇剡、音琰説利也、易繫、辭剡木爲矢、木傷盗曰槍 俗用鎗字、蓋誤、鎗鍾聲也、又酒器也」
31）同上書、正祖『武藝圖譜通志』の「長槍」、1790年。現在の「丈」は10尺であり、3.33m くらいである。「尺」は現在30.3㎝くらいである。
32）前掲書7）裵錫榮等、32-33頁。
33）前掲書30）正祖『武藝圖譜通志』の「長槍」、1790年。
34）前掲書30）正祖『武藝圖譜通志』の「長槍」、1790年。前掲書1）、153-154頁。「此不可過四兩」1両は3.75g で、4両は15g である。
35）박흥수「韓-中 古代 量田法에 關하여—特히禮記 王制篇 記錄을 中心으로—」『성균관대학교대동문화연구원동양학학술회의논문집』성균관대학교대동문화연구원、1975年、195-205頁。이은경『朝鮮王朝의 布帛尺에관한 硏究』이화여자대학교대학원석사논문、1981年、1-7頁。윤장섭「한국의영조척도」『대한건축학회지』대한건축학회、1975年、2-10頁。이종봉「朝鮮後期 度量衡制 硏究」『역사와경계』、부산경남사학회、2004年、41-76頁。
36）同上書、47頁。
37）前掲書7）張伯夷、44頁。
38）前掲書23）、243頁。
39）同上書。
40）『武藝圖譜通志』の「御製武藝圖譜通志序」参照。前掲書1）、125頁。
41）「殺手諸譜」は当時朝鮮の『紀效新書』の別名である。『武藝圖譜通志』の「技藝質疑」参照。前掲書1）、125頁。
42）『新譜語詳』とも言う。『武藝圖譜通志』の「兵技総敍」参照。前掲書1）、125頁。
43）『兵學指南演義』中の序である「牌筅槍鈀之技、皆我國之初見」参照。前掲書1）、125頁。
44）朴起東（1994）「朝鮮後期武藝史研究—『武藝圖譜通志』의 形成過程을 中心으로—」成均館大学校博士学位論文26頁。前掲書1）、125頁。
45）『武藝圖譜通志』の「技藝質疑」中の「至於諸譜勢連習之譜、則無可考据、不得已抄率殺手、遍質於、天朝將士、非止一二風回電、轉進鋭退、速之間、某勢某法、有難摸捉矣、況天朝將士其於諸勢、亦多習而不察、何從而考問乎」参照。前掲書1）、125頁。
46）『宣朝實録』137宣祖34年5月19日丙辰（1601）。前掲書1）、125頁。
47）日本の国立公文書館の内閣文庫所蔵『武備志』「國家自受命以來、承平二百五十載、士大夫無所寄其精神、雑出於理學、聲歌工文、博物之場、而布衣在下、不得顯於時、亦就士大夫之、所喜而為之不如、此則不得附青雲、而聲施也（中略）今日之縦横屈伸者、未必皆所教所傳也、而非教傳又不得、故竊願朝野之士、及時而習之、猶可作三年之艾、無徒高其氣、而自欺為也、今日士大夫、不習之故、大約有五、一曰易而不玩、古之兵家、流不下百餘種（中略）、此國家亦何辛焉、考良將之多、遠莫如春秋戰國、近、莫如三國六季、而漢唐宋之末、其將亦勝於盛時、何也、此寄精神之説也、時之所需在彼、則工者必多、特患不豫耳、曹子桓有言、先帝以世方優亂、教余學射、非英雄之先識乎、處承平之日、其孰能之昔、天啓辛酉夏、日防風茅元儀」。前掲書1)、105頁。

48）中国兵書集成編委会編（1998）『武備志』『中国兵書集成第27冊』解放軍出版社、1-6頁。前掲書1)、105頁。

49)『武藝圖譜通志』の「兵技總敍」参照。前掲書1)、128頁 -129頁。

50)『武藝圖譜通志』の「兵技總敍」参照。

日本泳法の地域的発展
—金沢に伝わる清記流の泳法と練習内容—

山脇　あゆみ

1. はじめに

日本泳法とは、近代泳法とは異なる日本古来の泳法をいう。現在、日本水泳連盟は、組織体系化された指導方法をもち、伝承制度が確立された13流派を日本泳法として認定している[1)]。これらの流派のほとんどは、江戸時代に発祥し、主として戦に備える武術、すなわち水術として奨励され、水を制することを主眼に、各流派がそれぞれに技術を開発して研鑽を重ね、現在まで受け継がれてきた。『図説日本泳法—12流派の秘法—』を著した白山源三郎は、「日本泳法というときには、いわゆる水泳のほか、潜水、飛込方や水馬術までをも含み、特に武術として研究の結果、一定の主張の下に、水泳技術ならびに精神的な指導方法までが組織体系化され、かつ教授、伝承の制度までも確立したものを意味する」と定義している[2)]。つまり日本泳法とは、近代泳法とは異なる体系的な指導目標や確立された指導法を備えた伝統的泳法を指しており、本稿でもこのような解釈で論を進める。日本水泳連盟公認の13流派のほかにも、13流派から派生して生まれた流派、かつて高名であったが今は実体が明らかでない流派、伝書のみ残っていて現在は実体がない流派、一流派の分派、一流派の別名または通俗名に過ぎない流派名等なども数多く存在しているとされる[3)]。しかしながら、これまで13流派以外の流派に焦点を当てた研究は数少なく、原著論文として発表されているのは、磯谷の、熊本発祥とされる河井流の師範系図を辿り、河井流は存在しなかったのではないかと述べた「河井流（水術）その師範系図の考証」[4)] のみである。日本国内の水泳史について述べた石川芳雄の『日本水泳史』には、13流派以外の八幡流、講武永田流について触れられてはいるものの、発祥地と発祥過程について述べるにとどまっている。このように、13流派以外の日本泳法が各地域でどのように発祥し、展開され、さらにその地域にどのような影響を及ぼしてきたのかについてはこれまで明らかにされておらず、日本泳法研究における課題であるといえる。そこで本研究では、13流派から分派し、金沢へ伝播した清記流の金沢での展開に焦点を当て、日本泳法の地域的な発展について検証を試みることとした。

清記流とは、大分県臼杵で発祥し、日本水泳連盟によって公認されている「山内流」より分派した流派で、現在、大分県臼杵及び石川県金沢に伝えられている。金沢へは、清記流5代目師範阿部壮次郎が金沢へ転勤したことがきっかけで伝播したとされる[5)]。清記流は、源流を山内流とするため、山内流に類する流派であるとみなされていること、金沢への伝播についても不明な点が多く、伝承過程も不明瞭であることなどから、日本泳法として公認されるには至っていない。

筆者はこれまでに、「金沢に伝わる古式泳法に関する研究」[6)] において、清記流が金沢へ伝播した経緯及び清記流泳法の理念を、また、「金沢に伝わる古式泳法に関する研究～清記流の泳法について～」[7)] において、大分県臼杵で伝承されている泳法を明らかにしてきた。

これまでの研究によって、臼杵に伝えられている清記流は、大分県臼杵の湾内で発達したため、穏やかな海をおよぐのに適した泳法が多いということ、また、水と一体化し、水の性質を理解した上でおよぐという山内流と同様の理念を有した流派であることが確認できた。しかし、金沢に伝えられた清記流の実態については、明らかにできていない。大分県臼杵で基本形を整えた山内流が、金沢という異なる地域でどのように発展を遂げて現在に至るのか、これが本研究の関心である。本稿では、日本泳法の地域的な発展をみるために、金沢に伝えられた清記流の実態、特に当時（清記流第5代目師範阿部壮次郎の時代）の練習と泳法について明らかにすることとした。尚、本研究では阿部壮次郎から直接清記流を学んだ田中昭紀氏へのインタビュー調査及び、田中氏提供の清記流免状を研究資料として使用するため、田中氏が清記流を学んでいた1949年から1963年を調査対象期間とした。

2. 資料について

ここでは、本研究で使用する資料について簡潔に述べる。

2.1「インタビュー逐語録」

阿部壮次郎から直接清記流を学んだ田中昭紀氏へのインタビュー（2012年8月23日、2013年11月23日に実施。各1時間30分程度。）

インタビューでは、清記流の主な練習場所と練習内容、遠泳や寒中水泳などの特別行事の実施などについて質問し、逐語録を作成した。

2.2「清記流第5代師範阿部壮次郎直筆清記流各階級免状及び目録」・初等科免状（1956年8月15日）、・高等科免状（1957年8月11日）、・印状（1963年8月15日）

同資料は、阿部壮次郎が田中昭紀氏に認めた免状である。金沢で実施されていた泳法を階級別に検討するために、免状と免状に添付された目録を使用した。

2.3 佐々木親美（写）大分游泳協会清記流水術伝書『游意漫録』1996年10月

同書は、清記流の伝書として伝承されている。清記流の発祥、継承、泳法の説明と泳ぎ方が述べられている。稲川清記冬吉の游技と精神を三代矢野亀太郎が集約し、阿部壮次郎がまとめあげ、『游意漫録』として吉田志津加、宇野熊治に伝えたものを、第8代師範佐々木親美が平成8年に書き写した写本を使用した。

2.4 佐々木親美（写）、大分游泳協会清記流水術伝書『およぎ　大分游泳協会―初歩より高等科まで―』1996年10月

同書の著者は、第8代師範佐々木親美である。現在の清記流泳法の練習について、初心者から高等科に至るまで、段階別に習得すべき泳法が解説されている。金沢の清記流泳法と、大分臼杵の泳法を比較する目的で同書を使用した。

2.5 大分游泳協会師範和田浩治『豊後国清記流』2011年1月

同書の著者は、現清記流泳者であり、大分県游泳協会師範の和田浩治である。清記流の発祥、継承、各階級の目録と游意が記述されている。2011年に、清記流の研究会が実施されるにあたって、発行された資料である。本研究では、金沢の目録と臼杵の目録を比較する目的で同書を使用した。

3. 清記流について

本論に入る前に、これまでに筆者が明らかにしてきた清記流及び、清記流を金沢に伝えた第5代師範阿部壮次郎について整理しておこう。

清記流は、山内流を源流とする流派である。しかし、山内流とは異なる流派として大分県臼杵で伝承されてきた。元来、「清記流」とは、矢野亀太郎（1858-1933）が「清記流矢野派」と称して創設した流派である。1892年、山内流は正式に流派名が決定されたが、矢野亀太郎は、山内流と称することに異論を抱き、臼杵で発祥した水泳術に独自の研究を取り入れて、「清記流」として伝承しようとした[8)]。これが清記流の始まりである。この流派を創設した矢野亀太郎は、水術だけでなく、学芸の分野にも秀でた人物で、「これまでの水泳術は、攻めの水泳術であったが、これからの時代は、守りの水泳術でなければならぬ。つまり、心身の鍛錬、水難事故の防止、国民皆泳を目あてとした水泳術でなければならぬ。」と、語っていたという[9)]。すなわち、清記流は、水の中で生きることを目的として考案された泳法なのである。

そして、「気勝水体従水」「従水之道而不爲私焉」「水者従方円之器」といった言葉が清記流の各階級の理念として掲げられている[10)]。「気勝水体従水」とは、気力で水に勝ち、体は水に従うという意味である。「従水之道而不爲私焉」とは、自然の水の動きに従っておよぎ、およげることを自慢したりうぬぼれてはいけないということであり、「水者従方円之器」とは、水に逆らっておよぐのではなく、水と一体となっておよぐことである。つまり、清記流泳者は、自然の水と一体になり、水の中で生きる泳力の習得が求められるのである。

金沢へ清記流を伝えた阿部壮次郎については、金沢移住当初の資料が不足しているため、移住理由や金沢でどのように生計を立てていたのかは不明である。阿部壮次郎が金沢へ移住したのは、1934年（昭和9年）のことであった[11)]。1959年発行の社団法人石門心学会雑誌『こころ』には、「游泳伝習所に入門して清記流矢野宗師について、正当な泳法を学んだのは九歳の頃からでした。需来五十年の生涯を、一年も欠かさず泳ぎ続けて参りました。この長い生活は、金沢に移住して二十五年になりますが、現在もなおつづけています。」[12)] と阿部壮次郎の原稿が寄せられており、金沢に移住してからも欠かさず泳いでいた様子を窺い知ることができる。阿部壮次郎は、1946年（昭和21年）には、金沢商工会議所常務理事に就任し、同年、石川県水泳協会の初代理事長となった。このように、石川県の水泳界に深く関わる人物である。

4. 金沢における清記流の練習

本研究では、金沢の清記流泳法と練習内容を明らかにするため、阿部壮次郎から直接清記流を学んだ田中昭紀氏に、インタビューを実施した。以下、その内容をもとに、阿部壮次郎が教えた金沢清記流の日常的な練習や特別行事の内容、そこにみられる泳法指導の基本的な考え方などについて述べる。

田中昭紀氏は1940年生まれ。金沢市立新竪町小学校（1947年入学、1953年卒業）、金沢市立野田中学校（1953年入学、1956年卒業）、石川県立二水高校（1956年入学、1959年卒業）へそれぞれ通い、小学3年時より高校時代まで阿部壮次郎について清記流を学んだ。主な練習場であった内灘海水浴場までは、小学校・中学校時代は、片町から金沢駅経由で粟ヶ崎まで電車で通い、高校時代は、円光寺から電車で通っていた。いずれも1時間程度はかかる道のりであるが、現在の部活動のようにほぼ毎日、放課後になるとすぐ学校を出て練習場へ通ったという。

4.1. 1949-1963年頃の清記流の主な練習場所と練習内容：元練習生へのインタビュー調査より

田中昭紀氏の話から、田中氏が清記流の練習に参加していた1949-1963年頃の清記流の主な練習場所は、内灘の海水浴場であったことが分かった。練習日は、1年を通じてほぼ毎日で、1年に5日程休みの日があった。練習時間は午前か午後かどちらかというのがほとんどであったが、夏休みなどには1日中練習することもあったという。田中氏が阿部壮次郎について清記流を学び始めたのは、小学3年（1949年）の時であった。きっかけは、実姉が学校で友人から聞いて清記流の練習会を知ったことだったという。月謝等、練習に費用がかかることもなく、入会手続きも必要なかったことから実姉が通うようになり、そこに付いて行ったことが田中氏の清記流との出会いであった。実姉は数か月程度でやめてしまったが、田中氏は大学進学に至るまで清記流の練習に通い続けた。田中氏によると、阿部壮次郎の指導は田中氏が学んだ約13年間、ほとんど変わることがなかったという。

田中氏は、清記流の練習内容について、「とにかく浮くことができれば生きられる、とにかく浮いていなさい」と阿部壮次郎から習っていたこと、「手取川の急流で身禊ぎのまま（浮身のまま）流される」「浮身がトレーニングだった」など、阿部壮次郎が浮身を重視した練習を展開していたと語った。浮身を見て、浮身をして、潮流を読み、海の状態を知ることが課題とされていた。田中氏らは、浮力を受けやすい海でしっかり浮けるようになったら、プールでも浮身の練習をし、手取川の急流を浮身のまま下るというような難易度の高い練習もしていた。海で潮流を知ることもそうであるが、急流を浮き身で流されるなど、自然の水に逆らわずにおよぐことに非常に重きをおいた練習内容であった。すなわち、金沢に伝えられた清記流の泳法練習は浮身を基本泳法として行われていたと考えられる。そして、阿部壮次郎が常に言っていたという如何に生きるかという言葉から、自然の水に逆らわず、水と共におよぐことが水難に遭わず、自分の身を守ることにつながるという理念のもと、清記流の練習が展開されていたと考えられよう。

しかし、田中氏は、この阿部壮次郎の練習が門下生が増加しなかった理由であったと語った。1949-1963年頃、常に清記流の練習に出席していた門下生は10名程度だったそうである。田中氏提供の1965年の阿部壮次郎の門下生名簿によると、社会人から中学生の計24名の練習生が掲載されている[13)]。これは、阿部壮次郎が大分から金沢へ移住した1934年以後、阿部について学んだ全ての練習生で、約30年間で24名しか門下生として残っていないことを示しており、阿部壮次郎の水泳講習の規模が如何に小さいものであったかを窺わせる。田中氏によると、田中氏が小学生であった1940年代後半から1950年代前半頃、学校のプール授業での泳力試験は、距離を泳ぐことで測られていたため、子供に水泳を習わせる親にとっては、何メートル泳げるようになったかということが重要な観点であった。阿部壮次郎の重視していた浮身は、水に浮くことであったため、進歩が目に見えにくく、親の意向で違うスクールに通うことになった子どもが少なくなかったとのことであった。また、常時練習に参加していたのは、小学生から高校生がほとんどで、社会人になると、行事のみに参加するという人が多かったそうである。

4.2. 1949-1963年頃の特別行事等の実施について：元練習生へのインタビュー調査より

田中氏の話から、台風の日には救助演習が実施されていたこと、さらに年に1度の恒例行事として遠泳と初泳ぎが実施されていたことが分かった。台風の日には、わざわざ荒れた海に出て、溺者役と救助者役を決めて2人組で救助演習を行っていたという。田中氏によると、阿部壮次郎は、台風の日の救助演習について、「台風の日だからこそ出来る練習」であり、「本当の救助を想定した救助演習だ」と言っていたそうである。このことから、阿部壮次郎は、海で起こりうるあらゆる危険に対応する能力の習得を求めていたのではないかと思われる。

お盆の前には、遠泳が行われていた。午前9時～午後6時頃までの約9時間にも及ぶ大遠泳である。潮に流されながら、内灘の海を約30キロ～40キロ泳いだという。田中氏は「流されながら游ぐんでね、スタート地点には戻れないんですよ。こうやって（指で半円を描くように）泳いで、ゴール地点はスタート地点の駅から2駅くらい離れてるんです。それが汽車でだいたい20分くらいの距離だったんですよ。」と、語っていた。参加者は毎年10名程度とのことであったが、常に練習に参加していたのも10名程度であったというから、おそらく練習に参加しているほぼ全員が参加する行事だったのであろう。遠泳への参加資格は特になく、練習生全員が同じ隊列を組んで遠泳に臨んだという。隊列の横には伴走船がついて進み、疲れて進めなくなると、伴走船で休憩し、体力が回復したら隊列に戻って再び游ぐという形で、個々の泳力に合わせて遠泳に臨めるよう工夫されていた。伴走船で休むことができたとはいえ、9時間もの間游ぐことができるというのは、体力はもちろん、かなりの泳力が必要である。田中氏の話によると、遠泳法という小刻みなリズムで体を立てて游ぐ遠泳用の游ぎを用いていた。阿部壮次郎は、「どのくらいおよげるかと聞かれたら、死ぬまでおよげると答えなさい。」と教えていた。この言葉や遠泳の規模から考えて、清記流の練習生は、溺れることなくおよぎ続けるという泳力を確実に身につけることを期待されていたといえよう。

金沢の冬、雪の中で実施されていたのが初泳ぎであった。初泳ぎは、毎年正月頃に金沢市内の中学校のプールで行われていた。薄氷の上に雪が積もっており、それをおよぐ部分だけ割って水に入り、全員で雁行を游ぐというのが、初泳ぎの内容であった。初泳ぎの参加者は毎年約10名程度だった。この初泳ぎは寒中水泳を人に披露する行事として実施されていたが、清記流の練習は冬場も行われており、冬場の普段の練習でも薄氷を割って水に入るようなことがあったという。普段の練習では、冷水の中でじっと動かずに浮き続ける浮身のみを実施しており、田中氏はこの練習ではあまり寒さを感じなかったという。氷点下に近い水温では、激しく動いて体力を消耗することは危険である。冷たい水の中での浮身は、体力の消耗を最低限に抑えた冬の水で生きるための技術だと言えよう。また、冬の練習時には耳の後ろを濡らさないようにし、常に顔をあげておよいだそうである。このように、冬には冷たい水の中でおよぐための知識と方法が教えられていた。

写真1　寒中水泳後
（年代不明・田中昭紀氏提供）

写真2　大旗を持って泳ぐ様子
（年代不明・田中昭紀氏提供）

5. 大分臼杵の清記流と金沢の清記流の比較

前項では、阿部壮次郎が実施していた清記流の練習について述べてきた。本項では、阿部壮次郎直筆の各階級の免状及び目録と、大分游泳協会の清記流が設置している免状・目録によって、階級別に金沢の清記流泳法と大分臼杵の泳法を比較し、双方に違いがあるのか、またその違いはなぜ生じたのかを検討する。

5.1. 初等科の泳法

資料1　阿部壮次郎氏直筆の初等免許状一部抜粋（田中氏提供）

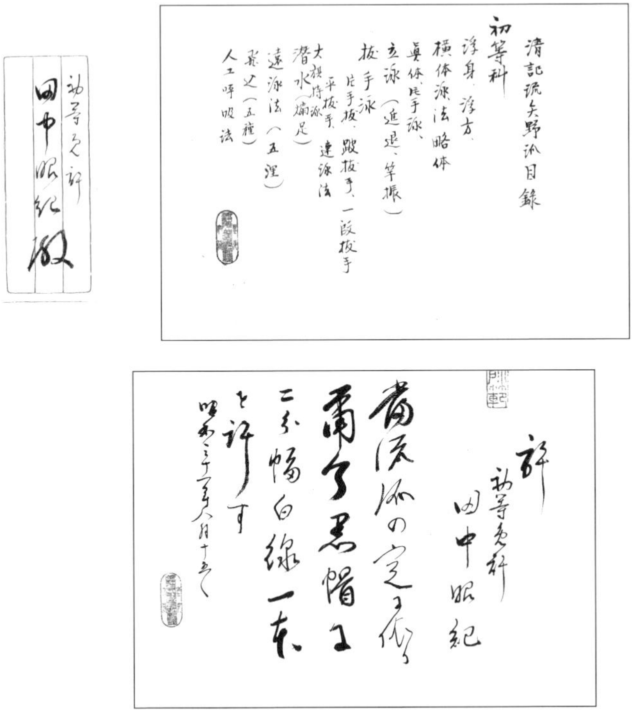
初等免許
田中昭紀殿

清記流矢野派目録
初等科
浮身、浮方、
横体泳法略体
真体、片手泳、
立泳（進退、竿振）
抜手泳
片手抜、蹴抜手、一段抜手
平抜手、連泳法
大旗持泳、
潜水（煽足）
遠泳法（一五浬）
飛込（五種）
人工呼吸法

許
初等免許
田中昭紀
清記流の定ニ依
所定黒帽ニ
二分幅白線一本
を許す
昭和三十一年八月十五日

阿部壮次郎氏直筆「初等科免状」田中昭紀氏宛、1956年8月15日

資料1は、阿部壮次郎が田中氏の目の前で認めた初等免許状である。所定の黒帽に二分幅の白線1本の帽子が初等科の帽子であることが分かる。

この目録と、現在大分游泳協会の清記流が設置している初等免状の目録には、多少の違いが見受けられる。大分游泳協会の清記流は、時期は定かではないが、戦後に至って、中等科を設けるなど、各段階での習得泳法を多少変更している[14)]。変更以前の資料は、劣化等により現存していないとされており、残念ながら確認することができない。現在、大分游泳協会設置の各階級の泳法を知るためには、1996年に現清記流師範（第8代）佐々木親美が著した『游意漫録』（1996年）『およぎ　大分游泳協会―初歩より高等科まで―』（1996年）、及び和田浩治の『豊後国清記記流』（2011年）を参照するより他にない。そのため、阿部壮次郎が金沢で免状を認めた時期（1956年～ 1963年）とは年代の差があり、厳密な比較はできないが、大分と金沢の泳法の違いについて検討を試みる。

大分游泳協会が設置している階級は、入門、初等科、中等科、高等科、教師科、師範科の6階級であり、金沢の階級は、初等科、高等科初段、二段、専科（研究科）、奥伝の5階級である。大分は入門から初等科という初心者の階級を広く設けているのに対し、金沢は高等科を初段と二段に分け、高等科の段階を広く設けている。階級の対応表を表1に示した。比較に当たって、階級区別が一致しているわけではないため、おおよその段階に合わせて比較検討を行うこととする。

表1　大分游泳協会と金沢の階級対応表

大分游泳協会	入門	初等科	中等科	高等科	教師科	師範科
金沢		初等科		高等科初段 高等科二段	専科（研究科）	奥伝

表2　大分游泳協会と金沢の初等科目録

大分游泳協会（臼杵）（1996年）	金沢（1956年）
	浮身、浮方
真体泳法	真体、片手泳
行体泳法　平泳（煽足）、遠泳法（煽足）	
横泳略体	横体泳法略体
抜手泳法　片手抜、平抜、一段抜、早抜手略体）、早手繰	抜手泳　片抜手、跛抜手、一段抜手、平抜手、連泳法
立泳泳法　進退、竿扱、竿振、大旗持（花笠）、大旗振（竿四間）	立泳（進退、竿振）
	大旗持泳
潜水法（煽足）	潜水（煽足）
速泳法（近代泳法）	
飛込　岩飛、辷込、陣笠飛、達磨飛	飛込（五種）
遠泳　三キロメートル	遠泳法（五浬）
寒中水泳	
人工呼吸法	人工呼吸法

注）早抜手とは、跛抜手のことである。出典：大分県游泳協会師範和田浩治『豊後国清記流』、阿部壮次郎氏直筆「清記流矢野派初等科目録」より筆者作成

臼杵（大分游泳協会）、金沢それぞれの初等科で教授される内容は表2のようになっている。

これらの泳法を比べてみると、まず異なるのは、速泳法である。臼杵の目録に

は遠泳法（近代泳法）という項目があるのに対し、金沢にはない。これは、練習場がプールになり、近代泳法が台頭してきたことによって臼杵の目録に加えられたものと思われる。次に異なるのは、遠泳の距離である。金沢の遠泳は5浬（1浬＝約1852m）、すなわち、9km以上もの距離であるのに対し、臼杵の遠泳は3km（コースは資料2参照）である。中等科を見ても、遠泳は5km となっており、この距離の違いは臼杵と金沢の違いであると言える。

資料2　大分游泳協会遠泳コース（出典：清記流伝書『游意漫録』）

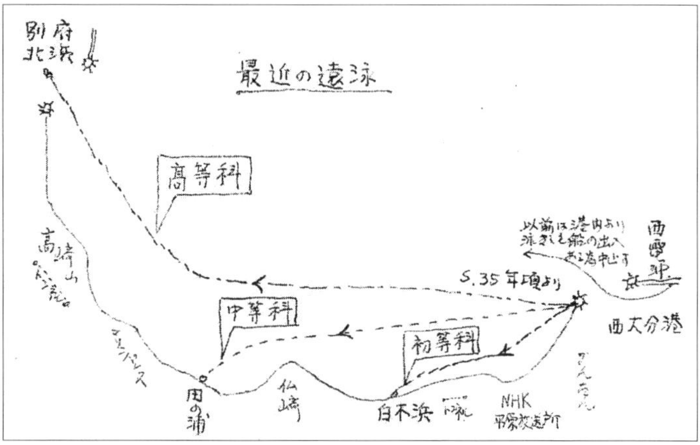

金沢の遠泳は、階級で隊を分けたりせず、全員で朝から夕方に至るまで游ぐという遠泳であった。一方、資料2からも分かるように、臼杵の遠泳は階級ごとに隊をなし、階級ごとに異なる距離を游ぐという遠泳である。金沢の遠泳は練習生が少ないことと、海で游ぐことに対する規制が緩かったことが要因として考えられるが、この遠泳への取り組み方法は金沢と臼杵の清記流の違いということができるだろう。また、遠泳法と平泳の扱いにも違いを見いだせる。臼杵の目録では、遠泳法は行体泳法の項目に掲げられているのに対し、金沢では遠泳法（五浬）と書かれており、ここに環境の違いから生じる臼杵と金沢の違いをみることができるのである。臼杵の目録では、行体泳法に平泳と遠泳法を別の項目として掲げている。これは、平泳と遠泳法が区別されているということである。一方、金沢は遠泳法という記載はあるが、平泳はない。つまり、区別しておよぐことが課題とされておらず、臼杵と比較して平泳と遠泳法の区別にさほど重きをおいていない

と考えられる。これは、比較的波が荒い日本海で練習していた金沢の清記流では、平泳と遠泳法に区別を設ける必要性がなかったためだと思われる。

抜手泳法の項をみると、金沢には周りと呼吸を合わせておよぐ連泳を目録に取り入れているが、臼杵では抜手泳法は全て個人技能の習得が課題とされていることが分かる。田中氏も、泳力の劣る者を先頭に皆で合わせておよいだと述べており、金沢では早い段階から連泳を実施していたと考えられる。臼杵の目録では、中等科に雁行が設けられ、中等科以降は臼杵でも皆で合わせておよぐ練習法が取り入れられている。このことから、金沢では個人技能の習得と並行して、他人と合わせておよぐ練習を行っていたのに対し、臼杵では個人技能の習得後、改めて他人と合わせる泳法を教授していたものと思われる。この違いは、臼杵では初等科と高等科の間に中等科が設置され、水泳初歩の階級が細かに設定されたことによって、抜手泳法が段階的に教授されたことによると考えられる。

その他、細かな違いはあるが、中等科が設置されたことを加味するとそれほど大きな違いはみられなかった。

5.2. 高等科の泳法

資料3　阿部壮次郎氏直筆の高等科免状一部抜粋（田中氏提供）

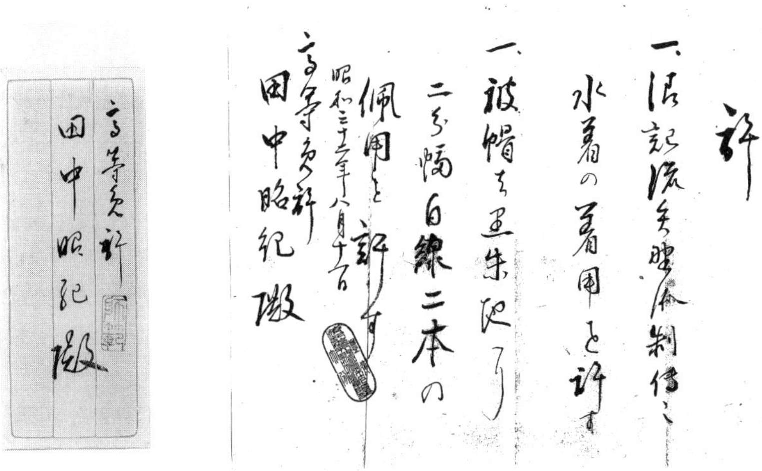
高等免許
田中昭紀殿

許
一、清記流手腰体制作之水着の着用を許す
一、被帽ニ黒朱線アリ二分幅白線二本の佩用を許す
昭和三十二年八月十二日
高等免許
田中昭紀殿

阿部壮次郎直筆「高等科免状」田中昭紀氏宛、1957年夏

資料3は、田中氏が高等科免許を授与され、清記流正規の水着と2分幅の白線2本の帽子の着用が許可されたことを示すものである。田中氏は、初等科の免状を1956年に授与されているから、初等科から高等科に至るまで約1年程度であったことが分かる。臼杵（大分游泳協会）、金沢それぞれの高等科で教授される内容は次のようになっている。

表3　大分游泳協会と金沢の高等科目録

大分游泳協会（臼杵）	金沢初段（1955年頃）	金沢二段（1955年頃）
真体泳法	真体	真体
行体泳法　遠泳法・浪乗法・浪潜法	行体（遠泳法、浪ニ乗ル法、浪ヲ潜ル法）	行体、浪乗法（追乗リ、向ヒ乗リ、板子持チ）
草体泳法　二挙動法・送手・小足	草体　二挙動、送リ手、小足	草体　二挙動、一段伸、小足
立泳法　大旗振（竿五間）・小手搦・手足搦・衣服脱着（和服洋服）・弓術・砲術（水上仕込）	立泳　大旗振リ、小手搦ミ、足搦ミ、衣服脱着（和服）、水書、花傘	立泳　（煽足）（小足）（捲足）大旗振リ（竿五間）衣服脱着（洋服）砲術、弓術、手足搦ミ
潜水法　蹴足		
	潜水（蹴足）、	潜水　煽足、蹴足、小足、平足
	浮身	浮身　五体
沈身法　（水底安臥・安座）	沈身	沈身　五体
抜手泳法　一、二、三段抜手・片羽交抜手、両羽交抜手、脇抜・平抜・片手抜（正体・二挙動・小足）	抜手　一、二、三段抜手、片手抜（正体）揃泳ギ	抜手　一、二、三段抜手、平抜手、片抜手（二挙動、小足）、脇抜手、片羽交抜手、双羽交抜手
競泳法　（近代泳法）	競泳法　飛込法、球取リ、組泳ギ	競泳法　各種、組泳、飛込法
櫓飛　宙返・狙飛・辷込・武者飛・逆宙返・坐飛・翼飛・回飛		
	櫓飛　宙返リ、狙飛、辷込	櫓飛　辷込、翼飛、宙返リ、狙飛、坐飛、武者飛、傘飛
漕艇法　和船、竿櫓、櫂、帆使		
	救助法　溺者救助法、浮具使用法、人工呼吸法	舟扱法　和舟、ボート、帆舟、浮器使用法、溺者救護法
鱶防泳法、特殊泳法、溺者救護法、教授法、遠泳　十キロメートル、各種公開演技		特殊泳法：鱶防泳法、潮流、渦巻、河口、湖沼、洪水渡渉、寒水泳法、携帯泳法、難船、轉覆、荒天時泳法

出典：大分県游泳協会師範和田浩治『豊後国清記流』、清記流矢野派宗家師範阿部壮次郎「日本泳法清記流矢野派目録（流派傳承写）」より筆者作成

金沢の高等科は2段階設けられている。このことから、高等科に至ってから習得すべき泳法が多いこと、そしてその習得度にも重きが置かれていたと推察できる。一方、臼杵では高等科に段階は設けられておらず、初等科と高等科の間に中等科が設けられている。中等科に設置されている泳法からみても、中等科は、新たに設置された段階であり、金沢の高等科初段に至るレベルではない。練習日数が多かった金沢では、高等科に至ってからの高等技術の習得を求める練習生が多く、練習日数が少ない臼杵では高等科に至るまでの段階の練習生が多かったため、中等科が新たに設置されたのではないかと思われる。

臼杵と金沢の高等科の異なる点として、まず遠泳が挙げられる。臼杵では遠泳10kmとされているのに対し、金沢には遠泳法という記載以外に遠泳に関する項目は見当たらない。初等免状の項でも述べたが、田中氏は、10名程度の練習生全員で1日中遠泳を行っていたと語っている。すなわち、練習生の少なかった金沢では階級ごとに遠泳の距離の区別を設けていたわけではなく、全員同じ遠泳コースを游いでいたということである。人数が少なく、練習日がほぼ毎日であった金沢では、指導者であった阿部壮次郎も、練習生のレベルを熟知しており、厳密な距離を設けた遠泳をわざわざ高等科の目録に記す必要がなかったのではないだろうか。

次に、潜水の足の使い方であるが、臼杵は蹴足のみであるのに対し、金沢では高等科二段に煽足、蹴足、小足、平足と、4種類もの足の使い方が記載されている。そして、特殊泳法の項にも違いがある。臼杵は特殊泳法と記されたのみで、伝書にも、「寒中水泳を初め各種公開演技や日本泳法大会等に進んで出場し自己の技と膽力を練り他流の研究もすることが大切である[15)]」と述べられているほかに、特殊泳法についての記述は見当たらない。一方、金沢の特殊泳法の項を見ると、洪水渡渉や荒天時泳法のように危険を伴うと思われる泳法も含め、細かに記載されている。練習生が少なく、ほぼ毎日練習が実施されていた金沢では、危険を伴う特殊泳法の習得にも力を注ぐだけの時間があっただけでなく、密な教授が可能であったと考えられる。これらのことから、金沢ではどのような環境にも対応できる泳力を重要視した練習が展開されていたと言える。

5.3. 高等科卒業後の泳法

資料4　印状免許一部抜粋（田中氏提供）

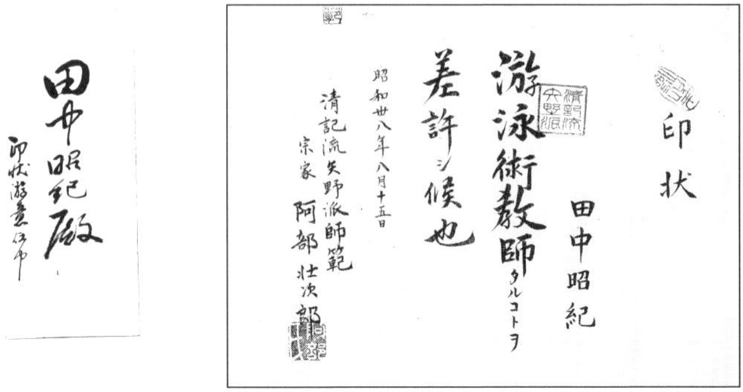

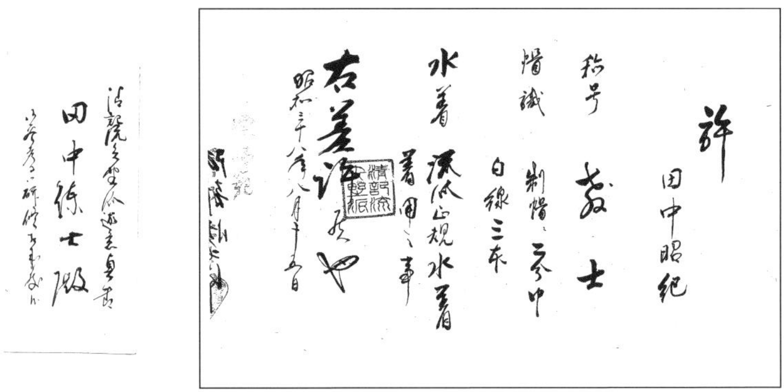

阿部壮次郎直筆「印状免許」田中昭紀氏宛、1963年8月15日

資料4は、阿部壮次郎直筆の印状免許である。この資料から、田中氏は、1963年（昭和38年）に印状免許取得と同時に清記流の範士の称号を与えられたことが分かる。高等科の段階に至ってから、約6年が経過しており、高等科の段階で習得しなければならない泳法が如何に奥深い泳法であったかを窺い知ることができる。印状免許は、金沢の専科（研究科）、臼杵の教師科にあたる[16)]。この段階に至って、帽子は正規の帽子に二部幅白線が3本となり、水着は清記流矢野派正規の水着着用が求められている。これは、およぎを習う段階から教える段階へと移行したことを示している。

臼杵（大分游泳協会）の教師科及び、金沢の専科で教授される内容は次のようになっている。

表4　大分游泳協会（臼杵）教師科と金沢専科の目録

大分県游泳協会（臼杵）教師科（1996年）	金沢　専科（1955年頃）
古泳法　　真体泳法 行体泳法 草体泳法 （小足・二挙動・片手抜）	古泳法　　眞、行、草ノ三体
立泳法　　煽足、踏落とし、小足	
秘文之事 水神祭ノ儀　水中羽交抜手ノ事 水中手足搦ノ事　水中伏火ノ事 水中忍打ノ事　水中息合ノ事 水上大弓術ノ事　水底歩行ノ事 寒水泳ノ事　水馬術ノ事 遠丁泳ノ事　水活ノ事	秘文ノ事 水神祭ノ儀　水上大弓術ノ事 式泳ノ事　水上砲術ノ事 羽交抜手ノ事　水中伏火ノ事 水中手足搦ノ事　水馬術ノ事 遠丁泳ミノ事　水底行歩ノ事 寒水泳ミノ事　水中組打ノ事 水中呼吸ノ事　水活ノ事
附（研究項目） 教授法及游泳場ニ於ケル注意、水泳史、他流派の研究、水泳心理、水泳物理、水理、特殊泳法	研究項目 教授法、水泳管理ノ萬般、水泳、他流研究、水泳生理、水泳心理、水泳物理、水泳水理学 ◎右以上ノ者ハ奥傳ノ修練ヲナス

出典：大分県游泳協会師範和田浩治『豊後国清記流』、清記流矢野派宗家師範阿部壮次郎「日本泳法清記流矢野派目録（流派傳承写）」より筆者作成

以上の内容を比較してみると、ほぼ同じ泳法ではあるが、一部異なる箇所がある。一つは、立泳法である。金沢の専科には、立泳法という項目は設置されていない。おそらく、これは高等科を2階級に分け、確実な泳力を身に付けているということが前提となっているためだと思われる。臼杵の清記流も、確実な泳力を身に付けているのは当然の条件だと思われるが、立泳の足の使い方が教師科の項目に設置されているのは金沢との違いである。ほぼ毎日泳いでいた金沢の清記流では、立泳はわざわざするものではなく、陸上で歩くのと同等の扱いだったと考えられる。

次に「秘文之事」を見ると、いくつか異なる項目がある。まず、金沢の「水中行歩ノ事」は、臼杵の目録の「水底歩行ノ事」と同じである[17)]。そして、「水中忍打ノ事」であるが、これは金沢の項目の「水中砲術ノ事」に当たると思われる。清記流伝書『およぎ』によると、水中忍打ノ事とは、「昔は二十匁筒にて火薬及弾を仕込み岩影あるいは船影等より静かに忍び潜行して出来るだけ敵に近寄り敵の大将に向けて浮上り様ねらい打ち直ちに潜行歸陣するなり、勿論火縄は口中に

含むなり、筒口は鬢付をつめるなり、今は維新当時の雷管使用の鳥頭矩筒を使用する」[18] と述べられている。つまり、水中で敵船などに向かって銃を発砲する泳法である。金沢の目録の水中砲術ノ事については、泳法についての細かな説明はないが、名称から考えておそらく同じ泳法を示していると思われる。

「水中息合ノ事」は『およぎ』に次のように述べられている。「一ヶ所に長く沈む事と長距離を長時間潜行し又は物を採る等にて長く沈む事を要する場合あり…（略）始め潜行前三十分程度前より激動を避け新進を安静にして気持ちを十分落ちつけ腹式呼吸をなす事、その目的は身体の血液を全く新しくなす為なり、何物も考えざる事、気を使ふことは先の能力を減ずる所以なり、充分気持落着き深呼吸なれば一度吸ひ込みたる空気を二分吐き出して約八分程度残し、余り苦しくならざる程度に含み手静かに水に入るべし、水に入りては下腹に力を入れ常に気魂を下腹に保ちて静かに動作を始め約四十秒位になると次第に苦しくなる、其の時肺を煽るとて口中の空氣を肺に送り肺中の空氣を口中に送り即ち置換するなり」[19] このことから、水中息合ノ事は、水中での呼吸法であることが分かる。すなわち、「水中息合ノ事」は、金沢の「水中呼吸ノ事」に当たると思われる。最後に、金沢の目録にある「水中組打ノ事」であるが、現在の資料には名称、該当すると思われる泳法が見当たらず、ここで言及することはできない。

6. まとめ

本稿では、金沢の清記流の実態、特に当時の練習と泳法を明らかにするため、田中昭紀氏へのインタビューと阿部壮次郎直筆の免状などをもとに検討してきた。

本研究で、明らかになったことは、以下の通りである。

1. 金沢では、阿部壮次郎の指導の下、1年のうち360日程およいでいた。メインの練習場は内灘の海であった。身禊ぎ（浮身）で潮の流れを読めるように訓練された。台風など悪天候の日には、本当の海難事故を想定して大荒れの海で救助演習の練習をした。
2. 金沢の遠泳は、毎年お盆前に実施されていた。午前9時から午後6時頃まで、汽車で20分程度の距離を游いだ。毎年人数は最大10名程度であり、レベルごとに隊を分けることなく、全員が最初から最後まで参加した。二列縦隊で、小刻みなリズムで体を立てて游ぐ遠泳法を用いて実施された。伴走船が同行し、途中で休憩することが可能であった。

3. 初泳ぎは、正月頃、金沢市内の中学校のプールで実施されていた。初泳ぎの参加者は10名程度で、プールの氷を自分たちがおよぐ部分だけ割って、全員で雁行をした。冷水の中で動きを伴う泳法を行うため、身体が冷えて温めるのに時間を要した。
4. 冬場は氷点下に近い水の中で、浮身を行っており、体力の消耗を最低限に抑えた冬の水で生きるための技術が教授されていた。
5. 金沢の階級は、初等科、高等科初段、二段、専科（研究科）、奥伝の5階級であった。高等科は2階級に分けられており、習得すべき泳法も多い。田中氏は、高等科から印状免許皆伝に至るまでに約6年を要しており、阿部壮次郎は、特に高等科の段階を厳しく指導していたものと考えられる。

本検討により、金沢の清記流の実態の一端が明らかとなった。阿部壮次郎の指導の下、金沢で清記流泳法を学んだ田中昭紀氏のインタビュー及び資料提供により、これまで明らかにされてこなかった金沢に伝えられた清記流の泳法について、具体的な泳ぎ方まで言及することが出来た。目録の相違や遠泳の違い等から、金沢の清記流泳法と臼杵の泳法に違いが生じている可能性も示唆された。

阿部壮次郎によって金沢に伝えられた清記流は、阿部壮次郎の指導の下、内灘の海で教授されていた。練習はほぼ毎日であったが、講習の規模は大きくなかった。当時、毎日練習に参加していた門下生は約10名程度であり、月謝等の費用は一切かからなかった。講習費用は無料であったが、阿部壮次郎の指導は、特に浮身に重きを置いた内容であったため、目に見える進歩を求める親にとっては、清記流の練習は理解されにくかったようである。これまでに述べてきた練習内容や、田中氏へのインタビューから明らかになった阿部壮次郎の指導ぶりから、阿部壮次郎が金沢に伝えた清記流は、どのような環境にも対応できる知識・経験と確かな技術を身に付けることであったと言える。臼杵と金沢の目録の比較によっても、金沢では特殊泳法が細かに記載されるなど、より確かな泳力が求められていたことが明らかとなった。小規模に、1年を通じてほぼ毎日実施される練習は、個々の技術をより高め、水の中で確実に生きることを目的としていたと言えよう。

以上のことから、金沢に伝えられた清記流は、臼杵で展開されていた清記流に阿部壮次郎の思想を強く反映させた、阿部流の清記流泳法であったと言える。しかし、それは阿部壮次郎独自の水術というよりは、清記流の「生きるための泳法」をベースにしたものであり、清記流の本来の理念から逸脱するものではない。金沢では、阿部壮次郎が大きな組織の中で清記流を指導するのではなく、少人数で確実に阿部壮次郎の指導が行き届く規模で実施されていたため、阿部壮次郎の思想が強く反映されたと考えられる。

注及び引用文献

1）2014年2月に至るまで、日本水泳連盟公認の日本泳法は12流派であったが、2014年2月、日本水泳連盟は新たに「主馬神伝流」を日本泳法に認定した。これによって、日本水泳連盟公認の日本泳法は13流派となった。参照：公益財団法人日本水泳連盟機関誌『月刊水泳』公益財団法人日本水泳連盟、2014年、20頁。
2）白山源三郎『図説日本泳法―12流派の秘法―』日貿出版：東京、1975年、22頁。
3）同上書、21頁。
4）磯谷誠一「河井流（水術）その師範系図の考証―河井流（水術）は存在しなかった―」、『研究論文集第39集第1号（2）』佐賀大学教育学部発行、1991年、103-138頁。
5）山脇あゆみ・井箟敬「金沢に伝わる古式泳法に関する研究」、『金沢学院大学紀要、経営・経済・情報科学・自然科学編、第9号』2011年、193-201頁。
6）同上書。
7）山脇あゆみ「金沢に伝わる古式泳法に関する研究～清記流の泳法について～」、『金沢学院大学紀要、経営・経済・情報科学・自然科学編、第11号』2013年、199-203頁。
8）大分游泳協会『60周年記念誌　水心一如』大分游泳協会事務局、大分、1987年、15頁。
9）同上書、18頁。
10）佐々木親美、清記流伝書『およぎ　大分游泳協会―初歩より高等科まで―』、1996年、1-4頁。
11）田中昭紀氏提供「清記流矢野派由来」年代不明。
12）阿部壮次郎「日本泳法について―奥義浮寝の伝のこと―」、社団法人石門心学会『こころ』こころ編集部：東京、1959年、40-54頁。
13）田中昭紀氏提供「許証授与交付先名簿」1965年。
14）前掲書10）、1-2頁。
15）前掲書10）、26頁。
16）前掲書15）、19頁。
17）佐々木親美（写）大分游泳協会清記流水術伝書『游意漫録』、1996年、59頁。
18）同上書、65頁。

19）同上書、56頁。

編集後記

本書は、大久保英哲教授（金沢大学）の2015（平成27）年3月の定年退職を記念して出版されました。

先生は、埼玉県立高等学校教員、盛岡大学文学部講師を経て、1988（昭和63）年4月より金沢大学教育学部助教授、1996（平成8）年6月より教授として金沢大学で教鞭をとられました。また、1999（平成11）年4月からは金沢大学大学院博士課程人間社会研究科も担当なさいました。その間に、金沢大学教育学部附属幼稚園長、金沢大学大学院教育学研究科長（金沢大学評議員）、金沢大学学長補佐（ハラスメント防止担当）・総括相談員を歴任し、教育・研究以外にも幅広く金沢大学の運営に貢献されてきました。

先生のご専門は体育学、特に体育・スポーツ史研究であり、筑波大学大学院体育研究科において成田十次郎教授のもと、1982（昭和57）年3月に修士号（体育学）を取得されました。さらに、金沢大学着任後には、博士論文執筆に取りかかり、1994（平成6）年度の日本体育学会の学会賞（最優秀論文賞）受賞を経て、1997（平成9）年3月に博士号（学術、奈良女子大学人間文化研究科、主査：山本徳郎教授）を取得されました。先生のご研究の特徴は、地方史という視点と史料に基づく実証的な研究にあります。

先生のご功績を幾つか紹介させていただきます。一つ目は、金沢大学において若手研究者を育成し、数多くの学位取得者を輩出したことです。韓国、台湾からの院生を含むその数は、筑波大学や日本体育大学を凌ぐものでした。二つ目は、国内外の学会活動に尽力されたことです。先生は、日本体育学会『体育学研究』編集委員、同体育史専門分科会『体育史研究』編集委員・編集委員長を歴任し、日本における体育・スポーツ史研究の質的向上に貢献されました。また、先生は、東北アジア体育・スポーツ史学会（North East Asian Society for History of Physical Education and Sport）理事を歴任されるとともに、「日台韓体育・スポーツ史学術研究会」を主宰され、東アジアの体育・スポーツ史研究を国際的な視野で進められました。そして、先生は、2002（平成14）年7月に催された国際体育・スポーツ史学会（International Society for the History of Physical

Education and Sport）第6回金沢大会では、準備、開催、論文集編纂において中心的な役割を果たされました。

先生と私の出会いは四半世紀以上前の1990（平成2）年に遡ります。留学生として初来日した時、先生に私の指導教官を引き受けていただきました。10ヶ月の留学を終え、ドイツのテュービンゲン大学に戻り、卒業後の1993（平成5）年に再来日しました。その時から、先生には博士論文の作成指導はもとより、就職や個人的な生活面に至るまで、筆舌に尽くせないほどお世話になりました。先生は、私の博士論文に多大な指導をなさったにもかかわらず、私の博士号審査及び取得がドイツの大学であったことを理由に、「私の博士論文指導の実績には加えない」と言われました。先生の謙虚な人柄が偲ばれる話だと思います。しかし、先生の学恩に支えられた私は、その事実をご功績に加えるべきだと判断し、先生に黙って本書に記しました。

先生は、温厚篤実で、誰に対しても誠実に接して下さいます。研究や論文等の指導の際は妥協なく厳しいのですが、的確かつ丁寧で分かりやすく導いて下さいます。国内外の若手・中堅研究者の多くが先生を慕う理由はそこにあると思います。

国内外の体育・スポーツ学界を牽引して活躍してこられた先生には、定年退職後も、健康にご留意されながら、ライフワークの「地方からの体育史」を追究されるとともに、大所高所から我々を厳しく叱咤激励していただきたいと心から願っております。

最後に、道和書院の鬼海高一社長、小泉弓子様のご協力に、本書の編集者（藤井雅人、ビットマン ハイコ、和田浩一、榎本雅之、佐々木浩雄、藤坂由美子、寳學淳郎）を代表して、御礼申し上げます。我々は、いずれも先生に学恩を受け、その研究理念を継承し、時空を超えて伝えていこうとする者たちです。本書がその一助になればこれに勝る喜びはないと存じます。

編集者を代表して　ビットマン ハイコ

大久保英哲先生の研究業績

大久保英哲先生が今までに著された著書は22、論文は72にのぼる。以下では、その主要な著書・論文を掲載する。

⑴ 著書

1. 前田幹夫・山本徳郎・清水重勇ほか『成田十次郎先生退官記念論集　体育・スポーツ史研究の展望：国際的成果と課題』不昧堂出版：東京、1996年（「地方から見た近代体育史上の歩兵操練・兵式体操」369-387頁）。
2. 石川県体育協会『大地揺るがす感動・スポーツ石川のあゆみ：財団法人石川県体育協会創立50周年記念史』北国新聞社：金沢、1998年（「第1編：石川の体育・スポーツのあゆみ - 石川県体育協会設立（昭和23年）以前」32-154頁）。
3. 大久保英哲『明治期比較地方体育史研究』不昧堂出版：東京、1998年（平成10年度科学研究補助金　研究成果公開促進費交付）。
4. 金沢大学50年史編纂委員会『金沢大学50年史　通史編』金沢大学創立50周年記念事業後援会：金沢、1999年（第1章「第四高等学校」「⑶ 第四高等学校運動部の活躍」94-103頁、第2章「前身各校」「4 石川師範学校・石川青年師範学校」248-266頁）。
5. Okubo, Hideaki. *"A Comparative Study of the Introduction and Diffusion Process of the Physical Education Systems in Ishikawa and Iwate Prefectures in the Meiji Era, 1860-1890"*. Okubo, Hideaki (ed.). *Local Identity and Sport. Historical Study of Integration and Differentiation.* Sankt Augustin: Academic Verlag, 2004, pp. 18-20.（平成15年度科学研究費補助金基盤研究（C）⑵ 課題番号13680017、及び平成15年度金沢大学研究成果刊行助成費交付）
6. 金沢市史編さん委員会『金沢市史　通史編 3近代』金沢、2006年（第3章「デモクラシーと市民」第7節「大正期の教育課題」424-438頁、第4章「戦争の時代と地域社会」第8節「戦時教育」575-590頁、第5章「戦後改革と社会の変化」第5節「復興と第二回国民体育大会」661-678頁）。
7. 山本徳郎・杉山重利・阿部生雄ほか『多様な身体への目覚め：身体訓練の歴史に学ぶ』アイオーエム：東京、2006年（「生徒作文に書かれた明治30年代の運動会：明治期金沢市内生徒作文から」154-180頁）。
8. 坂上康博（編）『海を渡った柔術と柔道：日本武道のダイナミズム』青弓社：東京、

2010年 （「高専柔道という異端」282-286頁）。
9. 宮地正人・佐藤能生丸・櫻井良樹（監修）『明治時代史大辞典 一～四』吉川弘文館：東京、2011-2013年（「伊沢修二」「運動場」「遠泳」「遠足」「海水浴」「学校医」「学校体育」「身体検査」「ストレンジ」「体操伝習所」「体操遊戯取調委員会」「高島平三郎」「坪井玄道」「兵式体操」「三島通良」「リーランド」の各項目を執筆）。
10. 大久保英哲・金湘斌『纏足から天然足へ 日本統治前期台湾の学校女子体育』不昧堂出版：東京、2015年（印刷中：平成26年度科学研究費研究成果公開促進費交付）。

⑵ 学位論文

1. 修士論文：「西ドイツにおける教科体育から教科スポーツへの移行過程に関する研究」筑波大学大学院修士課程体育研究科昭和56年度修士論文（指導教官：成田十次郎教授）、1982年（『筑波大学大学院体育研究科研究集録』第3巻、1982年、41-44頁）。
2. 博士論文：「地方における体操科の導入過程に関する研究」奈良女子大学（主査：山本徳郎教授）、1997年。

⑶ 論文

1. 大久保英哲「スポーツ教育の動向：西ドイツの教科スポーツを中心に」『学校体育』35⑴、1982年、37-42頁。
2. 大久保英哲・成田十次郎「西ドイツのスポーツ科における選択制の現状と課題」『学校体育』37⑶、1984年、63-68頁。
3. 大久保英哲「個人差に応じた授業をどう進めたか：定時制高校における複式学級方式の体育指導」（実践の記録：よい授業への方法 - 授業実践と体育の科学を結ぶ）『体育の科学』35⑶、1985年、240-244頁。
4. 竹田清彦・大久保英哲「西ドイツにおける“Sportgymnasium 学校実験”に関する研究：構想の出現背景と概要」『体育学研究』30⑴、1985年、1-12頁。
5. 大久保英哲「明治期岩手県における近代学校体育の受容過程に関する研究（その1）」『盛岡大学紀要』6、1986年、37-50頁。
6. 大久保英哲「体操伝習所卒業生原収造の岩手県における体育活動について」『体育学研究』32⑴、1987年、11-24頁。

7. 大久保英哲「岩手県から体操伝習に上京した小学校教員について」『スポーツ史研究』1、1988年、35-46頁。
8. 大久保英哲「近代学校体育創始期の小学校運動場実態について：明治16-17年岩手県学校設置開申書383通の分析から」『体育学研究』35(1)、1990年、19-28頁。
9. 大久保英哲「近代日本体育史における林正十郎『木馬之書』（推定1867年）の意義」『体育学研究』38(3)、1993年、157-173頁。
10. 大久保英哲「明治4～12年（1871～1879）の金沢医学館における体操教育」『体育史研究』12、1995年、1-10頁。
11. 大久保英哲「私の研究：地方からの日本体育史」『体育の科学』47(9)、1997年、719-723頁。
12. 大久保英哲「明治10年代末における試業制度と運動会の成立：石川県における奨励会と運動会の検討から」『地方教育史研究』19、1998年、18-49頁。
13. 大久保英哲「昭和初期金沢市の全小学校体育施設設備改善政策について」『市史かなざわ』8号、2002年、83-99頁。
14. 大久保英哲「金沢大学教育学部の設立過程」『地方教育史研究』25、2004年、111-126頁。
15. 大久保英哲「坪井玄道」（体育人と身体観）『体育の科学』55(7)、2005年、541-546頁。
16. 大久保英哲・藤坂由美子「故大場一義筑波大学教授が遺された日本体育史研究史料」『体育史研究』24、2007年、29-41頁。
17. 大久保英哲「旧制高等学校のスポーツ活動研究：練習日誌『南下軍』からみた四高柔道部の修道院化」『スポーツ社会学研究』16、2008年、50-70頁。
18. 大久保英哲「近代日本体育の形成における幕末フランス軍事顧問団の影」『体育学研究』54(1)、2009年、1-14頁。
19. 大久保英哲「教育令期における小学校教師たちの『体操』科理解：1880（明治13）年『石川県鳳至・珠洲二郡教育協議会日誌』から」『体育学研究』58(1)、2013年、77-90頁。
20. 大久保英哲「日本学生サッカー前史：四高外国人教師デハビランドとヴォールファルトのフットボール」『体育学研究』58(1)、2013年、331-342頁。

大久保英哲先生が指導・審査を担当された博士論文

(1) 主任指導教員・主査による博士論文

1. 藤井雅人「ドイツのスポーツ教育における学校と地域の連携—その基本構造と特色を中心に—」金沢大学　博士（学術）2000年。
2. 佐々木浩雄「官製青年団における体育・スポーツの展開とその特質—大正・昭和戦前期石川県の事例から—」金沢大学　博士（学術）2001年。
3. 野中由美子「体操伝習所設立以前における『体操図解』作成の体育史的意味」金沢大学　博士（学術）2005年。
4. 新井博「オーストリアの資料からみたレルヒとスキー」金沢大学　博士乙（学術）2006年。
5. 朴貴順「16世紀以降における中・日・韓武芸交流に関する研究—『紀効新書』,『兵法秘傳書』・『武術早學』,『武藝圖譜通志』を中心に—」金沢大学　博士（学術）2006年。
6. 谷本宗生「近代日本官立高等教育機関設置の研究 —金沢にみる設置過程を通して—」金沢大学　博士乙（学術）2007年。
7. 榎本雅之「アイルランドスポーツ史の再構成—GAA 型近代スポーツの誕生—」金沢大学　博士（学術）2013年。
8. 金湘斌「纏足から天然足へ—日本統治前期（1895 ～ 1925年）台湾における学校女子体育に関する研究—」金沢大学　博士（学術）2013年。
9. 實學淳郎「ソビエト占領地区 / 東ドイツにおけるスポーツ関係規定の変遷に関する研究」金沢大学　博士乙（学術）2015年。
10. 山脇あゆみ「日本泳法の伝播と変容に関する研究」金沢大学　博士（学術）2015年（審査中）。

⑵ 学外博士論文指導及び審査

1. Bittmann, Heiko. *Karatedô — Der Weg der Leeren Hand. Meister der vier großen Schulrichtungen und ihre Lehre. Biographien - Lehrschriften - Rezeption.* ドイツ：Eberhard Karls Universität Tübingen, Dr. phil.（博士　学術）1999年（指導）.
2. 古川修「『文検体操科』の研究―埼玉県における合格者のキャリア形成を中心に―」東洋大学　博士（教育学）2013年（審査）。

執筆者紹介　①氏名、②所属、③最終学歴、④主な業績

①藤坂由美子、②鹿屋体育大学スポーツ人文・応用社会科学系講師、③金沢大学大学院社会環境科学研究科　博士（学術）、④「女子教育のパイオニア下田歌子の体育奨励について」『体育・スポーツ史の世界―大地と人と歴史との対話―』（共著、渓水社：広島、2012年）など。

①金湘斌、②高雄師範大学体育学部准教授、③金沢大学大学院人間社会環境研究科　博士（学術）、④『纏足から天然足へ―日本統治前期台湾の学校女子体育―』（共著、不昧堂出版：東京、2015年）など。

①佐々木浩雄、②龍谷大学文学部准教授、③金沢大学大学院社会環境科学研究科　博士（学術）、④「パフォーマンスとしての集団体操：1930年代における体操の国民的普及への動向」『近代日本の身体表象』（共著、森話社：東京、2013年）など。

①古川修、②東洋大学文学部教育学科 TA（元埼玉県立高校教員）、③東洋大学大学院文学研究科　博士（教育学）④「『文検体操科』の研究―大正期における埼玉県の合格者を中心に―」『体育史研究』第30号、2013年など。

①林玫君、②国立台湾師範大学体育学科教授　学科長、③国立台湾師範大学体育学科博士、④『玉山史話』(玉山国家公園管理處 :南投、2012年)など。

①榎本雅之、②滋賀大学経済学部准教授、③金沢大学大学院人間社会環境研究科　博士（学術）、④「スポーツカタログにみるアイルランドの近代スポーツ」『体育・スポーツ史の世界―大地と人と歴史との対話―』（共著、渓水社：広島、2012年）など。

①新井博、②びわこ成蹊スポーツ大学スポーツ学部教授、③筑波大学大学院博士課程体育科学研究科単位取得満期退学、④『レルヒ知られざる生涯』(道和書院 : 東京、2011年)など。

①寳學淳郎、②金沢大学保健管理センターおよび金沢大学大学院教育学研究科准教授、③筑波大学大学院博士課程体育科学研究科中途退学、④「旧東ドイツスポーツ関係者

の言説―自叙伝的著作（2001-2007年）の分析を中心に―」『体育史研究』24、2012年など。

①藤井雅人、②福岡大学スポーツ科学部教授、③金沢大学大学院社会環境科学研究科　博士（学術）、④「ドイツのエリートスポーツ学校について―日本のスポーツエリート育成事業の特色を逆照射する―」『変わりゆく日本のスポーツ』（共著、世界思想社：京都、2008年）など。

①和田浩一、②フェリス女学院大学国際交流学部教授、③神戸大学大学院教育学研究科修了、修士（教育学）；ストラスブール第二大学第三期課程（DEA）STAPS 修了、DEA（博士論文提出資格）（体育・スポーツ学）、④ Olympic Japan - Ideals and Realities of (Inter) Nationalism（2007年、共著）など。

①村戸弥生、②石川工業高等専門学校非常勤講師、③金沢大学大学院社会環境科学研究科　博士（学術）、④『遊戯から芸道へ―日本中世における芸能の変容―』（玉川大学出版部：東京、2002年）など。

①ビットマン ハイコ（Bittmann, Heiko）、②金沢大学国際機構留学生センター　教授、③テュービンゲン大学　Dr. phil.（博士　学術）④『エルヴィン・フォン・ベルツと身体修練―明治時代における体育と伝統的武術―』(*Erwin von Baelz und die körperlichen Übungen. Leibeserziehung und traditionelle Kampfkünste im Japan der Meiji-Zeit*). Ludwigsburg und Kanazawa: Verlag Heiko Bittmann, 2010年など。

①朴貴順、②韓国霊山大学校副教授、③金沢大学大学院人間社会環境研究科　博士（学術)、国立台湾師範大学体育学科　博士、④「1949年以後の中国武術の名称について―「国術」（Kuo-shu）と「武術」（Wu-shu）を中心に―」『スポーツ史研究』18、2005年 など。

①山脇あゆみ、②金沢学院大学スポーツ健康学部助教、③京都教育大学大学院保健体育専修　修士、③「台湾に伝えられた日本泳法（1895-1913年）―古亭庄水泳場と基隆水泳場を中心に―」『体育史研究』30、2013年など。

体育・スポーツ・武術の歴史にみる「中央」と「周縁」：
国家・地方・国際交流
2015Ⓒ

2015年２月10日　初版発行

編著者　藤井雅人　ビットマン ハイコ
　　　　和田浩一　榎本雅之
　　　　佐々木浩雄　藤坂由美子
　　　　寳學淳郎

検印
省略

発行者　鬼　海　高　一
発行所　道　和　書　院
〒171―0042　東京都豊島区高松2―8―6
電話　(03)　3955―5175
ＦＡＸ　(03)　3955―5102
振替　00160―６―74884

カバーデザイン　ナカグログラフ 黒瀬章夫
印　刷　大盛印刷Ｋ．Ｋ．　製　本　山崎製本所